高校实验室常用危险化学品安全信息手册（MSDS）

南京大学国家级化学实验教学示范中心　编

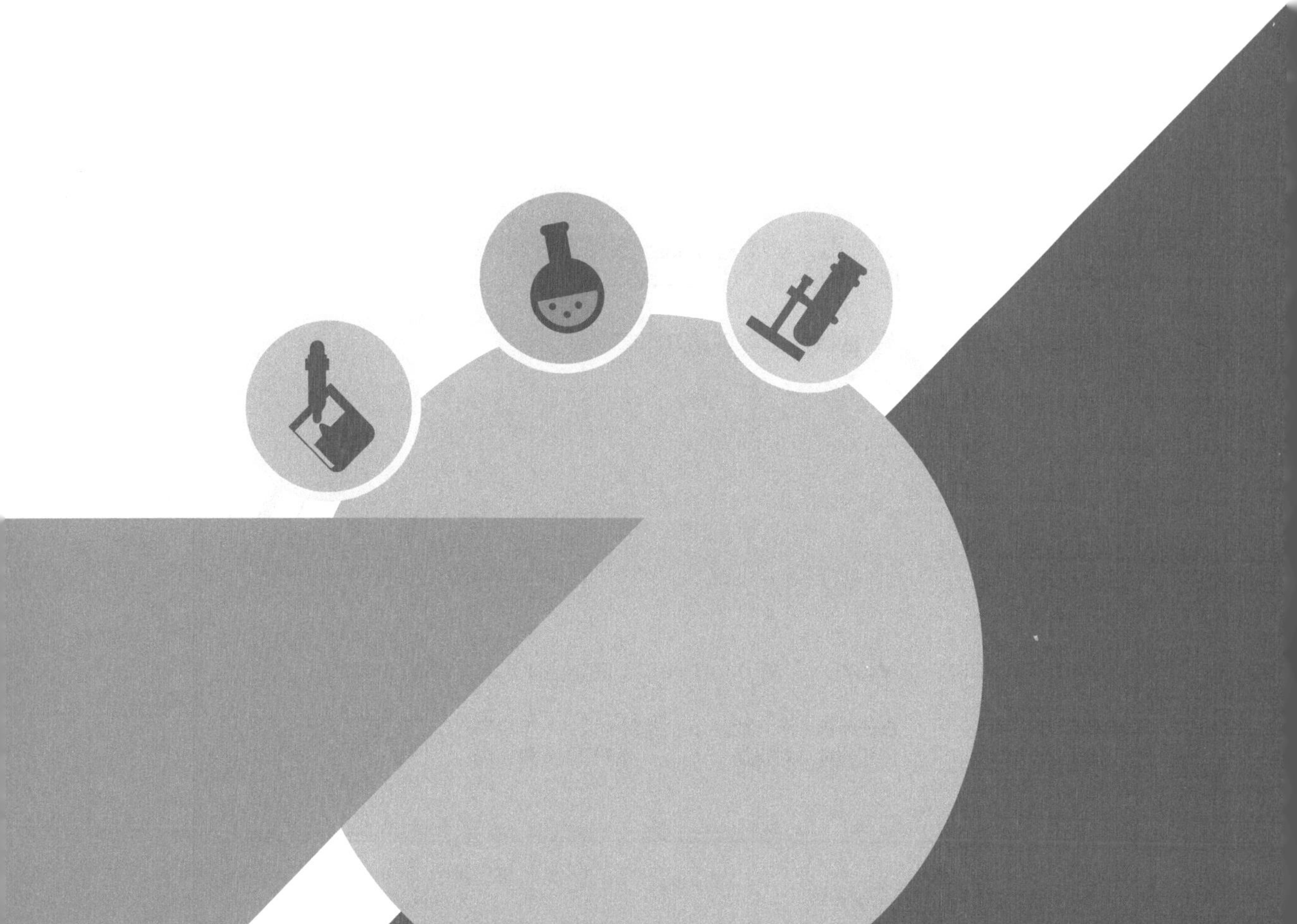

高等教育出版社·北京

内容提要

全书共五章，包括302种实验室常用普通危险化学品、剧毒化学品、易制毒化学品、爆炸化学品、易制爆化学品的安全信息，并以二维码形式给出部分代表性危险化学品的使用方法及应急处理操作演示视频，书后附有危险化学品目录。

本书可作为高等学校化学化工类专业及相近专业教学和科研实验室中危险化学品管理的参考书，也可供轻工、食品、纺织、制药、生物、海洋等领域从事科研、生产、安全等工作的技术人员参考。

图书在版编目（CIP）数据

高校实验室常用危险化学品安全信息手册：MSDS/南京大学国家级化学实验教学示范中心编 .-- 北京：高等教育出版社，2020.10（2023.4重印）

ISBN 978-7-04-054193-9

Ⅰ. ①高… Ⅱ. ①南… Ⅲ. ①高等学校－实验室管理－危险物品管理－安全管理－手册 Ⅳ. ①G642.423-62

中国版本图书馆CIP数据核字（2020）第105927号

GAOXIAO SHIYANSHI CHANGYONG WEIXIAN HUAXUEPIN ANQUAN XINXI SHOUCE

策划编辑 李 颖　责任编辑 李 颖　封面设计 李小璐　版式设计 马 云
插图绘制 李沛蓉　责任校对 刘娟娟　责任印制 朱 琦

出版发行 高等教育出版社
社　　址 北京市西城区德外大街4号
邮政编码 100120
印　　刷 涿州市京南印刷厂
开　　本 787 mm×1092 mm 1/16
印　　张 22
字　　数 520千字
购书热线 010-58581118
咨询电话 400-810-0598

网　　址 http://www.hep.edu.cn
http://www.hep.com.cn
网上订购 http://www.hepmall.com.cn
http://www.hepmall.com
http://www.hepmall.cn

版　　次 2020年10月第1版
印　　次 2023年4月第2次印刷
定　　价 45.00元

物 料 号 54193-00

序

现代化学工业的发展为现代生活奠定了雄厚的物质基础，但实际上自然界的亿万年发展，已经发展出了一个复杂的化学物质体系，了解和协调生态体系中各类物质的构成、产生和功能实际上是人类认知发展的一个重要方面。当人类在仰望星空思索空间科学，或者闭目沉思考究原子构成机制的时候，对我们周围的化学分子、生物大分子、各种材料的关注往往显得不那么高大上了。但就是这些化学物质构成了我们常规的世界，影响着我们的日常生活，因此了解这些物质的基本性质成为现代人的重要素质之一。

自然界和化学家设计合成了成千上万种物质，在日常生活及工业生产中被广泛使用，对这些物质的基本性质、操作控制要求、处理规范等需要有基本标准，物质安全数据报告单（MSDS，Material Safety Data Sheet 的英文简写，也常被翻译成化学品安全说明书）是根据长期行业发展和应用发展起来的一种化学物质基本性质总结表。它是化学品生产、贸易、销售企业按法律要求向下游客户和公众提供的有关化学品特征的一份综合性法规文件。它提供化学品的理化参数、燃爆性能、对健康的危害、安全使用存储、泄漏处置、急救措施及有关的法律法规等十六项内容。这些基本性质是在化学工艺过程设计及各类实验室、微电子等相关行业工艺设计中需要充分考虑的因素，因此学习和了解各类常见物质的 MSDS 信息、了解各种物质 MSDS 中的含义、编制新物质 MSDS 及养成使用或接触新化学物质时查询 MSDS 的习惯等成为高等学校化学化工类专业及相关专业人才素质培养的基本要求。北京大学已经在试剂采购管理平台中嵌入了拟采购化学品的 MSDS 信息，要求第一次采购该化学品的教师和学生必须阅读。南京大学国家级化学实验教学示范中心的同仁们在长期教学和管理工作基础上，根据教学工作需要和基本法律法规要求，选编了这本《高校实验室常用危险化学品安全信息手册（MSDS）》，为化学相关实验室特别是教学实验室提供了一个有用的工具，这是一个非常有意义的尝试，也希望这本手册的出版可以进一步促进相关实验室技术安全管理水平和人才培养质量不断提高，从而达到全社会注重实验安全、生态环境保护和可持续发展理念的不断深化，促进社会文明协调发展的目的。

现在正值庚子年新冠肺炎疫情防控我国取得重大进展而世界出现危机的关键时刻，让我们又一次认识到人类知识共享及人与自然和谐发展的重要性，希望我们能尽快走出疫情影响的生活。

张贵祥

庚子年晚春于燕园

前言

按照国家公布的《危险化学品目录》(2018版)中的定义，危险化学品是指具有毒害、腐蚀、爆炸、燃烧、助燃等性质，对人体、设施、环境具有危害的剧毒化学品和其他化学品。目前列入《危险化学品目录》(2018版)的危险化学品共计2828种(序号2828是类属条目)，列入剧毒品、易制毒品、爆炸品和易制爆品目录的危险化学品共有269种。

在学科交叉融合的大背景下，高等教育事业不断发展，高等学校科研创新能力不断增强，教学实验室及科研实验室中使用的危险化学品的种类和数量迅速增加。近年来，由于对危险化学品的性质、使用和安全管理的认识不足，引发了很多惨痛事故，造成了生命和财产的巨大损失。因此，学习和了解各种危险化学品的危险特性与安全存储、防护与急救、应急处理和消防措施等安全知识，掌握危险化学品的正确使用和安全规范管理方法十分必要。

本书根据国家最新危险化学品管理条例，对化学化工类专业常用的危险化学品进行归类，并给出相关危险化学品物化性质及安全管理办法。编者对高等学校化学化工类专业科研与教学实验中常用的危险化学品进行了充分调研，从中选取302种常用普通危险化学品和剧毒化学品、易制毒化学品、爆炸化学品和易制爆化学品，编制了本手册，对危险化学品的中英文名称、分子式、CAS号、危险性类别和标志、理化数据、危险特性与安全存储、防护措施、接触表现与急救措施、泄漏应急处理、消防措施等进行了阐述。基本内容符合联合国《全球化学品统一分类和标签制度》(GHS)、《化学品分类和危险性公示通则》(GB 13690—2009)和《化学品分类和标签规范》(GB 30000.2～30000.29—2013)等系列标准的要求。

本书按普通危险化学品、剧毒化学品、易制毒化学品、爆炸化学品、易制爆化学品将正文分为五章，各章内容按照危险化学品中文名称拼音字母顺序排序，给出了每种危险化学品最核心的信息，简明扼要、实用性强。同时，还以二维码的形式给出部分危险化学品在教学实验中的使用方法及应急处理方法的演示视频。附录给出了本书包含的危险化学品的CAS号、英文名索引，以便查阅。希望本书的出版可以为各高校化学化工类专业、近化学化工类专业教学实验室的药品管理提供帮助，带动高校化学品规范化管理，指导化学品安全流通和安全使用，确保安全操作。

南京大学国家级化学实验教学示范中心章文伟、周爱东主持本书的编写工作，马海凤、刘斌、李育佳共同参与策划，马海凤、王秧年、尹桂、孔璇凤、叶涛、田笑丛、朱婷玉、刘斌、杨金月、张晖、陆大东、赵蕾、奚忠华、高卫、戴洁(以姓氏笔画为序)承担书稿初期文献资料的收集、整理工作，马海凤、杨金月、田笑丛、奚忠华、朱婷玉、赵蕾、王秧年、戴洁、高卫、章文伟、周爱东承担书稿后期的资料核对、编撰工作，刘斌、杨金月、戴洁、高卫、程旭承担危险化学品的使用方法及实验室应急处理操作演示视频的拍摄工作。全书由周爱东、章文伟、马海凤统稿，章文伟、周爱东定稿。

本书初稿承蒙北京大学张新祥教授审阅，提出了许多宝贵意见；本书编写和出版过程中，高等教育出版社李颖编辑给予了大力支持和严格把关；本书编写过程中，编者参考《危险化学品安全技术全书》(第三版)、MOLBASE、SOMSDS 及国内外多个权威数据库，充分吸纳近年来兄弟院校、科研院所化学研究和实验教学改革成果；本书的出版得到了南京大学化学一流建设学科、化学工程与技术一流建设学科的支持，以及江苏省高等教育教改研究项目(2019JSGJ316、2017JSJG089)、南京大学“十三五”实验教学改革研究重点课题(SY201903、SY201912)的资助；淳远、余晓冬、芦昌盛、王凤彬、程旭参与了书稿方案的讨论，在此一并表示诚挚的感谢!

由于编者水平有限，书中难免存在疏漏与不妥之处，恳请读者批评指正，以便再版时完善。

本书编写组

2019 年 10 月

编写和使用说明

I. 项目解释和编写说明

一、化学品信息

1. 分子式：指用元素符号表示的物质分子的化学成分。按照化学式书写的一般原则，本书中，有机化合物先按 C、H 顺序排列，其余按英文字顺序排列；有机金属化合物中，有机基团写在前，金属离子及配位水分子写在后；无机物按常规形式排列。

2. CAS 号：CAS 是 Chemical Abstract Service 的缩写。CAS 号是美国《化学文摘》对化学物质登录的检索服务号，是检索化学物质有关信息资料最常用的编号。

二、理化数据

1. 熔点：指在一定压力下，晶体溶解时的温度，单位是℃。一般情况下填写常温常压下的数值；特殊条件下得到的数值，标出技术条件。

2. 沸点：指在 101.3 kPa 压力下，物质由液态转变为气态的温度，单位是℃。一般情况下填写常温常压下的数值；对于不是在 101.3 kPa 下得到的数据，或者物质直接从固态变成气态（升华），或者物质在溶解（或沸腾）前就发生分解的，标出技术条件。

3. 闪点：指在规定的条件下，试样被加热到它的蒸气与空气的混合气体接触火焰时，能产生闪燃的最低温度。闪点有开杯（用 OC 标注）和闭杯（用 CC 标注）两种值。闪点是评价液体物质燃爆危险性的重要指标。闪点越低，燃爆危险性越大。

4. 自燃温度：指物质在没有火焰、火花等火源作用下，在空气或氧气中被加热而引起燃烧的最低温度。

5. 临界温度：指物质处于临界状态时的温度，即加压使气体液化所允许的最高温度，用℃表示。

6. 临界压力：指物质处于临界状态时的压力，就是在临界温度时使气体液化所需要的最小压力，即液体在临界温度时的饱和蒸气压，用 MPa 表示。

7. 饱和蒸气压：指一定温度下，于真空容器中纯净液体与蒸气达到平衡时的压力，用 kPa 表示，并标明温度。

8. 相对密度：指化学品的密度与参考物质的密度在规定条件下的比值。化学品是液体或液化气体时，以水为参考物质；化学品是气体或蒸气时，以空气为参考物质。密度的单位是 kg/m^3。

9. 爆炸极限：易（可）燃气体、液体蒸气、固体粉尘与空气形成混合物，遇火源即能发生燃烧爆炸的最低浓度，称为该气体、蒸气或粉尘的爆炸下限；同时，易（可）燃气体、液体蒸气、固体粉尘与空气形成混合物，遇火源即能发生燃烧爆炸的最高浓度，称为该气体、蒸气或粉尘的爆炸上限。上、下限之间的浓度范围称为爆炸范围。爆炸极限通常用易（可）燃气体或液体蒸气在混合气中的体积分数（%）表示，固体粉尘的爆炸极限用 mg/m^3 表示。

爆炸极限是评价可燃气体、蒸气或粉尘能否发生爆炸的重要参数，爆炸下限越低，爆炸极限越宽，则物质的爆炸危险性越大。

三、职业接触限值

1. 最高容许浓度（maximum allowable concentration, MAC）：指工作地点、在一个工作日内、任何时间有毒化学物质均不应超过的浓度，用 mg/m^3 表示。

2. 时量加权平均容许浓度（permissible concentration-time weighted average，PC-TWA）：指以时间为权数规定的 8 h 工作日、40 h 工作周的平均容许接触浓度水平，用 mg/m^3 表示。

Ⅱ. 有关问题的说明

“职业接触限值”栏目中有关［ ］注释：

［G1］、［G2A］、［G2B］——表示按世界卫生组织下属的国际癌症研究机构标注的化学物质致癌性。G1：确认人类致癌物；G2A：可能人类致癌物；G2B：可疑人类致癌物。对于标有致癌性标识的化学物质，应采取技术措施与个人防护，减少接触机会，尽可能保持最低接触水平。

［皮］——表示化学物质通过完整的皮肤、黏膜吸收后可引起全身效应，在生产过程中要保护皮肤。即使车间浓度不超标，如不防护仍可经皮肤吸收而中毒。并未考虑该化学物质引起刺激、皮炎和致敏作用的特性。

［敏］——表示人或动物资料已证实该物质可能有致敏作用，旨在保护劳动者避免诱发致敏效应。未标注“［敏］”的物质也并不表示该物质没有致敏能力，只反映目前尚缺乏科学证据或尚未定论。

［总尘］——表示可进入整个呼吸道（鼻、咽和喉、胸腔支气管、细支气管和肺泡）的粉尘，简称总尘。

［铅烟］——表示铅冶炼过程中产生的铅蒸气在空气中迅速冷凝及氧化后形成的悬浮于空气中的固体微粒，其直径小于或等于 0.1 μm。

［铅尘］——表示金属铅或其化合物经机械粉碎或碾磨形成的粉尘，其微粒直径多在 0.1～10 μm，能较长时间悬浮在空气中，在生产环境中主要经呼吸道进入人体。

［F］、［Cr］、［Pb］等——分别表示按 F 计、按 Cr 计、按 Pb 计等。

目录

第 2 章

第 3 章

易制毒化学品 // 247

第 4 章

爆炸化学品 // 261

第 5 章

易制爆化学品 // 267

第 1 章　普通危险化学品

危险性类别	品名、英文名、分子式、CAS 号	危险性标志
有毒 **高压气体**	氨 ammonia NH_3 CAS 号：7664-41-7	

理化数据

熔点：−77.7℃	沸点：−33.5℃	闪点：−54℃（CC）
自燃温度：651℃	临界温度：132.5℃	临界压力：11.40 MPa
饱和蒸气压：506.62 kPa（4.7℃）	相对密度（$d_{水}$=1）：0.7（−33℃）	相对蒸气密度（$d_{空气}$=1）：0.59
爆炸上限：28%	爆炸下限：15%	

危险特性与安全存储

危险特性	易燃高压气体，有毒，具刺激性。与空气混合能形成爆炸性混合物，遇明火、高热能引起燃烧爆炸。与氟、氯等接触发生剧烈反应。若遇高热，容器有开裂和爆炸危险。对水生生物的毒性非常大。
安全存储	应与氧化剂、酸类、卤素、食用化学品分开存放，切忌混储。保持容器密封。 储存于阴凉、干燥、通风的有毒气体专用库房，库温不超过 30℃，远离火种、热源。采用防爆型照明、通风设备，禁止使用易产生火花的机械设备和工具。储区应备有泄漏应急处理设备。

防护措施

按需戴防毒面具

必须戴防护眼镜

必须穿防护服

必须戴防护手套

接触表现与急救措施

接触表现	低浓度氨对黏膜有刺激作用；高浓度氨可致眼灼伤、造成组织溶解坏死，甚至引起反射性呼吸停止；液氨可致眼和皮肤灼伤。 轻度中毒出现流泪、咽痛、声音嘶哑、咳嗽、咯痰等症状，眼角膜、鼻黏膜和咽部充血、水肿，胸部 X 线征象支气管炎或支气管周围炎；中度中毒上述症状加剧，出现呼吸困难、紫绀症状，胸部 X 线征象肺炎或间质性肺炎；重度中毒可致中毒性肺水肿、呼吸窘迫、谵妄、昏迷、休克等，可发生喉头水肿或支气管黏膜坏死脱落窒息，并发胸或纵隔气肿。
急救措施	皮肤接触　立即脱去污染的衣着，用大量流动清水彻底冲洗至少 15 min。就医。 眼睛接触　立即分开眼睑，用大量流动清水或生理盐水彻底冲洗 5～10 min。就医。 吸　　入　迅速脱离现场至空气新鲜处。保持呼吸道通畅。如呼吸困难，给输氧。如呼吸、心跳停止，立即进行心肺复苏术。就医。

泄漏应急处理

迅速撤离泄漏污染区人员至上风处，并立即隔离，严格限制出入。切断火源。建议应急处理人员穿内置正压自给式呼吸器的隔绝式防护服。尽可能切断泄漏源。合理通风，加速扩散。对于高浓度泄漏区，喷含盐酸的雾状水中和、稀释、溶解，同时构筑围堤或挖坑收容产生的大量废水。如有可能，将残余气或漏出气用排风机送至水洗塔或与塔相连的通风橱内。如果钢瓶发生泄漏，无法关闭时可将其浸入水中；如果是液化气体泄漏，若可能则翻转容器，使之逸出气体而非液体，并应注意防冻伤。储罐区最好设稀酸喷洒设施。漏气的容器要妥善处理，修复、检验后再用。

职业接触限值	消防措施
PC-TWA：20 mg/m³	灭火剂：雾状水、抗溶性泡沫、二氧化碳、砂土。 **切断气源。若不能切断气源，则不允许熄灭泄漏处的火焰。**消防人员须佩戴空气呼吸器，穿全身防火防毒服，在上风向灭火。尽可能将容器从火场移至空旷处。喷水保持火场容器冷却，直至灭火结束。

危险性类别	品名、英文名、分子式、CAS 号	危险性标志
有害	2-氨基苯酚（邻氨基苯酚） 2-aminophenol C_6H_7NO CAS 号：95-55-6	

理化数据

熔点：170～174℃

危险特性与安全存储

危险特性	遇明火、高热可燃。受热分解放出有毒的氧化氮烟气。与强氧化剂接触可发生反应。
安全存储	应与氧化剂、酸类分开存放，切忌混储。保持容器密封。 储存于阴凉、通风的库房，远离火种、热源。配备相应品种和数量的消防器材，储区应备有合适的材料以收容泄漏物。

防护措施

接触表现与急救措施

接触表现	吸入过量的本品粉尘，可引起高铁血红蛋白血症；有致敏作用，偶可引起支气管哮喘及接触性变应性皮炎。
急救措施	皮肤接触　立即脱去污染的衣着，用肥皂水和清水彻底冲洗皮肤。就医。 眼睛接触　立即分开眼睑，用大量流动清水或生理盐水彻底冲洗。就医。 吸　　入　迅速脱离现场至空气新鲜处。保持呼吸道通畅。如呼吸困难，给输氧。如呼吸、心跳停止，立即进行心肺复苏术。就医。 食　　入　用水漱口，饮水。就医（高铁血红蛋白血症，可用美蓝和维生素 C 治疗）。

泄漏应急处理

隔离泄漏污染区，限制出入。切断火源。建议应急处理人员戴防尘口罩，穿防毒服，戴橡胶手套。不要直接接触泄漏物。尽可能切断泄漏源。用塑料布覆盖泄漏物，减少飞散。勿使水进入包装容器内。用洁净的铲子收集泄漏物，置于干净、干燥、盖子较松的容器中，将容器移离泄漏区。

职业接触限值	消防措施
未制定标准	灭火剂：雾状水、泡沫、二氧化碳、干粉、砂土。 消防人员须佩戴空气呼吸器，穿全身消防服，在上风向灭火。尽可能将容器从火场移至空旷处。喷水保持火场容器冷却，直至灭火结束。**切勿将水流直接射至熔融物**，以免引起严重的流淌火灾或引起剧烈沸溅。

危险性类别	品名、英文名、分子式、CAS 号	危险性标志
有害	3-氨基苯酚（间氨基苯酚） 3-aminophenol C_6H_7NO CAS 号：591-27-5	

理化数据

熔点：124～126℃　　沸点：164℃（1.47 kPa）　　饱和蒸气压：1.47 kPa（164℃）

危险特性与安全存储

危险特性	遇明火、高热可燃。受热分解放出有毒的氧化氮烟气。与强氧化剂接触可发生反应。燃烧生成有害的一氧化碳、氮氧化物。对水生生物有毒并具有长期持续影响。
安全存储	应与氧化剂、酸类、食用化学品分开存放，切忌混储。包装密封。 储存于阴凉、通风的库房，远离火种、热源。配备相应品种和数量的消防器材，储区应备有合适的材料以收容泄漏物。

防护措施

接触表现与急救措施

接触表现	不易经皮肤吸收。吸入过量的本品粉尘，可引起高铁血红蛋白血症。
急救措施	皮肤接触　立即脱去污染的衣着，用肥皂水和清水彻底冲洗皮肤。就医。 眼睛接触　立即分开眼睑，用流动清水或生理盐水彻底冲洗。就医。 吸　　入　迅速脱离现场至空气新鲜处。保持呼吸道通畅。如呼吸困难，给输氧。如呼吸、心跳停止，立即进行心肺复苏术。就医。 食　　入　用水漱口，饮水。就医（高铁血红蛋白血症，可用美蓝和维生素 C 治疗）。

泄漏应急处理

隔离泄漏污染区，限制出入。切断火源。建议应急处理人员戴防尘口罩，穿防毒服，戴橡胶手套。不要直接接触泄漏物。尽可能切断泄漏源。用塑料布覆盖泄漏物，减少飞散。勿使水进入包装容器内。用洁净的铲子收集泄漏物，置于干净、干燥、盖子较松的容器中，将容器移离泄漏区。

职业接触限值	消防措施
未制定标准	灭火剂：雾状水、泡沫、干粉、二氧化碳、砂土。 消防人员须佩戴防毒面具，穿全身消防服，在上风向灭火。尽可能将容器从火场移至空旷处。喷水保持火场容器冷却，直至灭火结束。**切勿将水流直接射至熔融物**，以免引起严重的流淌火灾或剧烈沸溅。

<table>
<tr><th>危险性类别</th><th>品名、英文名、分子式、CAS 号</th><th>危险性标志</th></tr>
<tr><td>有害</td><td>4-氨基苯磺酸（磺胺酸）
4-aminobenzene sulfonic acid
$C_6H_7NO_3S$
CAS 号：121-57-3</td><td></td></tr>
</table>

理化数据

熔点：288℃（分解）　　相对密度（$d_{水}$=1）：1.5

危险特性与安全存储

危险特性	可燃，具刺激性。受热分解，放出氮、硫的氧化物等有毒气体。对水生生物有害并具有长期持续影响。
安全存储	应与氧化剂、酸类、碱类分开存放，切忌混储。 储存于阴凉、通风的库房，远离火种、热源。储区应备有合适的材料以收容泄漏物。

防护措施

接触表现与急救措施

接触表现	吸入、摄入或经皮肤吸收对身体有害。有刺激作用。
急救措施	皮肤接触　立即脱去污染的衣着，用流动清水彻底冲洗。就医。 眼睛接触　立即分开眼睑，用流动清水或生理盐水彻底冲洗。就医。 吸　　入　迅速脱离现场至空气新鲜处。保持呼吸道通畅。如呼吸困难，给输氧。如呼吸、心跳停止，立即进行心肺复苏术。就医。 食　　入　用水漱口，饮水。就医。

泄漏应急处理

隔离泄漏污染区，限制出入。建议应急处理人员戴防尘口罩，穿耐酸碱服。不要直接接触泄漏物。尽可能切断泄漏源。用塑料布覆盖泄漏物，减少飞散。勿使水进入包装容器内。用洁净的铲子收集泄漏物，置于干净、干燥、盖子较松的容器中，将容器移离泄漏区。

职业接触限值	消防措施
未制定标准	灭火剂：雾状水、抗溶性泡沫、干粉、二氧化碳、砂土。 消防人员须佩戴空气呼吸器，穿全身耐酸碱消防服灭火。尽可能将容器从火场移至空旷处。

危险性类别	品名、英文名、分子式、CAS 号	危险性标志
腐蚀	氨基磺酸 sulfamic acid H_3NO_3S CAS 号：5329-14-6	

理化数据

熔点：200～205℃	沸点：209℃
相对密度（$d_{水}$=1）：2.15	相对蒸气密度（$d_{空气}$=1）：3.3

危险特性与安全存储

危险特性	不燃，具腐蚀性、强刺激性。在高温火场中受热的容器有破裂和爆炸的危险。受热分解，放出氮、硫的氧化物等有毒气体。对水生生物有害并具有长期持续影响。
安全存储	应与氧化剂、碱类分开存放，切忌混储。包装密封。 储存于阴凉、通风的库房，远离火种、热源。储区应备有合适的材料以收容泄漏物。

防护措施

接触表现与急救措施

接触表现	吸入后对上呼吸道有刺激作用；对皮肤有刺激作用，对眼有强烈刺激作用。
急救措施	皮肤接触　立即脱去污染的衣着，用流动清水彻底冲洗。就医。 眼睛接触　立即分开眼睑，用大量流动清水或生理盐水彻底冲洗 5～10 min。就医。 吸　　入　迅速脱离现场至空气新鲜处。保持呼吸道通畅。如呼吸困难，给输氧。如呼吸、心跳停止，立即进行心肺复苏术。就医。 食　　入　用水漱口，饮水。就医。

泄漏应急处理

隔离泄漏污染区，限制出入。建议应急处理人员戴防尘口罩，穿耐酸碱服，戴耐酸碱手套。不要直接接触泄漏物。尽可能切断泄漏源。用塑料布覆盖泄漏物，减少飞散。勿使水进入包装容器内。用洁净的铲子收集泄漏物，置于干净、干燥、盖子较松的容器中，将容器移离泄漏区。

职业接触限值	消防措施
未制定标准	灭火剂：雾状水、泡沫、二氧化碳、砂土。 消防人员须佩戴空气呼吸器，穿全身耐酸碱消防服灭火。尽可能将容器从火场移至空旷处。喷水保持火场容器冷却，直至灭火结束。

危险性类别	品名、英文名、分子式、CAS 号	危险性标志
腐蚀	氨水 ammonia water H_5NO CAS 号：1336-21-6	

理化数据

熔点：−58℃（25% 溶液）　沸点：38℃　饱和蒸气压：1.59 kPa（20℃）

相对密度（$d_{水}$=1）：0.91　相对蒸气密度（$d_{空气}$=1）：0.6

危险特性与安全存储

危险特性	易放出氨气，温度越高，放出气体速度越快，可形成爆炸性气氛。若遇高热，容器内压增大，有开裂和爆炸的危险。与强氧化剂和酸发生剧烈反应。燃烧生成有害的氮氧化物。对水生生物毒性非常大。
安全存储	应与酸类、金属粉末分开存放，切忌混储。保持容器密封，防止阳光直射。露天储罐夏季要有降温措施。 储存于阴凉、干燥、通风的库房，库温不超过 32℃，相对湿度不超过 80%，远离火种、热源。储区应备有泄漏应急处理设备和合适的收容材料。

防护措施

按需戴防毒面具

按需戴防护眼镜

必须穿防护服

必须戴防护手套

接触表现与急救措施

接触表现	吸入后对鼻、喉和肺有刺激作用，引起咳嗽、气短和哮喘等，重者发生喉头水肿、肺水肿及心、肝、肾损害。氨水溅入眼内、皮肤接触均致灼伤，经口摄入灼伤消化道。长期反复接触低浓度本品可引起支气管炎；皮肤有干燥、痒、发红的皮炎症状。如果皮肤有伤口要避免接触伤口以防感染。
急救措施	皮肤接触　立即脱去污染的衣着，用大量流动清水彻底冲洗至少 15 min。就医。 眼睛接触　立即分开眼睑，用大量流动清水或生理盐水彻底冲洗 5～10 min。就医。 吸　　入　迅速脱离现场至空气新鲜处。保持呼吸道通畅。如呼吸困难，给输氧。如呼吸、心跳停止，立即进行心肺复苏术。就医。 食　　入　用水漱口，给饮牛奶或蛋清。禁止催吐。就医。

泄漏应急处理

迅速撤离泄漏污染区人员至安全区，并进行隔离，严格限制出入。建议应急处理人员戴正压自给式呼吸器，穿耐酸碱服，戴橡胶手套。不要直接接触泄漏物。尽可能切断泄漏源。防止进入下水道、排洪沟等限制性空间。

小量泄漏：用干燥的砂土或其他不燃材料吸收或覆盖，收集于容器中。

大量泄漏：构筑围堤或挖坑收容。用防腐蚀泵转移至槽车或专用收集器内。

职业接触限值	消防措施
PC-TWA：20 mg/m^3	灭火剂：水、雾状水、砂土。 消防人员须佩戴空气呼吸器，穿全身耐酸碱消防服灭火。尽可能将容器从火场移至空旷处。喷水保持火场容器冷却，直至灭火结束。

<table>
<tr><th>危险性类别</th><th>品名、英文名、分子式、CAS 号</th><th>危险性标志</th></tr>
<tr><td>易燃
有毒</td><td>白磷
phosphorus white
P_4
CAS 号：12185-10-3</td><td> </td></tr>
</table>

理化数据

熔点：44.1℃	沸点：280.5℃	自燃温度：30℃
临界温度：721℃	临界压力：8.32 MPa	饱和蒸气压：0.13 kPa（76.6℃）
相对密度（$d_{水}$=1）：1.88	相对蒸气密度（$d_{空气}$=1）：4.42	

危险特性与安全存储

危险特性	本品属自燃物品，高毒，具刺激性。接触空气能自燃并引起燃烧和爆炸。在潮湿空气中的自燃点低于在干燥空气中的自燃点。与氯酸盐等氧化剂混合发生爆炸。其碎片和碎屑接触皮肤干燥后即着火，可引起严重的皮肤灼伤。对水生生物毒性非常大。
安全存储	应与氧化剂、酸类、卤素、食用化学品分开存放，切忌混储。应保存在水中，并浸没在水下，隔绝空气。 储存于阴凉、通风的专用库房，库温应保持在 1℃以上，远离火种、热源。采用防爆型照明、通风设施，禁止使用易产生火花的机械设备和工具。储区应备有合适的材料以收容泄漏物。

防护措施

按需戴防毒面具

按需戴防护眼镜

必须穿防护服

必须戴防护手套

接触表现与急救措施

接触表现	急性吸入本品轻度中毒表现有呼吸道刺激症状、头痛、头晕、全身无力、呕吐、心动过缓、上腹疼痛、黄疸、肝肿大等；重度中毒出现急性肝坏死、中毒性肺水肿等。经口摄入本品轻度中毒出现口腔糜烂、急性胃肠炎，甚至发生食道、胃穿孔，数天后出现肝、肾损害，重者发生肝、肾功能衰竭等。本品可致皮肤灼伤，磷经灼伤皮肤吸收引起中毒，重者发生中毒性肝病、肾损害、急性溶血等，以致死亡。慢性影响表现为神经衰弱综合征、消化功能紊乱、中毒性肝病；能引起骨骼损害，尤以下颌骨显著，后期出现下颌骨坏死及齿槽萎缩。
急救措施	皮肤接触　立即脱去污染的衣着，立即用大量流动清水彻底冲洗。继之涂抹 2%～3% 硝酸银溶液灭磷火。也可用 1% 硫酸铜溶液冲洗。就医。禁用油性敷料。 眼睛接触　立即分开眼睑，用大量流动清水或生理盐水彻底冲洗 5～10 min。就医。 吸　　入　迅速脱离现场至空气新鲜处。保持呼吸道通畅。如呼吸困难，给输氧。如呼吸、心跳停止，立即进行心肺复苏术。就医。 食　　入　立即饮 0.2% 硫酸铜溶液后用手指刺激咽部催吐，可重复几次，直至吐出物无大蒜味为止。此后，每 10～15 min 口服 0.2% 硫酸铜溶液 10 mL，连服 3 次。再口服 25% 硫酸镁或硫酸钠溶液导泻。禁止饮用植物油和牛奶。就医。

泄漏应急处理

隔离泄漏污染区，限制出入。切断火源。建议应急处理人员戴防尘口罩，穿防静电、防腐蚀、防毒服，戴橡胶手套。不要直接接触泄漏物。尽可能切断泄漏源。防止进入下水道、排洪沟等限制性空间。

小量泄漏：用水、潮湿的砂土或泥土覆盖，收入金属容器并保存于水中。

大量泄漏：构筑围堤或挖坑收容。用潮湿的砂土覆盖。在专家指导下清除。

职业接触限值	消防措施
PC-TWA：0.05 mg/m³	灭火剂：雾状水。 消防人员须佩戴空气呼吸器，穿全身耐酸碱消防服灭火。尽可能将容器从火场移至空旷处。喷水保持火场容器冷却，直至灭火结束。

危险性类别	品名、英文名、分子式、CAS 号	危险性标志
易燃	苯 benzene C_6H_6 CAS 号：71-43-2	

理化数据

熔点：5.5℃	沸点：80.1℃	闪点：−11℃（CC）
自燃温度：560℃	临界温度：289.5℃	临界压力：4.92 MPa
饱和蒸气压：9.95 kPa（20℃）	相对密度（$d_{水}$=1）：0.88	相对蒸气密度（$d_{空气}$=1）：2.77
爆炸上限：8%	爆炸下限：1.2%	

危险特性与安全存储

危险特性	易燃，其蒸气与空气可形成爆炸性混合物，遇明火、高热极易燃烧爆炸。与氧化剂能发生剧烈反应。易产生和聚集静电，有燃烧爆炸危险。其蒸气比空气重，遇火源会着火回燃。对水生生物有害并具有长期持续影响。
安全存储	应与氧化剂、食用化学品分开存放，切忌混储。保持容器密封。 储存于阴凉、通风的库房，库温不超过 37℃，远离火种、热源。采用防爆型照明、通风设施，禁止使用易产生火花的机械设备和工具。储区应备有泄漏应急处理设备和合适的收容材料。

防护措施

接触表现与急救措施

接触表现	高浓度苯对中枢神经系统有麻醉作用，引起急性中毒：轻者有头痛、头晕、恶心、呕吐等状态；重者发生昏迷、抽搐、血压下降，可致呼吸和循环衰竭。长期接触苯对造血系统有损害，可引起慢性中毒：轻者主要表现有神经衰弱综合征，造血系统改变，如白细胞（计数低于 4×10^9 个/L）和血小板减少；重者出现再生障碍性贫血，并有易感染和（或）出血倾向。少数在慢性中毒后可发生白血病（以急性粒细胞性多见）。皮肤损害有脱脂、干燥、皲裂、皮炎。可致月经量增多与经期延长。
急救措施	皮肤接触　立即脱去污染的衣着，用流动清水彻底冲洗皮肤。如有不适感，就医。 眼睛接触　立即分开眼睑，用流动清水或生理盐水彻底冲洗。就医。 吸　　入　迅速脱离现场至空气新鲜处。保持呼吸道通畅。如呼吸困难，给输氧。如呼吸、心跳停止，立即进行心肺复苏术。就医。 食　　入　饮水。禁止催吐。就医。

泄漏应急处理

切断火源。迅速撤离泄漏污染区人员至安全区，并进行隔离，严格限制出入。建议应急处理人员戴正压自给式呼吸器，穿防毒、防静电服，戴橡胶耐油手套。禁止接触或跨越泄漏物。尽可能切断泄漏源。防止进入下水道、排洪沟等限制性空间。

小量泄漏：用砂土或其他不燃材料吸收，用洁净的无火花工具收集吸收材料。

大量泄漏：构筑围堤或挖坑收容。用泡沫覆盖，减少蒸发。喷水雾能减少蒸发，但不能降低泄漏物在有限空间内的易燃性。用防爆泵转移至槽车或专用收集器内。

职业接触限值	消防措施
PC-TWA：6 mg/m³	灭火剂：泡沫、干粉、二氧化碳、砂土。**用水灭火无效。** 消防人员须佩戴空气呼吸器，穿全身防火防毒服，在上风向灭火。喷水冷却容器，尽可能将容器从火场移至空旷处。容器突然发出异常声音或出现异常现象，应立即撤离。

危险性类别	品名、英文名、分子式、CAS 号	危险性标志
腐蚀 **有毒**	苯胺 aniline C_6H_7N CAS 号：62-53-3	 

理化数据

熔点：−6.2℃	沸点：184.4℃	闪点：70℃
自燃温度：615℃	临界温度：425.6℃	临界压力：5.30 MPa
饱和蒸气压：2.00 kPa（25℃）	相对密度（$d_{水}$=1）：1.02	相对蒸气密度（$d_{空气}$=1）：3.22
爆炸上限：11.0%	爆炸下限：1.2%	

危险特性与安全存储

危险特性	有毒，遇明火、高热可燃。与酸类、卤素、醇类、胺类发生剧烈反应，会引起燃烧。对水生生物有毒并具有长期持续影响。
安全存储	应与氧化剂、酸类、食用化学品分开存放，切忌混储。避光保存，包装要求密封，不可与空气接触。 储存于阴凉、通风的库房，库温不超过 32℃，相对湿度不超过 80%，远离火种、热源。配备相应品种和数量的消防器材，储区应备有泄漏应急处理设备和合适的收容材料。

防护措施

接触表现与急救措施

接触表现	本品主要引起高铁血红蛋白血症、溶血性贫血及肝肾损害；易经皮肤吸收。	
	急性中毒	轻度中毒表现为口唇、指端、耳郭紫绀，有头痛、头晕、恶心、呕吐、手指发麻、精神恍惚等症状；重度中毒时皮肤、黏膜严重青紫，呼吸困难，抽搐甚至昏迷，休克，出现溶血性黄疸，中毒性肝炎及肾损害，可伴有化学性膀胱炎，眼接触引起结膜角膜炎。
	慢性中毒	有神经衰弱综合征表现，伴有轻度紫绀、贫血及肝、脾肿大；皮肤接触可引起湿疹。
急救措施	皮肤接触	立刻脱去污染的衣着，用肥皂水和清水彻底冲洗。就医。
	眼睛接触	立即分开眼睑，用大量流动清水或生理盐水彻底冲洗。就医。
	吸　　入	迅速脱离现场至空气新鲜处。保持呼吸道通畅。如呼吸困难，给输氧。如呼吸、心跳停止，立即进行心肺复苏术。就医。
	食　　入	用水漱口，饮水。就医（高铁血红蛋白血症，可用美蓝和维生素 C 治疗）。

泄漏应急处理

迅速撤离泄漏污染区人员至安全区，并进行隔离，严格限制出入。切断火源。建议应急处理人员戴正压自给式呼吸器，穿防毒服，戴橡胶耐油手套。不要直接接触泄漏物。尽可能切断泄漏源。防止进入下水道、排洪沟等限制性空间。
小量泄漏：用干燥的砂土或其他不燃材料吸收或覆盖，收集于容器中。
大量泄漏：构筑围堤或挖坑收容。用砂土、惰性材料或蛭石吸收大量液体。用泵转移至槽车或专用收集器内。

职业接触限值	消防措施
PC-TWA：3 mg/m^3 ［皮］	灭火剂：水、泡沫、二氧化碳、砂土。 消防人员须佩戴空气呼吸器，穿全身防火防毒服，在安全距离以外，上风向灭火。尽可能将容器从火场移至空旷处。喷水保持火场容器冷却，直至灭火结束。

危险性类别	品名、英文名、分子式、CAS 号	危险性标志
有毒	1,2-苯二胺（邻苯二胺） 1,2-diaminobenzene $C_6H_8N_2$ CAS 号：95-54-5	

理化数据

熔点：102～104℃	沸点：252～258℃	闪点：156℃（CC）
临界压力：5.18 MPa	饱和蒸气压：0.33 kPa（100℃）	相对密度（$d_{水}$=1）：1.03
相对蒸气密度（$d_{空气}$=1）：3.7	爆炸上限：9.8%	爆炸下限：1.5%

危险特性与安全存储

危险特性	可燃，有毒，具刺激性。遇明火、高热可燃。受热分解放出有毒的氧化氮烟气。对水生生物毒性非常大并具有长期持续影响。
安全存储	应与氧化剂、酸类分开存放，切忌混储。保持容器密封。 储存于阴凉、通风的库房，远离火种、热源。配备相应品种和数量的消防器材，储区应备有合适的材料以收容泄漏物。

防护措施

接触表现与急救措施

接触表现	吸入、摄入或经皮肤吸收对身体有害。对眼、黏膜、呼吸道有刺激作用；可引起皮炎；可引起高铁血红蛋白血症。
急救措施	皮肤接触　立即脱去污染的衣着，用肥皂水和清水彻底冲洗皮肤。 眼睛接触　立即分开眼睑，用大量流动清水或生理盐水彻底冲洗。就医。 吸　　入　迅速脱离现场至空气新鲜处。保持呼吸道通畅。如呼吸困难，给输氧。如呼吸、心跳停止，立即进行心肺复苏术。就医。 食　　入　用水漱口，饮水。就医（高铁血红蛋白血症，可用美蓝和维生素 C 治疗）。

泄漏应急处理

隔离泄漏污染区，限制出入。切断火源。建议应急处理人员戴防尘口罩，穿防毒服，戴橡胶手套。不要直接接触泄漏物。尽可能切断泄漏源。用塑料布覆盖泄漏物，减少飞散。勿使水进入包装容器内。用洁净的铲子收集泄漏物，置于干净、干燥、盖子较松的容器中，将容器移离泄漏区。

职业接触限值	消防措施
未制定标准	灭火剂：雾状水、二氧化碳、砂土。 消防人员须佩戴空气呼吸器，穿全身防火防毒服，在上风向灭火。尽可能将容器从火场移至空旷处。喷水保持火场容器冷却，直至灭火结束。

危险性类别	品名、英文名、分子式、CAS 号	危险性标志
有毒	1,3-苯二胺（间苯二胺） 1,3-diaminobenzene $C_6H_8N_2$ CAS 号：108-45-2	

理化数据

熔点：63℃	沸点：282～287℃	闪点 138℃
自燃温度：560℃	临界压力：5.18 MPa	饱和蒸气压：1.33 kPa（100℃）
相对密度（$d_{水}$=1）：1.14	相对蒸气密度（$d_{空气}$=1）：3.7	

危险特性与安全存储

危险特性	可燃，有毒。遇明火、高热可燃。受热分解放出有毒的氧化氮烟气。对水生生物毒性非常大并具有长期持续影响。
安全存储	应与氧化剂、酸类分开存放，切忌混储。保持容器密封。 储存于阴凉、通风的库房，远离火种、热源。配备相应品种和数量的消防器材，储区应备有合适的材料以收容泄漏物。

防护措施

接触表现与急救措施

接触表现	因挥发性很小，不易吸入中毒。经口摄入则毒性剧烈，与苯胺同，引起高铁血红蛋白血症，使组织缺氧，出现紫绀。对皮肤有致敏作用。
急救措施	皮肤接触　立即脱去污染的衣着，用肥皂水和清水彻底冲洗皮肤。就医。 眼睛接触　立即分开眼睑，用大量流动清水或生理盐水彻底冲洗。就医。 吸　　入　迅速脱离现场至空气新鲜处。保持呼吸道通畅。如呼吸困难，给输氧。如呼吸、心跳停止，立即进行心肺复苏术。就医。 食　　入　用水漱口，饮水。就医（高铁血红蛋白血症，可用美蓝和维生素 C 治疗）。

泄漏应急处理

隔离泄漏污染区，限制出入。切断火源。建议应急处理人员戴防尘口罩，穿防毒服，戴橡胶手套。不要直接接触泄漏物。尽可能切断泄漏源。用塑料布覆盖泄漏物，减少飞散。勿使水进入包装容器内。用洁净的铲子收集泄漏物，置于干净、干燥、盖子较松的容器中，将容器移离泄漏区。

职业接触限值	消防措施
未制定标准	灭火剂：雾状水、二氧化碳、砂土。 消防人员须佩戴空气呼吸器，穿全身防火防毒服，在上风向灭火。尽可能将容器从火场移至空旷处。喷水保持火场容器冷却，直至灭火结束。

危险性类别	品名、英文名、分子式、CAS 号	危险性标志
有毒	1,4-苯二胺（对苯二胺） 1,4-diaminobenzene $C_6H_8N_2$ CAS 号：106-50-3	

理化数据

熔点：145～147℃	沸点：267℃	闪点：155℃
临界压力：5.18 MPa	饱和蒸气压：0.14 kPa（100℃）	相对蒸气密度（$d_{空气}$=1）：3.7
爆炸上限：9.8%	爆炸下限：1.3%	

危险特性与安全存储

危险特性	遇明火、高热可燃。与强氧化剂接触可发生反应。受热分解放出有毒的烟气。对水生生物毒性非常大并具有长期持续影响。
安全存储	应与氧化剂、酸类、食用化学品分开存放，切忌混储。包装密封。 储存于阴凉、通风的库房，远离火种、热源。配备相应品种和数量的消防器材，储区应备有合适的材料以收容泄漏物。

防护措施

按需戴防护口罩

必须戴防护眼镜

必须穿防护服

必须戴防护手套

接触表现与急救措施

接触表现	经口摄入毒性剧烈，与苯胺同，引起高铁血红蛋白血症。吸入本品粉尘可引起支气管炎和支气管哮喘。皮肤接触可引起过敏性皮炎。
急救措施	皮肤接触　立即脱去污染的衣着，用流动清水彻底冲洗。就医。 眼睛接触　立即分开眼睑，用大量流动清水或生理盐水彻底冲洗。就医。 吸　　入　迅速脱离现场至空气新鲜处。保持呼吸道通畅。如呼吸困难，给输氧。如呼吸、心跳停止，立即进行心肺复苏术。就医。 食　　入　饮适量温水，催吐（仅限于清醒者）。就医（高铁血红蛋白血症，可用美蓝和维生素 C 治疗）。

泄漏应急处理

隔离泄漏污染区，限制出入。切断火源。建议应急处理人员戴防尘口罩，穿防毒服，戴橡胶手套。不要直接接触泄漏物。尽可能切断泄漏源。用塑料布覆盖泄漏物，减少飞散。勿使水进入包装容器内。用洁净的铲子收集泄漏物，置于干净、干燥、盖子较松的容器中，将容器移离泄漏区。

职业接触限值	消防措施
未制定标准	灭火剂：雾状水、二氧化碳、砂土。 消防人员须佩戴空气呼吸器，穿全身防火防毒服，在上风向灭火。尽可能将容器从火场移至空旷处。喷水保持火场容器冷却，直至灭火结束。

危险性类别	品名、英文名、分子式、CAS 号	危险性标志
有害	1,2-苯二酚（邻苯二酚） 1,2-benzenediol $C_6H_6O_2$ CAS 号：120-80-9	

理化数据

熔点：105℃　沸点：245～246℃　闪点：127℃（CC）

自燃温度：510℃　临界压力：7.49 MPa　饱和蒸气压：0.0039 kPa（20℃）

相对密度（$d_{水}$=1）：1.34　相对蒸气密度（$d_{空气}$=1）：3.79

爆炸上限：9.8%　爆炸下限：1.6%

危险特性与安全存储

危险特性	遇明火、高热可燃。与强氧化剂接触可发生反应。受高热分解放出有毒的气体。对水生生物有毒。
安全存储	应与氧化剂、酸类、碱类分开存放，切忌混储。保持容器密封，不可与空气接触。 储存于阴凉、通风的库房，远离火种、热源。配备相应品种和数量的消防器材，储区应备有合适的材料以收容泄漏物。

防护措施

接触表现与急救措施

接触表现	急性中毒症状与酚相似，但抽搐比较剧烈。接触工人中体检发现呼吸道刺激症状及皮疹患病率增高，并见到儿茶酚胺代谢异常、血压升高、体温不稳定及肝肾损害。	
急救措施	皮肤接触	立即脱去污染的衣着，用大量流动清水彻底冲洗污染创面，同时用浸过聚乙烯乙二醇（PEG400 或 PEG300）的棉球或浸过 30%～50% 酒精的棉球擦洗创面至无酚味为止（注意不能将患处浸泡于清洗液中）。可继续使用 4%～5% 碳酸氢钠溶液湿敷创面。就医。
	眼睛接触	立即分开眼睑，用大量流动清水或生理盐水彻底冲洗 10～15 min。就医。
	吸　　入	迅速脱离现场至空气新鲜处。保持呼吸道畅通。如呼吸困难，给输氧。如呼吸、心跳停止，立即进行心肺复苏术。就医。
	食　　入	用水漱口，给饮植物油 15～30 mL，催吐。对食入时间长者禁用植物油，可给饮牛奶或蛋清。就医。

泄漏应急处理

隔离泄漏污染区，限制出入。切断火源。建议应急处理人员戴防尘口罩，穿防毒服。不要直接接触泄漏物。尽可能切断泄漏源。用塑料布覆盖泄漏物，减少飞散。勿使水进入包装容器内。用洁净的铲子收集泄漏物，置于干净、干燥、盖子较松的容器中，将容器移离泄漏区。

职业接触限值	消防措施
未制定标准	灭火剂：雾状水、干粉、抗溶性泡沫、二氧化碳、砂土。 消防人员须佩戴空气呼吸器，穿全身防火防毒服，在上风向灭火。尽可能将容器从火场移至空旷处。喷水保持火场容器冷却，直至灭火结束。

危险性类别	品名、英文名、分子式、CAS 号	危险性标志
有害	1,3-苯二酚（间苯二酚） 1,3-benzenediol $C_6H_6O_2$ CAS 号：108-46-3	

理化数据

熔点：110.7℃	沸点：276.5℃	闪点：127℃
自燃温度：608℃	临界压力：7.49 MPa	饱和蒸气压：0.13 kPa（108.4℃）
相对密度（$d_{水}$=1）：1.27	相对蒸气密度（$d_{空气}$=1）：3.79	
爆炸上限：9.8%	爆炸下限：1.4%	

危险特性与安全存储

危险特性	可燃，受高热分解放出有毒的气体。与强氧化剂接触可发生反应。对水生生物毒性非常大。
安全存储	应与氧化剂、酸类、碱类分开存放，切忌混储。保持容器密封。 储存于阴凉、通风的库房，库温不超过 35℃，相对湿度不超过 80%，远离火种、热源。配备相应品种和数量的消防器材，储区应备有合适的材料收容泄漏物。

防护措施

接触表现与急救措施

接触表现	急性中毒	与酚相似，引起头痛、头昏、烦躁、嗜睡、紫绀（由于高铁血红蛋白血症）、抽搐、心动过速、呼吸困难、体温及血压下降，甚至死亡。3%～25% 本品水溶液或油膏涂在皮肤上引起皮肤损害，并可吸收中毒引起死亡。长期低浓度接触，可引起呼吸道刺激症状及皮肤损害。
急救措施	皮肤接触	立即脱去污染的衣着，用大量流动清水彻底冲洗污染创面，同时用浸过聚乙烯乙二醇（PEG400 或 PEG300）的棉球或浸过 30%～50% 酒精的棉球擦洗创面至无酚味为止（注意不能将患处浸泡于清洗液中）。可继续使用 4%～5% 碳酸氢钠溶液湿敷创面。就医。
	眼睛接触	立即分开眼睑，用大量流动清水或生理盐水彻底冲洗 10～15 min。就医。
	吸　　入	迅速脱离现场至空气新鲜处。保持呼吸道畅通。如呼吸困难，给输氧。如呼吸、心跳停止，立即进行心肺复苏术。就医。
	食　　入	用水漱口，给饮植物油 15～30 mL，催吐。对食入时间长者禁用植物油，可给饮牛奶或蛋清。就医（高铁血红蛋白血症，可用美蓝和维生素 C 治疗）。

泄漏应急处理

隔离泄漏污染区，限制出入。切断火源。建议应急处理人员戴防尘口罩，穿防毒服。不要直接接触泄漏物。尽可能切断泄漏源。用塑料布覆盖泄漏物，减少飞散。勿使水进入包装容器内。用洁净的铲子收集泄漏物，置于干净、干燥、盖子较松的容器中，将容器移离泄漏区。

职业接触限值	消防措施
PC-TWA：20 mg/m^3	灭火剂：雾状水、抗溶性泡沫、二氧化碳、干粉、砂土。 消防人员须佩戴空气呼吸器，穿全身防火防毒服，在上风向灭火。尽可能将容器从火场移至空旷处。喷水保持火场容器冷却，直至灭火结束。

危险性类别	品名、英文名、分子式、CAS 号	危险性标志
腐蚀	1,4-苯二酚（对苯二酚、氢醌） 1,4-benzenediol $C_6H_6O_2$ CAS 号：123-31-9	

理化数据

熔点：170.5℃	沸点：285℃	闪点：165℃（CC）
自燃温度：516℃	临界温度：549.9℃	临界压力：7.45 MPa
饱和蒸气压：0.13 kPa（132.4℃）	相对密度（$d_{水}$=1)：1.33	相对蒸气密度（$d_{空气}$=1)：3.81
爆炸上限：15.3%	爆炸下限：1.6%	

危险特性与安全存储

危险特性	遇明火、高热可燃。与强氧化剂接触可发生反应。受高热分解放出有毒的气体。对水生生物毒性非常大并具有长期持续影响。
安全存储	应与氧化剂、酸类、碱类、食用化学品分开存放，切忌混储。包装要求密封，不可与空气接触。储存于阴凉、通风的库房，远离火种、热源。配备相应品种和数量的消防器材，储区应备有合适的材料以收容泄漏物。

防护措施

接触表现与急救措施

接触表现	本品毒性比酚大，成人误服 1 g，即可出现头痛、头晕、耳鸣、面色苍白、紫绀、恶心、呕吐、腹痛、窒息感、呼吸困难、心动过速、震颤、肌肉抽搐、惊厥、谵妄和虚脱，重者可出现呕血、血尿和溶血性黄疸、尿呈青色或棕绿色。皮肤可因原发性刺激和变态反应而致皮炎，可引起皮肤色素脱失。眼接触本品粉尘或蒸气，可导致结膜炎和角膜炎。
急救措施	皮肤接触　立即脱去污染的衣物，用大量流动清水彻底冲洗污染创面，同时用浸过聚乙烯乙二醇（PEG400 或 PEG300）的棉球或浸过 30%～50% 酒精的棉球擦洗创面至无酚味为止（注意不能将患处浸泡于清洗液中）。可继续使用 4%～5% 碳酸氢钠溶液湿敷创面。就医。 眼睛接触　立即分开眼睑，用大量流动清水或生理盐水彻底冲洗 10～15 min。就医。 吸　　入　迅速脱离现场至空气新鲜处。保持呼吸道畅通。如呼吸困难，给输氧。如呼吸、心跳停止，立即进行心肺复苏术。就医。 食　　入　用水漱口，给饮植物油 15～30 mL，催吐。食入时间长者禁用植物油，可给饮牛奶或蛋清。就医。

泄漏应急处理

隔离泄漏污染区，限制出入。切断火源。建议应急处理人员戴防尘口罩，穿防毒服，戴橡胶手套。不要直接接触泄漏物。尽可能切断泄漏源。用塑料布覆盖，减少飞散。勿使水进入包装容器内。用洁净的铲子收集泄漏物，置于干净、干燥、盖子较松的容器中，将容器移离泄漏区。

职业接触限值	消防措施
PC-TWA：1 mg/m^3	灭火剂：雾状水、抗溶性泡沫、干粉、二氧化碳、砂土。 消防人员须佩戴空气呼吸器，穿全身防火防毒服，在上风向灭火。尽可能将容器从火场移至空旷处。喷水保持火场容器冷却至灭火结束。

<table>
<tr><th>危险性类别</th><th>品名、英文名、分子式、CAS 号</th><th>危险性标志</th></tr>
<tr><td>有毒
腐蚀</td><td>苯酚
phenol
C_6H_6O
CAS 号：108-95-2</td><td> </td></tr>
</table>

理化数据

熔点：40.6℃　沸点：181.9℃　闪点：79℃（CC）

自燃温度：715℃　临界温度：419.2℃　临界压力：6.13 MPa

饱和蒸气压：0.13 kPa（40.1℃）　相对密度（$d_{水}$=1）：1.071　相对蒸气密度（$d_{空气}$=1）：3.24

爆炸上限：9.5%　爆炸下限：1.3%

危险特性与安全存储

危险特性	遇明火、高热可燃，高毒，具强腐蚀性，可致人体灼伤。对水生生物有毒并具有长期持续影响。
安全存储	应与氧化剂、酸类、碱类、食用化学品分开存放，切忌混储。包装密封，避免光照。 储存于阴凉、通风的库房，库温不超过 35℃，相对湿度不超过 80%，远离火种、热源。配备相应品种和数量的消防器材，储区应备有合适的材料以收容泄漏物。

防护措施

按需戴防护口罩

必须戴防护眼镜

必须穿防护服

必须戴防护手套

接触表现与急救措施

<table>
<tr><td>接触表现</td><td colspan="2">对皮肤、黏膜有强烈的腐蚀作用，可抑制中枢神经和损害肝肾功能。吸入高浓度蒸气可致头痛、头晕、乏力、视物模糊、肺水肿等；误服引起消化道灼伤，出现烧灼痛，呼出气带酚味，呕吐物或大便可带血液，有胃肠穿孔的可能，可出现休克、肺水肿、肝或肾损害、急性肾功能衰竭，可因呼吸衰竭致死；眼接触可致灼伤；可经灼伤皮肤吸收中毒，表现为心律失常、休克、代谢性酸中毒、肾损害等，甚至引起急性肾功能衰竭。长期接触可引起头痛、头晕、咳嗽、食欲减退、恶心、呕吐，重者引起蛋白尿；可致皮炎。</td></tr>
<tr><td rowspan="4">急救措施</td><td>皮肤接触</td><td>立即脱去污染的衣着，用大量流动清水彻底冲洗污染创面，同时用浸过聚乙烯乙二醇（PEG400 或 PEG300）的棉球或浸过 30%～50% 酒精的棉球擦洗创面至无酚味为止（注意不能将患处浸泡于清洗液中）。可继续使用 4%～5% 碳酸氢钠溶液湿敷创面。就医。</td></tr>
<tr><td>眼睛接触</td><td>立即分开眼睑，用大量流动清水或生理盐水彻底冲洗 10～15 min。就医。</td></tr>
<tr><td>吸　　入</td><td>迅速脱离现场至空气新鲜处。保持呼吸道畅通。如呼吸困难，给输氧。如呼吸、心跳停止，立即进行心肺复苏术。就医。</td></tr>
<tr><td>食　　入</td><td>立即给饮植物油 15～30 mL，催吐。食入时间长者禁用植物油，可口服牛奶或蛋清。就医。</td></tr>
</table>

泄漏应急处理

隔离泄漏污染区，限制出入。切断火源。建议应急处理人员戴防尘口罩，穿防毒服，戴防化学品手套。不要直接接触泄漏物。尽可能切断泄漏源。用塑料布覆盖泄漏物，减少飞散。勿使水进入包装容器内。用洁净的铲子收集泄漏物，置于干净、干燥、盖子较松的容器中，将容器移离泄漏区。

职业接触限值	消防措施
PC-TWA：10 mg/m^3 ［皮］	灭火剂：水、泡沫、干粉、二氧化碳。 消防人员须佩戴空气呼吸器，穿全身防火防毒服，在上风向灭火。尽可能将容器从火场移至空旷处。喷水保持火场容器冷却，直至灭火结束。

危险性类别	品名、英文名、分子式、CAS 号	危险性标志
腐蚀	苯酚钠 sodium phenolate C_6H_5NaO CAS 号：139-02-6	

理化数据

熔点：384℃

危险特性与安全存储

危险特性	具强烈刺激性，遇明火、高热可燃。与强氧化剂接触可发生反应。受热分解或与酸类接触放出有毒气体。
安全存储	应与氧化剂、酸类分开存放，切忌混储。包装要求密封，不可与空气接触。 储存于阴凉、通风的库房，远离火种、热源。配备相应品种和数量的消防器材，储区应备有合适的材料以收容泄漏物。

防护措施

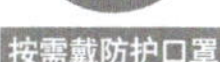

接触表现与急救措施

接触表现	本品具强烈刺激性，吸入后可引起肺水肿。眼和皮肤接触造成灼伤。经口摄入腐蚀消化道，造成严重灼伤，出现腹痛、呕吐、血样便。中毒后可继发肾损害。	
急救措施	皮肤接触	立即脱去污染的衣物，用大量流动清水彻底冲洗污染创面，同时用浸过聚乙烯乙二醇（PEG400 或 PEG300）的棉球或浸过 30%～50% 酒精的棉球擦洗创面至无酚味为止（注意不能将患处浸泡于清洗液中）。可继续使用 4%～5% 碳酸氢钠溶液湿敷创面。就医。
	眼睛接触	立即分开眼睑，用大量流动清水或生理盐水彻底冲洗 10～15 min。就医。
	吸　　入	迅速脱离现场至空气新鲜处。保持呼吸道通畅。如呼吸困难，给输氧。如呼吸、心跳停止，立即进行心肺复苏术。就医。
	食　　入	用水漱口，给饮植物油 15～30 mL，催吐。对食入时间长者禁用植物油，可给饮牛奶或蛋清。就医。

泄漏应急处理

隔离泄漏污染区，限制出入。切断火源。建议应急处理人员戴防尘口罩，穿防腐蚀、防毒服。不要直接接触泄漏物。尽可能切断泄漏源。用塑料布覆盖泄漏物，减少飞散。勿使水进入包装容器内。用洁净的铲子收集泄漏物，置于干净、干燥、盖子较松的容器中，将容器移离泄漏区。

职业接触限值	消防措施
未制定标准	灭火剂：雾状水、抗溶性泡沫、干粉、二氧化碳。 消防人员须佩戴空气呼吸器，穿全身耐酸碱消防服，在上风向灭火。尽可能将容器从火场移至空旷处。喷水保持火场容器冷却，直至灭火结束。

<table>
<tr><th>危险性类别</th><th>品名、英文名、分子式、CAS 号</th><th>危险性标志</th></tr>
<tr><td>易燃</td><td>苯甲醚
anisole
C_7H_8O
CAS 号：100-66-3</td><td></td></tr>
</table>

理化数据

熔点：−37.3℃　沸点：153.8℃　闪点：52℃（OC）
自燃温度：475℃　临界压力：4.25 MPa　饱和蒸气压：0.47 kPa（25℃）
相对密度（$d_{水}$=1）：0.99　相对蒸气密度（$d_{空气}$=1）：3.72
爆炸上限：9%　爆炸下限：1.3%

危险特性与安全存储

危险特性	易燃，遇高热、明火及强氧化剂易引起燃烧。燃烧生成有害的一氧化碳。对水生生物有害。
安全存储	应与氧化剂、酸类分开存放，切忌混储。保持容器密封。 储存于阴凉、通风的库房，库温不超过 37℃，远离火种、热源。采用防爆型照明、通风设施，禁止使用易产生火花的机械设备和工具。储区应备有泄漏应急处理设备和合适的收容材料。

防护措施

接触表现与急救措施

接触表现	对眼和呼吸道有刺激作用。
急救措施	皮肤接触　立即脱去污染的衣着，用大量流动清水彻底冲洗皮肤。就医。 眼睛接触　立即分开眼睑，用大量流动清水或生理盐水彻底冲洗。就医。 吸　　入　迅速脱离现场至空气新鲜处。保持呼吸道畅通。如呼吸困难，给输氧。如呼吸、心跳停止，立即进行心肺复苏术。就医。 食　　入　用水漱口，饮水。就医。

泄漏应急处理

隔离泄漏污染区，限制出入。切断火源。建议应急处理人员戴正压自给式呼吸器，穿防静电服，戴橡胶耐油手套。禁止接触或跨越泄漏物。尽可能切断泄漏源。防止进入下水道、排洪沟等限制性空间。
小量泄漏：用砂土或其他不燃材料吸收，用洁净的无火花工具收集吸收材料。
大量泄漏：构筑围堤或挖坑收容。用砂土、惰性物质或蛭石吸收大量液体。用泡沫覆盖，减少蒸发。喷水雾能减少蒸发，但不能降低泄漏物在有限空间内的易燃性。用防爆泵转移至槽车或专用收集器内。

职业接触限值	消防措施
未制定标准	灭火剂：泡沫、二氧化碳、干粉、砂土。**用水灭火无效。** 消防人员须佩戴空气呼吸器，穿全身防火防毒服，在上风向灭火。喷水冷却容器，尽可能将容器从火场移至空旷处。容器突然发出异常声音或出现异常现象，应立即撤离。

危险性类别	品名、英文名、分子式、CAS 号	危险性标志
腐蚀	苯甲酰氯 benzoyl chloride C_7H_5ClO CAS 号：98-88-4	

理化数据

熔点：-1℃　　沸点：197℃　　闪点：72.2℃

自燃温度：185℃　　临界压力：4.06 MPa　　饱和蒸气压：0.13 kPa（32.1℃）

相对密度（$d_{水}$=1）：1.22　　相对蒸气密度（$d_{空气}$=1）：4.88

爆炸上限：4.9%　　爆炸下限：1.2%

危险特性与安全存储

危险特性	遇明火、高热可燃。遇水或水蒸气反应放热并产生有毒的腐蚀性气体。对很多金属尤其是潮湿空气存在下有腐蚀性。燃烧生成有害的一氧化碳、氯化氢、光气。对水生生物毒性非常大。
安全存储	应与氧化剂、碱类、醇类、食用化学品分开存放，切忌混储。保持容器密封。 储存于阴凉、干燥、通风良好的库房，库温不超过 25℃，相对湿度不超过 75%，远离火种、热源。配备相应品种和数量的消防器材，储区应备有泄漏应急处理设备和合适的收容材料。

防护措施

按需戴防毒面具

按需戴防护眼镜

必须穿防护服

必须戴防护手套

接触表现与急救措施

接触表现	接触后出现上呼吸道刺激症状。眼和皮肤接触可引起灼伤。对皮肤有致敏作用。
急救措施	皮肤接触　立即脱去污染的衣着，用大量流动清水冲洗至少 15 min。就医。 眼睛接触　立即分开眼睑，用流动清水或生理盐水彻底冲洗 5～10 min。就医。 吸　　入　迅速脱离现场至空气新鲜处。保持呼吸道通畅。如呼吸困难，给输氧。如呼吸、心跳停止，立即进行心肺复苏术。就医。 食　　入　用水漱口，给饮牛奶或蛋清。禁止催吐。就医。

泄漏应急处理

迅速撤离泄漏污染区人员至安全区，并进行隔离，严格限制出入。切断火源。建议应急处理人员戴正压自给式呼吸器，穿耐酸碱服，戴橡胶耐酸碱手套。不要直接接触泄漏物。尽可能切断泄漏源。防止流入下水道、排洪沟等限制性空间。

小量泄漏：用干燥的砂土或其他不燃材料覆盖泄漏物，用洁净的无火花工具收集泄漏物，置于盖子较松的塑料容器中，待处置。

大量泄漏：构筑围堤或者挖坑收容。用砂土、惰性物质或蛭石吸收大量液体。用石灰（CaO）、碎石灰石（$CaCO_3$）或碳酸氢钠（$NaHCO_3$）中和。用防腐蚀泵转移至槽车或者专用收集器内。

职业接触限值	消防措施
未制定标准	灭火剂：干粉、二氧化碳。**禁止用水、泡沫和酸碱灭火剂灭火。** 消防人员须佩戴空气呼吸器，穿全身耐酸碱消防服，在上风向灭火。尽可能将容器从火场移至空旷处。喷水保持火场容器冷却，直至灭火结束。容器突然发出异常声音或出现异常现象，应立即撤离。

危险性类别	品名、英文名、分子式、CAS 号	危险性标志
有毒	1,4-苯醌（对苯醌） 1,4-benzoquinone $C_6H_4O_2$ CAS 号：106-51-4	

理化数据

熔点：115.7℃	沸点：293℃（升华）	闪点：38～93℃（CC）
自燃温度：560℃	临界压力：5.96 MPa	饱和蒸气压：0.01 kPa（25℃）
相对密度（$d_{水}$=1）：1.32	相对蒸气密度（$d_{空气}$=1）：3.73	
爆炸上限：13.5%	爆炸下限：1.7%	

危险特性与安全存储

危险特性	遇明火、高热可燃。受高热升华产生有毒气体。加热分解产生有毒气体。对水生生物毒性非常大。
安全存储	应与氧化剂、食用化学品分开存放，切忌混储。包装密封。 储存于阴凉、通风的库房，远离火种、热源。配备相应品种和数量的消防器材，储区应备有合适的材料以收容泄漏物。

防护措施

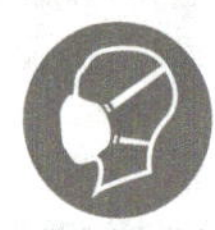

接触表现与急救措施

接触表现	本品有强烈刺激性，可引起高铁血红蛋白血症。高浓度接触刺激皮黏膜、上呼吸道、眼和皮肤；眼接触其蒸气可引起结膜和角膜损害，表现为结膜色素沉着、角膜溃疡。皮肤接触局部有色素减退、红斑、肿胀、丘疹和水泡，长期接触可引起坏死。经口摄入可致死。
急救措施	皮肤接触　立即脱去污染的衣着，用流动清水彻底冲洗。就医。 眼睛接触　立即分开眼睑，用流动清水或生理盐水彻底冲洗。就医。 吸　　入　迅速脱离现场至空气新鲜处。保持呼吸道通畅。如呼吸困难，给输氧。如呼吸、心跳停止，立即进行心肺复苏术。就医。 食　　入　饮适量温水，催吐（仅限于清醒者）。就医（高铁血红蛋白血症，可用美蓝和维生素 C 治疗）。

泄漏应急处理

隔离泄漏污染区，限制出入。切断火源。建议应急处理人员戴防尘口罩，穿防毒服，戴橡胶手套。不要直接接触泄漏物。尽可能切断泄漏源。用塑料布覆盖泄漏物，减少飞散。勿使水进入包装容器内。用洁净的铲子收集泄漏物，置于干净、干燥、盖子较松的容器中，将容器移离泄漏区。

职业接触限值	消防措施
未制定标准	灭火剂：水、泡沫、二氧化碳、砂土。 消防人员须佩戴空气呼吸器，穿全身防火防毒服，在上风向灭火。尽可能将容器从火场移至空旷处。喷水保持火场容器冷却，直至灭火结束。

危险性类别	品名、英文名、分子式、CAS 号	危险性标志
有毒	苯乙腈（氰化苄） phenylacetonitrile C_8H_7N CAS 号：140-29-4	

理化数据

熔点：−23.8℃　　沸点：233.5℃　　闪点：101℃

饱和蒸气压：0.0123 kPa（25℃）　　相对密度（$d_水$=1）：1.02

爆炸上限：7%　　爆炸下限：1.1%

危险特性与安全存储

危险特性	可燃，具刺激性。受高热分解放出有毒的气体。与强氧化剂接触可发生反应。
安全存储	应与氧化剂、还原剂、酸类、食用化学品分开存放，切忌混储。保持容器密封。 储存于阴凉、通风的库房，远离火种、热源。配备相应品种和数量的消防器材，储区应备有泄漏应急处理设备和合适的收容材料。

防护措施

接触表现与急救措施

接触表现	毒作用与氢氰酸相似，并有局部刺激作用。吸入后出现头痛、头晕、恶心、呕吐、倦睡、上呼吸道刺激、神志丧失等症状，可引起死亡。对眼和皮肤有刺激作用，可经皮肤迅速吸收。经口摄入可有消化道刺激症状。
急救措施	皮肤接触　立即脱去污染的衣着，用肥皂水和清水彻底冲洗。就医。 眼睛接触　立即分开眼睑，用大量流动清水或生理盐水彻底冲洗。就医。 吸　　入　迅速脱离现场至空气新鲜处。保持呼吸道通畅。如呼吸困难，给输氧。如呼吸、心跳停止，立即进行心肺复苏术。就医。 食　　入　催吐（仅限于清醒者），给饮活性炭悬液。就医（使用亚硝酸钠、硫代硫酸钠、4−二甲氨基苯酚等解毒剂）。

泄漏应急处理

迅速撤离泄漏污染区人员至安全区，并进行隔离，严格限制出入。切断火源。建议应急处理人员戴正压自给式呼吸器，穿防毒服，戴橡胶耐油手套。不要直接接触泄漏物。尽可能切断泄漏源。防止进入下水道、排洪沟等限制性空间。

小量泄漏：用干燥的砂土或其他不燃材料吸收或覆盖，收集于容器中。

大量泄漏：构筑围堤或挖坑收容。用泵转移至槽车或专用收集器内。

职业接触限值	消防措施
未制定标准	灭火剂：泡沫、干粉、二氧化碳、砂土。**禁止使用酸碱灭火剂。** 消防人员须佩戴空气呼吸器，穿全身防火防毒服，在上风向灭火。尽可能将容器从火场移至空旷处。喷水保持火场容器冷却，直至灭火结束。容器突然发出异常声音或出现异常现象，应立即撤离。

危险性类别	品名、英文名、分子式、CAS 号	危险性标志
易燃	吡啶 pyridine C_5H_5N CAS 号：110-86-1	

理化数据

熔点：−42℃
沸点：115.3℃
闪点：20℃
自燃温度：482℃
临界温度：346.8℃
饱和蒸气压：1.5 kPa（20℃）
相对密度（$d_{水}$=1）：0.982
相对蒸气密度（$d_{空气}$=1）：2.73
爆炸上限：12.4%
爆炸下限：1.8%

危险特性与安全存储

危险特性	其蒸气与空气混合可形成爆炸性混合物，遇明火、高热极易燃烧爆炸。与氧化剂接触发生剧烈反应。高温分解，释出剧毒的氮氧化物气体。与硫酸、硝酸、铬酸、发烟硫酸、氯磺酸、顺丁烯二酸酐、高氯酸银等剧烈反应，有爆炸危险。对水生生物有害。
安全存储	应与氧化剂、酸类、食用化学品分开存放，切忌混储。保持容器密封。 储存于阴凉、通风的库房，库温不超过 37℃，远离火种、热源。采用防爆型照明、通风设备。禁止使用易产生火花的机械设备和工具。储区应备有泄漏应急处理设备和合适的收容材料。

防护措施

接触表现与急救措施

接触表现	具强烈刺激性，能麻醉中枢神经系统，对眼及上呼吸道有刺激作用。高浓度吸入后，轻者有欣快或窒息感，继而出现抑郁、肌无力、呕吐症状；重者意识丧失、大小便失禁、强直性痉挛、血压下降。误服可致死。长期吸入出现头晕、头痛、失眠、步态不稳及消化道功能紊乱症状，可发生肝肾损害，可致多发性神经病；对皮肤有刺激作用，可引起皮炎，有时引起光感性皮炎。
急救措施	皮肤接触　立即脱去污染的衣着，用大量流动清水彻底冲洗。就医。 眼睛接触　立即分开眼睑，用大量流动清水或生理盐水彻底冲洗。就医。 吸　　入　迅速脱离现场至空气新鲜处。保持呼吸道通畅。如呼吸困难，给输氧。如呼吸、心跳停止，立即进行心肺复苏术。就医。 食　　入　用水漱口，饮水。就医。

泄漏应急处理

迅速撤离泄漏污染区人员至安全区，并进行隔离，严格限制出入。切断火源。建议应急处理人员戴正压自给式呼吸器，穿防毒、防静电服。禁止接触或跨越泄漏物。尽可能切断泄漏源。防止进入下水道、排洪沟等限制性空间。

小量泄漏：用砂土或其他不燃材料吸收，用洁净的无火花工具收集吸收材料。

大量泄漏：构筑围堤或挖坑收容。用抗溶性泡沫覆盖，减少蒸发。喷水雾能减少蒸发，但不能降低泄漏物在有限空间内的易燃性。用防爆泵转移至槽车或专用收集器内。喷雾状水驱散蒸气，稀释液体泄漏物。

职业接触限值	消防措施
PC-TWA：4 mg/m^3	灭火剂：雾状水、泡沫、干粉、二氧化碳、砂土。 消防人员须佩戴防毒面具，穿全身消防服，在上风向灭火。尽可能将容器从火场移至空旷处。喷水保持火场容器冷却，直至灭火结束。容器突然发出异常声音或出现异常现象，应立即撤离。

危险性类别	品名、英文名、分子式、CAS 号	危险性标志
腐蚀	苄胺（苯甲胺） benzylamine C_7H_9N CAS 号：100-46-9	

理化数据

熔点：10℃　沸点：185℃　闪点：60℃
饱和蒸气压：1.60 kPa（90℃）　相对密度（$d_{水}$=1）：0.98

危险特性与安全存储

危险特性	遇明火、高热易燃，具强刺激性。受高热分解放出有毒的气体。对水生生物有害。
安全存储	应与氧化剂、酸类分开存放，切忌混储。 储存于阴凉、通风的库房，远离火种、热源。采用防爆型照明、通风设施，禁止使用易产生火花的机械设备和工具。储区应备有泄漏应急处理设备和合适的收容材料。

防护措施

接触表现与急救措施

接触表现	吸入、摄入或经皮肤吸收对身体有害，对眼、黏膜、呼吸道及皮肤有强烈刺激作用。吸入后可因喉、支气管的炎症造成痉挛、水肿及化学性肺炎或肺水肿而致死。中毒表现为烧灼感、咳嗽、喘息、喉炎、气短、头痛、恶心和呕吐症状。眼和皮肤接触可引起灼伤。
急救措施	皮肤接触　立即脱去污染的衣着，用大量流动清水冲洗至少 15 min。就医。 眼睛接触　立即分开眼睑，用大量流动清水或生理盐水彻底冲洗 5～10 min。就医。 吸　　入　迅速脱离现场至空气新鲜处。保持呼吸道通畅。如呼吸困难，给输氧。如呼吸、心跳停止，立即进行心肺复苏术。就医。 食　　入　用水漱口，给饮牛奶或蛋清。禁止催吐。就医。

泄漏应急处理

隔离泄漏污染区，限制出入。切断火源。建议应急处理人员戴自给式呼吸器，穿防毒、防静电服。不要直接接触泄漏物。尽可能切断泄漏源。防止进入下水道、排洪沟等限制性空间。
小量泄漏：用干燥的砂土或其他不燃材料吸收或覆盖，收集于容器中。也可用大量水冲洗，冲洗水稀释后放入废水系统。
大量泄漏：构筑围堤或挖坑收容。用防爆泵转移至槽车或专用收集器内。

职业接触限值	消防措施
未制定标准	灭火剂：雾状水、抗溶性泡沫、干粉、二氧化碳、砂土。 消防人员须佩戴空气呼吸器，穿全身防火防毒服，在上风向灭火。尽可能将容器从火场移至空旷处。喷水保持火场容器冷却，直至灭火结束。容器突然发出异常声音或出现异常现象，应立即撤离。

危险性类别	品名、英文名、分子式、CAS 号	危险性标志
易燃 **腐蚀**	1-丙醇（正丙醇） 1-propyl alcohol C_3H_8O CAS 号：71-23-8	 

理化数据

熔点：−127℃

沸点：97.1℃

闪点：15℃

自燃温度：371℃

临界温度：263.6℃

临界压力：5.17 MPa

饱和蒸气压：2.0 kPa（20℃）

相对密度（$d_{水}$=1）：0.80

相对蒸气密度（$d_{空气}$=1）：2.1

爆炸上限：13.5%

爆炸下限：2.1%

危险特性与安全存储

危险特性	高度易燃，其蒸气与空气可形成爆炸性混合物，遇明火、高热能引起燃烧爆炸。与氧化剂接触发生反应或引起燃烧。在火场中，受热的容器有爆炸危险。其蒸气遇明火会着火回燃。
安全存储	应与氧化剂、酸类、卤素、食用化学品分开存放，切忌混储。保持容器密封。 储存于阴凉、通风的库房，库温不超过 37℃，远离火种、热源。采用防爆型照明、通风设施，禁止使用易产生火花的机械设备和工具。储区应备有泄漏应急处理设备和合适的收容材料。

防护措施

接触表现与急救措施

接触表现	接触高浓度本品蒸气出现头痛、倦睡、共济失调及眼、鼻、喉刺激症状。经口摄入可致恶心、呕吐、腹痛、腹泻、倦睡、昏迷，甚至死亡。长期皮肤接触可致皮肤干燥、皲裂。	
急救措施	皮肤接触	立即脱去污染的衣着，用大量流动清水彻底冲洗。就医。
	眼睛接触	立即分开眼睑，用大量流动清水或生理盐水彻底冲洗 5～10 min。就医。
	吸　　入	迅速脱离现场至空气新鲜处。保持呼吸道通畅。如呼吸困难，给输氧。如呼吸、心跳停止，立即进行心肺复苏术。就医。
	食　　入	用水漱口，饮水。就医。

泄漏应急处理

切断火源。迅速撤离泄漏污染区人员至安全区，并进行隔离，严格限制出入。建议应急处理人员戴正压自给式呼吸器，穿防静电服。禁止接触或跨越泄漏物。尽可能切断泄漏源。防止进入下水道、排洪沟等限制性空间。

小量泄漏：用砂土或其他不燃材料吸收，用洁净的无火花工具收集吸收材料。

大量泄漏：构筑围堤或挖坑收容。用抗溶性泡沫覆盖，减少蒸发。喷水雾能减少蒸发，但不能降低泄漏物在有限空间内的易燃性。用防爆泵转移至槽车或专用收集器内。喷雾状水驱散蒸气，稀释液体泄漏物。

职业接触限值	消防措施
PC-TWA：200 mg/m^3	灭火剂：抗溶性泡沫、干粉、二氧化碳、砂土。 消防人员须佩戴防毒面具，穿全身消防服，在上风向灭火。尽可能将容器从火场移至空旷处。喷水保持火场容器冷却，直至灭火结束。容器突然发出异常声音或出现异常现象，应立即撤离。

危险性类别	品名、英文名、分子式、CAS 号	危险性标志
易燃	2-丙醇（异丙醇） 2-propanol C_3H_8O CAS 号：67-63-0	

理化数据

熔点：-88.5℃	沸点：82.5℃	闪点：12℃（CC）
自燃温度：456℃	临界温度：235℃	临界压力：4.76 MPa
饱和蒸气压：4.40 kPa（20℃）	相对密度（$d_{水}$=1）：0.79	相对蒸气密度（$d_{空气}$=1）：2.1
爆炸上限：12.7%	爆炸下限：2.0%	

危险特性与安全存储

危险特性	易燃，其蒸气与空气可形成爆炸性混合物，遇明火、高热能引起燃烧爆炸。与氧化剂接触发生剧烈反应。在火场中，受热的容器有爆炸危险。其蒸气比空气重，遇火源易着火回燃。
安全存储	应与氧化剂、酸类、卤素分开存放，切忌混储。保持容器密封。 储存于阴凉、通风的库房，库温不超过 37℃，远离火种、热源。采用防爆型照明、通风设施，严禁使用易产生火花的机械设备和工具。储区应备有泄漏应急处理设备和合适的收容材料。

防护措施

接触表现与急救措施

接触表现	接触高浓度本品蒸气出现头痛、倦睡、共济失调及眼、鼻、喉刺激症状。经口摄入可致恶心、呕吐、腹痛、腹泻、倦睡、昏迷，甚至死亡。长期皮肤接触可致皮肤干燥、皲裂。
急救措施	皮肤接触　立即脱去污染的衣着，用大量流动清水彻底冲洗。就医。 眼睛接触　立即分开眼睑，用大量流动清水或生理盐水彻底冲洗。就医。 吸　　入　迅速脱离现场至空气新鲜处。保持呼吸道通畅。如呼吸困难，给输氧。如呼吸、心跳停止，立即进行心肺复苏术。就医。 食　　入　用水漱口，饮水。就医。

泄漏应急处理

迅速撤离泄漏污染区人员至安全区，并进行隔离，严格限制出入。切断火源。建议应急处理人员戴正压自给式呼吸器，穿防静电服。尽可能切断泄漏源。防止进入下水道、排洪沟等限制性空间。

小量泄漏：用砂土或其他不燃材料吸附或吸收，用洁净的无火花工具收集吸收材料。

大量泄漏：构筑围堤或挖坑收容。用抗溶性泡沫覆盖，减少蒸发。喷水雾能减少蒸发，但不能降低泄漏物在有限空间内的易燃性。用防爆泵转移至槽车或专用收集器内。喷雾状水驱散蒸气，稀释液体泄漏物。

职业接触限值	消防措施
PC-TWA：350 mg/m^3	灭火剂：抗溶性泡沫、干粉、二氧化碳、砂土。 消防人员须佩戴防毒面具，穿全身消防服，在上风向灭火。尽可能将容器从火场移至空旷处。喷水保持火场容器冷却，直至灭火结束。容器突然发出异常声音或出现异常现象，应立即撤离。

危险性类别	品名、英文名、分子式、CAS 号	危险性标志
腐蚀	丙酸 propionic acid $C_3H_6O_2$ CAS 号：79-09-4	

理化数据

熔点：-21.5℃
沸点：141.1℃
闪点：54℃（CC）
自燃温度：512℃
临界温度：339℃
临界压力：4.53 MPa
饱和蒸气压：1.33 kPa（39.7℃）
相对密度（$d_{水}$=1）：0.99
相对蒸气密度（$d_{空气}$=1）：2.56
爆炸上限：14.9%
爆炸下限：3.0%

危险特性与安全存储

危险特性	其蒸气与空气形成爆炸性混合物，遇明火、高热能引起燃烧爆炸。与氧化剂接触发生剧烈反应。燃烧生成有害的一氧化碳。对水生生物有害。
安全存储	应与氧化剂、还原剂、碱类分开存放，切忌混储。保持容器密封。 储存于阴凉、通风的库房，库温不超过 32℃，相对湿度不超过 80%，远离火种、热源。采用防爆型照明、通风设施，禁止使用易产生火花的机械设备和工具。储区应备有泄漏应急处理设备和合适的收容材料。

防护措施

接触表现与急救措施

接触表现	吸入本品对呼吸道有强烈刺激作用，可发生肺水肿。本品蒸气对眼有强烈刺激作用，液体可致严重眼损害。皮肤接触可致灼伤。大量经口摄入出现恶心、呕吐和腹痛症状。
急救措施	皮肤接触　立即脱去污染的衣着，用大量流动清水冲洗至少 15 min。就医。 眼睛接触　立即分开眼睑，用大量流动清水或生理盐水彻底冲洗 5～10 min。就医。 吸　　入　迅速脱离现场至空气新鲜处。保持呼吸道通畅。如呼吸困难，给输氧。如呼吸、心跳停止，立即进行心肺复苏术。就医。 食　　入　用水漱口，给饮牛奶或蛋清。禁止催吐。就医。

泄漏应急处理

隔离泄漏污染区，限制出入。切断火源。建议应急处理人员戴正压自给式呼吸器，穿防静电、防腐蚀、防毒服，戴橡胶耐酸碱手套。禁止接触或跨越泄漏物。尽可能切断泄漏源。防止进入下水道、排洪沟等限制性空间。

小量泄漏：用砂土或其他不燃材料吸收，用洁净的无火花工具收集吸收材料。也可以先用水稀释，然后用石灰或苏打灰中和。

大量泄漏：构筑围堤或挖坑收容。用抗溶性泡沫覆盖，减少蒸发。喷水雾能减少蒸发，但不能降低泄漏物在有限空间内的易燃性。用防爆、防腐蚀泵转移至槽车或专用收集器内。

职业接触限值	消防措施
PC-TWA：30 mg/m^3	灭火剂：雾状水、抗溶性泡沫、干粉、二氧化碳、砂土。 消防人员须佩戴空气呼吸器，穿全身耐酸碱消防服灭火。尽可能将容器从火场移至空旷处。喷水保持火场容器冷却，直至灭火结束。容器突然发出异常声音或出现异常现象，应立即撤离。

危险性类别	品名、英文名、分子式、CAS 号	危险性标志
易燃 高压气体	丙烷 propane C_3H_8 CAS 号：74-98-6	 

理化数据

熔点：−189.7℃	沸点：−42.1℃	闪点：−104℃
自燃温度：450℃	临界温度：96.8℃	临界压力：4.25 MPa
饱和蒸气压：840 kPa（20℃）	相对密度（$d_{水}$=1）：0.58（−44.5℃）	相对蒸气密度（$d_{空气}$=1）：1.6
爆炸上限：9.5%	爆炸下限：2.1%	

危险特性与安全存储

危险特性	极易燃气体，与空气可形成爆炸性混合物，遇热源和明火有燃烧爆炸的危险。与氧化剂接触发生剧烈反应。气体比空气重，能在较低处扩散到相当远的地方，遇火源会着火回燃。
安全存储	应与氧化剂、卤素分开存放，切记混储。 储存于阴凉、通风的易燃气体专用库房，库温不超过 30℃，远离火种、热源。采用防爆型照明、通风设施，禁止使用易产生火花的机械设备和工具。储区应备有泄漏应急处理设备。

防护措施

接触表现与急救措施

接触表现	吸入后仅有不同程度的头晕，如接触丙烷、乙烷或丁烷等混合气体，可引起头晕、头痛、兴奋或嗜睡、恶心、呕吐、脉缓等症状，严重时表现为麻醉状态及意识丧失。接触液态本品可引起冻伤。长期低浓度吸入丙烷、丁烷者出现神经衰弱综合征及多汗、脉搏不稳定、立毛肌反射增强、皮肤划痕症等自主神经功能紊乱现象，并有发生肌体远端感觉减退者。
急救措施	皮肤接触　如发生冻伤，用温水（38～42℃）复温，忌用热水或辐射热，不要揉搓。就医。 吸　　入　迅速脱离现场至空气新鲜处。保持呼吸道通畅。如呼吸困难，给输氧。如呼吸、心跳停止，立即进行心肺复苏术。就医。

泄漏应急处理

迅速撤离泄漏污染区人员至上风处，并进行隔离，严格限制出入。切断火源。建议应急处理人员戴正压自给式呼吸器，穿防静电服。尽可能切断泄漏源。液化气体泄漏时穿防静电、防寒服。用工业覆盖层或吸附 / 吸收剂盖住泄漏点附近的下水道等地方，防止气体进入。合理通风，加速扩散。喷雾状水稀释、溶解。构筑围堤或挖坑收容产生的大量废水。若可能则翻转容器，使之逸出气体而非液体，将漏出气用排风机送至空旷地方或装设适当喷头烧掉。漏气容器要妥善处理，修复、检验后再用。

职业接触限值	消防措施
未制定标准	灭火剂：雾状水、泡沫、二氧化碳、干粉。 消防人员须佩戴空气呼吸器，穿全身防火防毒服，在上风向灭火。切断气源。若不能切断气源，则不允许熄灭泄漏处的火焰。尽可能将容器从火场移至空旷处。喷水保持火场容器冷却，直至灭火结束。

危险性类别	品名、英文名、分子式、CAS 号	危险性标志
易燃	丙烯酸乙酯 ethyl acrylate $C_5H_8O_2$ CAS 号：140-88-5	

理化数据

熔点：−71.2℃　沸点：99.4℃　闪点：9℃

自燃温度：345～383℃　临界温度：279℃　临界压力：3.7 MPa

饱和蒸气压：3.90 kPa（20℃）　相对密度（$d_{水}=1$）：0.92　相对蒸气密度（$d_{空气}=1$）：3.45

爆炸上限：14.0 %　爆炸下限：1.4%

危险特性与安全存储

危险特性	高度易燃，其蒸气与空气可形成爆炸性混合物。容易自聚，温度超过 20℃能聚合积热，引起爆炸。遇明火、高热能引起燃烧爆炸。其蒸气比空气重，能在较低处扩散到相当远的地方，遇火源会着火回燃。对水生生物有害并具有长期持续影响。
安全存储	应与氧化剂、酸类、碱类、过氧化物分开存放，切忌混储。包装要求密封，不可与空气接触，不宜大量储存或久存。通常商品加有阻聚剂。 储存于阴凉、通风的库房，库温不超过 37℃，远离火种、热源。采用防爆型照明、通风设施，禁止使用易产生火花的机械设备和工具。储区应备有泄漏应急处理设备和合适的收容材料。

防护措施

接触表现与急救措施

接触表现	对呼吸道有刺激作用，高浓度吸入引起肺水肿。有麻醉作用。眼直接接触可致灼伤。对皮肤有明显的刺激和致敏作用。经口摄入强烈刺激口腔及消化道，可出现头晕、呼吸困难、神经过敏症状。
急救措施	皮肤接触　立即脱去污染的衣着，用大量流动清水彻底冲洗。如有不适感，就医。 眼睛接触　立即分开眼睑，用大量流动清水或生理盐水彻底冲洗 5～10 min。就医。 吸　　入　迅速脱离现场至空气新鲜处。保持呼吸道通畅。如呼吸困难，给输氧。如呼吸、心跳停止，立即进行心肺复苏术。就医。 食　　入　用水漱口，饮水。就医。

泄漏应急处理

迅速撤离泄漏污染区人员至安全区，并进行隔离，严格限制出入。切断火源。建议应急处理人员戴正压自给式呼吸器，穿防静电服，戴橡胶耐油手套。不要直接接触泄漏物。尽可能切断泄漏源。防止进入下水道、排洪沟等限制性空间。

小量泄漏：用砂土或其他不燃材料吸收，用洁净的无火花工具收集吸收材料。

大量泄漏：构筑围堤或挖坑收容。用抗溶性泡沫覆盖，减少蒸发。喷水雾能减少蒸发，但不能降低泄漏物在有限空间内的易燃性。用防爆泵转移至槽车或专用收集器内。喷雾状水驱散蒸气，稀释液体泄漏物。

职业接触限值	消防措施
未制定标准	灭火剂：抗溶性泡沫、二氧化碳、干粉、砂土。 消防人员须佩戴防毒面具，穿全身消防服，在上风向灭火。尽可能将容器从火场移至空旷处。喷水保持火场容器冷却，直至灭火结束。容器突然发出异常声音或出现异常现象，应立即撤离。遇大火，消防人员须在有防护掩蔽处操作。

危险性类别	品名、英文名、分子式、CAS 号	危险性标志
有毒	丙烯酰胺 acrylamide C_3H_5NO CAS 号：79-06-1	

理化数据

熔点：84.5℃
沸点：125℃（3.33kPa）；192.6℃
闪点：138℃（CC）
自燃温度：424℃
临界压力：5.73 MPa
饱和蒸气压：0.21kPa（84.5℃）
相对密度（$d_{水}$=1）：1.12
相对蒸气密度（$d_{空气}$=1）：2.45
爆炸上限：20.6%
爆炸下限：2.7%

危险特性与安全存储

危险特性	遇明火、高热可燃。若遇高热，可发生聚合反应，放出大量热而引起容器破裂和爆炸事故。受热分解放出有毒的腐蚀性烟气。对水生生物有害。
安全存储	应与氧化剂、酸类、碱类分开存放，切忌混储。包装要求密封，不宜大量储存或久存。 储存于阴凉、通风的库房，远离火种、热源。配备相应品种和数量的消防器材及泄漏应急处理设备，储区应备有合适的收容材料。

防护措施

按需戴防护口罩

必须戴防护眼镜

必须穿防护服

必须戴防护手套

接触表现与急救措施

接触表现	本品是一种蓄积性神经毒物，主要损害神经系统。轻度中毒以周围神经损害为主，重度可引起小脑病变。中毒多为慢性经过，初为神经衰弱综合征，继之发生周围神经病，出现四肢麻木、感觉异常、腱反射减弱或消失、抽搐、瘫痪等，重度中毒出现以小脑病变为主的中毒性脑病，出现震颤、步态紊乱、共济失调，甚至大小便失禁或尿潴留。本品中毒主要因皮肤吸收引起，皮肤接触本品可发生粗糙、角化、脱屑。对皮肤有致敏作用。
急救措施	皮肤接触　立即脱去污染的衣着，用大量流动清水彻底冲洗。 眼睛接触　立即分开眼睑，用大量流动清水或生理盐水彻底冲洗。立即就医。 吸　　入　迅速脱离现场至空气新鲜处。保持呼吸道通畅。如呼吸困难，给输氧。如呼吸、心跳停止，立即进行心肺复苏术。就医。 食　　入　饮适量温水，催吐（仅限于清醒者）。就医。

泄漏应急处理

隔离泄漏污染区，限制出入。切断火源。建议应急处理人员戴防尘口罩，穿防毒服，戴橡胶手套。不要直接接触泄漏物。尽可能切断泄漏源。用塑料布覆盖，减少飞散。勿使水进入包装容器内。用洁净的铲子收集泄漏物，置于干净、干燥、盖子较松的容器中，将容器移离泄漏区。

职业接触限值	消防措施
PC-TWA：0.3 mg/m^3 ［皮］［G2A］	灭火剂：雾状水、抗溶性泡沫、干粉、二氧化碳、砂土。**禁止使用酸碱灭火剂。**消防人员须佩戴空气呼吸器，穿全身防火防毒服，在上风向灭火。尽可能将容器从火场移至空旷处。喷水保持火场容器冷却，直至灭火结束。

危险性类别	品名、英文名、分子式、CAS 号	危险性标志
腐蚀	次氯酸钠溶液 sodium hypochlorite solution NaClO CAS 号：7681-52-9	

理化数据

熔点：−6℃　　沸点：40℃（分解）　　相对密度（$d_{水}$=1）：1.21

危险特性与安全存储

危险特性	具腐蚀性，可致人体灼伤，具致敏性。受高热分解放出有毒的腐蚀性烟气。与可燃性、还原性物质反应剧烈，与酸反应放出氯气。对水生生物毒性非常大并具有长期持续影响。
安全存储	应与碱类分开存放，切忌混储。 储存于阴凉、通风的库房，库温不超过 30℃，远离火种、热源。储区应备有泄漏应急处理设备和合适的收容材料。

防护措施

按需戴防毒面具

必须戴防护眼镜

必须穿防护服

必须戴防护手套

接触表现与急救措施

接触表现	本品有致敏作用；放出的游离氯有可能引起中毒。吸入次氯酸气雾可引起呼吸道反应，甚至发生肺水肿。大量经口摄入腐蚀消化道，可产生高铁血红蛋白血症。眼和皮肤接触引起灼伤；经常用手接触本品的工人，手掌大量出汗，指甲变薄，毛发脱落。
急救措施	皮肤接触　立即脱去污染的衣着，用大量流动清水彻底冲洗至少 15 min。就医。 眼睛接触　立即分开眼睑，用大量流动清水或生理盐水彻底冲洗 5～10 min。就医。 吸　　入　迅速脱离现场至空气新鲜处。保持呼吸道通畅。如呼吸困难，给输氧。如呼吸、心跳停止，立即进行心肺复苏术。就医。 食　　入　用水漱口，给饮牛奶或蛋清。禁止催吐。就医（高铁血红蛋白血症，可用美蓝和维生素 C 治疗）。

泄漏应急处理

迅速撤离泄漏污染区人员至安全区，并进行隔离，严格限制出入。建议应急处理人员戴正压自给式呼吸器，穿耐酸碱服，戴橡胶手套。不要直接接触泄漏物。尽可能切断泄漏源。防止进入下水道、排洪沟等限制性空间。

小量泄漏：用干燥的砂土或其他不燃材料吸收或覆盖，收集于容器中。

大量泄漏：构筑围堤或挖坑收容。用防腐蚀泵转移至槽车或专用收集器内。

职业接触限值	消防措施
未制定标准	本品不燃，根据着火原因选择适当灭火剂灭火。 消防人员须佩戴空气呼吸器，穿全身耐酸碱消防服灭火。尽可能将容器从火场移至空旷处。用雾状水保持火场容器冷却。必须在安全距离以外施救。

危险性类别	品名、英文名、分子式、CAS 号	危险性标志
有毒	碘化汞 mercuric iodide HgI_2 CAS 号：7774-29-0	

理化数据

熔点：257～259℃　　沸点：349～354℃

饱和蒸气压：0.13 kPa（157℃）　　相对密度（$d_{水}$=1）：6.28

危险特性与安全存储

危险特性	不燃，高毒，具强刺激性。受热分解放出有毒的碘化物烟气。与三氟化氯、金属钾、金属钠发生剧烈反应。对水生生物毒性非常大并具有长期持续影响。
安全存储	应与氧化剂、食用化学品分开存放，切忌混储。包装密封，避免光照。 储存于阴凉、通风的专用库房，远离火种、热源。储区应备有合适的材料以收容泄漏物。

防护措施

必须戴防护口罩

必须戴防护眼镜

必须穿防护服

必须戴防护手套

接触表现与急救措施

接触表现	吸入、摄入或经皮肤吸收可致死。对眼、呼吸道黏膜和皮肤有强烈刺激作用。汞及其化合物主要引起中枢神经系统损害及口腔炎，高浓度引起肾损害。对皮肤有致敏作用。
急救措施	皮肤接触　立即脱去污染的衣着，用大量流动清水彻底冲洗。就医。 眼睛接触　立即分开眼睑，用大量流动清水或生理盐水彻底冲洗。就医。 吸　　入　迅速脱离现场至空气新鲜处。保持呼吸道通畅。如呼吸困难，给输氧。如呼吸、心跳停止，立即进行心肺复苏术。就医。 食　　入　给饮蛋清、牛奶或豆浆。就医。

泄漏应急处理

隔离泄漏污染区，限制出入。切断火源。建议应急处理人员戴防尘口罩，穿防毒服，戴橡胶手套。不要直接接触泄漏物。尽可能切断泄漏源。用塑料布覆盖泄漏物，减少飞散。勿使水进入包装容器内。用洁净的铲子收集泄漏物，置于干净、干燥、盖子较松的容器中，将容器移离泄漏区。

职业接触限值	消防措施
未制定标准	本品不燃，根据着火原因选择适当灭火剂灭火。 消防人员须佩戴空气呼吸器，穿全身防火防毒服，在上风向灭火。尽可能将容器从火场移至空旷处。喷水保持火场容器冷却，直至灭火结束。

危险性类别	品名、英文名、分子式、CAS 号	危险性标志
氧化剂	碘酸钾 potassium iodate KIO_3 CAS 号：7758-05-6	

理化数据

熔点：560℃（分解）　　相对密度（$d_{水}$=1）：3.89

危险特性与安全存储

危险特性	强氧化剂，常温下独立存在相对稳定，但与红炽木炭接触，有爆燃现象；与还原剂、有机物、易燃物（如硫、磷或金属粉末等）混合可形成爆炸性混合物。在碱性介质中，能被更强的氧化剂氯气和次氯酸氧化为高碘酸钾。
安全存储	应与还原剂、活性金属粉末、有机金属化合物分开存放，切忌混储。包装密封，避免光照。储存在阴凉、通风的库房，仓库温度不超过 30℃，相对湿度不超过 80%，远离火种、热源。储区应备有合适的材料以收容泄漏物。

防护措施

接触表现与急救措施

接触表现	本品可造成严重的眼、皮肤和呼吸道刺激。经口摄入引起头痛、恶心、呕吐、眩晕及胃肠道刺激；可致视神经损害。长期接触损害肝、肾、血液系统及影响中枢神经系统。
急救措施	皮肤接触　立即脱去污染的衣着，用流动清水彻底冲洗。就医。 眼睛接触　立即分开眼睑，用流动清水或生理盐水彻底冲洗。就医。 吸　　入　迅速脱离现场至空气新鲜处。保持呼吸道通畅。如呼吸困难，给输氧。如呼吸、心跳停止，立即进行心肺复苏术。就医。 食　　入　用水漱口，饮水。就医。

泄漏应急处理

隔离泄漏污染区，限制出入。建议应急处理人员戴防尘口罩，穿防毒服，戴橡胶手套。不要直接接触泄漏物。勿使泄漏物与可燃物质（如木材、纸、油等）接触。尽可能切断泄漏源。勿使水进入包装容器内。

小量泄漏：用洁净的铲子收集泄漏物，置于干净、干燥、盖子较松的容器中，将容器移离泄漏区。

大量泄漏：泄漏物回收后，用水冲洗泄漏区。

职业接触限值	消防措施
未制定标准	本品不燃，根据着火原因选择适当灭火剂灭火。 消防人员须佩戴空气呼吸器，穿全身防火防毒服，在上风向灭火。喷水冷却容器，尽可能将容器从火场移至空旷处。本品在火场中与可燃物混合会爆炸，消防人员须在有防爆掩蔽处操作。

危险性类别	品名、英文名、分子式、CAS 号	危险性标志
易燃 腐蚀	丁醇（正丁醇） *n*-butyl alcohol $C_4H_{10}O$ CAS 号：71-36-3	 

理化数据

熔点：−89.8℃　沸点：117.7℃　闪点：29℃

自燃温度：355～365℃　临界温度：289.85℃　临界压力：4.414 MPa

饱和蒸气压：0.73 kPa（20℃）　相对密度（$d_{水}$=1）：0.81　相对蒸气密度（$d_{空气}$=1）：2.55

爆炸上限：11.3%　爆炸下限：1.4%

危险特性与安全存储

危险特性	易燃，其蒸气与空气可形成爆炸性混合物，遇明火、高热能引起燃烧爆炸。与氧化剂接触发生剧烈反应。若遇高热，容器内压增大，有开裂和爆炸的危险。燃烧生成有害的一氧化碳。
安全存储	应与氧化剂、酸类分开存放，切忌混储。保持容器密封。 储存于阴凉、通风的库房，库温不超过 37℃，远离火种、热源。采用防爆型照明、通风设备，禁止使用易产生火花的机械设备和工具。储区应备有泄漏应急处理设备和合适的收容材料。

防护措施

按需戴防毒面具

必须戴防护眼镜

必须穿防护服

必须戴防护手套

接触表现与急救措施

接触表现	本品具有刺激和麻醉作用，主要症状为眼、鼻、喉部刺激，头痛、头晕、嗜睡、共济失调、精神错乱、谵妄、昏迷。本品液体对眼和皮肤有刺激作用。
急救措施	皮肤接触　立即脱去污染的衣着，用大量流动清水彻底冲洗。就医。 眼睛接触　立即分开眼睑，用大量流动清水或生理盐水彻底冲洗 5～10 min。就医。 吸　　入　迅速脱离现场至空气新鲜处。保持呼吸道通畅。如呼吸困难，给输氧。如呼吸、心跳停止，立即进行心肺复苏术。就医。 食　　入　用水漱口，饮水。就医。

泄漏应急处理

迅速撤离泄漏污染区人员至安全区，并进行隔离，严格限制出入。切断火源。建议应急处理人员戴正压自给式呼吸器，穿防静电服。禁止接触或跨越泄漏物。尽可能切断泄漏源。防止进入下水道、排洪沟等限制性空间。

小量泄漏：用砂土或其他不燃材料吸收，用洁净的无火花工具收集吸收材料。

大量泄漏：构筑围堤或挖坑收容。用砂土、惰性物质和蛭石吸收大量液体。用抗溶性泡沫覆盖，减少蒸发。喷水雾能减少蒸发，但不能降低泄漏物在有限空间内的易燃性。用防爆泵转移至槽车或专用收集器内。

职业接触限值	消防措施
PC-TWA：100 mg/m^3	灭火剂：抗溶性泡沫、二氧化碳、干粉、雾状水、1211 灭火剂、砂土。 消防人员须佩戴防毒面具，穿全身消防服，在上风向灭火。尽可能将容器从火场移至空旷处。喷水保持火场容器冷却，直至灭火结束。容器突然发出异常声音或出现异常现象，应立即撤离。

危险性类别	品名、英文名、分子式、CAS 号	危险性标志
易燃	2-丁醇（仲丁醇） 2-butyl alcohol $C_4H_{10}O$ CAS 号：78-92-2	

理化数据

熔点：−114.7℃	沸点：99.5℃	闪点：24℃（CC）
自燃温度：406℃	临界温度：263℃	临界压力：4.202 MPa
饱和蒸气压：1.6 kPa（20℃）	相对密度（$d_{水}$=1）：0.81	相对蒸气密度（$d_{空气}$=1）：2.6
爆炸上限：9.8%	爆炸下限：1.7%	

危险特性与安全存储

危险特性	易燃，其蒸气与空气可形成爆炸性混合物，遇明火、高热能引起燃烧爆炸。受热分解放出有毒气体。与氧化剂接触发生剧烈反应。在火场中受热的容器有爆炸的危险。其蒸气比空气重，能在较低处扩散到相当远的地方，遇火源会着火回燃。
安全存储	应与氧化剂、酸类、卤素分开存放，切忌混储。保持容器密封。 储存于阴凉、通风的库房，库温不超过 37℃，远离火种、热源。采用防爆型照明、通风设施，禁止使用易产生火花的机械设备和工具。储区应备有泄漏应急处理设备和合适的收容材料。

防护措施

接触表现与急救措施

接触表现	本品具有刺激和麻醉作用。大量吸入对眼、鼻、喉有刺激作用，并出现头痛、眩晕、倦怠、恶心、嗜睡等症状。皮肤接触后，出现局部轻度充血和红斑症状。
急救措施	皮肤接触　立即脱去污染的衣着，用流动清水彻底冲洗。就医。 眼睛接触　立即分开眼睑，用流动清水或生理盐水彻底冲洗。就医。 吸　　入　迅速脱离现场至空气新鲜处。保持呼吸道通畅。如呼吸困难，给输氧。如呼吸、心跳停止，立即进行心肺复苏术。就医。 食　　入　用水漱口，饮水。就医。

泄漏应急处理

迅速撤离泄漏污染区人员至安全区，并进行隔离，严格限制出入。切断火源。建议应急处理人员戴正压自给式呼吸器，穿防静电服。尽可能切断泄漏源。防止进入下水道、排洪沟等限制性空间。
小量泄漏：用砂土或其他不燃材料吸收，用洁净无火花工具收集吸收材料。
大量泄漏：构筑围堤或挖坑收容。用抗溶性泡沫覆盖，减少蒸发。喷水雾能减少蒸发，但不能降低泄漏物在有限空间内的易燃性。用防爆泵转移至槽车或专用收集器内。

职业接触限值	消防措施
未制定标准	灭火剂：抗溶性泡沫、干粉、二氧化碳、雾状水、1211 灭火剂、砂土。 消防人员须佩戴防毒面具，穿全身消防服，在上风向灭火。尽可能将容器从火场移至空旷处。喷水保持火场容器冷却，直至灭火结束。容器突然发出异常声音或出现异常现象，应立即撤离。

危险性类别	品名、英文名、分子式、CAS 号	危险性标志
易燃 **腐蚀**	丁基锂（正丁基锂） *n*-butyllithium C_4H_9Li CAS 号：109-72-8 	 

理化数据

熔点：-76℃　　沸点：80～90℃（1.33×10^{-5} kPa）

闪点：-12℃　　相对密度（$d_{水}$=1）：0.765

危险特性与安全存储

危险特性	暴露在空气中易自燃，与水、酸类、卤素类、醇类和胺类接触发生剧烈反应。燃烧生成有害的一氧化碳、氧化锂。
安全存储	应与酸类、醇类分开存放，切忌混储。包装必须密封，切勿受潮，不宜大量储存或久存。 储存于阴凉、干燥、通风良好的专用库房，库温不超过 30℃，相对湿度不超过 80%，远离火种、热源。采用防爆型照明、通风设施，禁止使用易产生火花的机械设备和工具。储区应备有泄露应急处理设备和合适的收容材料。

防护措施

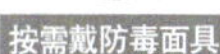

接触表现与急救措施

接触表现	对眼、皮肤、黏膜和呼吸道有强烈刺激作用。可引起化学灼伤。
急救措施	皮肤接触　立即脱去污染的衣着，用大量流动清水彻底冲洗至少 15 min。就医。 眼睛接触　立即分开眼睑，用大量流动清水或生理盐水彻底冲洗 5～10 min。就医。 吸　　入　迅速脱离现场至空气新鲜处。保持呼吸道通畅。如呼吸困难，给输氧。如呼吸、心跳停止，立即进行心肺复苏术。就医。 食　　入　用水漱口，给饮牛奶或蛋清。禁止催吐。就医。

泄漏应急处理

迅速撤离泄漏污染区人员至安全区，并进行隔离，严格限制出入。切断火源。建议应急处理人员戴正压自给式呼吸器，穿防毒、防静电服，戴橡胶手套。禁止接触或跨越泄漏物。尽可能切断泄漏源。防止进入下水道、排洪沟等限制性空间。

小量泄漏：用干燥的砂土或其他不燃材料覆盖泄漏物，用洁净的无火花工具收集泄漏物，置于盖子较松的塑料容器中，待处置。

大量泄漏：构筑围堤或挖坑收容。用防爆泵转移至槽车或专用收集器内。

职业接触限值	消防措施
未制定标准	灭火剂：干粉、干砂。**禁止使用水、泡沫和酸碱灭火剂灭火。** 消防人员须佩戴空气呼吸器，穿全身防火防毒服，在上风向灭火。尽可能将容器从火场移至空旷处。

危险性类别	品名、英文名、分子式、CAS 号	危险性标志
易燃	正丁醚（二正丁醚） butyl ether $C_8H_{18}O$ CAS 号：142-96-1	

理化数据

熔点：−95.4℃	沸点：142℃	闪点：25℃（CC）
自燃温度：194.4℃	临界压力：2.46 MPa	饱和蒸气压：0.64 kPa（20℃）
相对密度（$d_{水}$=1）：0.77	相对蒸气密度（$d_{空气}$=1）：4.48	
爆炸上限：7.6%	爆炸下限：1.5%	

危险特性与安全存储

危险特性	易燃，其蒸气与空气混合可形成爆炸性混合物，遇明火、高热极易燃烧爆炸。与氧化剂接触发生剧烈反应。接触空气或在光照条件下可生成具有潜在爆炸危险性的过氧化物。其蒸气比空气重，能在较低处扩散到相当远的地方，遇火源会着火回燃。对水生生物有害并具有长期持续影响。
安全存储	应与氧化剂、酸类、卤素分开存放，切忌混储。避免光照和接触空气，不宜大量储存或久存。密封储存于阴凉、通风的库房，库温不超过 30℃，远离火种、热源。采用防爆型照明、通风设施，禁止使用易产生火花的机械设备和工具。储区应备有泄漏应急处理设备和合适的收容材料。

防护措施

接触表现与急救措施

接触表现	对眼、呼吸道和皮肤有刺激作用。吸入本品可致咳嗽、呼吸困难、头痛、头晕、恶心、疲乏和四肢无力。眼和皮肤接触可致灼伤。
急救措施	皮肤接触　立即脱去污染的衣着，用流动清水彻底冲洗。就医。 眼睛接触　立即分开眼睑，用流动清水或生理盐水彻底冲洗。就医。 吸　　入　迅速脱离现场至空气新鲜处。保持呼吸道通畅。如呼吸困难，给输氧。如呼吸、心跳停止，立即进行心肺复苏术。就医。 食　　入　用水漱口，饮水。就医。

泄漏应急处理

迅速撤离泄漏污染区人员至安全区，并进行隔离，严格限制出入。切断火源。建议应急处理人员戴正压自给式呼吸器，穿防静电服，戴橡胶耐油手套。禁止接触或跨越泄漏物。尽可能切断泄漏源。防止进入下水道、排洪沟等限制性空间。

小量泄漏：用砂土或其他不燃材料吸收，用洁净的无火花工具收集吸收材料。

大量泄漏：构筑围堤或挖坑收容。用砂土、惰性物质和蛭石吸收大量液体。用抗溶性泡沫覆盖，减少蒸发。喷水雾能减少蒸发，但不能降低泄漏物在有限空间内的易燃性。用防爆泵转移至槽车或专用收集器内。

职业接触限值	消防措施
未制定标准	灭火剂：泡沫、二氧化碳、干粉、砂土。 消防人员须佩戴空气呼吸器，穿全身防火防毒服，在上风向灭火。尽可能将容器从火场移至空旷处。喷水保持火场容器冷却，直至灭火结束。容器突然发出异常声音或出现异常现象，应立即撤离。

危险性类别	品名、英文名、分子式、CAS 号	危险性标志
易燃	丁醛（正丁醛） *n*-butyraldehyde C_4H_8O CAS 号：123-72-8	

理化数据

熔点：-99℃
沸点：75℃
闪点：-22℃（CC）
自燃温度：218.3℃
临界温度：263.95℃
临界压力：4.0 MPa
饱和蒸气压：12.20 kPa（20℃）
相对密度（$d_{水}$=1）：0.80
相对蒸气密度（$d_{空气}$=1）：2.5
爆炸上限：12.5%
爆炸下限：1.9%

危险特性与安全存储

危险特性	高度易燃，其蒸气与空气可形成爆炸性混合物，遇明火、高热极易燃烧爆炸。与氧化剂接触发生剧烈反应。若遇高热，可发生聚合反应，放出大量热量而引起容器破裂和爆炸事故。其蒸气比空气重，能在较低处扩散到相当远的地方，遇火源会着火回燃。对水生生物有害。
安全存储	应与氧化剂、还原剂、碱类分开存放，切忌混储。保持容器密封。 储存于阴凉、通风的库房，库温不超过 37℃，远离火种、热源。采用防爆型照明、通风设备，禁止使用易产生火花的机械设备和工具。储区应备有泄漏应急处理设备和合适的收容材料。

防护措施

接触表现与急救措施

接触表现	对眼、呼吸道黏膜及皮肤有强烈刺激作用。吸入本品可引起喉、支气管的炎症、水肿和痉挛，化学性肺炎，肺水肿，并出现麻醉作用。长期或反复接触对个别敏感者可引起变态反应。
急救措施	皮肤接触　立即脱去污染的衣着，用流动清水彻底冲洗。就医。 眼睛接触　立即分开眼睑，用流动清水或生理盐水彻底冲洗。就医。 吸　　入　迅速脱离现场至空气新鲜处。保持呼吸道通畅。如呼吸困难，给输氧。如呼吸、心跳停止，立即进行心肺复苏术。就医。 食　　入　用水漱口，饮水。就医。

泄漏应急处理

迅速撤离泄漏污染区人员至安全区，并进行隔离，严格限制出入。切断火源。建议应急处理人员戴正压自给式呼吸器，穿防静电服，戴橡胶手套。禁止接触或跨越泄漏物。尽可能切断泄漏源。防止进入下水道、排洪沟等限制性空间。

小量泄漏：用砂土或其他不燃材料吸收，用洁净的无火花工具收集吸收材料。

大量泄漏：构筑围堤或挖坑收容。用砂土、惰性物质和蛭石吸收大量液体。用抗溶性泡沫覆盖，减少蒸发。喷水雾能减少蒸发，但不能降低泄漏物在有限空间内的易燃性。用防爆泵转移至槽车或专用收集器内。

职业接触限值	消防措施
PC-TWA：5 mg/m^3	灭火剂：泡沫、干粉、二氧化碳、砂土。**用水灭火无效。** 消防人员须佩戴防毒面具，穿全身消防服，在上风向灭火。尽可能将容器从火场移至空旷处。喷水保持火场容器冷却，直至灭火结束。容器突然发出异常声音或出现异常现象，应立即撤离。

危险性类别	品名、英文名、分子式、CAS 号	危险性标志
腐蚀	丁酸（正丁酸） butyric acid $C_4H_8O_2$ CAS 号：107-92-6	

理化数据

熔点：−7.9℃	沸点：163.5℃	闪点：72℃（CC）
自燃温度：452℃	临界温度：355℃	临界压力：5.27 MPa
饱和蒸气压：0.10 kPa（25℃）	相对密度（$d_{水}$=1）：0.96	相对蒸气密度（$d_{空气}$=1）：3.04
爆炸上限：10.0%	爆炸上限：2.0%	

危险特性与安全存储

危险特性	可燃，其蒸气与空气可形成爆炸性混合物。有腐臭的酸味。遇明火、高热可燃。对大多数金属有腐蚀性。燃烧生成有害的一氧化碳。对水生生物有害。
安全存储	应与氧化剂、碱类、还原剂分开存放，切忌混储。保持容器密封。 储存于阴凉、通风的库房。库温不超过 32℃，相对湿度不超过 80%，远离火种、热源。配备相应品种和数量的消防器材，储区应备有泄漏应急处理设备和合适的收容材料。

防护措施

接触表现与急救措施

接触表现	本品蒸气对眼、上呼吸道有刺激作用。眼和皮肤接触引起灼伤。
急救措施	皮肤接触　立即脱去污染的衣着，用大量流动清水彻底冲洗至少 15 min。就医。 眼睛接触　立即分开眼睑，用大量流动清水或生理盐水彻底冲洗 5～10 min。就医。 吸　　入　迅速脱离现场至空气新鲜处。保持呼吸道通畅。如呼吸困难，给输氧。如呼吸、心跳停止，立即进行心肺复苏术。就医。 食　　入　用水漱口，给饮牛奶或蛋清。禁止催吐。就医。

泄漏应急处理

迅速撤离泄漏污染区人员至安全区，并进行隔离，严格限制出入。切断火源。建议应急处理人员戴正压自给式呼吸器，穿耐酸碱服，戴橡胶耐酸碱手套。不要直接接触泄漏物。尽可能切断泄漏源。防止进入下水道、排洪沟等限制性空间。

小量泄漏：用干燥的砂土或其他不燃材料吸收或覆盖，收集于容器中。

大量泄漏：构筑围堤或挖坑收容。用砂土、惰性物质和蛭石吸收大量液体。用生石灰（CaO）、碎石灰石（$CaCO_3$）或碳酸氢钠（$NaHCO_3$）中和。用防腐蚀泵转移至槽车或专用收集器内。

职业接触限值	消防措施
未制定标准	灭火剂：雾状水、抗溶性泡沫、干粉、二氧化碳、砂土。 消防人员须佩戴空气呼吸器，穿全身耐酸碱消防服灭火。尽可能将容器从火场移至空旷处。喷水保持火场容器冷却，直至灭火结束。容器突然发出异常声音或出现异常现象，应立即撤离。

危险性类别	品名、英文名、分子式、CAS 号	危险性标志
易燃	丁酸甲酯（正丁酸甲酯） methyl *n*-butyrate $C_5H_{10}O_2$ CAS 号：623-42-7	

理化数据

熔点：−85.8℃	沸点：102.8℃	闪点：14℃（CC）
临界温度：281.3℃	临界压力：3.47 MPa	饱和蒸气压：4.3 kPa（25℃）
相对密度（$d_{水}$=1）：0.90	相对蒸气密度（$d_{空气}$=1）：3.5	
爆炸上限：8.8%	爆炸下限：1.6%	

危险特性与安全存储

危险特性	高度易燃，其蒸气与空气可形成爆炸性混合物，遇明火、高热能引起燃烧爆炸。与氧化剂接触发生剧烈反应。其蒸气比空气重，能在较低处扩散到相当远的地方，遇火源着火回燃。若遇高热，容器内压增大，有开裂和爆炸的危险。
安全存储	应与氧化剂、酸类、碱类分开存放，切忌混储。保持容器密封。 储存于阴凉、通风的库房，库温不超过 37℃，远离火种、热源。采用防爆型照明、通风设备，禁止使用易产生火花的机械设备和工具。储区应备有泄漏应急处理设备和合适的收容材料。

防护措施

接触表现与急救措施

接触表现	本品蒸气或雾对眼、黏膜和上呼吸道有刺激作用，对皮肤有刺激作用，给动物致死量时出现皮毛粗糙、共济失调、气急、呼吸困难、抽搐和体温降低症状。
急救措施	皮肤接触　立即脱去污染的衣着，用流动清水彻底冲洗。就医。 眼睛接触　立即分开眼睑，用流动清水或生理盐水彻底冲洗。就医。 吸　　入　迅速脱离现场至空气新鲜处。保持呼吸道通畅。如呼吸困难，给输氧。如呼吸、心跳停止，立即进行心肺复苏术。就医。 食　　入　用水漱口，饮水。就医。

泄漏应急处理

迅速撤离泄漏污染区人员至安全区，并进行隔离，严格限制出入。切断火源。建议应急处理人员戴正压自给式呼吸器，穿防静电服。禁止接触或跨越泄漏物。尽可能切断泄漏源。防止进入下水道、排洪沟等限制性空间。

小量泄漏：用砂土或其他不燃材料吸收，使用洁净的无火花工具收集吸收材料。

大量泄漏：构筑围堤或挖坑收容。用抗溶性泡沫覆盖，减少蒸发。喷水雾能减少蒸发，但不能降低泄漏物在有限空间内的易燃性。用防爆泵转移至槽车或专用收集器内。喷雾状水驱散蒸气，稀释液体泄漏物。

职业接触限值	消防措施
未制定标准	灭火剂：泡沫、干粉、二氧化碳、砂土。**用水灭火无效**。 消防人员须佩戴防毒面具，穿全身防火防毒服，在上风向灭火。尽可能将容器从火场移至空旷处。喷水保持火场容器冷却，直至灭火结束。容器突然发出异常声音或出现异常现象，应立即撤离。

危险性类别	品名、英文名、分子式、CAS 号	危险性标志
易燃	反-2-丁烯酸乙酯 ethyl *trans*-2-butenoate $C_6H_{10}O_2$ CAS 号：623-70-1	

理化数据

熔点：45℃　　沸点：139℃　　闪点：2.22（CC）

相对密度（$d_{水}$=1）：0.918　　相对蒸气密度（$d_{空气}$=1）：3.93

危险特性与安全存储

危险特性	易燃，其蒸气与空气可形成爆炸性混合物，遇明火、高热极易燃烧爆炸。与氧化剂接触发生剧烈反应。容易自聚，聚合反应随着温度的上升而急骤加剧。其蒸气比空气重，能在较低处扩散到相当远的地方，遇火源会着火回燃。若遇高热，容器内压增大，有开裂和爆炸的危险。对环境有严重危害。
安全存储	应与氧化剂、酸类、碱类分开存放，切忌混储。保持容器密封，严禁与空气接触，防止阳光直射。 储存于阴凉、通风的库房，库温不超过 30℃，远离火种、热源。采用防爆型照明、通风设备，禁止使用易产生火花的机械设备和工具。储区应备有泄漏应急处理设备和合适的收容材料。

防护措施

按需戴防毒面具

必须戴防护眼镜

必须穿防护服

必须戴防护手套

接触表现与急救措施

接触表现	本品蒸气具刺激性，能强烈刺激眼，对皮肤有刺激作用。误服可引起中毒，出现虚脱、呼吸困难、中枢神经兴奋等。
急救措施	皮肤接触　立即脱去污染的衣着，用大量流动清水彻底冲洗。 眼睛接触　立即分开眼睑，用大量流动清水或生理盐水彻底冲洗至少 15 min。就医。 吸　　入　迅速脱离现场至空气新鲜处。保持呼吸道畅通。如呼吸困难，给输氧。如呼吸、心跳停止，立即进行心肺复苏术。就医。 食　　入　饮足量温水，催吐。洗胃。导泄。就医。

泄漏应急处理

迅速撤离泄漏污染区人员至安全区，并进行隔离，严格限制出入。切断火源。建议应急处理人员戴自给式呼吸器，穿防静电服。不要直接接触泄漏物。尽可能切断泄漏源。若是液体，防止进入下水道、排洪沟等限制性空间。用活性炭或其他不燃材料吸收。若大量泄漏，构筑围堤或挖坑收容。用防爆泵转移至槽车或专用收集器内，回收或运至废物处理场所处置。若是固体，用无火花工具收集于干燥、洁净、有盖的容器中。

职业接触限值	消防措施
未制定标准	灭火剂：雾状水、泡沫、干粉、二氧化碳、砂土。**不宜用水灭火。** 消防人员须佩戴过滤式防毒面具（全面罩）或隔离式呼吸器，穿全身防火防毒服，在上风向灭火。尽可能将容器从火场移至空旷处。喷水保持火场容器冷却，直至灭火结束。容器突然发出异常声音或出现异常现象，应立即撤离。

危险性类别	品名、英文名、分子式、CAS 号	危险性标志
易燃	苊 acenaphthene $C_{12}H_{10}$ CAS 号：83-32-9	

理化数据

熔点：95℃
沸点：279℃
闪点：120℃
临界压力：3.1 MPa
饱和蒸气压：1.33 kPa（131.2℃）
相对密度（$d_{水}$=1）：1.024
相对蒸气密度（$d_{空气}$=1）：5.32
爆炸上限：5.3%
爆炸下限：0.8%

危险特性与安全存储

危险特性	易燃，其粉体与空气可形成爆炸性混合物。遇明火、高热或与氧化剂接触，有引起燃烧爆炸的危险。受热分解放出有毒的烟气。对水生生物毒性非常大并具有长期持续影响。
安全存储	应与氧化剂分开存放，切忌混储。包装密封。 储存于阴凉、通风的库房，库温不超过 35℃，远离火种、热源。采用防爆型照明、通风设施，禁止使用易产生火花的机械设备和工具。储区应备有合适的材料收容泄漏物。

防护措施

接触表现与急救措施

接触表现	对眼、皮肤、黏膜和上呼吸道有刺激作用。
急救措施	皮肤接触　立即脱去污染的衣着，用流动清水彻底冲洗。就医。 眼睛接触　立即分开眼睑，用流动清水或生理盐水彻底冲洗。就医。 吸　　入　迅速脱离现场至空气新鲜处。保持呼吸道通畅。如呼吸困难，给输氧。如呼吸、心跳停止，立即进行心肺复苏术。就医。 食　　入　用水漱口，饮水。就医。

泄漏应急处理

隔离泄漏污染区，限制出入。切断火源。建议应急处理人员戴防尘口罩，穿防毒服。禁止接触或跨越泄漏物。防止进入下水道、排洪沟等限制性空间。
小量泄漏：用洁净的铲子收集泄漏物，置于干净、干燥、盖子较松的容器中，将容器移离泄漏区。
大量泄漏：用水润湿，并筑堤收容。

职业接触限值	消防措施
未制定标准	灭火剂：雾状水、泡沫、干粉、二氧化碳、砂土。 消防人员须佩戴空气呼吸器，穿全身防火防毒服，在上风向灭火。尽可能将容器从火场移至空旷处。喷水保持火场容器冷却，直至灭火结束。

危险性类别	品名、英文名、分子式、CAS 号	危险性标志
有毒	二苯胺 diphenylamine $C_{12}H_{11}N$ CAS 号：122-39-4	

理化数据

熔点：52.85℃	沸点：302℃	闪点：152.7℃（CC）
自燃温度：634℃	相对密度（$d_{水}$=1）：1.16	相对蒸气密度（$d_{空气}$=1）：5.82

危险特性与安全存储

危险特性	遇明火、高热可燃，具刺激性。粉体与空气可形成爆炸性混合物，当达到一定的浓度时，遇火星会发生爆炸。对水生生物毒性非常大并具有长期持续影响。
安全存储	应与氧化剂、酸类分开存放，切忌混储。 储存于阴凉、通风的库房，远离火种、热源。配备相应品种和数量的消防器材，储区应备有合适的材料以收容泄漏物。

防护措施

接触表现与急救措施

接触表现	接触本品粉尘或蒸气出现眼刺激症状、鼻咽炎及支气管炎；能引起高铁血红蛋白血症；对皮肤有刺激作用。
急救措施	皮肤接触　立即脱去污染的衣着，用肥皂水及清水彻底冲洗。就医。 眼睛接触　立即分开眼睑，用大量流动清水或生理盐水彻底冲洗。就医。 吸　　入　迅速脱离现场至空气新鲜处。保持呼吸道通畅。如呼吸困难，给输氧。如呼吸、心跳停止，立即进行心肺复苏术。就医。 食　　入　用水漱口，饮水。就医（高铁血红蛋白血症，可用美蓝和维生素 C 治疗）。

泄漏应急处理

隔离泄漏污染区，限制出入。切断火源。建议应急处理人员戴防尘口罩，穿防毒服。不要直接接触泄漏物。尽可能切断泄漏源。用塑料布覆盖泄漏物，减少飞散。勿使水进入包装容器内。用洁净的铲子收集于干净、干燥、盖子较松的容器中，将容器移离泄漏区。

职业接触限值	消防措施
PC-TWA：10 mg/m^3	灭火剂：雾状水、泡沫、干粉、二氧化碳、砂土。 消防人员须佩戴防毒面具，穿全身消防服，在上风向灭火。尽可能将容器从火场移至空旷处。喷水保持火场容器冷却，直至灭火结束。

危险性类别	品名、英文名、分子式、CAS 号	危险性标志
易燃	1,2-二甲苯（邻二甲苯） 1,2-xylene C_8H_{10} CAS 号：95-47-6	

理化数据

熔点：−25℃	沸点 144.4℃	闪点：16℃（CC）
自燃温度：463℃	临界温度：359℃	临界压力：3.70 MPa
饱和蒸气压：1.33 kPa（32℃）	相对密度（$d_{水}$=1）：0.88	相对蒸气密度（$d_{空气}$=1）：3.66
爆炸上限：7.0%	爆炸下限：0.9%	

危险特性与安全存储

危险特性	易燃，其蒸气与空气可形成爆炸性混合物，遇明火、高热能引起燃烧爆炸。流速过快，易产生和积聚静电。其蒸气比空气重，能在较低处扩散至相当远的地方，遇明火引着回燃。对水生生物有毒。
安全存储	应与氧化剂分开存放，切忌混储。保持容器密封。 储存于阴凉、通风的库房，库温不超过 37℃，远离火种、热源。采用防爆型照明、通风设备，禁止使用易产生火花的机械设备和工具。储区应备有泄漏应急处理设备和合适的收容材料。

防护措施

接触表现与急救措施

接触表现	对眼及上呼吸道有刺激作用，高浓度时对中枢神经系统有麻醉作用。短期内吸入较高浓度本品可出现眼及上呼吸道明显的刺激症状、眼结膜及咽充血、头晕、头痛、恶心、呕吐、胸闷、四肢无力、意识模糊、步态蹒跚；重者可出现躁动、抽搐或昏迷，有时有癔病样发作。长期接触引起神经衰弱综合征，女性可发生月经异常，工人常发生皮肤干燥、皲裂、皮炎。
急救措施	皮肤接触　立即脱去污染的衣着，用肥皂水和清水彻底冲洗。就医。 眼睛接触　立即分开眼睑，用大量流动清水或生理盐水彻底冲洗。就医。 吸　　入　迅速脱离现场至空气新鲜处。保持呼吸道通畅。如呼吸困难，给输氧。如呼吸、心跳停止，立即进行心肺复苏术。就医。 食　　入　用水漱口，饮水。就医。

泄漏应急处理

迅速撤离泄漏污染区人员至安全区，并进行隔离，严格限制出入。切断火源。建议应急处理人员戴正压自给式呼吸器，穿防静电服，戴橡胶耐油手套。禁止接触或跨越泄漏物。尽可能切断泄漏源。防止进入下水道、排洪沟等限制性空间。

小量泄漏：用砂土或其他不燃性材料吸附或吸收，用洁净的无火花工具收集吸收材料。

大量泄漏：构筑围堤或挖坑收容。用泡沫覆盖，减少蒸发。喷水雾能减少蒸发，但不能降低泄漏物在有限空间内的易燃性。用防爆泵转移至槽车或专用收集器内。

职业接触限值	消防措施
PC-TWA：50 mg/m^3	灭火剂：泡沫、二氧化碳、干粉、砂土。 消防人员须佩戴空气呼吸器，穿全身防火防毒服，在上风向灭火。尽可能将容器从火场移至空旷处。喷水保持火场容器冷却，直至灭火结束。容器突然发出异常声音或出现异常现象，应立即撤离。

危险性类别	品名、英文名、分子式、CAS 号	危险性标志
易燃	1,3–二甲苯（间二甲苯） 1,3–xylene C_8H_{10} CAS 号：108-38-3	

理化数据

熔点：−47.9℃	沸点 139℃	闪点：25℃（CC）
自燃温度：527℃	临界温度：346℃	临界压力：3.54 MPa
饱和蒸气压：1.33 kPa（28.3℃）	相对密度（$d_{水}$=1）：0.86	相对蒸气密度（$d_{空气}$=1）：3.66
爆炸上限：7.0%	爆炸下限：1.1%	

危险特性与安全存储

危险特性	易燃，具刺激性。其蒸气与空气可形成爆炸性混合物，遇明火、高热能引起燃烧爆炸。与氧化剂能发生剧烈反应。流速过快，容易产生和积聚静电。其蒸气比空气重，能在较低处扩散到相当远的地方，遇火源会着火回燃。对水生生物有毒。
安全存储	应与氧化剂分开存放，切忌混储。保持容器密封。 储存于阴凉、通风的库房，库温不超过 37℃，远离火种、热源。采用防爆型照明、通风设备，禁止使用易产生火花的机械设备和工具。储区应备有泄漏应急处理设备和合适的收容材料。

防护措施

接触表现与急救措施

接触表现	对眼及上呼吸道有刺激作用，高浓度时对中枢神经系统有麻醉作用。短期内吸入较高浓度本品可出现眼及上呼吸道明显的刺激症状、眼结膜及咽充血、头晕、头痛、恶心、呕吐、胸闷、四肢无力、意识模糊、步态蹒跚；重者可发生躁动、抽搐或昏迷，有的有癔病样发作。长期接触引起神经衰弱综合征，女性可发生月经异常，工人常发生皮肤干燥、皲裂、皮炎。
急救措施	皮肤接触　立即脱去污染的衣着，用大量流动清水彻底冲洗。就医。 眼睛接触　立即分开眼睑，用大量流动清水或生理盐水彻底冲洗。就医。 吸　　入　迅速脱离现场至空气新鲜处。保持呼吸道通畅。如呼吸困难，给输氧。如呼吸、心跳停止，立即进行心肺复苏术。就医。 食　　入　用水漱口，饮足量温水。就医。

泄漏应急处理

迅速撤离泄漏污染区人员至安全区，并进行隔离，严格限制出入。切断火源。建议应急处理人员戴正压自给式呼吸器，穿防静电服，戴橡胶耐油手套。禁止接触或跨越泄漏物。尽可能切断泄漏源。防止进入下水道、排洪沟等限制性空间。

小量泄漏：用砂土或其他不燃性材料吸附或吸收，用洁净的无火花工具收集吸收材料。

大量泄漏：构筑围堤或挖坑收容。用泡沫覆盖，减少蒸发。喷水雾能减少蒸发，但不能降低泄漏物在有限空间内的易燃性。用防爆泵转移至槽车或专用收集器内。

职业接触限值	消防措施
PC-TWA：50 mg/m^3	灭火剂：泡沫、二氧化碳、干粉、砂土。 消防人员须佩戴空气呼吸器，穿全身防火防毒服，在上风向灭火。尽可能将容器从火场移至空旷处。喷水保持火场容器冷却，直至灭火结束。容器突然发出异常声音或出现异常现象，应立即撤离。

危险性类别	品名、英文名、分子式、CAS 号	危险性标志
易燃	1,4-二甲苯（对二甲苯） 1,4-xylene C_8H_{10} CAS 号：106-42-3	

理化数据

熔点：13.3℃	沸点：138.4℃	闪点：25℃（CC）
自燃温度：528℃	饱和蒸气压：1.16 kPa（25℃）	临界温度：359℃
临界压力：3.51 MPa	相对密度（$d_{水}$=1）：0.86	相对蒸气密度（$d_{空气}$=1）：3.66
爆炸上限：7.0%	爆炸下限：1.1%	

危险特性与安全存储

危险特性	易燃，其蒸气与空气可形成爆炸性混合物，遇明火、高热能引起燃烧爆炸。与氧化剂能发生剧烈反应。流速过快，容易产生和积聚静电。其蒸气比空气重，遇火源易着火回燃。对水生生物有毒。
安全存储	应与氧化剂分开存放，切忌混储。保持容器密封。 储存于阴凉、通风的库房，库温不超过 37℃，远离火种、热源。采用防爆型照明、通风设备，禁止使用易产生火花的机械设备和工具。储区应备有泄漏应急处理设备和合适的收容材料。

防护措施

接触表现与急救措施

接触表现	对眼及上呼吸道有刺激作用，高浓度时对中枢神经系统有麻醉作用。短期内吸入较高浓度本品可出现眼及上呼吸道明显的刺激症状、眼结膜及咽充血、头晕、头痛、恶心、呕吐、胸闷、四肢无力、意识模糊、步态蹒跚。重者可发生躁动、抽搐或昏迷，有的有癔病样发作。长期接触引起神经衰弱综合征，女性可发生月经异常，工人常发生皮肤干燥、皲裂、皮炎。
急救措施	皮肤接触　立即脱去污染的衣着，用大量流动清水彻底冲洗。就医。 眼睛接触　立即分开眼睑，用大量流动清水或生理盐水彻底冲洗。就医。 吸　　入　迅速脱离现场至空气新鲜处。保持呼吸道通畅。如呼吸困难，给输氧。如呼吸、心跳停止，立即进行心肺复苏术。就医。 食　　入　用水漱口，饮水。就医。

泄漏应急处理

迅速撤离泄漏污染区人员至安全区，并进行隔离，严格限制出入。切断火源。建议应急处理人员戴正压自给式呼吸器，穿防静电服，戴橡胶耐油手套。禁止接触或跨越泄漏物。尽可能切断泄漏源。防止进入下水道、排洪沟等限制性空间。

小量泄漏：用砂土或其他不燃性材料吸附或吸收，用洁净的无火花工具收集吸收材料。

大量泄漏：构筑围堤或挖坑收容。用泡沫覆盖，减少蒸发。喷水雾能减少蒸发，但不能降低泄漏物在有限空间内的易燃性。用防爆泵转移至槽车或专用收集器内。

职业接触限值	消防措施
PC-TWA：50 mg/m^3	灭火剂：干粉、二氧化碳、砂土、泡沫。 消防人员须佩戴空气呼吸器，穿全身防火防毒服，在上风向灭火。尽可能将容器从火场移至空旷处。喷水保持火场容器冷却，直至灭火结束。容器突然发出异常声音或出现异常现象，应立即撤离。

危险性类别	品名、英文名、分子式、CAS 号	危险性标志
有毒	*N,N*-二甲基苯胺 *N,N*-dimethylaniline $C_8H_{11}N$ CAS 号：121-69-7	

理化数据

熔点：2.5℃	沸点：193.1℃	闪点：62℃（CC）
自燃温度：371℃	临界压力：3.63 MPa	饱和蒸气压：0.13 kPa（29.5℃）
相对密度（$d_{水}$=1）：0.96	相对蒸气密度（$d_{空气}$=1）：4.17	
爆炸上限：7.0%	爆炸下限：1.0%	

危险特性与安全存储

危险特性	易燃，有毒。遇明火、高热或与氧化剂接触，有引起燃烧爆炸的危险。受热分解放出有毒的氧化氮烟气。对水生生物有毒并具有长期持续影响。
安全存储	应与酸类、卤素、食用化学品分开存放，切忌混储。保持容器密封。 储存于阴凉、通风的库房，远离火种、热源。配备相应品种和数量的消防器材，储区应备有泄漏应急处理设备和合适的收容材料。

防护措施

按需戴防毒面具

必须戴防护眼镜

必须穿防护服

必须戴防护手套

接触表现与急救措施

接触表现	毒性表现与苯胺相似，但较弱。吸收后可引起高铁血红蛋白血症，接触后出现恶心、眩晕、头痛、紫绀等症状。皮肤接触可发生溃疡。
急救措施	皮肤接触　立即脱去污染的衣着，用大量肥皂水和清水彻底冲洗。就医。 眼睛接触　立即分开眼睑，用大量流动清水或生理盐水彻底冲洗。就医。 吸　　入　迅速脱离现场至空气新鲜处。保持呼吸道通畅。如呼吸困难，给输氧。如呼吸、心跳停止，立即进行心肺复苏术。就医。 食　　入　用水漱口，饮水。就医（高铁血红蛋白血症，可用美蓝和维生素 C 治疗）。

泄漏应急处理

迅速撤离泄漏污染区人员至安全区，并进行隔离，严格限制出入。切断火源。建议应急处理人员戴正压自给式呼吸器，穿防毒服，戴橡胶耐油手套。不要直接接触泄漏物。尽可能切断泄漏源。防止进入下水道、排洪沟等限制性空间。

小量泄漏：用砂土或其他不燃材料吸收。

大量泄漏：构筑围堤或挖坑收容。用砂土、惰性物质或蛭石吸收大量液体。用泵转移至槽车或专用收集器内。

职业接触限值	消防措施
PC-TWA：5 mg/m^3	灭火剂：雾状水、泡沫、干粉、二氧化碳、砂土。 消防人员须佩戴空气呼吸器，穿全身防火防毒服，在上风向灭火。尽可能将容器从火场移至空旷处。喷水保持火场容器冷却，直至灭火结束。

危险性类别	品名、英文名、分子式、CAS 号	危险性标志
易燃 腐蚀	*N*–苄基二甲胺（*N,N*–二甲基苄胺） *N*–benzyl dimethylamine $C_9H_{13}N$ **CAS** 号：103-83-3	 

理化数据

熔点：−75℃　　沸点：178～181℃

闪点：54.44℃（CC）　　相对密度（$d_{水}$=1）：0.90

危险特性与安全存储

危险特性	易燃，有毒，具腐蚀性、刺激性、致敏性。其蒸气与空气可形成爆炸性混合物，遇明火、高热能引起燃烧爆炸。与氧化剂接触可发生反应。受高热分解放出有毒的气体。若遇高热，容器内压增大，有开裂和爆炸的危险。对水生生物有害并具有长期持续影响。
安全存储	应与氧化剂、酸类、酰基氯、二氧化碳、食用化学品分开存放，切忌混储。保持容器密封，防止阳光直射。 储存于阴凉、通风的库房，远离火种、热源。采用防爆型照明、通风设施，禁止使用易产生火花的机械设备和工具。储区应备有泄漏应急处理设备和合适的收容材料。

防护措施

按需戴防毒面具

必须戴防护眼镜

必须穿防护服

必须戴防护手套

接触表现与急救措施

接触表现	具毒性和腐蚀性，能刺激眼、皮肤和黏膜，对呼吸道和皮肤有致敏作用。吸入后可引起喉和支气管痉挛和炎症、化学性肺炎、肺水肿等。眼和皮肤接触可引起灼伤。
急救措施	皮肤接触　立即脱去污染的衣着，用大量流动清水彻底冲洗至少 15 min。就医。若有灼伤，按碱灼伤处理。 眼睛接触　立即分开眼睑，用大量流动清水或生理盐水彻底冲洗 5～10 min。就医。 吸　　入　迅速脱离现场至空气新鲜处。保持呼吸道通畅。如呼吸困难，给输氧。如呼吸、心跳停止，立即进行心肺复苏术。就医。 食　　入　用水漱口，给饮牛奶或蛋清。禁止催吐。就医。

泄漏应急处理

迅速撤离泄漏污染区人员至安全区，并进行隔离，严格限制出入。切断火源。建议应急处理人员戴自给式呼吸器，穿防静电、防腐蚀、防毒服。不要直接接触泄漏物。尽可能切断泄漏源。防止进入下水道、排洪沟等限制性空间。

小量泄漏：用砂土、蛭石或其他惰性材料吸收，用洁净的无火花工具收集吸收材料。

大量泄漏：构筑围堤或挖坑收容。用粉煤灰或石灰粉吸收大量液体。用泡沫覆盖，减少蒸发。喷水雾能减少蒸发，但不能降低泄漏物在有限空间内的易燃性。用防爆、防腐蚀泵转移至槽车或专用收集器内。

职业接触限值	消防措施
未制定标准	灭火剂：雾状水、泡沫、干粉、二氧化碳、砂土。 消防人员须佩戴防毒面具，穿全身消防服，在上风向灭火。尽可能将容器从火场移至空旷处。喷水保持火场容器冷却，直至灭火结束。容器突然发出异常声音或出现异常现象，应立即撤离。

危险性类别	品名、英文名、分子式、CAS 号	危险性标志
易燃	*N,N*-二甲基甲酰胺 *N,N*-dimethylformamide C_3H_7NO CAS 号：68-12-2	

理化数据

熔点：−61℃	沸点：153℃	闪点：58℃（CC）
自燃温度：445℃	临界温度：374℃	临界压力：4.48 MPa
饱和蒸气压：0.5 kPa（25℃）	相对密度（$d_{水}$=1）：0.95	相对蒸气密度（$d_{空气}$=1）：2.51
爆炸上限：15.2%	爆炸下限：2.2%	

危险特性与安全存储

危险特性	易燃，遇高热、明火或与氧化剂接触，有引起燃烧爆炸的危险。能与浓硫酸、发烟硝酸猛烈反应，甚至发生爆炸。与卤化物（如四氯化碳）能发生剧烈反应。
安全存储	应与氧化剂、还原剂、卤素分开存放，切忌混储。保持容器密封。 储存于阴凉、通风的库房，库温不超过 37℃，远离火种、热源。采用防爆型照明、通风设施，禁止使用易产生火花的机械设备和工具。储区应备有泄漏应急处理设备和合适的收容材料。

防护措施

按需戴防毒面具

必须戴防护眼镜

必须穿防护服

必须戴防护手套

接触表现与急救措施

接触表现	高浓度吸入或严重皮肤污染可引起急性中毒。吸入本品蒸气后，主要有眼和上呼吸道刺激症状。短期内大量接触有头痛、头晕、焦虑、恶心、呕吐、上腹部剧痛、顽固性便秘等症状。中毒严重者伴消化道出血。肝肿大、肝区痛、黄疸、肝肾功能障碍等肝损害一般在中毒数日后出现。经皮肤吸收的中毒者，皮肤出现水泡、水肿、黏糙，局部麻木、瘙痒、灼痛。溅入眼内可致角膜损伤。慢性影响有皮肤、黏膜刺激，神经衰弱综合征，血压偏低，还有恶心、呕吐、胸闷、食欲不振、胃痛、便秘及肝大和肝功能变化。
急救措施	皮肤接触　立即脱去污染的衣着，用流动清水彻底冲洗。就医。 眼睛接触　立即分开眼睑，用流动清水或生理盐水彻底冲洗 5～10 min。就医。 吸　　入　迅速脱离现场至空气新鲜处。保持呼吸道通畅。如呼吸困难，给输氧。如呼吸、心跳停止，立即进行心肺复苏术。就医。 食　　入　用水漱口，饮水。就医。

泄漏应急处理

迅速撤离泄漏污染区人员至安全区，并进行隔离，严格限制出入。切断火源。建议应急处理人员戴正压自给式呼吸器，穿防静电服，戴橡胶手套。尽可能切断泄漏源。防止进入下水道、排洪沟等限制性空间。

小量泄漏：用砂土或其他不燃材料吸收，用洁净无火花工具收集吸收材料。

大量泄漏：构筑围堤或挖坑收容。用砂土、惰性物质或蛭石吸收大量液体。用抗溶性泡沫覆盖，减少蒸发。喷水雾能减少蒸发，但不能降低泄漏物在有限空间内的易燃性。用防爆泵转移至槽车或专用收集器内。

职业接触限值	消防措施
PC-TWA：20 mg/m^3 ［皮］	灭火剂：雾状水、抗溶性泡沫、干粉、二氧化碳、砂土。 消防人员须佩戴防毒面具，穿全身消防服，在上风向灭火。尽可能将容器从火场移至空旷处。喷水保持容器冷却，直至灭火结束。容器突然发出异常声音或出现异常现象，应立即撤离。

危险性类别	品名、英文名、分子式、CAS 号	危险性标志
有害	1,2-二氯苯（邻二氯苯） 1,2-dichlorobenzene $C_6H_4Cl_2$ CAS 号：95-50-1	

理化数据

熔点：-17.5℃	沸点：180.4℃	闪点：66℃（CC）；68℃（OC）
自燃温度：647℃	临界温度：417.2℃	临界压力：4.03 MPa
饱和蒸气压：0.133 kPa（20℃）	相对密度（$d_{水}$=1）：1.30	相对蒸气密度（$d_{空气}$=1）：5.05
爆炸上限：9.2%	爆炸下限：2%	

危险特性与安全存储

危险特性	可燃，有毒，其蒸气与空气可形成爆炸性化合物。受高热分解放出有毒的腐蚀性烟气。与强氧化剂接触可发生反应。在潮湿的空气中放出热和近似白色烟雾状有刺激性和腐蚀性的氯化氢气体。与活性金属粉末（如镁、铝等）能发生反应，引起分解。对水生生物毒性非常大并具有长期持续影响。
安全存储	应与氧化剂、铝分开存放，切忌混储。保持容器密封。 储存于阴凉、通风的库房，远离火种、热源。配备相应品种和数量的消防器材，储区应备有泄漏应急处理设备和合适的收容材料。

防护措施

接触表现与急救措施

接触表现	吸入后出现呼吸道刺激、头痛、头晕、焦虑症状，并有麻醉作用，以致意识不清；可引起溶血性贫血和严重贫血。本品液体及高浓度蒸气对眼有刺激作用。经口摄入引起胃肠道反应。皮肤接触可引起红斑、水肿。
急救措施	皮肤接触　立即脱去污染的衣着，用大量流动清水彻底冲洗。就医。 眼睛接触　立即分开眼睑，用大量流动清水或生理盐水彻底冲洗。就医。 吸　　入　迅速脱离现场至空气新鲜处。保持呼吸道通畅。如呼吸困难，给输氧。如呼吸、心跳停止，立即进行心肺复苏术。就医。 食　　入　用水漱口，饮水。就医。

泄漏应急处理

迅速撤离泄漏污染区人员至安全区，并进行隔离，严格限制出入。切断火源。建议应急处理人员戴正压自给式呼吸器，穿防毒服，戴橡胶耐油手套。不要直接接触泄漏物。尽可能切断泄漏源。防止进入下水道、排洪沟等限制性空间。

小量泄漏：用干燥的砂土或其他不燃材料吸收或覆盖，收集于容器中。

大量泄漏：构筑围堤或挖坑收容。用砂土、惰性物质或蛭石吸收大量液体。用泵转移至槽车或专用收集器内。

职业接触限值	消防措施
PC-TWA：50 mg/m^3	灭火剂：雾状水、泡沫、二氧化碳、砂土。 消防人员须佩戴空气呼吸器，穿全身防火防毒服，在上风向灭火。尽可能将容器从火场移至空旷处。喷水保持火场容器冷却，直至灭火结束。容器突然发出异常声音或出现异常现象，应立即撤离。

危险性类别	品名、英文名、分子式、CAS 号	危险性标志
有害	1,3-二氯苯（间二氯苯） 1,3-dichlorobenzene $C_6H_4Cl_2$ CAS 号：541-73-1	

理化数据

熔点：−24.8℃	沸点：173℃	闪点：72℃
自燃温度：647℃	临界温度：415.3℃	临界压力：4.86 MPa
饱和蒸气压：0.13 kPa（12.1℃）	相对密度（$d_{水}$=1）：1.29	相对蒸气密度（$d_{空气}$=1）：5.08
爆炸上限：7.8%	爆炸下限：1.8%	

危险特性与安全存储

危险特性	可燃，其蒸气与空气可形成爆炸性混合物。有很强的挥发作用，对水体和大气可造成污染，遇明火、高热可燃。与强氧化剂接触可发生反应。受高热分解放出有毒的气体。与氧化剂及铝反应剧烈。对水生生物有毒并具有长期持续影响。
安全存储	应与氧化剂、铝、食用化学品分开存放，切忌混储。保持容器密封。 储存于阴凉、通风的库房，远离火种、热源。配备相应品种和数量的消防器材，储区应备有泄漏应急处理设备和合适的收容材料。

防护措施

接触表现与急救措施

接触表现	吸入后引起头痛、倦睡、不安和呼吸道黏膜刺激症状，对眼和皮肤有强烈刺激作用。经口摄入出现胃黏膜刺激、恶心、呕吐、腹泻、腹绞痛和紫绀症状。长期接触可能引起肝肾损害。
急救措施	皮肤接触　立即脱去污染的衣着，用大量流动清水彻底冲洗皮肤。就医。 眼睛接触　立即分开眼睑，用大量流动清水或生理盐水彻底冲洗。就医。 吸　　入　迅速脱离现场至空气新鲜处。保持呼吸道通畅。如呼吸困难，给输氧。如呼吸、心跳停止，立即进行心肺复苏术。就医。 食　　入　用水漱口，饮水。就医。

泄漏应急处理

迅速撤离泄漏污染区人员至安全区，并进行隔离，严格限制出入。切断火源。建议应急处理人员戴正压自给式呼吸器，穿防毒服，戴橡胶耐油手套。不要直接接触泄漏物。尽可能切断泄漏源。防止进入下水道、排洪沟等限制性空间。

小量泄漏：用干燥的砂土或其他不燃材料吸收或覆盖，收集于容器中。

大量泄漏：构筑围堤或挖坑收容。用防爆泵转移至槽车或专用收集器内。

职业接触限值	消防措施
未制定标准	灭火剂：泡沫、二氧化碳、雾状水、砂土。 消防人员须佩戴空气呼吸器，穿全身防火防毒服，在上风向灭火。尽可能将容器从火场移至空旷处。喷水保持火场容器冷却，直至灭火结束。容器突然发出异常声音或出现异常现象，应立即撤离。

危险性类别	品名、英文名、分子式、CAS 号	危险性标志
有毒	2,4–二氯苯胺 2,4–dichloroaniline $C_6H_5Cl_2N$ CAS 号：554-00-7	

理化数据

熔点：59～62℃　　沸点：245 ℃　　相对密度（$d_{水}$=1）：1.57

危险特性与安全存储

危险特性	有毒。遇明火、高热可燃。受高热分解放出有毒的一氧化碳、氮氧化物和氯化物气体。与强氧化剂接触可发生反应。对水生生物有毒并具有长期持续影响。
安全存储	应与氧化剂、酸类、食用化学品分开存放，切忌混储。保持容器密封。 储存于阴凉、通风的库房，远离火种、热源。配备相应品种和数量的消防器材，储区应备有合适的材料以收容泄漏物。

防护措施

接触表现与急救措施

接触表现	本品为强高铁血红蛋白形成剂，对中枢神经系统、肝、肾有损害。接触后引起头痛，头晕，恶心，呕吐，指端、口唇、耳郭紫绀，以及呼吸困难等。 慢性影响　患者有神经衰弱综合征表现，伴有轻度紫绀、贫血和肝、脾肿大。
急救措施	皮肤接触　立即脱去污染的衣着，用肥皂水和清水彻底冲洗。就医。 眼睛接触　立即分开眼睑，用大量流动清水或生理盐水彻底冲洗。就医。 吸　　入　迅速脱离现场至空气新鲜处。保持呼吸道通畅。如呼吸困难，给输氧。如呼吸、心跳停止，立即进行心肺复苏术。就医。 食　　入　用水漱口，饮水。就医（高铁血红蛋白血症，可用美蓝和维生素 C 治疗）。

泄漏应急处理

隔离泄漏污染区，限制出入。切断火源。建议应急处理人员戴防尘口罩，穿防毒服，戴橡胶手套。不要直接接触泄漏物。尽可能切断泄漏源。用塑料布覆盖泄漏物，减少飞散。勿使水进入包装容器内。用洁净的铲子收集泄漏物，置于干净、干燥、盖子较松的容器中，将容器移离泄漏区。

职业接触限值	消防措施
未制定标准	灭火剂：雾状水、泡沫、干粉、二氧化碳、砂土。 消防人员须佩戴空气呼吸器，穿全身防火防毒服，在上风向灭火。尽可能将容器从火场移至空旷处。喷水保持火场容器冷却，直至灭火结束。

危险性类别	品名、英文名、分子式、CAS 号	危险性标志
有毒	2,5-二氯苯胺 2,5-dichloroaniline $C_6H_5Cl_2N$ CAS 号：95-82-9	

理化数据

熔点：49～51℃　　沸点：251℃

相对密度（$d_{水}$=1）：1.54　　相对蒸气密度（$d_{空气}$=1）：5.6

危险特性与安全存储

危险特性	有毒，遇明火、高热可燃。受高热分解放出有毒的氮氧化物和氯化物气体。与强氧化剂接触可发生反应。燃烧生成有害的一氧化碳、氮氧化物、氯化氢。对水生生物有毒并具有长期持续影响。
安全存储	应与氧化剂、酸类、食用化学品分开存放，切忌混储。保持容器密封。 储存于阴凉、通风的库房，远离火种、热源。配备相应品种和数量的消防器材，储区应备有合适的材料以收容泄漏物。

防护措施

接触表现与急救措施

接触表现	本品为强高铁血红蛋白形成剂，对中枢神经系统、肝、肾有损害。接触后引起头痛、头晕、恶心、呕吐，指端、口唇、耳郭紫绀，以及呼吸困难等；对皮肤有致敏作用。 慢性影响　患者有神经衰弱综合征表现，伴有轻度紫绀、贫血和肝、脾肿大。
急救措施	皮肤接触　立即脱去污染的衣着，用肥皂水和清水彻底冲洗皮肤。就医。 眼睛接触　立即分开眼睑，用大量流动清水或生理盐水彻底冲洗。就医。 吸　　入　迅速脱离现场至空气新鲜处。保持呼吸道通畅。如呼吸困难，给输氧。如呼吸、心跳停止，立即进行心肺复苏术。就医。 食　　入　用水漱口，饮水。就医（高铁血红蛋白血症，可用美蓝和维生素 C 治疗）。

泄漏应急处理

隔离泄漏污染区，限制出入。切断火源。建议应急处理人员戴防尘口罩，穿防毒服，戴橡胶手套。不要直接接触泄漏物。尽可能切断泄漏源。用塑料布覆盖泄漏物，减少飞散。勿使水进入包装容器内。用洁净的铲子收集于干净、干燥、盖子较松的容器中，将容器移离泄漏区。

职业接触限值	消防措施
未制定标准	灭火剂：雾状水、泡沫、干粉、二氧化碳、砂土。 消防人员须佩戴空气呼吸器，穿全身防火防毒服，在上风向灭火。尽可能将容器从火场移至空旷处。喷水保持火场容器冷却，直至灭火结束。

危险性类别	品名、英文名、分子式、CAS 号	危险性标志
有害	3,4-二氯苯酚 3,4-dichlorophenol $C_6H_4Cl_2O$ CAS 号：95-77-2	

理化数据

熔点：66～68℃　　沸点：145～146℃　　饱和蒸气压：0.13 kPa（49.8℃）

危险特性与安全存储

危险特性	遇明火、高热可燃。其粉末与空气可形成爆炸性混合物，当达到一定浓度时，遇火星会发生爆炸。受高热分解放出有毒的气体。对水生生物有毒并具有长期持续影响。
安全存储	应与氧化剂、酸酐、酰基氯分开存放，切忌混储。包装密封，防止阳光直射。 储存于阴凉、通风的库房，远离火种、热源。配备相应品种和数量的消防器材，储区应备有合适的材料以收容泄漏物。

防护措施

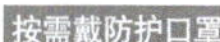

必须戴防护眼镜

必须穿防护服

必须戴防护手套

接触表现与急救措施

接触表现	对眼、皮肤、黏膜和上呼吸道有强烈刺激作用；可引起高铁血红蛋白血症和肝肾损害。
急救措施	皮肤接触　立即脱去污染的衣着，用肥皂水和清水彻底冲洗。就医。 眼睛接触　立即分开眼睑，用大量流动清水或生理盐水彻底冲洗。就医。 吸　　入　迅速脱离现场至空气新鲜处。保持呼吸道通畅。如呼吸困难，给输氧。如呼吸、心跳停止，立即进行心肺复苏术。就医。 食　　入　用水漱口，饮水。就医（高铁血红蛋白血症，可用美蓝和维生素 C 治疗）。

泄漏应急处理

隔离泄漏污染区，限制出入。切断火源。建议应急处理人员戴防尘口罩，穿防毒服。不要直接接触泄漏物。尽可能切断泄漏源。用塑料布覆盖泄漏物，减少飞散。勿使水进入包装容器内。用洁净的铲子收集泄漏物，置于干净、干燥、盖子较松的容器中，将容器移离泄漏区。

职业接触限值	消防措施
未制定标准	灭火剂：雾状水、干粉、泡沫、二氧化碳、砂土。 消防人员须佩戴空气呼吸器，穿全身防火防毒服，在上风向灭火。尽可能将容器从火场移至空旷处。喷水保持火场容器冷却，直至灭火结束。

危险性类别	品名、英文名、分子式、CAS 号	危险性标志
有害	二氯甲烷 dichloromethane CH_2Cl_2 CAS 号：75-09-2	

理化数据

熔点：−95℃　沸点：39.8℃　自燃温度：556℃

临界温度：237℃　临界压力：6.08 MPa　饱和蒸气压：46.5 kPa（20℃）

相对密度（$d_{水}$=1）：1.33　相对蒸气密度（$d_{空气}$=1）：2.93

爆炸上限：22%　爆炸下限：14%

危险特性与安全存储

危险特性	遇明火、高热可燃。受热分解能发出剧毒的光气。若遇高热，容器内压增大，有开裂和爆炸的危险。对水生生物有害。
安全存储	应与碱金属分开存放，切忌混储。保持容器密封。 储存于阴凉、通风的库房，库温不超过 32℃，相对湿度不超过 80%，远离火种、热源。配备相应品种和数量的消防器材，储区应备有泄漏应急处理设备和合适的收容材料。

防护措施

接触表现与急救措施

接触表现	本品有麻醉作用，主要损害中枢神经和呼吸系统。 急性中毒　轻者可有眩晕、头痛、呕吐及眼和上呼吸道黏膜刺激症状；较重者则出现易激动、步态不稳、共济失调、嗜睡症状，可引起化学性支气管炎；重者昏迷，可出现肺水肿、血中碳氧血红蛋白含量增高。 慢性影响　长期接触主要有头痛、乏力、眩晕、食欲减退、动作迟钝、嗜睡等症状；对皮肤有脱脂作用，引起干燥、脱屑和皲裂等。
急救措施	皮肤接触　立即脱去污染的衣着，用流动清水彻底冲洗。 眼睛接触　立即分开眼睑，用流动清水或生理盐水彻底冲洗。就医。 吸　　入　迅速脱离现场至空气新鲜处。保持呼吸道通畅。如呼吸困难，给输氧。如呼吸、心跳停止，立即进行心肺复苏术。就医。 食　　入　用水漱口，饮水。就医。

泄漏应急处理

迅速撤离泄漏污染区人员至安全区，并进行隔离，严格限制出入。切断火源。建议应急处理人员戴正压自给式呼吸器，穿防毒服。尽可能切断泄漏源。防止进入下水道、排洪沟等限制性空间。

小量泄漏：用砂土或其他不燃材料吸收。

大量泄漏：构筑围堤或挖坑收容。用泡沫覆盖，减少蒸发。用砂土、惰性物质或蛭石吸收大量液体。用泵转移至槽车或专用收集器内。

职业接触限值	消防措施
PC-TWA：200 mg/m^3 ［G2B］	灭火剂：雾状水、泡沫、二氧化碳、砂土。 消防人员须佩戴防毒面具，穿全身消防服，在上风向灭火。喷水冷却容器，尽可能将容器从火场移至空旷处。

危险性类别	品名、英文名、分子式、CAS 号	危险性标志
易燃	1,2–二氯乙烷 1,2–dichloroethane $C_2H_4Cl_2$ CAS 号：107-06-2	

理化数据

熔点：−35.7℃	沸点：83.5	闪点：13℃（CC）
自燃温度：413℃	临界温度：290℃	临界压力：5.36 MPa
饱和蒸气压：13.33 kPa（29.4℃）	相对密度（$d_{水}$=1）：1.26	相对蒸气密度（$d_{空气}$=1）：3.42
爆炸上限：16.0%	爆炸下限：6.2%	

危险特性与安全存储

危险特性	易燃，其蒸气与空气可形成爆炸性混合物，遇明火、高热能引起燃烧爆炸。受高热分解放出有毒的腐蚀性烟气。与氧化剂接触，遇明火、高热易引起燃烧，并放出有毒气体。其蒸气遇火源易着火回燃。燃烧生成有害的一氧化碳、氯化氢、光气。对水生生物有害并具有长期持续影响。
安全存储	应与氧化剂、酸类、碱类、食用化学品分开存放，切忌混储。保持容器密封。 储存于阴凉、通风的库房，库温不超过 37℃，远离火种、热源。采用防爆型照明、通风设备，严禁使用易产生火花的机械设备和工具。储区应备有泄漏应急处理设备和合适的收容材料。

防护措施

按需戴防毒面具

必须戴防护眼镜

必须穿防护服

必须戴防护手套

接触表现与急救措施

接触表现	本品毒作用的主要靶器官是中枢神经及肝、肾；麻醉作用尤为突出；对皮肤、黏膜和呼吸道有刺激作用。短期接触较高浓度本品出现头晕、头痛、恶心、乏力等中枢神经系统症状，可伴恶心、呕吐或眼及上呼吸道刺激症状；脱离接触后短时间消失。长期接触出现头痛、失眠、乏力、腹泻、咳嗽等症状，也可有肝肾损害、肌肉和眼球震颤，皮肤干燥、皲裂和脱屑。
急救措施	皮肤接触　立即脱去污染的衣着，用流动清水彻底冲洗。就医。 眼睛接触　立即分开眼睑，用流动清水或生理盐水彻底冲洗。就医。 吸　　入　迅速脱离现场至空气新鲜处。保持呼吸道通畅。如呼吸困难，给输氧。如呼吸、心跳停止，立即进行心肺复苏术。就医。 食　　入　用水漱口，饮水。就医。

泄漏应急处理

迅速撤离泄漏污染区人员至安全区，并进行隔离，严格限制出入。切断火源。建议应急处理人员戴正压自给式呼吸器，穿防静电服，戴橡胶耐油手套。禁止接触或跨越泄漏物。尽可能切断泄漏源。防止进入下水道、排洪沟等限制性空间。

小量泄漏：用砂土或其他不燃材料吸收，用洁净的无火花工具收集吸收材料。

大量泄漏：构筑围堤或挖坑收容。用泡沫覆盖，减少蒸发。用防爆泵转移至槽车或专用收集器内。

职业接触限值	消防措施
PC-TWA：7 mg/m^3	灭火剂：泡沫、干粉、二氧化碳、砂土。用水灭火无效。 消防人员须佩戴空气呼吸器，穿全身防火防毒服，在上风向灭火。喷水保持火场容器冷却，直至灭火结束。

危险性类别	品名、英文名、分子式、CAS 号	危险性标志
有毒	1,3−二硝基苯（间二硝基苯） 1,3−dinitrobenzene $C_6H_4N_2O_4$ CAS 号：99-65-0	

理化数据

熔点：89℃	沸点：301℃	闪点：150℃（CC）
相对密度（$d_{水}$=1）：1.57	相对蒸气密度（$d_{空气}$=1）：5.8	

危险特性与安全存储

危险特性	易燃，遇明火、高热易燃。与氧化剂混合可形成爆炸性混合物。经摩擦、震动或撞击可引起燃烧或爆炸。对水生生物毒性非常大并具有长期持续影响。
安全存储	应与氧化剂、碱类、还原剂、食用化学品分开存放，切忌混储。保持容器密封。 储存于阴凉、通风的库房，远离火种、热源。采用防爆型照明、通风设备，禁止使用易产生火花的机械设备和工具。储区应备有合适的材料以收容泄漏物。

防护措施

接触表现与急救措施

接触表现	本品为强烈的高铁血红蛋白形成剂，易经皮肤吸收。 急性中毒　有头痛、头晕、乏力、皮肤黏膜紫绀、手指麻木等症状；严重时可出现胸闷、呼吸困难、心悸，甚至心律紊乱、昏迷、抽搐、呼吸麻痹；有时中毒后出现溶血性贫血、黄疸、中毒性肝炎。 慢性中毒　可有神经衰弱综合征；慢性溶血时，可出现贫血、黄疸；还可引起中毒性肝炎。
急救措施	皮肤接触　立即脱去污染的衣着，用肥皂水和清水彻底冲洗。就医。 眼睛接触　分开眼睑，用大量流动清水或生理盐水彻底冲洗。就医。 吸　　入　迅速脱离现场至空气新鲜处。保持呼吸道通畅。如呼吸困难，给输氧。如呼吸、心跳停止，立即进行心肺复苏术。就医。 食　　入　用水漱口，饮水。就医（高铁血红蛋白症，可用美蓝和维生素 C 治疗）。

泄漏应急处理

隔离泄漏污染区，限制出入。切断火源。建议应急处理人员戴自给式呼吸器，穿防毒服，戴橡胶手套。不要直接接触泄漏物。尽可能切断泄漏源。用塑料布覆盖泄漏物，减少飞散。勿使水进入包装容器内。用洁净的铲子收集泄漏物，置于干净、干燥、盖子较松的容器中，将容器移离泄漏区。

职业接触限值	消防措施
PC−TWA：1 mg/m^3 ［皮］	灭火剂：雾状水、泡沫、二氧化碳。**禁止用砂土压盖。** 消防人员须佩戴防毒面具，穿全身消防服，在上风向灭火。尽可能将容器从火场移至空旷处。喷水保持火场容器冷却，直至灭火结束。

危险性类别	品名、英文名、分子式、CAS 号	危险性标志
易燃	2,4-二硝基苯肼 2,4-dinitrophenylhydrazine $C_6H_6N_4O_4$ CAS 号：119-26-6	

理化数据

熔点：196～200℃（分解）

危险特性与安全存储

危险特性	易燃，具爆炸性、刺激性、致敏性。遇明火极易燃烧爆炸。干燥时经震动、撞击会引起爆炸。燃烧时放出有毒的刺激性烟雾。与氧化剂混合能形成爆炸性混合物。燃烧生成有害的一氧化碳、氮氧化物。
安全存储	应与氧化剂分开存放，切忌混储。存储时常以不少于 25% 的水润湿、钝化。 密封储存于阴凉、通风的库房，库温不超过 30℃，远离火种、热源。采用防爆型照明、通风设备，禁止使用易产生火花的机械设备和工具。储区应备有合适的材料以收容泄漏物。

防护措施

接触表现与急救措施

接触表现	对眼和皮肤有刺激作用，对皮肤有致敏作用。吸收进入体内，可引起高铁血红蛋白血症，出现紫绀。
急救措施	皮肤接触　立即脱去污染的衣着，用大量肥皂水和清水彻底冲洗。就医。 眼睛接触　立即分开眼睑，用大量流动清水或生理盐水彻底冲洗。就医。 吸　　入　迅速脱离现场至空气新鲜处。保持呼吸道通畅。如呼吸困难，给输氧。如呼吸、心跳停止，立即进行心肺复苏术。就医。 食　　入　用水漱口，饮水。就医（高铁血红蛋白血症，可用美蓝和维生素 C 治疗）。

泄漏应急处理

隔离泄漏污染区，限制出入。切断火源。建议应急处理人员戴防尘口罩，穿防毒、防静电服，戴防毒物渗透手套。禁止接触或跨越泄漏物。防止进入下水道、排洪沟等限制性空间。
小量泄漏：用洁净的铲子收集泄漏物，置于干净、干燥、盖子较松的容器中，将容器移至泄漏区。
大量泄漏：用水润湿，并筑堤收容。

职业接触限值	消防措施
未制定标准	灭火剂：二氧化碳、泡沫、干粉。 消防人员必须戴防毒面具，在安全距离以外，上风向灭火。喷水保持火场容器冷却，直至灭火结束。

危险性类别	品名、英文名、分子式、CAS 号	危险性标志
高压气体	二氧化碳 carbon dioxide CO_2 CAS 号：124-38-9	

理化数据

熔点：−56.6℃（527 kPa）　沸点：−78.5℃（升华）　临界温度：31.3℃

临界压力：7.39 MPa　饱和蒸气压：1013.25 kPa（−39℃）

相对密度（$d_{水}$=1）：1.56（−79℃）　相对蒸气密度（$d_{空气}$=1）：1.53

危险特性与安全存储

危险特性	若遇高热，容器内压增大，有开裂和爆炸的危险。
安全存储	应与易（可）燃物分开存放，切忌混储。 储存于阴凉、通风的不燃气体专用库房，库温不超过 30℃，远离火种、热源。储区应备有泄漏应急处理设备。

防护措施

接触表现与急救措施

接触表现	低浓度时对呼吸中枢呈兴奋作用；经常接触较高浓度的二氧化碳，可致神经功能紊乱；高浓度时可对呼吸中枢产生抑制甚至麻痹作用，人进入高浓度二氧化碳环境，在几秒内迅速昏迷倒下，更严重者出现呼吸停止。 固态和液态二氧化碳在常压下迅速汽化造成低温，引起皮肤和眼严重的冻伤。
急救措施	皮肤接触　若有冻伤，就医治疗。 眼睛接触　若有冻伤，就医治疗。 吸　　入　迅速脱离现场至空气新鲜处。保持呼吸道通畅。如呼吸困难，给输氧。如呼吸、心跳停止，立即进行心肺复苏术。就医。

泄漏应急处理

迅速撤离泄漏污染区人员至上风处，并进行隔离，严格限制出入。建议应急处理人员戴正压自给式呼吸器，穿一般作业工作服。尽可能切断泄漏源。合理通风，加速扩散。漏气容器要妥善处理，修复、检验后再用。

职业接触限值	消防措施
PC−TWA：9000 mg/m^3	本品不燃，根据着火原因选择适当灭火剂灭火。 尽可能将容器从火场移至空旷处。喷水保持火场容器冷却，直至灭火结束。

危险性类别	品名、英文名、分子式、CAS 号	危险性标志
易燃 腐蚀	二正丁胺 dibutylamine $C_8H_{19}N$ CAS 号：111-92-2	 

理化数据

熔点：-62～-59℃
沸点：159～160℃
闪点：51.6℃（OC）
自燃温度：312.22℃
临界压力：3.11 MPa
饱和蒸气压：0.27 kPa（20℃）
相对密度（$d_{水}$=1）：0.76
相对蒸气密度（$d_{空气}$=1）：4.46
爆炸上限：10.0%
爆炸下限：1.1%

危险特性与安全存储

危险特性	易燃，遇明火、高热或与氧化剂接触，有引起燃烧爆炸的危险。燃烧产生有害的一氧化碳、氮氧化物。对水生生物有毒。
安全存储	应与氧化剂、酸类分开存放，切忌混储、混运。保持容器密封。 储存于阴凉、干燥、通风的库房，库温不超过 30℃，远离火种、热源。采用防爆型照明、通风设施，禁止使用易产生火花的机械设备和工具。储区应备有泄漏应急处理设备和合适的收容材料。

防护措施

接触表现与急救措施

接触表现	吸入后出现鼻、喉和肺刺激，恶心，头痛症状。本品液体对皮肤有强烈刺激作用，短期内接触即可引起灼伤。眼直接接触可引起严重损害。经口摄入刺激口腔和消化道。
急救措施	皮肤接触　立即脱去污染的衣着，用大量流动清水彻底冲洗至少 15 min。就医。 眼睛接触　立即分开眼睑，用大量流动清水或生理盐水彻底冲洗 5～10 min。就医。 吸　　入　迅速脱离现场至空气新鲜处。保持呼吸道通畅。如呼吸困难，给输氧。如呼吸、心跳停止，立即进行心肺复苏术。就医。 食　　入　用水漱口，给饮牛奶或蛋清。禁止催吐。就医。

泄漏应急处理

迅速撤离泄漏污染区人员至安全区，并进行隔离，严格限制出入。切断火源。建议应急处理人员戴正压自给式呼吸器，穿防静电、防腐蚀、防毒服，戴橡胶耐油手套。禁止接触或跨越泄漏物。尽可能切断泄漏源。防止流入下水道、排洪沟等限制性空间。
小量泄漏：用砂土或其他不燃性材料吸收，用洁净的无火花工具收集收集吸收材料。
大量泄漏：构筑围堤或者挖坑收容。用泡沫覆盖，减少蒸发。用防爆、防腐蚀泵转移至槽车或专用收集器内。

职业接触限值	消防措施
未制定标准	灭火剂：水、泡沫、干粉、二氧化碳、砂土。 消防人员须佩戴防毒面具，穿全身消防服，在上风向灭火。尽可能将容器从火场移至空旷处。喷水保持火场容器冷却，直至灭火结束。容器突然发出异常声音或出现异常现象，应立即撤离。

危险性类别	品名、英文名、分子式、CAS 号	危险性标志
有毒	氟化铵 ammonium fluoride NH_4F CAS 号：12125-01-8	

理化数据

相对密度（$d_{水}$=1）：1.009 0

危险特性与安全存储

危险特性	遇酸分解，放出腐蚀性的氟化氢气体。遇碱放出有刺激性的氨。受高热分解放出有毒的腐蚀性烟气。对水生生物有害。
安全存储	应与酸类、碱类、食用化学品分开存放，切忌混储。包装密封，防止阳光直射。 储存于阴凉、通风的库房，远离火种、热源。储区应备有合适的材料以收容泄漏物。

防护措施

接触表现与急救措施

接触表现	经口摄入引起流涎、恶心、呕吐、腹泻和腹痛，继之震颤、昏迷，可因呼吸麻痹而致死。可致眼、呼吸道和皮肤灼伤。能经皮肤吸收。长期接触引起氟斑牙和氟骨症。
急救措施	皮肤接触　立即脱去污染的衣着，用大量流动清水彻底冲洗至少 15 min。就医。 眼睛接触　立即分开眼睑，用大量流动清水或生理盐水彻底冲洗 5～10 min。就医。 吸　　入　迅速脱离现场至空气新鲜处，保持呼吸道畅通。如呼吸困难，给输氧。如呼吸、心跳停止，立即进行心肺复苏术。就医。 食　　入　用水漱口，给饮牛奶或蛋清。禁止催吐。就医。

泄漏应急处理

隔离泄漏污染区，限制出入。切断火源。建议应急处理人员戴防尘口罩，穿防毒服。不要直接接触泄漏物。尽可能切断泄漏源。用塑料布覆盖泄漏物，减少飞散。勿使水进入包装容器内。用洁净的铲子收集泄漏物，置于干净、干燥、盖子较松的容器中，将容器移离泄漏区。

职业接触限值	消防措施
PC-TWA：2 mg/m^3［F］	本品不燃，根据着火原因选择适当灭火剂灭火。 消防人员须穿全身防火防毒服，在上风向灭火。尽可能将容器从火场移至空旷处。

危险性类别	品名、英文名、分子式、CAS 号	危险性标志
有毒	氟化钾 potassium fluoride KF CAS 号：7789-23-3	

理化数据

熔点：858℃　　沸点：1 505℃

饱和蒸气压：0.133 Pa（885℃）　　相对密度（$d_{水}$=1）：2.48

危险特性与安全存储

危险特性	有毒。对环境有危害。与酸类反应放出腐蚀性、刺激性更强的氢氟酸，能腐蚀玻璃。对水生生物有毒。
安全存储	应与酸类、食用化学品分开存放，切忌混储。包装密封。 储存于阴凉、通风的库房，远离火种、热源。储区应备有合适的材料以收容泄漏物。

防护措施

接触表现与急救措施

接触表现	本品对黏膜、上呼吸道、眼睛、皮肤组织有极强的破坏作用。吸入后可因喉及支气管的炎症、水肿、痉挛及化学性肺炎、肺水肿而致死。中毒表现有烧灼感、咳嗽、喘息、喉炎、气短、头痛、恶心和呕吐。长期接触可致氟骨症。
急救措施	皮肤接触　立即脱去污染的衣着，用大量流动清水彻底冲洗。若有灼伤，按酸灼伤处理。 眼睛接触　立即分开眼睑，用大量流动清水或生理盐水彻底冲洗。就医。 吸　　入　迅速脱离现场至空气新鲜处，保持呼吸道畅通。如呼吸困难，给输氧。如呼吸、心跳停止，立即进行心肺复苏术。就医。 食　　入　用水漱口，饮水。就医。

泄漏应急处理

隔离泄漏污染区，限制出入。建议应急处理人员戴防尘口罩，穿防毒服，戴乳胶手套。不要直接接触泄漏物。尽可能切断泄漏源。用塑料布覆盖泄漏物，减少飞散。勿使水进入包装容器内。用洁净的铲子收集泄漏物，置于干燥、洁净、有盖的容器中，将容器移离泄漏区。

职业接触限值	消防措施
PC-TWA：2 mg/m^3［F］	灭火剂：用大量水灭火。用雾状水驱散烟雾与刺激性气体。 消防人员须佩戴防毒面具，穿全身消防服，在上风向灭火。尽可能将容器从火场移至空旷处。喷水保持火场容器冷却，直至灭火结束。

危险性类别	品名、英文名、分子式、CAS 号	危险性标志
有毒	氟化钠 sodium fluoride NaF CAS 号：7681-49-4	

理化数据

熔点：986.3～996℃　　沸点：1 695～1 700℃

饱和蒸气压：0.13 kPa（1 077℃）　　相对密度（$d_{水}$=1）：2.56～2.79

危险特性与安全存储

危险特性	有毒。与酸类反应放出腐蚀性、刺激性更强的氢氟酸，能腐蚀玻璃。对水生生物有害。
安全存储	应与酸类、食用化学品分开存放，切忌混储。包装密封。 储存于阴凉、干燥、通风的库房，库温不超过 35℃，相对湿度不超过 80%。储区应备有合适的材料以收容泄漏物。

防护措施

接触表现与急救措施

接触表现	急性中毒　多为误服所致。服后立即出现剧烈恶心、呕吐、腹痛、腹泻；重者休克、呼吸困难、紫绀，可能于 2～4 h 内死亡；部分患者出现荨麻疹、吞咽肌麻痹、手足抽搐或四肢肌肉痉挛。 本品粉尘和蒸气对皮肤有刺激作用，可以引起皮炎。 慢性影响　可引起氟骨症。
急救措施	皮肤接触　立即脱去污染的衣着，用大量流动清水彻底冲洗。就医。 眼睛接触　立即分开眼睑，用大量流动清水或生理盐水彻底冲洗。就医。 吸　　入　迅速脱离现场至空气新鲜处。保持呼吸道通畅。如呼吸困难，给输氧。如呼吸、心跳停止，立即进行心肺复苏术。就医。 食　　入　饮适量温水，催吐（仅限于清醒者）。就医。

泄漏应急处理

隔离泄漏污染区，限制出入。建议应急处理人员戴防尘口罩，穿防毒服，戴乳胶手套。不要直接接触泄漏物。尽可能切断泄漏源。用塑料布覆盖泄漏物，减少飞散。勿使水进入包装容器内。用洁净的铲子收集泄漏物，置于干燥、洁净、有盖的容器中，将容器移离泄漏区。

职业接触限值	消防措施
PC-TWA：2 mg/m^3［F］	灭火剂：用大量水灭火。用雾状水驱散烟雾与刺激性气体。 消防人员须佩戴防毒面具，穿全身消防服，在上风向灭火。尽可能将容器从火场移至空旷处。喷水保持火场容器冷却，直至灭火结束。

危险性类别	品名、英文名、分子式、CAS 号	危险性标志
有毒 腐蚀	氢氟酸 hydrofluoric acid HF CAS 号：7664-39-3	 

理化数据

熔点：−83.1℃（纯）　　沸点：120℃（35.3%）

相对密度（$d_{水}$=1）：1.26（75%）　　相对蒸气密度（$d_{空气}$=1）：1.27

危险特性与安全存储

危险特性	不燃，高毒，具强腐蚀性。可致人体灼伤。反应性极强，能与大多数金属发生反应，生成氢气而引起爆炸。对水生生物有害。
安全存储	应与碱类、活性金属粉末、玻璃制品分开存放，切记混储。 储存于阴凉、通风的库房，库温不超过 30℃，相对湿度不超过 80%，远离火种、热源。储区备有泄漏应急处理设备，应严格执行极毒物品“五双”管理制度。

防护措施

接触表现与急救措施

接触表现	本品对呼吸道黏膜及皮肤有强烈刺激和腐蚀作用。	
	急性中毒	吸入较高浓度本品可引起眼及呼吸道黏膜刺激症状；重者可发生支气管炎、肺炎或肺水肿，甚至发生反射性窒息。眼接触局部剧烈疼痛，重者角膜损伤，甚至发生穿孔。皮肤灼伤初期皮肤潮红、干燥，创面苍白、坏死，继而呈紫黑色或灰黑色；深部灼伤或处理不当时，可形成难以愈合的深溃疡，损及骨膜和骨质。本品灼伤疼痛剧烈。
	慢性影响	眼和上呼吸道刺激症状，或有鼻衄、嗅觉减退。可有牙齿酸蚀症。骨骼 X 线异常与工业性氟病少见。
急救措施	皮肤接触	立即脱去污染的衣着，用大量流动清水彻底冲洗至少 15 min。就医。
	眼睛接触	立即分开眼睑，用大量流动清水或生理盐水彻底冲洗 5～10 min。就医。
	吸　　入	迅速脱离现场至空气新鲜处。保持呼吸道通畅。如呼吸困难，给输氧。如呼吸、心跳停止，立即进行心肺复苏术。就医。
	食　　入	用水漱口，给饮牛奶或蛋清。禁止催吐。就医。

泄漏应急处理

隔离污染区，限制出入。建议应急处理人员戴正压自给式呼吸器，穿耐酸碱服，戴橡胶耐酸碱手套。尽可能切断泄漏源。防止气体进入下水道、排洪沟等限制性空间。

小量泄漏：用砂土或其他不燃材料覆盖泄漏物。也可以用大量水冲洗，洗水稀释后放入废水系统。

大量泄露：构筑围堤或挖坑收容。用砂土、惰性物质或蛭石吸收大量液体。用石灰（CaO）、碎石灰石（$CaCO_3$）或碳酸氢钠（$NaHCO_3$）中和。用抗溶性泡沫覆盖，减少蒸发。用耐腐蚀泵转移至槽车或专用收集器内。

职业接触限值	消防措施
MAC：2 mg/m^3［F］	灭火剂：雾状水、泡沫。 消防人员须佩戴空气呼吸器、穿全身耐酸碱消防服，在上风向灭火。尽可能将容器从火场移至空旷处。喷水保持火场容器冷却，直至灭火结束。

危险性类别	品名、英文名、分子式、CAS 号	危险性标志
腐蚀 **有毒**	氟化氢铵（二氟化铵） ammonium difluoride F_2H_5N CAS 号：1341-49-7	

理化数据

熔点：125.6℃　　沸点：239℃　　相对密度（$d_{水}$=1）：1.5

危险特性与安全存储

危险特性	不燃，具刺激性。受热分解，放出有毒的氮氧化物和氟化物烟气。对水生生物有害。
安全存储	应与酸类分开存放，切忌混储。保持容器密封。 储存于阴凉、干燥、通风的库房，远离火种、热源。储区应备有合适的材料以收容泄漏物。

防护措施

接触表现与急救措施

接触表现	对皮肤、黏膜有刺激作用。眼和皮肤接触即可引起灼伤。过量摄入氟化物引起骨硬化。	
急救措施	皮肤接触	立即脱去污染的衣着，用大量流动清水彻底冲洗至少 15 min。就医。
	眼睛接触	立即分开眼睑，用大量流动清水或生理盐水彻底冲洗 5～10 min。就医。
	吸　　入	迅速脱离现场至空气新鲜处。保持呼吸道畅通。如呼吸困难，给输氧。如呼吸、心跳停止，立即进行心肺复苏术。就医。
	食　　入	用水漱口，给饮牛奶或蛋清。禁止催吐。就医。

泄漏应急处理

隔离泄漏污染区，限制出入。周围设警告标志，切断火源。应急处理人员戴防尘口罩，穿防腐蚀、防毒服。不要直接接触泄漏物。尽可能切断泄漏源。用塑料布覆盖泄漏物，减少飞散。勿使水进入包装容器内。用洁净的铲子收集泄漏物，置于干净、干燥、盖子较松的容器中，将容器移离泄漏区。

职业接触限值	消防措施
PC-TWA：2 mg/m^3［F］	本品不燃，根据着火原因选择适当灭火剂灭火。 消防人员须穿全身防火防毒服，在上风向灭火。尽可能将容器从火场移至空旷处。

危险性类别	品名、英文名、分子式、CAS 号	危险性标志
氧化剂	高碘酸钾 potassium periodate KIO_4 CAS 号：7790-21-8	

理化数据

熔点：582℃（爆炸）　　相对密度（$d_{水}$=1）：3.62

危险特性与安全存储

危险特性	强氧化剂。与还原剂、有机物、易燃物如硫、磷或金属粉末等混合可形成爆炸性混合物。急剧加热时可发生爆炸。
安全存储	应与易（可）燃物、还原剂分开存放，切忌混储。保持容器密封。 储存于阴凉、通风的库房，库温不超过 30℃，相对湿度不超过 80%，远离火种、热源。储区应备有合适的材料以收容泄漏物。

防护措施

接触表现与急救措施

接触表现	本品具强烈刺激性，接触后引起烧灼感、咳嗽、喘息、喉炎、气短、头痛、恶心和呕吐；高浓度接触严重损害黏膜、上呼吸道、眼和皮肤。
急救措施	皮肤接触　立即脱去污染的衣着，用流动清水彻底冲洗。就医。 眼睛接触　立即分开眼睑，用流动清水或生理盐水彻底冲洗。就医。 吸　　入　迅速脱离现场至空气新鲜处。保持呼吸道通畅。如呼吸困难，给输氧。如呼吸、心跳停止，立即进行心肺复苏术。就医。 食　　入　用水漱口，饮水。就医。

泄漏应急处理

隔离泄漏污染区，限制出入。建议应急处理人员戴防尘口罩，穿防毒服，戴橡胶手套。不要直接接触泄漏物。勿使泄漏物与可燃物质（如木材、纸、油等）接触。尽可能切断泄漏源。勿使水进入包装容器内。

小量泄漏：用洁净的铲子收集泄漏物，置于干净、干燥、盖子较松的容器中，将容器移离泄漏区。

大量泄漏：泄漏物回收后，用水冲洗泄漏区。

职业接触限值	消防措施
未制定标准	本品不燃，根据着火原因选择适当的灭火剂。 消防人员须佩戴防毒面具，在安全距离以外，在上风向灭火。喷水冷却容器，尽可能将容器从火场移至空旷处。本品在火场中与可燃物混合会爆炸，消防人员须在有防爆掩蔽处操作。**切勿将水流直接射至熔融物**，以免引起严重的流淌火灾或引起剧烈沸溅。

危险性类别	品名、英文名、分子式、CAS 号	危险性标志
氧化剂 **有毒**	铬酸钾 potassium chromate (Ⅵ) K_2CrO_4 CAS 号：7789-00-6	 

理化数据

熔点：968～975℃　　相对密度（$d_水$=1）：2.732

危险特性与安全存储

危险特性	强氧化剂。可能致癌。接触有机物有引起燃烧危险。受高热分解，放出有毒的烟气。对水生生物毒性非常大并具有长期持续影响。
安全存储	应与还原剂、易（可）燃物分开存放，切忌混储。保持容器密封，防止阳光直射。 储存于阴凉、通风的库房，远离火种、热源。储区应备有合适的材料以收容泄漏物。

防护措施

接触表现与急救措施

接触表现	对眼、皮肤和黏膜具腐蚀性，可造成严重灼伤。吸入后引起咽痛、咳嗽、气短，可致过敏性哮喘和肺炎。长期接触能引起鼻黏膜溃疡和鼻中隔穿孔。可引起肺癌。
急救措施	皮肤接触　立即脱去污染的衣着，用肥皂水和清水彻底冲洗。 眼睛接触　立即分开眼睑，用大量流动清水或生理盐水彻底冲洗。就医。 吸　　入　迅速脱离现场至空气新鲜处，保持呼吸道通畅。如呼吸困难，给输氧。如呼吸、心跳停止，立即进行心肺复苏术。就医。 食　　入　饮足量温水，催吐。用清水或 1% 硫代硫酸钠溶液洗胃。给饮牛奶、豆浆或蛋清。就医（解毒剂：硫代硫酸钠、二巯基丙磺酸钠、二巯基丁二酸钠）。

泄漏应急处理

隔离泄漏污染区，限制出入。建议应急处理人员戴防尘口罩，穿防毒服，戴橡胶手套。不要直接接触泄漏物。勿使泄漏物与可燃物质（如木材、纸、油等）接触。尽可能切断泄漏源。用塑料布覆盖泄漏物，减少飞散。勿使水进入包装容器内。

小量泄漏：用洁净的铲子收集泄漏物，置于干净、干燥、盖子较松的容器中，将容器移离泄漏区。

大量泄漏：泄漏物回收后，用水冲洗泄漏区。

职业接触限值	消防措施
PC-TWA：0.05 mg/m^3 ［Cr］	本品不燃，根据着火原因选择适当灭火剂灭火。 消防人员须穿全身防火防毒服，在上风向灭火。尽可能将容器从火场转移至空旷处。

危险性类别	品名、英文名、分子式、CAS 号	危险性标志
氧化剂 **有毒**	铬酸钠 sodium chromate Na_2CrO_4 CAS 号：7775-11-3	

理化数据

熔点：392℃　　相对密度（$d_{水}$=1）：2.72

危险特性与安全存储

危险特性	强氧化剂。助燃，与可燃物混合能形成爆炸性混合物。接触有机物有引起燃烧的危险。对水生生物毒性非常大并具有长期持续影响。
安全存储	应与还原剂、易（可）燃物分开存放，切忌混储。保持容器密封，防止阳光直射。 储存于阴凉、通风的库房，远离火种、热源。储区应备有合适的材料以收容泄漏物。

防护措施

接触表现与急救措施

接触表现	对眼、皮肤和黏膜具腐蚀性，可造成严重灼伤。吸入后引起咽痛、咳嗽、气短，可致过敏性哮喘和肺炎。长期接触能引起鼻黏膜溃疡和鼻中隔穿孔。可引起肺癌。	
急救措施	皮肤接触	立即脱去污染的衣着，用肥皂水和清水彻底冲洗。如有不适感，就医。
	眼睛接触	立即分开眼睑，用大量流动清水或生理盐水彻底冲洗。立即就医。
	吸　　入	迅速脱离现场至空气新鲜处。保持呼吸道畅通，如呼吸困难，给输氧。如呼吸、心跳停止，立即进行心肺复苏术，就医。
	食　　入	饮足量温水，催吐。用清水或 1% 硫代硫酸钠溶液洗胃。给饮牛奶或蛋清。立即就医（解毒剂：硫代硫酸钠、二巯基丙磺酸钠、二巯基丁二酸钠）。

泄漏应急处理

隔离泄漏污染区，限制出入。建议应急处理人员戴防尘口罩，穿防腐蚀、防毒服。不要直接接触泄漏物。禁止接触或跨越泄漏物。用塑料布覆盖泄漏物，减少飞散，避免雨淋。用洁净的铲子收集泄漏物，置于干净、干燥、盖子较松的容器中，将容器移离泄漏区。

职业接触限值	消防措施
PC-TWA：0.05 mg/m^3 ［Cr］［G1］	本品不燃，根据着火原因选择适当的灭火剂灭火。 消防人员须佩戴空气呼吸器，穿全身防火防毒服，在上风向灭火。避免使用直流水灭火，直流水可能导致可燃性液体的飞溅，使火势扩散。

危险性类别	品名、英文名、分子式、CAS 号	危险性标志
腐蚀	铬酸 chromic acid H_2CrO_4 CAS 号：7738-94-5 	

理化数据

无资料

危险特性与安全存储

危险特性	强氧化剂，有腐蚀性，可能致癌。接触有机物有引起燃烧的危险。对水生生物毒性非常大并具有长期持续影响。
安全存储	应与易（可）燃物、还原剂分开存放，切忌混储。保持容器密封，防止阳光直射。 储存于阴凉、通风的库房，远离火种、热源。储区应备有泄漏应急处理设备和合适的收容材料。

防护措施

接触表现与急救措施

接触表现	对眼、皮肤和黏膜具腐蚀性，可造成严重灼伤。吸入引起咽痛、咳嗽、气短，可致过敏性哮喘和肺炎。长期接触能引起鼻黏膜溃疡和鼻中隔穿孔。可引起接触性皮炎和湿疹。可引起肺癌。
急救措施	皮肤接触　立即脱去污染的衣着，用肥皂水及清水彻底冲洗。就医。 眼睛接触　立即分开眼睑，用大量流动清水或生理盐水彻底冲洗。就医。 吸　　入　迅速脱离现场至空气新鲜处。保持呼吸道畅通。如呼吸困难，给输氧。如呼吸、心跳停止，立即进行心肺复苏术。就医。 食　　入　饮足量温水，催吐。用清水或 1% 硫代硫酸钠溶液洗胃。给饮牛奶、豆浆或蛋清。就医（解毒剂：硫代硫酸钠、二巯基丙磺酸钠、二巯基丁二酸钠）。

泄漏应急处理

迅速撤离泄漏污染区人员至安全区，并进行隔离，严格限制出入。建议应急处理人员戴正压自给式呼吸器，穿耐酸碱服。不要直接接触泄漏物。尽可能切断泄漏源。防止进入下水道、排洪沟等限制性空间。
小量泄漏：用干燥的砂土或其他不燃材料吸收或覆盖，收集于容器中。
大量泄漏：构筑围堤或挖坑收容。用生石灰（CaO）、碎石灰石（$CaCO_3$）或碳酸氢钠（$NaHCO_3$）中和。用防腐蚀泵转移至槽车或专用收集器内。

职业接触限值	消防措施
PC-TWA：0.05 mg/m^3 ［Cr］［G1］	本品不燃，根据着火原因选择适当灭火剂灭火。 消防人员须佩戴空气呼吸器，穿全身耐酸碱消防服灭火。尽可能将容器从火场移至空旷处。

危险性类别	品名、英文名、分子式、CAS 号	危险性标志
腐蚀	庚酸（正庚酸） heptanoic acid $C_7H_{14}O_2$ CAS 号：111-14-8	

理化数据

熔点：−8.9℃	沸点：223℃	闪点：＞110℃
饱和蒸气压：0.13 kPa（78℃）	相对密度（$d_{水}$=1）：0.918	相对蒸气密度（$d_{空气}$=1）：4.5
爆炸上限：10.1%	爆炸下限：1.1%	

危险特性与安全存储

危险特性	有腐蚀性。遇明火、高热可燃，其蒸气与空气可形成爆炸性混合物。与氧化剂接触可发生反应。若遇高热，容器内压增大，有开裂和爆炸的危险。
安全存储	应与氧化剂、还原剂、碱类分开存放，切忌混储。保持容器密封，防止阳光直射。 储存于阴凉、通风的库房，远离火种、热源。配备相应品种和数量的消防器材，储区应备有泄漏应急处理设备和合适的收容材料。

防护措施

按需戴防毒面具

必须戴防护眼镜

必须穿防护服

必须戴防护手套

接触表现与急救措施

接触表现	对眼、皮肤、黏膜和上呼吸道有强烈刺激作用。吸入后可引起喉和支气管的炎症、痉挛、化学性肺炎、肺水肿等。眼和皮肤接触引起灼伤。
急救措施	皮肤接触　立即脱去污染的衣着，用大量流动清水彻底冲洗至少 15 min。就医。 眼睛接触　立即分开眼睑，用大量流动清水或生理盐水彻底冲洗 5～15 min。就医。 吸　　入　迅速脱离现场至空气新鲜处。保持呼吸道通畅。如呼吸困难，给输氧。如呼吸、心跳停止，立即进行心肺复苏术。就医。 食　　入　用水漱口，给饮牛奶或蛋清。禁止催吐。就医。

泄漏应急处理

迅速撤离泄漏污染区人员至安全区，并进行隔离，严格限制出入。切断火源。建议应急处理人员戴正压自给式呼吸器，穿防腐蚀、防毒服。不要直接接触泄漏物。尽可能切断泄漏源。防止进入下水道、排洪沟等限制性空间。

小量泄漏：用干燥的砂土或其他不燃材料吸收或覆盖，收集于容器中。

大量泄漏：构筑围堤或挖坑收容。用防腐蚀泵转移至槽车或专用收集器内。

职业接触限值	消防措施
未制定标准	灭火剂：雾状水、泡沫、干粉、二氧化碳、砂土。 消防人员须佩戴空气呼吸器，穿全身耐酸碱消防服灭火。尽可能将容器从火场移至空旷处。喷水保持火场容器冷却，直至灭火结束。容器突然发出异常声音或出现异常现象，应立即撤离。

危险性类别	品名、英文名、分子式、CAS 号	危险性标志
易燃	庚烷（正庚烷） heptane C_7H_{16} CAS 号：142-82-5	

理化数据

熔点：−90.5℃	沸点：98.5℃	闪点：−4℃（CC）
自燃温度：215℃	临界温度：266℃	临界压力：2.74 MPa
饱和蒸气压：6.36 kPa（25℃）	相对密度（$d_{水}$=1）：0.68	相对蒸气密度（$d_{空气}$=1）：3.45
爆炸上限：6.7%	爆炸下限：1.05%	

危险特性与安全存储

危险特性	高度易燃，具刺激性。遇明火、高热能引起燃烧爆炸。与氧化剂能发生剧烈反应。其蒸气遇火源易着火回燃。若遇高热，容器内压增大，有开裂和爆炸的危险。高速冲击、流动、激荡后可因产生静电火花放电引起燃烧爆炸。对水生生物毒性非常大并具有长期持续影响。
安全存储	应与氧化剂分开存放，切忌混储。保持容器密封。 储存于阴凉、通风的库房，库温不超过 37℃，远离火种、热源。采用防爆型照明、通风设备，禁止使用易产生火花的机械设备和工具。储区应备有泄漏应急处理设备和合适的收容材料。

防护措施

接触表现与急救措施

接触表现	本品有麻醉和刺激作用。	
	急性中毒	吸入本品蒸气可引起眩晕、恶心、厌食、欣快感和步态蹒跚，甚至出现意识丧失和木僵状态。对皮肤有轻度刺激作用。吸入液态本品可引起吸入性肺炎。
	慢性影响	长期接触可引起神经衰弱综合征。少数人有轻度中性白细胞减少、消化不良症状。
急救措施	皮肤接触	立即脱去污染的衣着，用流动清水彻底冲洗。就医
	眼睛接触	立即分开眼睑，用流动清水或生理盐水彻底冲洗。就医。
	吸　　入	迅速脱离现场至空气新鲜处。保持呼吸道通畅。如呼吸困难，给输氧。如呼吸、心跳停止，立即进行心肺复苏术。就医。
	食　　入	用水漱口，饮水。就医。

泄漏应急处理

迅速撤离泄漏污染区人员至安全区，并进行隔离，严格限制出入。切断火源。建议应急处理人员戴正压自给式呼吸器，穿防静电服，戴橡胶耐油手套。禁止接触或跨越泄漏物。尽可能切断泄漏源。防止进入下水道、排洪沟等限制性空间。

小量泄漏：用砂土或其他不燃材料吸收，用洁净的无火花工具收集吸收材料。

大量泄漏：构筑围堤或挖坑收容。用泡沫覆盖，减少蒸发。用防爆泵转移至槽车或专用收集器内。

职业接触限值	消防措施
PC-TWA：500 mg/m^3	灭火剂：泡沫、干粉、二氧化碳、砂土。**用水灭火无效**。 消防人员须佩戴空气呼吸器，穿全身防火防毒服，在上风向灭火。尽可能将容器从火场移至空旷处。喷水保持火场容器冷却，直至灭火结束。容器突然发出异常声音或出现异常现象，应立即撤离。

危险性类别	品名、英文名、分子式、CAS 号	危险性标志
有毒	汞 mercury Hg CAS 号：7439-97-6	

理化数据

熔点：−38.9℃	沸点：356.9℃	临界温度：1462℃
临界压力：>20.26 MPa	饱和蒸气压：0.13 kPa（126.2℃）	
相对密度（$d_{水}$=1）：13.534	相对蒸气密度（$d_{空气}$=1）：7.0	

危险特性与安全存储

危险特性	不燃，有毒。与叠氮化物、乙炔或氨反应可生成爆炸性化合物。与乙烯、氯、三氮甲烷、碳化钠接触引起剧烈反应。对水生生物毒性非常大并具有长期持续影响。
安全存储	应与易（可）燃物、酸类分开存放，切忌混储。 储存于阴凉、通风的库房，库温不超过 30℃，远离火种、热源。储区应备有泄漏应急处理设备和合适的收容材料。

防护措施

接触表现与急救措施

接触表现	短期内大量吸入汞蒸气后引起急性中毒，有头痛、头晕、乏力、多梦、睡眠障碍、易激动、手指震颤、发热等全身症状，并有明显口腔炎表现，可出现食欲不振、恶心、腹痛、腹泻等，部分患者皮肤出现红色斑丘疹；呼吸道刺激症状有咳嗽、咳痰、胸痛、胸闷等，重者可发生化学性肺炎，可引起肾损害。经口摄入可溶性汞盐引起急性腐蚀性胃肠炎，重者发生昏迷、休克、急性肾功能衰竭。 慢性中毒　最早出现头痛、头晕、乏力、记忆减退等神经衰弱综合征，并有口腔炎；重者可有明显的性格改变，汞毒性震颤及四肢共济失调等中毒性脑病表现，可伴有肾损害。
急救措施	皮肤接触　立即脱去污染的衣着，用大量流动清水彻底冲洗。就医。 眼睛接触　立即分开眼睑，用大量流动清水或生理盐水彻底冲洗。就医。 吸　　入　迅速脱离现场至空气新鲜处。保持呼吸道通畅。如呼吸困难，给输氧。如呼吸、心跳停止，立即进行心肺复苏术。就医。 食　　入　用水漱口，给饮牛奶或蛋清。就医（解毒剂：二巯基丙硫酸钠、二巯基丁二酸钠、青霉胺）。

泄漏应急处理

迅速撤离泄漏污染区人员至安全区，并进行隔离，严格限制出入。建议应急处理人员戴防护口罩，穿防腐蚀、防毒服。禁止使用钢或铝制工具和设备。尽可能切断泄漏源。防止进入下水道、排洪沟等限制性空间。

小量泄漏：用硫化钙、过量的硫磺或硫代硫酸钠处理。

大量泄漏：构筑围堤或挖坑收容。用汞泄漏专用工具箱收集。

职业接触限值	消防措施
PC-TWA：0.02 mg/m^3	本品不燃，根据着火原因选择适当灭火剂灭火。 消防人员须佩戴过空气呼吸器，穿全身防火防毒服，在上风向灭火。喷水冷却容器，尽可能将容器从火场移至空旷处。

危险性类别	品名、英文名、分子式、CAS 号	危险性标志
氧化剂	过硫酸钾 potassium persulfate $K_2S_2O_8$ CAS 号：7727-21-1	

理化数据

熔点：100℃（分解）　　相对密度（$d_{水}$=1）：2.48

危险特性与安全存储

危险特性	无机氧化剂。与还原剂、有机物、易燃物如硫、磷等接触或混合时有引起燃烧爆炸的危险。急剧加热时可发生爆炸。对水生生物有害。
安全存储	应与还原剂、活性金属粉末、碱类、醇类分开存放，切忌混储。包装密封。 储存于阴凉、干燥、通风的库房，库房温度不超过 30℃，相对湿度不超过 80%，远离火种、热源。储区应备有合适的材料以收容泄漏物。

防护措施

接触表现与急救措施

接触表现	吸入本品粉尘对鼻、喉和呼吸道有刺激作用，引起咳嗽及胸部不适。对眼和皮肤有刺激作用。吞咽刺激口腔及胃扬道，引起腹痛、恶心和呕吐。对呼吸道和皮肤有致敏作用。 慢性影响　过敏性体质者接触可发生皮疹。
急救措施	皮肤接触　立即脱去污染的衣着，用流动清水彻底冲洗。就医。 眼睛接触　立即分开眼睑，用流动清水或生理盐水彻底冲洗。就医。 吸　　入　迅速脱离现场至空气新鲜处。保持呼吸道通畅。如呼吸困难，给输氧。如呼吸、心跳停止，立即进行心肺复苏术。就医。 食　　入　用水漱口，饮水。就医。

泄漏应急处理

隔离泄漏污染区，限制出入。建议应急处理人员戴防尘口罩，穿防毒服，戴橡胶手套。不要直接接触泄漏物。勿使泄漏物与可燃物质（如木材、纸、油等）接触。尽可能切断泄漏源。勿使水进入包装容器内。

小量泄漏：用洁净的铲子收集泄漏物，置于干净、干燥、盖子较松的容器中，将容器移离泄漏区。

大量泄漏：泄漏物回收后，用水冲洗泄漏区。

职业接触限值	消防措施
未制定标准	本品不燃，根据着火原因选择适当的灭火剂。**禁止用砂土压盖。** 消防人员须佩戴空气呼吸器，穿全身防火防毒服，在上风向灭火。尽可能将容器从火场移至空旷处。喷水保持火场容器冷却，直至灭火结束。本品在火场中与可燃物混合会爆炸，消防人员须在有防爆掩蔽处操作。

危险性类别	品名、英文名、分子式、CAS 号	危险性标志
氧化剂	过硫酸钠 sodium persulfate $Na_2S_2O_8$ CAS 号：7775-27-1	

理化数据

相对密度（$d_{水}$=1）：2.4

危险特性与安全存储

危险特性	强氧化剂。与易燃物接触会加剧燃烧。与还原剂、有机物、易燃物（如硫、磷等）接触或混合时有引起燃烧爆炸的危险。急剧加热时可发生爆炸。
安全存储	应与还原剂、活性金属粉末、碱类、醇类分开存放，切忌混储。保持容器密封。 储存于阴凉、干燥、通风的库房，库温不超过 30℃，相对湿度不超过 80%，远离火种、热源。储区应备有合适的材料以收容泄漏物。

防护措施

接触表现与急救措施

接触表现	对眼、上呼吸道和皮肤有刺激作用。某些敏感个体接触本品后，可能发生皮疹和（或）哮喘。
急救措施	皮肤接触　立即脱去污染的衣着，用流动清水彻底冲洗。就医。 眼睛接触　立即分开眼睑，用流动清水或生理盐水彻底冲洗。就医。 吸　　入　迅速脱离现场至空气新鲜处。保持呼吸道通畅。如呼吸困难，给输氧。如呼吸、心跳停止，立即进行心肺复苏术。就医。 食　　入　用水漱口，饮水。就医。

泄漏应急处理

隔离泄漏污染区，限制出入。建议应急处理人员戴防尘口罩，穿防毒服，戴橡胶手套。不要直接接触泄漏物。勿使泄漏物与还原剂、有机物、可燃物质（如木材、纸、油等）接触。尽可能切断泄漏源。勿使水进入包装容器内。

小量泄漏：用洁净的铲子收集泄漏物，置于干净、干燥、盖子较松的容器中，将容器移离泄漏区。

大量泄漏：泄漏物回收后，用水冲洗泄漏区。

职业接触限值	消防措施
未制定标准	本品不燃，根据着火原因选择适当的灭火剂。**禁止用砂土压盖。** 消防人员须佩戴空气呼吸器，穿全身防火防毒服，在上风向灭火。尽可能将容器从火场移至空旷处。喷水保持火场容器冷却，直至灭火结束。本品在火场中与可燃物混合会爆炸，消防人员须在有防爆掩蔽处操作。

危险性类别	品名、英文名、分子式、CAS 号	危险性标志
爆炸品 **易燃**	过氧化苯甲酰 benzoyl peroxide $C_{14}H_{10}O_4$ CAS 号：94-36-0	 

理化数据

熔点：103～108℃　　沸点：分解（爆炸）　　闪点：80℃

自燃温度：80℃　　临界压力：2.57 MPa　　相对密度（$d_水$=1）：1.33

危险特性与安全存储

危险特性	干燥状态下非常易燃，遇热、摩擦、震动或杂质污染均能引起爆炸性分解。急剧加热时可发生爆炸。与强酸、强碱、硫化物、还原剂、聚和用助催化剂和促进剂（如二甲基苯胺、胺类）或金属环烷酸盐接触会发生剧烈反应。对水生生物毒性非常大。
安全存储	应与还原剂、酸类、碱类、醇类分开存放，切忌混储。储存时以水作稳定剂，一般含水 30%。不宜久存，以免变质。禁止震动、撞击和摩擦。 库温应保持在 2～25℃。采用防爆型照明、通风设备，禁止使用易产生火花的机械设备和工具。储区应备有合适的材料以收容泄漏物。

防护措施

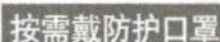

接触表现与急救措施

接触表现	对上呼吸道有刺激作用。对皮肤有强烈的刺激及致敏作用。进入眼内可造成损害。
急救措施	皮肤接触　立即脱去污染的衣着，用大量流动清水彻底冲洗。就医。 眼睛接触　立即分开眼睑，用大量流动清水或生理盐水彻底冲洗。就医。 吸　　入　迅速脱离现场至空气新鲜处。保持呼吸道通畅。如呼吸困难，给输氧。如呼吸、心跳停止，立即进行心肺复苏术。就医。 食　　入　用水漱口，饮水。就医。

泄漏应急处理

隔离泄漏污染区，限制出入。切断火源。建议应急处理人员戴防尘口罩，穿一般作业工作服，戴橡胶手套。勿使泄漏物与可燃物质（如木材、纸、油等）接触。用雾状水保持泄漏物湿润。尽可能切断泄漏源。防止进入下水道、排洪沟等限制性空间。

小量泄漏：用惰性、湿润的不燃材料吸收泄漏物，用洁净的无火花工具收集于盖子较松的塑料容器中，待处理。

大量泄漏：用水润湿，并筑堤收容。在专家指导下清除。

职业接触限值	消防措施
PC-TWA：5 mg/m^3	灭火剂：水、雾状水、二氧化碳、抗溶性泡沫。**禁止用砂土压盖。** 消防人员须在有防爆掩蔽处操作，遇大火切勿轻易接近。在物料附近失火，须用水保持容器冷却。

危险性类别	品名、英文名、分子式、CAS 号	危险性标志
易燃	红磷 phosphorus red P_4 CAS 号：7723-14-0	

理化数据

熔点：590℃（4 357 kPa）
沸点：280℃
自燃温度：260℃
临界压力：8.1 MPa
饱和蒸气压：4 357 kPa（590℃）
相对密度（$d_{水}$=1）：2.34
相对蒸气密度（$d_{空气}$=1）：4.77
爆炸下限：48～64 mg/m³

危险特性与安全存储

危险特性	易燃，明火、高热、摩擦、撞击有引起燃烧的危险。与溴混合能发生燃烧。与大多数氧化剂如氯酸盐、硝酸盐、高氯酸盐或高锰酸盐等组成爆炸性能十分敏感的化合物。燃烧时放出有毒的刺激性烟雾。燃烧生成有害的氧化磷、磷烷。对水生生物有害并具有长期持续影响。
安全存储	应与氧化剂、卤素、卤化物分开存放，切忌混储。禁止震动、撞击和摩擦。 储存于阴凉、通风的库房，库温不超过 35℃，相对湿度不超过 80%，远离火种、热源。采用防爆型照明、通风设施，禁止使用易产生火花的机械设备和工具。储区应备有合适的材料以收容泄漏物。

防护措施

接触表现与急救措施

接触表现	制品不纯时可含少量黄磷，可致黄磷中毒。经常吸入红磷粉尘，可引起慢性磷中毒。
急救措施	皮肤接触　立即脱去污染的衣着，用流动清水彻底冲洗。就医。 眼睛接触　立即分开眼睑，用流动清水或生理盐水彻底冲洗。就医。 吸　　入　迅速脱离现场至空气新鲜处。保持呼吸道通畅。如呼吸困难，给输氧。如呼吸、心跳停止，立即进行心肺复苏术。就医。 食　　入　用水漱口，饮水。就医。

泄漏应急处理

隔离泄漏污染区，限制出入。切断火源。建议应急处理人员戴防尘口罩，穿防毒、防静电服。禁止接触或跨越泄漏物。防止进入下水道、排洪沟等限制性空间。
小量泄漏：用洁净的铲子收集泄漏物，置于干净、干燥、盖子较松的容器中，将容器移离泄漏区。
大量泄漏：用水润湿，并筑堤收容。

职业接触限值	消防措施
未制定标准	灭火剂：小火可用干燥砂土闷熄；大火用水灭火。 待火熄灭后，须用湿砂土覆盖，以防复燃。清理时须注意防范，以免灼伤。

危险性类别	品名、英文名、分子式、CAS 号	危险性标志
易燃 **腐蚀**	环己胺 cyclohexylamine $C_6H_{13}N$ CAS 号：108-91-8	 

理化数据

熔点：-17.7℃　沸点：134.5℃　闪点：26℃（CC）
自燃温度：293℃　临界压力：4.2 MPa　饱和蒸气压：1.2 kPa（20℃）
相对密度（$d_{水}$=1）：0.86　相对蒸气密度（$d_{空气}$=1）：3.42
爆炸上限：9.4%　爆炸上限：1.5%

危险特性与安全存储

危险特性	易燃，遇明火、高热易燃。受热分解释出剧毒的烟雾。与氧化剂接触发生剧烈反应。其蒸气比空气重，能在较低处扩散到相当远的地方，遇火源会着火回燃。对水生生物有害。
安全存储	应与酸类分开存放，切忌混储。保持容器密封。 储存于阴凉、通风的库房，库温不超过 30℃，远离火种、热源。采用防爆型照明、通风设备，禁止使用易产生火花的机械设备和工具。配备相应品种和数量的消防器材，储区应备有泄漏应急处理设备和合适的收容材料。

防护措施

接触表现与急救措施

接触表现	吸入本品蒸气可发生急性中毒。中毒表现有剧烈呕吐及腹泻；瞳孔散大和对光反应迟钝、视力模糊；精神萎靡、语言障碍。具刺激性，可使皮肤损伤和致敏。
急救措施	皮肤接触　立即脱去污染的衣着，用大量流动清水冲洗至少 15 min。若有灼伤，就医。 眼睛接触　立即分开眼睑，用大量流动清水或生理盐水彻底冲洗 5～10 min。就医。 吸　　入　迅速脱离现场至空气新鲜处。保持呼吸道通畅。如呼吸困难，给输氧。如呼吸、心跳停止，立即进行心肺复苏术。就医。 食　　入　立即用水漱口，给饮牛奶或蛋清。禁止催吐，就医。

泄漏应急处理

迅速撤离泄漏污染区人员至安全区，并进行隔离，严格限制出入。切断火源。建议应急处理人员戴正压自给式呼吸器，穿防静电、防腐蚀、防毒服，戴橡胶耐油手套。禁止接触或跨越泄漏物。用防止进入下水道、排洪沟等限制性空间。
小量泄漏：用砂土或其他不燃材料吸收，用洁净的无火花工具收集吸收材料。
大量泄漏：构筑围堤或挖坑收容。用抗溶性泡沫覆盖，减少蒸发。用防爆、防腐蚀泵转移至槽车或专用收集器内。喷雾状水驱散蒸气，稀释液体泄漏物。

职业接触限值	消防措施
PC-TWA：10 mg/m^3	灭火剂：水雾、干粉、抗溶性泡沫、二氧化碳、砂土。 消防人员须佩戴防毒面具，穿全身消防服，在上风向灭火。尽可能将容器从火场移至空旷处。喷水保持火场容器冷却，直至灭火结束。容器突然发出异常声音或出现异常现象，应立即撤离。**避免使用直流水灭火**，直流水可能导致可燃性液体的飞溅，使火势扩散。

危险性类别	品名、英文名、分子式、CAS 号	危险性标志
易燃	环己基氯（氯环己烷） cyclohexyl chloride $C_6H_{11}Cl$ CAS 号：542-18-7	

理化数据

熔点：−43℃　　沸点：142℃　　闪点：28℃

相对密度（$d_{水}$=1）：0.99　　相对蒸气密度（$d_{空气}$=1）：4.0

危险特性与安全存储

危险特性	其蒸气与空气可形成爆炸性混合物，遇明火、高热极易燃烧爆炸。与氧化剂接触发生剧烈反应。受高热分解放出有毒的氯化物气体。流速过快，容易产生和积聚静电。其蒸气比空气重，能在较低处扩散到相当远的地方，遇火源会着火回燃。若遇高热，容器内压增大，有开裂和爆炸的危险。对环境有危害，对水体和大气可造成污染，对大气臭氧层有极强破坏力。
安全存储	应与氧化剂、碱类分开存放，切忌混储。 储存于阴凉、通风的库房，库温不超过 30℃，远离火种、热源。采用防爆型照明、通风设备，禁止使用易产生火花的机械设备和工具。储区应备有泄漏应急处理设备和合适的收容材料。

防护措施

接触表现与急救措施

接触表现	吸入、摄入或经皮肤吸收对身体有害。对眼和皮肤有刺激作用。接触后可引起恶心、头痛和呕吐。
急救措施	皮肤接触　立即脱去污染的衣着，用流动清水彻底冲洗。 眼睛接触　立即分开眼睑，用流动清水或生理盐水彻底冲洗。就医。 吸　　入　迅速脱离现场至空气新鲜处。保持呼吸道通畅。如呼吸困难，给输氧。如呼吸、心跳停止，立即进行心肺复苏术。就医。 食　　入　给足量温水，催吐。就医。

泄漏应急处理

迅速撤离泄漏污染区人员至安全区，并进行隔离，严格限制出入。切断火源。建议应急处理人员戴正压自给式呼吸器，穿防静电服。尽可能切断泄漏源。防止进入下水道、排洪沟等限制性空间。

小量泄漏：用活性炭或其他惰性材料吸收。也可以用大量水冲洗，洗水稀释后放入废水系统。

大量泄漏：构筑围堤或挖坑收容。用泡沫覆盖，减少蒸发。用防爆泵转移至槽车或专用收集器内。

职业接触限值	消防措施
未制定标准	灭火剂：泡沫、干粉、二氧化碳、雾状水、砂土。 消防人员须佩戴防毒面具，穿全身消防服，在上风向灭火。尽可能将容器从火场移至空旷处。喷水保持火场容器冷却，直至灭火结束。容器突然发出异常声音或出现异常现象，应立即撤离。

危险性类别	品名、英文名、分子式、CAS 号	危险性标志
易燃	环己酮 cyclohexanone $C_6H_{10}O$ CAS 号：108-94-1	

理化数据

熔点：−32.1℃
沸点：136.9～155.6℃
闪点：44℃（CC）
自燃温度：420℃
临界温度：356℃
临界压力：3.8 MPa
饱和蒸气压：0.5 kPa（20℃）
相对密度（$d_{水}$=1）：0.95
相对蒸气密度（$d_{空气}$=1）：3.4
爆炸上限：9.4%
爆炸下限：1.1%

危险特性与安全存储

危险特性	易燃，遇高热、明火有引起燃烧的危险。与氧化剂接触发生剧烈反应。若遇高热，容器内压增大，有开裂和爆炸的危险。
安全存储	应与氧化剂、还原剂等分开存放，切忌混储。保持容器密封。 储存于阴凉、通风的库房，库温不超过 37℃，远离火种、热源。采用防爆型照明、通风设备，禁止使用易产生火花的机械设备和工具。储区应备有泄漏应急处理设备和合适的收容材料。

防护措施

接触表现与急救措施

接触表现	本品具有麻醉和刺激作用。液体对皮肤有刺激性；眼接触有可能造成角膜损害。 慢性影响　长期反复接触可致皮炎。
急救措施	皮肤接触　立即脱去污染的衣着，用肥皂水和清水彻底冲洗。 眼睛接触　立即分开眼睑，用大量流动清水或生理盐水彻底冲洗。就医。 吸　　入　迅速脱离现场至空气新鲜处。保持呼吸道通畅。如呼吸困难，给输氧。如呼吸、心跳停止，立即进行心肺复苏术。就医。 食　　入　用水漱口，饮足量温水。就医。

泄漏应急处理

迅速撤离泄漏污染区人员至安全区，并进行隔离，严格限制出入。切断火源。建议应急处理人员戴正压自给式呼吸器，穿防毒服，戴橡胶耐油手套。禁止接触或跨越泄漏物。尽可能切断泄漏源。防止进入下水道、排洪沟等限制性空间。

小量泄漏：用砂土或其他不燃材料吸附或吸收，用洁净的无火花工具收集吸收材料。

大量泄漏：构筑围堤或挖坑收容。用抗溶性泡沫覆盖，减少蒸发。用防爆泵转移至槽车或专用收集器内。

职业接触限值	消防措施
PC-TWA：50 mg/m^3 ［皮］	灭火剂：泡沫、二氧化碳、干粉、砂土。 消防人员须佩戴空气呼吸器，穿全身防火防毒服，在上风向灭火。尽可能将容器从火场移至空旷处。喷水保持火场容器冷却，直至灭火结束。容器突然发出异常声音或出现异常现象，应立即撤离。

危险性类别	品名、英文名、分子式、CAS 号	危险性标志
易燃	环己烷 cyclohexane C_6H_{12} CAS 号：110-82-7	

理化数据

熔点：6.47℃ | 沸点：80.7℃ | 闪点：-18℃（CC）
自燃温度：245℃ | 临界温度：280.4℃ | 临界压力：4.05 MPa
饱和蒸气压：12.7 kPa（20℃） | 相对密度（$d_{水}=1$）：0.78 | 相对蒸气密度（$d_{空气}=1$）：2.90
爆炸上限：8.4% | 爆炸下限：1.3%

危险特性与安全存储

危险特性	极易燃，其蒸气与空气可形成爆炸性混合物，遇明火、高热极易燃烧爆炸。与氧化剂接触发生剧烈反应，甚至引起燃烧。在火场中，受热的容器有爆炸危险。其蒸气比空气重，能在较低处扩散到相当远的地方，遇明火会引着回燃。对水生生物毒性非常大。
安全存储	应与氧化剂分开存放，切忌混储。保持容器密封。 储存于阴凉、通风的库房，库温不超过 29℃，远离火种、热源。采用防爆型照明、通风设备，禁止使用易产生火花的机械设备和工具。储区应备有泄漏应急处理设备和合适的收容材料。

防护措施

接触表现与急救措施

接触表现	对眼和上呼吸道有轻度刺激作用。持续吸入可引起头晕、恶心、倦睡和其他一些麻醉症状。本品液体污染皮肤可引起痒感。
急救措施	皮肤接触　立即脱去污染的衣着，用肥皂水和清水彻底冲洗。 眼睛接触　立即分开眼睑，用大量流动清水或生理盐水彻底冲洗。就医。 吸　　入　迅速脱离现场至空气新鲜处。保持呼吸道通畅。如呼吸困难，给输氧。如呼吸、心跳停止，立即进行心肺复苏术。就医。 食　　入　用水漱口，饮足量温水。禁止催吐。就医。

泄漏应急处理

迅速撤离泄漏污染区人员至安全区，并进行隔离，严格限制出入。切断火源。建议应急处理人员戴正压自给式呼吸器，穿防静电服，戴橡胶耐油手套。禁止接触或跨越泄漏物。尽可能切断泄漏源。防止进入下水道、排洪沟等限制性空间。
小量泄漏：用砂土或其他不燃材料吸附或吸收，用洁净的无火花工具收集吸收材料。
大量泄漏：构筑围堤或挖坑收容。用砂土、惰性物质或蛭石吸收大量液体。用泡沫覆盖，减少蒸发。用防爆泵转移至槽车或专用收集器内。

职业接触限值	消防措施
PC-TWA：250 mg/m^3	灭火剂：干粉、泡沫、二氧化碳、砂土。**用水灭火无效。** 消防人员须佩戴空气呼吸器，穿全身防火防毒服，在上风向灭火。尽可能将容器从火场移至空旷处。喷水保持火场容器冷却，直至灭火结束。容器突然发出异常声音或出现异常现象，应立即撤离。

危险性类别	品名、英文名、分子式、CAS 号	危险性标志
易燃	环己烯 cyclohexene C_6H_{10} CAS 号：110-83-8	

理化数据

熔点：−104℃	沸点：83.0℃	闪点：−11.7℃
自燃温度：244℃	临界温度：287.4℃	临界压力：4.374 MPa
饱和蒸气压：8.9 kPa（20℃）	相对密度（$d_{水}$=1）：0.81	相对蒸气密度（$d_{空气}$=1）：2.8
爆炸上限：5.0%	爆炸下限：1.0%	

危险特性与安全存储

危险特性	高度易燃，其蒸气与空气可形成爆炸性混合物，遇明火、高热极易燃烧爆炸。与氧化剂接触发生剧烈反应，引起燃烧或爆炸。长期储存，可生成具有潜在爆炸危险性的过氧化物。其蒸气比空气重，能在较低处扩散到相当远的地方，遇明火会着火回燃。对水生生物有毒并具有长期持续影响。
安全存储	应与氧化剂、酸类分开存放，切忌混储。保持容器密封。不宜大量储存或久存。 储存于阴凉、通风的库房，库温不超过 30℃，远离火种、热源。采用防爆型照明、通风设备，禁止使用易产生火花的机械设备和工具。储区应备有泄漏应急处理设备和合适的收容材料。

防护措施

接触表现与急救措施

接触表现	有麻醉作用，吸入后引起恶心、呕吐、头痛和神志丧失。对眼和皮肤有刺激作用。
急救措施	皮肤接触　立即脱去污染的衣着，用肥皂水和清水彻底冲洗。 眼睛接触　立即分开眼睑，用大量流动清水或生理盐水彻底冲洗。就医。 吸　　入　迅速脱离现场至空气新鲜处。保持呼吸道通畅。如呼吸困难，给输氧。如呼吸、心跳停止，立即进行心肺复苏术。就医。 食　　入　用水漱口，饮足量温水。禁止催吐。就医。

泄漏应急处理

迅速撤离泄漏污染区人员至安全区，并进行隔离，严格限制出入。切断火源。建议应急处理人员戴正压自给式呼吸器，穿防静电服，戴橡胶耐油手套。禁止接触或跨越泄漏物。尽可能切断泄漏源。防止进入下水道、排洪沟等限制性空间。
小量泄漏：用砂土或其他不燃材料吸附或吸收，用洁净的无火花工具收集吸收材料。
大量泄漏：构筑围堤或挖坑收容。用泡沫覆盖，减少蒸发。用防爆泵转移至槽车或专用收集器内。

职业接触限值	消防措施
未制定标准	灭火剂：泡沫、干粉、二氧化碳、砂土。**用水灭火无效。** 消防人员须佩戴空气呼吸器，穿全身防火防毒服，在上风向灭火。尽可能将容器从火场移至空旷处。喷水保持火场容器冷却，直至灭火结束。容器突然发出异常声音或出现异常现象，应立即撤离。

危险性类别	品名、英文名、分子式、CAS 号	危险性标志
易燃	环戊酮 cyclopentanone C_5H_8O CAS 号：120-92-3	

理化数据

熔点：−51.3℃	沸点：130.6℃	闪点：26℃
临界压力：5.2 MPa	饱和蒸气压：1.52 kPa（25℃）	相对密度（$d_{水}$=1）：0.95
相对蒸气密度（$d_{空气}$=1）：2.3	爆炸上限：10.4%	爆炸下限：1.7%

危险特性与安全存储

危险特性	易燃，其蒸气与空气能形成爆炸性混合物。遇明火、高热或与氧化剂接触，有引起燃烧爆炸的危险。
安全存储	应与氧化剂、还原剂分开存放，切忌混储。保持容器密封。不宜大量储存或久存。 储存于阴凉、通风的库房，库温不超过 37℃，远离火种、热源。采用防爆型照明、通风设备，禁止使用易产生火花的机械设备和工具。储区应备有泄漏应急处理设备和合适的收容材料。

防护措施

接触表现与急救措施

接触表现	高浓度吸入对中枢神经系统有抑制作用。对眼和皮肤有刺激作用。
急救措施	皮肤接触　立即脱去污染的衣着，用肥皂水和清水彻底冲洗。 眼睛接触　立即分开眼睑，用大量流动清水或生理盐水彻底冲洗。就医。 吸　　入　迅速脱离现场至空气新鲜处。保持呼吸道通畅。如呼吸困难，给输氧。如呼吸、心跳停止，立即进行心肺复苏术。就医。 食　　入　用水漱口，饮足量温水。催吐。就医。

泄漏应急处理

迅速撤离泄漏污染区人员至安全区，并进行隔离，严格限制出入。切断火源。建议应急处理人员戴正压自给式呼吸器，穿防静电服，戴橡胶耐油手套。禁止接触或跨越泄漏物。尽可能切断泄漏源。防止进入下水道、排洪沟等限制性空间。

小量泄漏：用砂土或其他不燃材料吸附或吸收，用洁净的无火花工具收集吸收材料。

大量泄漏：构筑围堤或挖坑收容。用泡沫覆盖，减少蒸发。用防爆泵转移至槽车或专用收集器内。

职业接触限值	消防措施
未制定标准	灭火剂：泡沫、二氧化碳、干粉、砂土。 消防人员须佩戴空气呼吸器，穿全身防火防毒服，在上风向灭火。尽可能将容器从火场移至空旷处。喷水保持火场容器冷却，直至灭火结束。容器突然发出异常声音或出现异常现象，应立即撤离。

危险性类别	品名、英文名、分子式、CAS 号	危险性标志
有毒 **腐蚀**	己酸（正己酸） hexanoic acid $C_6H_{12}O_2$ CAS 号：142-62-1	 

理化数据

熔点：-3℃	沸点：205.4℃	闪点：104℃
自燃温度：300℃	临界温度：381.85℃	饱和蒸气压：0.0239 kPa（20℃）
相对密度（$d_{水}$=1）：0.93	相对蒸气密度（$d_{空气}$=1）：4.0	

危险特性与安全存储

危险特性	可燃，其蒸气与空气混合可形成爆炸性混合物。遇明火、高热可燃。与氧化剂接触可发生反应。对水生生物有害。
安全存储	应与氧化剂、还原剂、碱类分开存放，切忌混储。保持容器密封。 储存于阴凉、通风的库房，远离火种、热源。配备相应品种和数量的消防器材。储区应备有泄漏应急处理设备和合适的材料以收容泄漏物。

防护措施

接触表现与急救措施

接触表现	吸入、摄入或经皮肤吸收对身体有害。对眼、皮肤、黏膜和上呼吸道有强烈刺激作用。吸入后可引起喉、支气管的炎症、水肿、痉挛，化学性肺炎或肺水肿。接触后可引起烧灼感、咳嗽、喘息、喉炎、气短、头痛、恶心和呕吐。
急救措施	皮肤接触　立即脱去污染的衣着，用大量流动清水彻底冲洗至少 15 min。就医。 眼睛接触　立即分开眼睑，用大量流动清水或生理盐水彻底冲洗 5～10 min。就医。 吸　　入　迅速脱离现场至空气新鲜处。保持呼吸道通畅。如呼吸困难，给输氧。如呼吸、心跳停止，立即进行心肺复苏术。就医。 食　　入　用水漱口，给饮牛奶或蛋清。禁止催吐。就医。

泄漏应急处理

迅速撤离泄漏污染区人员至安全区，并进行隔离，严格限制出入。切断火源。建议应急处理人员戴正压自给式呼吸器，穿耐酸碱服。不要直接接触泄漏物。尽可能切断泄漏源。
小量泄漏：用干燥的砂土或其他不燃材料吸收或覆盖，收集于容器中。
大量泄漏：构筑围堤或挖坑收容。用粉煤灰或石灰粉吸收大量液体。用生石灰（CaO）、碎石灰石（$CaCO_3$）或碳酸氢钠（$NaHCO_3$）中和。用防腐蚀泵转移至槽车或专用收集器内。

职业接触限值	消防措施
未制定标准	灭火剂：雾状水、泡沫、干粉、二氧化碳、砂土。 消防人员须佩戴空气呼吸器，穿全身耐酸碱消防服灭火。尽可能将容器从火场移至空旷处。喷水保持火场容器冷却，直至灭火结束。容器突然发出异常声音或出现异常现象，应立即撤离。

危险性类别	品名、英文名、分子式、CAS 号	危险性标志
易燃	己烷（正己烷） *n*-hexane C_6H_{14} CAS 号：110-54-3	

理化数据

熔点：-94.3～-95.3℃	沸点：69℃	闪点：-22℃
自燃温度：225℃	临界温度：234.8℃	临界压力：3.09 MPa
饱和蒸气压：17 kPa（20℃）	相对密度（$d_{水}$=1）：0.66	相对蒸气密度（$d_{空气}$=1）：2.97
爆炸上限：7.5	爆炸下限：1.1	

危险特性与安全存储

危险特性	高度易燃，其蒸气与空气能形成爆炸性混合物。与氧化剂接触发生剧烈反应，甚至引起燃烧。在火场中，受热的容器有爆炸危险。其蒸气遇火源易着火回燃。对水生生物有害并具有长期持续影响。
安全存储	应与氧化剂分开存放，切忌混储。保持容器密封。 储存于阴凉、通风的库房，库温不超过 29℃，远离火种、热源。采用防爆型照明、通风设备，禁止使用易产生火花的机械设备和工具。储区应备有泄漏应急处理设备和合适的收容材料。

防护措施

按需戴防毒面具

按需戴防护眼镜

必须穿防护服

必须戴防护手套

接触表现与急救措施

接触表现		有麻醉和刺激作用。长期接触可致周围神经炎。
	急性中毒	吸入高浓度本品出现头痛、头晕、恶心、共济失调等症状，重者引起神志丧失，甚至死亡。成人口服本品 50 mL 可致急性中毒死亡。对眼和上呼吸道有刺激作用。液态本品吸入呼吸道，可引起吸入性肺炎。
	慢性中毒	长期接触出现头痛、头晕，之后四肢远端逐渐发展成感觉异常，麻木，触、痛和位置等感觉减退，尤以下肢为甚；进一步发展为下肢无力，肌肉疼痛，萎缩及运动障碍。神经-肌电图检查示感觉神经及运动神经传导速度减慢。
急救措施	皮肤接触	立即脱去污染的衣着，用流动清水彻底冲洗。就医。
	眼睛接触	立即分开眼睑，用流动清水或生理盐水彻底冲洗。就医。
	吸　　入	迅速脱离现场至空气新鲜处。保持呼吸道通畅。如呼吸困难，给输氧。如呼吸、心跳停止，立即进行心肺复苏术。就医。
	食　　入	用水漱口，饮水。禁止催吐。就医。

泄漏应急处理

迅速撤离泄漏污染区人员至安全区，并进行隔离，严格限制出入。切断火源。建议应急处理人员戴正压自给式呼吸器，穿防静电服，戴橡胶耐油手套。禁止接触或跨越泄漏物。尽可能切断泄漏源。防止进入下水道、排洪沟等限制性空间。

小量泄漏：用砂土或其他不燃材料吸收，用洁净的无火花工具收集吸收材料。

大量泄漏：构筑围堤或挖坑收容。用砂土、惰性物质或蛭石吸收大量液体。用泡沫覆盖，减少蒸发。用防爆泵转移至槽车或专用收集器内。

职业接触限值	消防措施
PC-TWA：100 mg/m^3	灭火剂：泡沫、干粉、二氧化碳、砂土。**用水灭火无效。** 消防人员须佩戴空气呼吸器，穿全身防火防毒服，在上风向灭火。喷水冷却容器，尽可能将容器从火场移至空旷处。容器突然发出异常声音或出现异常现象，应立即撤离。

危险性类别	品名、英文名、分子式、CAS 号	危险性标志
腐蚀	4-甲苯磺酸（对甲苯磺酸） 4-toluenesulfonic acid $C_7H_8O_3S$ CAS 号：104-15-4	

理化数据

熔点：106～107℃　　沸点：116℃

闪点：41℃　　相对密度（$d_{水}$=1）：1.07

危险特性与安全存储

危险特性	可燃，具强刺激性。受高热分解放出有毒的硫化物烟气。燃烧生成有害的一氧化碳、硫化物。对环境有害。
安全存储	应与氧化剂、碱类、食用化学品分开存放切忌混储。保持容器密封。 储存于阴凉、通风的库房，库温不超过 37℃，远离火种、热源。配备相应品种和数量的消防器材，储区应备有泄漏应急处理设备和合适的收容材料。

防护措施

接触表现与急救措施

接触表现	吸入、摄入或经皮肤吸收对身体有害。对眼、皮肤、黏膜和上呼吸道有强烈刺激作用。 吸入后可引起喉、支气管的痉挛、水肿，化学性肺炎或肺水肿。中毒表现有烧灼感、咳嗽、喘息、喉炎、气短、头痛、恶心和呕吐。
急救措施	皮肤接触　立即脱去污染的衣着，用肥皂水和清水彻底冲洗。就医。 眼睛接触　立即分开眼睑，用大量流动清水或生理盐水彻底冲洗 5～10 min。就医。 吸　　入　迅速脱离现场至空气新鲜处。保持呼吸道通畅。如呼吸困难，给输氧。如呼吸、心跳停止，立即进行心肺复苏术。就医。 食　　入　用水漱口，给饮牛奶或蛋清。就医。

泄漏应急处理

隔离泄漏污染区，限制出入。切断火源。建议应急处理人员戴防尘口罩，穿防毒服，戴橡胶耐酸碱手套。

小量泄漏：用砂土、活性炭或其他惰性材料吸收，并转移至安全场所。禁止冲入下水道。

大量泄漏：构筑围堤或挖坑收容。用泡沫覆盖，减少蒸发。用防爆泵转移至槽车或专用收集器内。

职业接触限值	消防措施
未制定标准	灭火剂：雾状水、干粉、泡沫、二氧化碳。 消防人员须佩戴防毒面具，穿全身消防服，在上风向灭火。尽可能将容器从火场移至空旷处。喷水保持火场容器冷却，直至灭火结束。

危险性类别	品名、英文名、分子式、CAS 号	危险性标志
易燃 **有毒**	甲醇 methanol CH_4O CAS 号：67-56-1	 

理化数据

熔点：−97.8℃　　沸点：64.7℃　　闪点：12℃（CC）；12.2℃（OC）

自燃温度：464℃　　临界温度：240℃　　临界压力：7.95 MPa

饱和蒸气压：12.3 kPa（20℃）　　相对密度（$d_{水}$=1）：0.79　　相对蒸气密度（$d_{空气}$=1）：1.1

爆炸上限：36.5%　　爆炸下限：6%

危险特性与安全存储

危险特性	高度易燃，其蒸气与空气可形成爆炸性混合物，遇明火、高热能引起燃烧爆炸。与氧化剂接触发生反应或引起燃烧。在火场中受热的容器有爆炸危险。其蒸气比空气重，遇明火会引着回燃。
安全存储	应与氧化剂、酸类、碱金属分开存放，切忌混储。保持容器密封。 储存于阴凉、通风的专用库房，库温不超过 37℃，远离火种、热源。采用防爆型照明、通风设备，禁止使用易产生火花的机械设备和工具。储区应备有泄漏应急处理设备和合适的收容材料。

防护措施

必须戴防护眼镜

必须穿防护服

必须戴防护手套

接触表现与急救措施

接触表现		对中枢神经系统有麻醉作用。对视神经和视网膜有特殊选择作用，引起病变；可致代谢性酸中毒。
	急性中毒	短时大量吸入出现轻度眼及上呼吸道刺激症状（经口摄入有胃肠道刺激症状）；经一段时间潜伏期后出现头痛、头晕、乏力、眩晕等，甚至昏迷。视神经及视网膜病变，可有视物模糊、复视等，重者失明。代谢性酸中毒时出现二氧化碳结合力下降、呼吸加速等。
	慢性影响	神经衰弱综合征、植物神经功能失调、黏膜刺激、视力减退等。皮肤出现脱脂、皮炎等。
急救措施	皮肤接触	立即脱去污染的衣着，用大量肥皂水和清水彻底冲洗。就医。
	眼睛接触	立即分开眼睑，用大量流动清水或生理盐水彻底冲洗。就医。
	吸　　入	迅速脱离现场至空气新鲜处。保持呼吸道畅通。如呼吸困难，给输氧。如呼吸、心跳停止，立即进行心肺复苏术。就医。
	食　　入	饮适量温水，催吐（仅限于清醒者）。就医。

泄漏应急处理

迅速撤离泄漏污染区至安全区，并进行隔离，严格限制出入。切断火源。建议应急处理人员戴正压自给式呼吸器，穿防毒防静电服，戴橡胶手套。不要直接接触泄漏物。尽可能切断泄漏源。防止进入下水道、排洪沟等限制性空间。

小量泄漏：用砂土或其他不燃材料吸收，用洁净的无火花工具收集吸收材料。

大量泄漏：构筑围堤或挖坑收容。用抗溶性泡沫覆盖，减少蒸发。用防爆泵转移至槽车或专用收集器内。喷雾状水驱散蒸气，稀释液体泄漏物。

职业接触限值	消防措施
PC-TWA：25 mg/m^3	灭火剂：抗溶性泡沫、干粉、砂土、二氧化碳。 消防人员须佩戴防毒面具，穿全身消防服，在上风向灭火。尽可能将容器从火场移至空旷处。喷水保持火场容器冷却，直至灭火结束。容器突然发出异常声音或出现异常现象，应立即撤离。

危险性类别	品名、英文名、分子式、CAS 号	危险性标志
有毒 腐蚀	2-甲酚（邻甲酚） 2-methylphenol C_7H_8O CAS 号：95-48-7	 

理化数据

熔点：29.8～31℃	沸点：191～192℃	闪点：81℃（CC）
自燃温度：598℃	临界温度：424.5℃	临界压力：5.01 MPa
饱和蒸气压：0.133 kPa（38.2℃）	相对密度（$d_{水}$=1）：1.05	相对蒸气密度（$d_{空气}$=1）：3.72
爆炸上限：7.6%	爆炸下限：1.4%（148℃）	

危险特性与安全存储

危险特性	可燃，高毒，具腐蚀性、强刺激性。遇明火、高热或与氧化剂接触，有引起燃烧爆炸的危险。对水生生物有毒。
安全存储	应与氧化剂、碱类分开存放，切忌混储。保持容器密封，不可与空气接触。 储存于阴凉、通风的库房，远离火种、热源。配备相应品种和数量的消防器材，储区应备有合适的材料以收容泄漏物。

防护措施

接触表现与急救措施

接触表现	对皮肤、黏膜有强烈刺激和腐蚀作用。引起多脏器损害。 急性中毒　引起肌肉无力、胃肠道症状、中枢神经抑制、虚脱、体温下降和昏迷，并可引起肺水肿和肝、肾、胰等脏器损害，最终发生呼吸衰竭。 慢性影响　可引起消化道功能障碍、肝肾损害和皮疹。
急救措施	皮肤接触　立即脱去污染的衣着，用大量流动清水彻底冲洗污染创面，同时用浸过聚乙烯乙二醇（PEG400 或 PEG300）的棉球或浸过 30%～50% 酒精的棉球擦洗创面至无酚味为止（注意不能将患处浸泡于清洗液中）。可继续使用 4%～5% 碳酸氢钠溶液湿敷创面。就医。 眼睛接触　立即分开眼睑，用大量流动清水或生理盐水彻底冲洗 10～15 min。就医。 吸　　入　迅速脱离现场至空气新鲜处。保持呼吸道畅通。如呼吸困难，给输氧。如呼吸、心跳停止，立即进行心肺复苏术。就医。 食　　入　用水漱口，给饮植物油 15～30 mL，催吐。对食入时间长者禁用植物油，可给饮牛奶或蛋清。就医。

泄漏应急处理

隔离泄漏污染区，限制出入。切断火源。建议应急处理人员戴防尘口罩，穿防毒服，戴橡胶手套。不要直接接触泄漏物。尽可能切断泄漏源。用塑料布覆盖泄漏物，减少飞散。勿使水进入包装容器内。用洁净的铲子收集泄漏物，置于干净、干燥、盖子较松的容器中，将容器移离泄漏区。

职业接触限值	消防措施
PC-TWA：10 mg/m^3 ［皮］	灭火剂：雾状水、泡沫、干粉、二氧化碳、砂土。 消防人员须佩戴空气呼吸器，穿全身防火防毒服，在上风向灭火。尽可能将容器从火场移至空旷处。喷水保持火场容器冷却，直至灭火结束。

危险性类别	品名、英文名、分子式、CAS 号	危险性标志
有毒 **腐蚀**	4-甲酚（对甲酚） 4-methylphenol C_7H_8O CAS 号：106-44-5	 

理化数据

熔点：35.5℃	沸点：201.8℃	闪点：86℃（CC）
自燃温度：559℃	临界温度：431.6℃	临界压力：5.51 MPa
饱和蒸气压：0.13 kPa（53℃）	相对密度（$d_{水}$=1）：1.039	相对蒸气密度（$d_{空气}$=1）：3.72
爆炸上限：7.6%	爆炸下限：1.1%（150℃）	

危险特性与安全存储

危险特性	遇明火、高热可燃。其粉体与空气混合能形成爆炸性混合物。对水生生物有毒。
安全存储	与氧化剂、碱类、食用化学品分开存放，切忌混储。包装密封，不可与空气接触。 密封储存于阴凉、通风的库房，远离火种、热源。配备相应品种和数量的消防器材，储区应备有泄漏应急处理设备和合适的收容材料。

防护措施

接触表现与急救措施

接触表现	对皮肤、黏膜有强烈刺激和腐蚀作用。引起多脏器损害。 急性中毒　引起肌肉无力、胃肠道症状、中枢神经抑制、虚脱、体温下降和昏迷，并可引起肺水肿和肝、肾、胰等脏器损害，最终发生呼吸衰竭。灼伤面积 30%，即可引起中毒性脑病、肾病、心肌损害及溶血。 慢性影响　可引起消化道功能障碍、肝肾损害和皮疹。
急救措施	皮肤接触　立即脱去污染的衣着，用大量流动的清水彻底冲洗污染创面。同时使用浸过聚乙烯乙二醇（PEG400 或 PEG300）的棉球或浸过 30%～50% 酒精的棉球擦洗创面至无酚味为止（注意不能将患处浸泡于清洗液中）。可继续用 4%～5% 碳酸氢钠溶液湿敷创面。就医。 眼睛接触　立即分开眼睑，用大量流动清水或生理盐水彻底冲洗 10～15 min。就医。 吸　　入　迅速脱离现场至空气新鲜处。保持呼吸道通畅。如呼吸困难，给输氧。如呼吸、心跳停止，立即进行心肺复苏术。就医。 食　　入　用水漱口，立即给饮植物油 15～30 mL，催吐。对食入时间长者禁用植物油，可给饮牛奶或蛋清。就医。

泄漏应急处理

隔离泄漏污染区，限制出入。切断火源。建议应急处理人员戴防尘口罩，穿防毒服，戴橡胶手套。不要直接接触泄漏物。尽可能切断泄漏源。用塑料布覆盖泄漏物，减少飞散。勿使水进入包装容器内。用洁净的铲子收集泄漏物，置于干净、干燥、盖子较松的容器中，将容器移离泄漏区。

职业接触限值	消防措施
PC-TWA：10 mg/m^3 ［皮］	灭火剂：雾状水、泡沫、干粉、二氧化碳、砂土。 消防人员须佩戴空气呼吸器，穿全身防火防毒服，在上风向灭火。喷水保持火场容器冷却，直至灭火结束。

危险性类别	品名、英文名、分子式、CAS 号	危险性标志
有毒	2–甲基苯胺（邻甲苯胺） 2–toluidine C_7H_9N CAS 号：95-53-4	

理化数据

熔点：−16.3℃	沸点：200.3℃	闪点：85℃（CC）
自燃温度：481.67℃	临界压力：3.75 MPa	饱和蒸气压：0.034 6 kPa（25℃）
相对密度（$d_{水}$=1）：1.008	相对蒸气密度（$d_{空气}$=1）：3.69	
爆炸上限：7.6%	爆炸下限：1.5%	

危险特性与安全存储

危险特性	遇明火、高热可燃。其蒸气与空气能形成爆炸性混合物。受高热分解放出有毒的气体。与硝酸反应剧烈。对水生生物毒性非常大并具有长期持续影响。
安全存储	应与氧化剂、酸类分开存放，切忌混储。保持容器密封，不可与空气接触。 储存于阴凉、通风的库房，远离火种、热源。配备相应品种和数量的消防器材，储区应备有泄漏应急处理设备和合适的收容材料。

防护措施

接触表现与急救措施

接触表现		本品是强烈的高铁血红蛋白形成剂，并能刺激膀胱尿道，能致血尿。
	急性中毒	多由皮肤污染而吸收引起，自觉脸部灼热、剧烈头痛、头晕、呼吸困难，呈现紫绀症；以后出现血尿、尿闭、精神障碍、肌肉抽搐。
	慢性中毒	可引起膀胱刺激症状。
急救措施	皮肤接触	立即脱去污染的衣着，用肥皂水和清水彻底冲洗。就医。
	眼睛接触	立即分开眼睑，用大量流动清水或生理盐水彻底冲洗。就医。
	吸　　入	迅速脱离现场至空气新鲜处。保持呼吸道通畅。如呼吸困难，给输氧。如呼吸、心跳停止，立即进行心肺复苏术。就医。
	食　　入	用水漱口，饮足量温水，就医（高铁血红蛋白血症，可用美蓝和维生素 C 治疗）。

泄漏应急处理

迅速撤离泄漏污染区人员至安全区，并进行隔离，严格限制出入。切断火源。建议应急处理人员戴正压自给式呼吸器，穿防毒服，戴橡胶耐油手套。不要直接接触泄漏物。尽可能切断泄漏源。防止进入下水道、排洪沟等限制性空间。
小量泄漏：用干燥的砂土或其他不燃材料吸收或覆盖，收集于容器中。
大量泄漏：构筑围堤或挖坑收容。用泵转移至槽车或专用收集器内。

职业接触限值	消防措施
未制定标准	灭火剂：雾状水、泡沫、干粉、二氧化碳、砂土。 消防人员须佩戴空气呼吸器，穿全身防火防毒服，在上风向灭火。尽可能将容器从火场移至空旷处。喷水保持火场容器冷却，直至灭火结束。容器突然发出异常声音或出现异常现象，应立即撤离。

危险性类别	品名、英文名、分子式、CAS 号	危险性标志
有毒	3-甲基苯胺（间甲苯胺） 3-toluidine C_7H_9N CAS 号：108-44-1	

理化数据

熔点：-30～-31.5℃　沸点：203.3℃　闪点：86℃（CC）

自燃温度：481.67℃　临界压力：4.15 MPa　饱和蒸气压：0.13 kPa（41℃）

相对密度（$d_{水}$=1）：0.999　相对蒸气密度（$d_{空气}$=1）：3.90

爆炸上限：6.6%　爆炸下限：1.1%

危险特性与安全存储

危险特性	可燃，其蒸气与空气能形成爆炸性混合物。遇明火、高热或与氧化剂接触，有引起燃烧爆炸的危险。受高热分解放出有毒气体。对水生生物有毒并具有长期持续影响。
安全存储	应与氧化剂、酸类分开存放，切忌混储。保持容器密封，不可与空气接触。 储存于阴凉、通风的库房，远离火种、热源。配备相应品种和数量的消防器材，储区应备有泄漏应急处理设备和合适的收容材料。

防护措施

按需戴防毒面具

按需戴防护眼镜

必须穿防护服

必须戴防护手套

接触表现与急救措施

接触表现	本品是强烈的高铁血红蛋白形成剂，并能刺激膀胱尿道，能致血尿。	
	急性中毒	多由皮肤污染而吸收引起，自觉脸部灼热、剧烈头痛、头晕、呼吸困难，呈现紫绀症；以后出现血尿、尿闭、精神障碍、肌肉抽搐。
	慢性中毒	可引起膀胱刺激症状。
急救措施	皮肤接触	立即脱去污染的衣着，用肥皂水及清水彻底冲洗。就医。
	眼睛接触	立即分开眼睑，用大量流动清水或生理盐水彻底冲洗。就医。
	吸　　入	迅速脱离现场至空气新鲜处。保持呼吸道通畅。如呼吸困难，给输氧。如呼吸、心跳停止，立即进行心肺复苏术。就医。
	食　　入	用水漱口，饮水。就医（高铁血红蛋白血症，可用美蓝和维生素 C 治疗）。

泄漏应急处理

迅速撤离泄漏污染区人员至安全区，并进行隔离，严格限制出入。切断火源。建议应急处理人员戴正压自给式呼吸器，穿防毒服，戴橡胶耐油手套。不要直接接触泄漏物。尽可能切断泄漏源。防止进入下水道、排洪沟等限制性空间。

小量泄漏：用干燥的砂土或其他不燃材料吸收或覆盖，收集于容器中。

大量泄漏：构筑围堤或挖坑收容。用泵转移至槽车或专用收集器内。

职业接触限值	消防措施
未制定标准	灭火剂：雾状水、泡沫、二氧化碳、干粉、砂土。 消防人员须佩戴空气呼吸器，穿全身防火防毒服，在上风向灭火。尽可能将容器从火场移至空旷处。喷水保持火场容器冷却，直至灭火结束。容器突然发出异常声音或出现异常现象，应立即撤离。

危险性类别	品名、英文名、分子式、CAS 号	危险性标志
有毒	4-甲基苯胺（对甲苯胺） 4-toluidine C_7H_9N CAS 号：106-49-0	

理化数据

熔点：44.5℃	沸点：200.4℃	闪点：86℃（CC）
自燃温度：482℃	临界压力：4.4 MPa	相对密度（$d_{水}$=1）：1.05
相对蒸气密度（$d_{空气}$=1）：3.90	爆炸上限：6.6%	爆炸下限：1.1%

危险特性与安全存储

危险特性	遇明火、高热可燃。其粉体与空气混合，能形成爆炸性混合物。受高热分解放出有毒的气体。对水生生物毒性非常大。
安全存储	应与氧化剂、酸类、食用化学品分开存放，切忌混储。包装要求密封，不可与空气接触。储存于阴凉、通风的库房，远离火种、热源。配备相应品种和数量的消防器材，储区应备有合适的材料以收容泄漏物。

防护措施

按需戴防护口罩

必须戴防护眼镜

必须穿防护服

必须戴防护手套

接触表现与急救措施

接触表现	本品是强烈的高铁血红蛋白形成剂，并能刺激膀胱尿道，能致血尿。 急性中毒　多由皮肤污染而吸收引起，自觉脸部灼热、剧烈头痛、头晕、呼吸困难，呈现紫绀症；以后出现血尿、尿闭、精神障碍、肌肉抽搐。 慢性中毒　可引起膀胱刺激症状。对皮肤有致敏作用。
急救措施	皮肤接触　立即脱去污染的衣着，用肥皂水及清水彻底冲洗。就医。 眼睛接触　立即分开眼睑，用大量流动清水或生理盐水彻底冲洗。就医。 吸　　入　迅速脱离现场至空气新鲜处。保持呼吸道通畅。如呼吸困难，给输氧。如呼吸、心跳停止，立即进行心肺复苏术。就医。 食　　入　用水漱口，饮水。就医（高铁血红蛋白血症，可用美蓝和维生素 C 治疗）。

泄漏应急处理

隔离泄漏污染区，限制出入。切断火源。建议应急处理人员戴防尘口罩，穿防毒服，戴橡胶手套。不要直接接触泄漏物。尽可能切断泄漏源。用塑料布覆盖泄漏物，减少飞散。勿使水进入包装容器内。用洁净的铲子收集泄漏物，置于干净、干燥、盖子较松的容器中，将容器移离泄漏区。

职业接触限值	消防措施
未制定标准	灭火剂：雾状水、泡沫、干粉、二氧化碳、砂土。 消防人员须佩戴空气呼吸器，穿全身防火防毒服，在上风向灭火。尽可能将容器从火场移至空旷处。喷水保持火场容器冷却，直至灭火结束。容器突然发出异常声音或出现异常现象，应立即撤离。

危险性类别	品名、英文名、分子式、CAS 号	危险性标志
有毒	*N*-甲基苯胺 *N*-methylaniline C_7H_9N CAS 号：100-61-8	

理化数据

熔点：−57℃　沸点：196.2℃　闪点：78.89℃

自燃温度：511℃　临界压力：5.2 MPa　饱和蒸气压：0.13 kPa（36.0℃）

相对密度（$d_{水}$=1）：0.99　相对蒸气密度（$d_{空气}$=1）：3.70

爆炸上限：7.4%　爆炸下限：1.2%

危险特性与安全存储

危险特性	易燃，有毒。遇明火、高热或与氧化剂接触，有引起燃烧爆炸的危险。受热分解放出有毒的氧化氮烟气。对水生生物毒性非常大并具有长期持续影响。
安全存储	应与氧化剂、酸类、食用化学品分开存放，切忌混储。保持容器密封。 储存于阴凉、通风的库房，远离火种、热源。配备相应品种和数量的消防器材，储区应备有泄漏应急处理设备和合适的收容材料。

防护措施

按需戴防毒面具

必须戴防护眼镜

必须穿防护服

必须戴防护手套

接触表现与急救措施

接触表现	可形成高铁血红蛋白，造成组织缺氧；引起中枢神经系统及肝肾损害。	
	急性中毒	表现为口唇、指端、耳郭紫绀，出现恶心、呕吐、手指麻木、精神恍惚；重者皮肤、黏膜严重青紫，出现呼吸困难、抽搐等，甚至昏迷、休克，可出现溶血性黄疸、中毒性肝炎和肾损害。
	慢性中毒	患者有神经衰弱综合征表现，伴有轻度紫绀、贫血和肝、脾肿大。
急救措施	皮肤接触	立即脱去污染的衣着，用肥皂水及清水彻底冲洗。就医。
	眼睛接触	立即分开眼睑，用大量流动清水或生理盐水彻底冲洗。就医。
	吸　　入	迅速脱离现场至空气新鲜处。保持呼吸道通畅。如呼吸困难，给输氧。如呼吸、心跳停止，立即进行心肺复苏术。就医。
	食　　入	用水漱口，饮水。就医（高铁血红蛋白血症，可用美蓝和维生素 C 治疗）。

泄漏应急处理

迅速撤离泄漏污染区人员至安全区，并进行隔离，严格限制出入。切断火源。建议应急处理人员戴正压自给式呼吸器，穿防毒服，戴橡胶耐油手套。不要直接接触泄漏物。尽可能切断泄漏源。防止进入下水道、排洪沟等限制性空间。

小量泄漏：用干燥的砂土或其他不燃材料吸收或覆盖，收集于容器中。

大量泄漏：构筑围堤或挖坑收容。用泵转移至槽车或专用收集器内。

职业接触限值	消防措施
PC-TWA：2 mg/m^3 ［皮］	灭火剂：雾状水、泡沫、干粉、二氧化碳、砂土。 消防人员须佩戴防毒面具，穿全身消防服，在上风向灭火。喷水保持火场中容器冷却，直至灭火结束。容器突然发出异常声音或出现异常现象，应立即撤离。

危险性类别	品名、英文名、分子式、CAS 号	危险性标志
易燃	2-甲基-2-丙醇（叔丁醇） 2-methyl-2-propanol $C_4H_{10}O$ CAS 号：75-65-0	

理化数据

熔点：25.7℃	沸点：82.4℃	闪点：11℃
临界压力：3.97 MPa	饱和蒸气压：4.1 kPa（20℃）	相对密度（$d_{水}$=1）：0.784
相对蒸气密度（$d_{空气}$=1）：2.55	爆炸上限：8.0%	爆炸下限：2.4%

危险特性与安全存储

危险特性	易燃，具刺激性。其蒸气与空气可形成爆炸性混合物，遇明火、高热能引起燃烧爆炸。与氧化剂能发生剧烈反应。其蒸气比空气重，遇火源会着火回燃。
安全存储	应与氧化剂、酸类分开存放，切忌混储。保持容器密封。 储存于阴凉、通风的库房，库温不超过 37℃，远离火种、热源。采用防爆型照明、通风设备，禁止使用易产生火花的机械设备和工具。储区应备有泄漏应急处理设备和合适的收容材料。

防护措施

接触表现与急救措施

接触表现	具有刺激和麻醉作用。对眼、皮肤、黏膜和呼吸道有刺激作用。中毒表现可有头痛、恶心、眩晕。涂于皮肤引起轻度充血和红斑。
急救措施	皮肤接触　立即脱去污染的衣着，用肥皂水和清水彻底冲洗。 眼睛接触　立即分开眼睑，用大量流动清水或生理盐水彻底冲洗。就医。 吸　　入　迅速脱离现场至空气新鲜处。保持呼吸道通畅。如呼吸困难，给输氧。如呼吸、心跳停止，立即进行心肺复苏术。就医。 食　　入　用水漱口，饮水。就医。

泄漏应急处理

迅速撤离泄漏污染区人员至安全区，并进行隔离，严格限制出入。切断火源。建议应急处理人员戴正压自给式呼吸器，穿防静电服。禁止接触或跨越泄漏物。尽可能切断泄漏源。防止进入下水道、排洪沟等限制性空间。

小量泄漏：用砂土或其他不燃材料吸附或吸收，用洁净无火花工具收集吸收材料。

大量泄漏：构筑围堤或挖坑收容。用抗溶性泡沫覆盖，减少蒸发。用防爆泵转移至槽车或专用收集器内。

职业接触限值	消防措施
未制定标准	灭火剂：抗溶性泡沫、干粉、二氧化碳、砂土。 消防人员须佩戴防毒面具，穿全身消防服，在上风向灭火。尽可能将容器从火场移至空旷处。喷水保持火场容器冷却，直至灭火结束。容器突然发出异常声音或出现异常现象，应立即撤离。

危险性类别	品名、英文名、分子式、CAS 号	危险性标志
易燃	甲基丙烯酸甲酯 methyl methacrylate $C_5H_8O_2$ CAS 号：80-62-6	

理化数据

熔点：−48℃　沸点：100.5℃　闪点：10℃（OC）
自燃温度：421～435℃　临界温度：294℃　临界压力：3.3 MPa
饱和蒸气压：3.9 kPa（20℃）　相对密度（$d_{水}$=1）：0.94（20℃）　相对蒸气密度（$d_{空气}$=1）：3.45
爆炸上限：12.5%　爆炸下限：2.1%

危险特性与安全存储

危险特性	高度易燃，遇明火、高热或与氧化剂接触，有引起燃烧爆炸的危险。若遇高热，在受热、光和紫外线作用下易发生聚合，黏度逐渐增加，严重时整个容器的单体可全部发生不规则爆炸性聚合。其蒸气遇明火易着火回燃。对水生生物有害。
安全存储	应与氧化剂、酸类、碱类、卤素分开避光存放，切忌混储。包装密封，不可与空气接触。不宜大量储存或久存。 储存于阴凉、通风的库房，远离火种、热源。采用防爆型照明、通风设备，禁止使用易产生火花的机械设备和工具。储区应备有泄漏应急处理设备和合适的收容材料。

防护措施

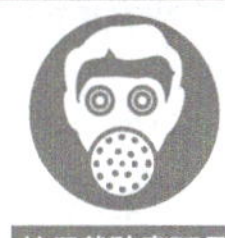

接触表现与急救措施

接触表现		可能导致皮肤过敏反应。可引起呼吸道刺激症状。
	急性中毒	表现为乏力、恶心、反复呕吐、头痛、头晕、胸闷，伴有短暂的意识消失、中性白细胞增多症。
	慢性影响	神经系统受损的综合症状占主要地位，个别可发生中毒性脑病。可引起轻度皮炎和结膜炎。接触时间长可致麻醉作用。
急救措施	皮肤接触	立即脱去污染的衣着，用肥皂水和清水彻底冲洗。如有不适感，就医。
	眼睛接触	立即分开眼睑，用流动清水或生理盐水彻底冲洗。立即就医。
	吸　　入	迅速脱离现场至空气新鲜处。保持呼吸道通畅。如呼吸困难，给输氧。如呼吸、心跳停止，立即进行心肺复苏术。就医。
	食　　入	用水漱口，饮水。立即就医。

泄漏应急处理

迅速撤离泄漏污染区人员至安全区，并进行隔离，严格限制出入。切断火源。建议应急处理人员戴正压自给式呼吸器，穿防静电服，戴橡胶耐油手套。禁止接触或跨越泄漏物。尽可能切断泄漏源。防止进入下水道、排洪沟等限制性空间。
小量泄漏：用砂土或其他不燃材料吸收，用洁净的无火花工具收集吸收材料。
大量泄漏：构筑围堤或挖坑收容。用砂土、惰性物质或蛭石吸收大量液体。用泡沫覆盖，减少蒸发。用防爆泵转移至槽车或专用收集器内。

职业接触限值	消防措施
PC-TWA：100 mg/m^3 ［敏］	灭火剂：干粉、泡沫、二氧化碳、砂土。 消防人员须佩戴防毒面具，穿全身消防服，在上风向灭火。尽可能将容器从火场移至空旷处。喷水保持火场容器冷却，直至灭火结束。容器突然发出异常声音或出现异常现象，应立即撤离。遇大火，消防人员须在有防爆掩蔽处操作。

危险性类别	品名、英文名、分子式、CAS 号	危险性标志
易燃	2-甲基-2-丁醇（叔戊醇） 2-methyl-2-butanol $C_5H_{12}O$ CAS 号：75-85-4	

理化数据

熔点：-11.9℃　　沸点：101.8℃　　闪点：21.11℃

自燃温度：437.22℃　　临界温度：272℃　　饱和蒸气压：1.6 kPa（20℃）

相对密度（$d_{水}$=1）：0.806　　相对蒸气密度（$d_{空气}$=1）：3.03

爆炸上限：9 %　　爆炸下限：1.2%

危险特性与安全存储

危险特性	易燃，具刺激性。其蒸气与空气可形成爆炸性混合物，遇明火、高热能引起燃烧爆炸。与氧化剂接触可发生反应。其蒸气遇火源易着火回燃。若遇高热，容器有开裂和爆炸的危险。
安全存储	应与氧化剂分开存放，切忌混储。保持容器密封，避免阳光直射。 储存于阴凉、通风的库房，库温不超过 30℃，远离火种、热源。采用防爆型照明、通风设备，禁止使用易产生火花的机械设备和工具。储区应备有泄漏应急处理设备和合适的收容材料。

防护措施

按需戴防毒面具

必须戴防护眼镜

必须穿防护服

必须戴防护手套

接触表现与急救措施

接触表现	对眼、皮肤和黏膜有刺激作用。可经皮肤吸收引起中毒。吸入引起上呼吸道刺激、头痛、眩晕、呼吸困难、恶心和呕吐等；重者可有复视、耳聋、谵妄等症状。
急救措施	皮肤接触　立即脱去污染的衣着，用肥皂水和清水彻底冲洗皮肤。就医。 眼睛接触　立即分开眼睑，用大量流动清水或生理盐水彻底冲洗。就医。 吸　　入　迅速脱离现场至空气新鲜处。保持呼吸道通畅。如呼吸困难，给输氧。如呼吸、心跳停止，立即进行心肺复苏术。就医。 食　　入　用水漱口，饮水。就医。

泄漏应急处理

迅速撤离泄漏污染区人员至安全区，并进行隔离，严格限制出入。切断火源。建议应急处理人员戴正压自给式呼吸器，穿防静电服。尽可能切断泄漏源。

小量泄漏：用砂土或其他不燃材料吸收，用洁净的无火花工具收集吸收材料。

大量泄漏：构筑围堤或挖坑收容。用粉煤灰或石灰粉吸收大量液体。用抗溶性泡沫覆盖，减少蒸发。喷雾状水驱散蒸气、稀释液体泄漏物。用泵转移至槽车或专用收集器内。

职业接触限值	消防措施
未制定标准	灭火剂：雾状水、泡沫、干粉、二氧化碳、砂土。 消防人员须佩戴防毒面具，穿全身消防服，在上风向灭火。尽可能将容器从火场移至空旷处。喷水保持火场容器冷却，直至灭火结束。

危险性类别	品名、英文名、分子式、CAS 号	危险性标志
易燃	甲基叔丁基醚 methyl *tert*–butyl ether $C_5H_{12}O$ CAS 号：1634-04-4	

理化数据

熔点：−108.6℃　　沸点：55.2℃　　闪点：−28～−34℃

自燃温度：375℃　　临界压力：3.4 MPa　　饱和蒸气压：27 kPa（20℃）

相对密度（$d_{水}$=1）：0.74　　相对蒸气密度（$d_{空气}$=1）：3.1

爆炸上限：8%　　爆炸下限：1%

危险特性与安全存储

危险特性	高度易燃，其蒸气与空气可形成爆炸性混合物，遇明火、高热或与氧化剂接触，有引起燃烧爆炸的危险。其蒸气比空气重，能在较低处扩散到相当远的地方，遇火源会着火回燃。
安全存储	应与氧化剂分开存放，切忌混储。保持容器密封。 储存于阴凉、通风的库房，库温不超过 37℃，远离火种、热源。采用防爆型照明、通风设备，禁止使用易产生火花的机械设备和工具。储区应备有泄漏应急处理设备和合适的收容材料。

防护措施

按需戴防毒面具

必须戴防护眼镜

必须穿防护服

必须戴防护手套

接触表现与急救措施

接触表现	对中枢神经系统有抑制作用和麻醉作用，对眼和呼吸道有轻度刺激作用。
急救措施	皮肤接触　立即脱去污染的衣着，用肥皂水和清水彻底冲洗。 眼睛接触　立即分开眼睑，用大量流动清水或生理盐水彻底冲洗。就医。 吸　　入　迅速脱离现场至空气新鲜处。保持呼吸道通畅。如呼吸困难，给输氧。如呼吸、心跳停止，立即进行心肺复苏术。就医。 食　　入　用水漱口，饮水，催吐。就医。

泄漏应急处理

迅速撤离泄漏污染区人员至安全区，并进行隔离，严格限制出入。切断火源。建议应急处理人员戴正压自给式呼吸器，穿防静电服。尽可能切断泄漏源。防止进入下水道、排洪沟等限制性空间。

小量泄漏：用砂土或其他不燃材料吸收，用洁净的无火花工具收集吸收材料。

大量泄漏：构筑围堤或挖坑收容。用泡沫覆盖，减少蒸发。用防爆泵转移至槽车或专用收集器内。

职业接触限值	消防措施
未制定标准	灭火剂：泡沫、干粉、二氧化碳、砂土。**用水灭火无效。** 消防人员须佩戴防毒面具，穿全身消防服，在上风向灭火。尽可能将容器从火场移至空旷处。喷水保持火场容器冷却，直至灭火结束。容器突然发出异常声音或出现异常现象，应立即撤离。

危险性类别	品名、英文名、分子式、CAS 号	危险性标志
有毒 腐蚀	甲醛溶液 formaldehyde solution CH_2O CAS 号：50-00-0	 

理化数据

熔点：−92℃　沸点：−19～−21℃　闪点：83℃（CC）（37% 水溶液）

自燃温度：430℃　临界温度：137.2～141.2℃　临界压力：6.81 MPa

饱和蒸气压：13.33 kPa（−57.3℃）　相对密度（$d_{水}$=1）：0.84　相对蒸气密度（$d_{空气}$=1）：1.03

爆炸上限：73.0%　爆炸下限：7.0%

危险特性与安全存储

危险特性	易燃，具强腐蚀性、强刺激性，可致人体灼伤，具致敏性。其蒸气与空气形成爆炸性混合物，遇明火、高热能引起燃烧爆炸。与氧化剂接触发生剧烈反应。对水生生物有毒。
安全存储	应与氧化剂、酸类、碱类分开存放，切忌混储。保持容器密封，不可与空气接触。 储存于阴凉、通风的库房，库温不超过 30℃，冬季库温不低于 10℃，远离火种、热源。采用防爆型照明、通风设备，禁止使用易产生火花的机械设备和工具。储区应备有泄漏应急处理设备和合适的材料以收容泄漏物。

防护措施

接触表现与急救措施

接触表现	对眼、皮肤、黏膜及上呼吸道有强烈刺激作用。接触其蒸气，引起结膜炎、角膜炎、鼻炎、支气管炎；重者发生喉痉挛、声门水肿和肺炎等，肺水肿较少见；对皮肤有原发性刺激和致敏作用，可致皮炎。 慢性影响　长期接触低浓度甲醛，可有轻度眼、鼻、咽喉刺激症状及皮肤干燥、皲裂、甲软化等。
急救措施	皮肤接触　立即脱去污染的衣着，用大量流动清水冲洗至少 15 min。就医。 眼睛接触　立即分开眼睑，用大量清水或生理盐水彻底冲洗 5～10 min。就医。 吸　　入　迅速脱离现场至空气新鲜处。保持呼吸道畅通。如呼吸困难，给输氧。如呼吸、心跳停止，立即进行心肺复苏术。就医。 食　　入　用水漱口，给饮牛奶或蛋清。禁止催吐。就医。

泄漏应急处理

速撤离泄漏污染区人员至安全区，并进行隔离，严格限制出入。切断火源。建议应急处理人员戴正压自给式呼吸器，穿防腐蚀、防毒服，戴橡胶手套。尽可能切断泄漏源。防止进入下水道、排洪沟等限制性空间。

小量泄漏：用砂土或其他不燃材料吸收，用洁净的无火花工具收集吸收材料。

大量泄漏：构筑围堤或挖坑收容。用抗溶性泡沫覆盖，减少蒸发。用砂土、惰性物质或蛭石吸收大量液体。用亚硫酸氢钠中和。用防腐蚀泵转移至槽车或专用收集器内。喷雾状水驱散蒸气，稀释液体泄漏物。

职业接触限值	消防措施
MAC：0.5 mg/m^3 ［敏］［G1］	灭火剂：雾状水、抗溶性泡沫、干粉、二氧化碳、砂土。 消防人员须佩戴防毒面具，穿全身消防服，在上风向灭火。尽可能将容器从火场移至空旷处。喷水保持火场容器冷却，直至灭火结束。

危险性类别	品名、英文名、分子式、CAS 号	危险性标志
腐蚀	甲酸 formic acid CH_2O_2 CAS 号：64-18-6	

理化数据

熔点：8.4℃　沸点：100.8℃　闪点：69℃（CC）；68.9℃（OC）

自燃温度：480℃　临界温度：315℃　临界压力：8.63 MPa

饱和蒸气压：5.33 kPa（24℃）　相对密度（$d_{水}$=1）：1.23　相对蒸气密度（$d_{空气}$=1）：1.59

爆炸上限：57.0%　爆炸下限：12.0%

危险特性与安全存储

危险特性	可燃，其蒸气与空气可形成爆炸性混合物，遇明火、高热能引起燃烧爆炸。与强氧化剂接触发生反应。具有较强的腐蚀性。对水生生物有害。
安全存储	应与氧化剂、碱类、活性金属粉末分开存放，切忌混储。保持容器密封。 储存于阴凉、通风的库房，库温不超过 32℃，相对湿度不超过 80%，远离火种、热源。配备相应品种和数量的消防器材，储区应备有泄漏应急处理设备和合适的收容材料。

防护措施

接触表现与急救措施

接触表现	主要引起皮肤、黏膜刺激症状。其表现有结膜充血、鼻炎、支气管炎；皮肤接触可引起炎症和溃疡。误服甲酸可至死（致死量约为 30 g）。除消化道症状外，常因急性肾功衰竭或呼吸功能衰竭而死亡。 慢性中毒　可有血尿和蛋白尿。
急救措施	皮肤接触　立即脱去污染的衣着，用水冲洗皮肤至少 15 min。若有灼伤，就医。 眼睛接触　立即分开眼睑，用大量流动清水或生理盐水彻底冲洗 5～10 min。就医。 吸　　入　迅速脱离现场至空气新鲜处。保持呼吸道畅通。如呼吸困难，给输氧。如呼吸、心跳停止，立即进行心肺复苏术。就医。 食　　入　立即用水漱口，禁止催吐。给饮牛奶或蛋清。就医。

泄漏应急处理

疏散泄漏污染区人员至安全区，并进行隔离，严格限制出入。切断火源。建议应急处理人员戴正压自给式呼吸器，穿防腐蚀、防毒服，戴橡胶耐酸碱手套。不要直接接触泄漏物。尽可能切断泄漏源。防止进入下水道、排洪沟等限制性空间。

小量泄漏：用干燥的砂土或其他不燃材料吸收或覆盖，收集于容器中。

大量泄漏：构筑围堤或挖坑收容。用砂土、惰性物质或蛭石吸收大量液体。用生石灰（CaO）、碎石灰石（$CaCO_3$）或碳酸氢钠（$NaHCO_3$）中和。用防腐蚀泵转移至槽车或专用收集器内。

职业接触限值	消防措施
PC-TWA：10 mg/m^3	灭火剂：抗溶性泡沫、干粉、二氧化碳。 消防人员须佩戴空气呼吸器，穿全身耐酸碱消防服，在上风向灭火。尽可能将容器从火场移至空旷处。喷水保持火场容器冷却，直至灭火结束。容器突然发出异常声音或出现异常现象，应立即撤离。用水喷淋保护堵漏人员。

危险性类别	品名、英文名、分子式、CAS 号	危险性标志
易燃	甲酸乙酯 ethyl formate $C_3H_6O_2$ CAS 号：109-94-4	

理化数据

熔点：-80℃	沸点：54.3℃	闪点：-20℃
自燃温度：455℃	临界温度：235.3℃	临界压力：4.74 MPa
饱和蒸气压：25.6 kPa（20℃）	相对密度（$d_{水}$=1）：0.92	相对蒸气密度（$d_{空气}$=1）：2.55
爆炸上限：16.5%	爆炸下限：2.7%	

危险特性与安全存储

危险特性	极易燃，其蒸气与空气可形成爆炸性混合物，遇明火、高热或与氧化剂接触，有引起燃烧爆炸的危险。在火场中，受热的容器有爆炸的危险。其蒸气比空气重，能在较低处扩散到相当远的地方，遇火源会着火回燃。
安全存储	应与氧化剂、碱类分开存放，切忌混储。保持容器密封。 储存于阴凉、干燥、通风的库房，库温不超过 29℃，远离火种、热源。采用防爆型照明、通风设备，禁止使用易产生火花的机械设备和工具。储区应备有泄漏应急处理设备和合适的收容材料。

防护措施

按需戴防毒面具

必须戴防护眼镜

必须穿防护服

必须戴防护手套

接触表现与急救措施

接触表现	具麻醉和刺激作用。吸入后引起上呼吸道刺激，重者发生支气管炎。中枢神经系统抑制表现有头痛、头晕、恶心、呕吐、倦睡、神志丧失。对眼和皮肤有刺激作用。经口摄入刺激口腔和胃，引起中枢神经系统抑制。
急救措施	皮肤接触　立即脱去污染的衣着，用肥皂水和清水彻底冲洗。如有不适感，就医。 眼睛接触　立即分开眼睑，用流动清水或生理盐水冲洗。立即就医。 吸　　入　迅速脱离现场至空气新鲜处。保持呼吸道通畅。如呼吸困难，给输氧。如呼吸、心跳停止，立即进行心肺复苏术。就医。 食　　入　用水漱口，饮足量温水。立即就医。

泄漏应急处理

迅速撤离泄漏污染区人员至安全区，并进行隔离，严格限制出入。切断火源。建议应急处理人员戴正压自给式呼吸器，穿防静电服，戴橡胶耐油手套。禁止接触或跨越泄漏物。尽可能切断泄漏源。防止进入下水道、排洪沟等限制性空间。

小量泄漏：用砂土或其他不燃材料吸收，用洁净的无火花工具收集吸收材料。

大量泄漏：构筑围堤或挖坑收容。用抗溶性泡沫覆盖，减少蒸发。用防爆泵转移至槽车或专用收集器内。

职业接触限值	消防措施
未制定标准	灭火剂：泡沫、二氧化碳、干粉、砂土。**用水灭火无效。** 消防人员须佩戴防毒面具，穿全身消防服，在上风向灭火。尽可能将容器从火场移至空旷处。喷水保持火场容器冷却，直至灭火结束。容器突然发出异常声音或出现异常现象，应立即撤离。

危险性类别	品名、英文名、分子式、CAS 号	危险性标志
易燃 高压气体	甲烷 methane CH_4 CAS 号：74-82-8	 

理化数据

熔点：−182.6℃	沸点：−161.4℃	闪点：−218℃
自燃温度：537℃	临界温度：−82.25℃	临界压力：4.59 MPa
饱和蒸气压：53.32 kPa（−168.8℃）	相对密度（$d_{水}$=1）：0.42（−164℃）	相对蒸气密度（$d_{空气}$=1）：0.6
爆炸上限：15%	爆炸下限：5%	

危险特性与安全存储

危险特性	极易燃，与空气混合能形成爆炸性混合物，遇热源、明火有燃烧爆炸的危险。与五氧化溴、氯气、次氯酸、三氟化氮、液氧、二氟化氧及其他强氧化剂接触发生剧烈反应。
安全存储	应与氧化剂分开存放，切记混储。 储存于阴凉、通风的库房，库温不超过 30℃，远离火种、热源。采用防爆型照明、通风设施，禁止使用易产生火花的机械设备和工具。储区应备有泄漏应急处理设备。

防护措施

接触表现与急救措施

接触表现	甲烷对人基本无毒，当空气中甲烷达 25%～30% 时，可引起头痛、头晕、乏力、注意力不集中、呼吸和心跳加速、共济失调；浓度过高时，空气中氧含量明显降低，使人窒息，若不及时脱离，可窒息致死。皮肤接触液态本品，可致冻伤。
急救措施	皮肤接触　若有冻伤，用温水（38～42℃）复温，忌用热水或辐射热，不要揉搓。就医治疗。 吸　　入　迅速脱离现场至空气新鲜处。保持呼吸道通畅。如呼吸困难，给输氧。如呼吸、心跳停止，立即进行心肺复苏术。就医。

泄漏应急处理

迅速撤离泄漏污染区人员至上风处，并进行隔离，严格限制出入。切断火源。建议应急处理人员戴正压自给式呼吸器，穿防静电服。作业时使用的所有设备应接地。尽可能切断泄漏源。若可能翻转，使之逸出气体而非液体。喷雾状水稀释、溶解。禁止用水直接冲击泄漏物或泄漏源。合理通风，加速扩散。如有可能，将漏出气用排风机送至空旷地方或装设适当喷头烧掉。也可以将漏气的容器移至空旷处，注意通风。漏气容器要妥善处理，修复、检验后再用。

职业接触限值	消防措施
未制定标准	灭火剂：雾状水、泡沫、二氧化碳、干粉。 **切断气源，若不能切断气源，则不允许熄灭泄漏处的火焰。**消防人员须佩戴空气呼吸器，穿全身防火防毒服，在上风向灭火。尽可能将容器从火场移至空旷处。喷水保持火场容器冷却，直至灭火结束。

危险性类别	品名、英文名、分子式、CAS 号	危险性标志
腐蚀	甲烷磺酸 methanesulfonic acid CH_4O_3S CAS 号：75-75-2	

理化数据

熔点：20℃	沸点：167℃（1.33kPa）	闪点：＞110℃
饱和蒸气压：0.133 kPa（20℃）	相对密度（$d_{水}$=1）：1.48	相对蒸气密度（$d_{空气}$=1）：3.3

危险特性与安全存储

危险特性	遇明火、高热可燃。其粉体或蒸气与空气混合，能形成爆炸性混合物。与氧化剂接触发生剧烈反应。受高热分解放出有毒的烟气。对水生生物有害。
安全存储	应与氧化剂、碱类、胺类分开存放，切忌混储。 储存于阴凉、通风的库房，远离火种、热源。配备相应品种和数量的消防器材，储区应备有泄漏应急处理设备和合适的收容材料。

防护措施

按需戴防护口罩

必须戴防护眼镜

必须穿防护服

必须戴防护手套

接触表现与急救措施

接触表现	对眼、皮肤、黏膜及上呼吸道有强烈刺激作用，可致灼伤。吸入后，可因喉及支气管的痉挛、炎症、水肿、化学性肺炎或肺水肿而致死。接触后出现烧灼感、咳嗽、喘息、喉炎、气短、头痛、恶心和呕吐。
急救措施	皮肤接触　立即脱去污染的衣着，用大量流动清水冲洗至少 15 min。就医。 眼睛接触　立即分开眼睑，用大量流动清水或生理盐水彻底冲洗 5～10 min。就医。 吸　　入　迅速脱离现场至空气新鲜处。保持呼吸道通畅。如呼吸困难，给输氧。如呼吸、心跳停止，立即进行心肺复苏术。就医。 食　　入　用水漱口，给饮牛奶或蛋清。禁止催吐。就医。

泄漏应急处理

隔离泄漏污染区，限制出入。切断火源。建议应急处理人员戴防尘口罩，穿防腐蚀、防毒服。不要直接接触泄漏物。尽可能切断泄漏源。用塑料布覆盖泄漏物，减少飞散。勿使水进入包装容器内。用洁净的铲子收集泄漏物，置于干净、干燥、盖子较松的容器中，将容器移离泄漏区。

职业接触限值	消防措施
未制定标准	灭火剂：雾状水、干粉、泡沫、二氧化碳、砂土。 消防人员须佩戴空气呼吸器，穿全身耐酸碱消防服，在上风向灭火。尽可能将容器从火场移至空旷处。喷水保持火场容器冷却，直至灭火结束。

危险性类别	品名、英文名、分子式、CAS 号	危险性标志
有毒	4-甲氧基苯胺（对茴香胺） 4-methoxyaniline C_7H_9NO CAS 号：104-94-9	

理化数据

熔点：57～60℃　　沸点：242℃　　自燃温度：515℃
饱和蒸气压：1.73 kPa　　相对密度（$d_水$=1）：1.09

危险特性与安全存储

危险特性	遇明火、高热可燃。其粉体与空气混合，能形成爆炸性混合物。与强氧化剂接触可发生反应。受高热分解放出有毒的气体。对水生生物毒性非常大。
安全存储	应与氧化剂、酸类分开存放，切忌混储。保持容器密封。 储存于阴凉、通风的库房，远离火种、热源。储区应配备相应品种和数量的消防器材，备有泄漏应急处理设备和合适的收容材料。

防护措施

按需戴防护口罩

必须戴防护眼镜

必须穿防护服

必须戴防护手套

接触表现与急救措施

接触表现	吸入、摄入或经皮肤吸收对身体有害，对皮肤有刺激作用。蒸气或气溶胶对眼、黏膜、呼吸道有刺激作用，进入体内导致形成高铁血红蛋白而引起紫绀。 慢性影响　可引起呼吸系统、皮肤的过敏反应。
急救措施	皮肤接触　立即脱去污染的衣着，用肥皂水和清水彻底冲洗。就医。 眼睛接触　立即分开眼睑，用大量流动清水或生理盐水彻底冲洗。就医。 吸　　入　迅速脱离现场至空气新鲜处。保持呼吸道通畅。如呼吸困难，给输氧。如呼吸、心跳停止，立即进行心肺复苏术。就医。 食　　入　用水漱口，饮水。就医（高铁血红蛋白血症，可用美蓝和维生素 C 治疗）。

泄漏应急处理

隔离泄漏污染区，限制出入。切断火源。建议应急处理人员戴防尘口罩，穿防毒服。不要直接接触泄漏物。尽可能切断泄漏源。用塑料布覆盖泄漏物，减少飞散。勿使水进入包装容器内。用洁净的铲子收集泄漏物，置于干净、干燥、盖子较松的容器中，将容器移离泄漏区。

职业接触限值	消防措施
PC-TWA：0.5 mg/m^3 ［皮］	灭火剂：雾状水、泡沫、干粉、二氧化碳、砂土。 消防人员须佩戴空气呼吸器，穿全身防火防毒服，在上风向灭火。尽可能将容器从火场移至空旷处。喷水保持火场容器冷却，直至灭火结束。

危险性类别	品名、英文名、分子式、CAS 号	危险性标志
腐蚀 易燃	甲醇钠 sodium methoxide CH_3ONa CAS 号：124-41-4	 

理化数据

沸点：> 300℃　　自燃温度：455℃　　饱和蒸气压：6.65 kPa（20℃）

相对密度（$d_{水}$=1）：1.3　　相对蒸气密度（$d_{空气}$=1）：1.1

爆炸上限：36%　　爆炸下限：7.3%

危险特性与安全存储

危险特性	易燃，具强腐蚀性、强刺激性。遇水、潮湿空气、酸类、氧化剂、高热及明火能引起燃烧。
安全存储	应与酸类、氯代烃分开存放，切忌混储。保持容器密封。 储存于阴凉、通风的库房，相对湿度保持 75% 以下，远离火种、热源。采用防爆型照明、通风设备，禁止使用易产生火花的机械设备和工具。储区应备有合适的材料以收容泄漏物。

防护措施

接触表现与急救措施

接触表现	本品蒸气、雾或粉尘对呼吸道有强烈刺激和腐蚀作用。吸入后可引起昏睡、中枢抑制和麻醉。对眼有强烈刺激和腐蚀作用，可致失明。皮肤接触可致灼伤。经口摄入腐蚀消化道，引起腹痛、恶心、呕吐；大量经口摄入可致失明和死亡。 慢性影响　有中枢神经系统抑制作用。
急救措施	皮肤接触　立即脱去污染的衣着，用大量流动清水冲洗至少 15 min。就医。 眼睛接触　立即分开眼睑，用大量流动清水或生理盐水彻底冲洗 5～10 min。就医。 吸　　入　迅速脱离现场至空气新鲜处。保持呼吸道通畅。如呼吸困难，给输氧。如呼吸、心跳停止，立即进行心肺复苏术。就医。 食　　入　用水漱口，给饮牛奶或蛋清。禁止催吐。就医。

泄漏应急处理

严禁用水处理。隔离泄漏污染区，限制出入。切断火源。建议应急处理人员戴正压自给式呼吸器，穿防腐蚀、防静电服。不要直接接触泄漏物。尽可能切断泄漏源。用塑料布覆盖泄漏物，减少飞散。保持泄漏物干燥，勿使水进入包装容器内。用洁净的铲子收集泄漏物，置于干净、干燥、盖子较松的容器中，将容器移离泄漏区。

职业接触限值	消防措施
未制定标准	灭火剂：干粉、二氧化碳、砂土。**禁止用水、泡沫、酸碱灭火剂灭火。** 消防人员须佩戴空气呼吸器，穿全身耐酸碱消防服。尽可能将容器从火场移至空旷处。喷水保持火场容器冷却，直至灭火结束。

危险性类别	品名、英文名、分子式、CAS 号	危险性标志
易燃 **有毒**	糠醛 furfural $C_5H_4O_2$ CAS 号：98-01-1	 

理化数据

熔点：−36.5℃
沸点：161.8℃
闪点：60℃（CC）
自燃温度：315℃
临界压力：5.5 MPa
饱和蒸气压：0.27 kPa（20℃）
相对密度（$d_{水}$=1）：1.16
相对蒸气密度（$d_{空气}$=1）：3.31
爆炸上限：19.3%
爆炸下限：2.1%

危险特性与安全存储

危险特性	易燃，遇明火、高热或与氧化剂接触，有引起燃烧爆炸的危险。受高热分解放出有毒的气体。若遇高热，容器内压增大，有开裂和爆炸的危险。对水生生物有害。
安全存储	应与氧化剂、碱类、食用化学品分开存放，切忌混储。避光保存，保持容器密封。 储存于阴凉、通风的库房，远离火种、热源。采用防爆型照明、通风设备，禁止使用易产生火花的机械设备和工具。储区应备有泄漏应急处理设备和合适的收容材料。

防护措施

接触表现与急救措施

接触表现	本品蒸气具强烈的刺激性，并有麻醉作用。动物吸入、摄入或经皮肤吸收均可引起急性中毒，表现有呼吸道刺激症状、肺水肿、肝损害、中枢神经系统损害、呼吸中枢麻痹，以致死亡。工人接触 7.4～52.7 mg/m^3 本品 3 个月，出现黏膜刺激症状、头痛、舌麻木、呼吸困难；长期接触还可出现手、足皮肤色素沉着，皮炎，湿疹及慢性鼻炎等。
急救措施	皮肤接触　立即脱去污染的衣着，用肥皂水和清水彻底冲洗。就医。 眼睛接触　立即分开眼睑，用大量流动清水或生理盐水彻底冲洗。就医。 吸　　入　迅速脱离现场至空气新鲜处。保持呼吸道通畅。如呼吸困难，给输氧。如呼吸、心跳停止，立即进行心肺复苏术。就医。 食　　入　用水漱口，饮水。就医。

泄漏应急处理

迅速撤离泄漏污染区人员至安全区，并进行隔离，严格限制出入。切断火源。建议应急处理人员戴正压自给式呼吸器，穿防腐蚀、防静电、防毒服，戴橡胶耐油手套。禁止接触或跨越泄漏物。尽可能切断泄漏源。防止进入下水道、排洪沟等限制性空间。
小量泄漏：用砂土或其他不燃材料吸收，用洁净的无火花工具收集吸收材料。
大量泄漏：构筑围堤或挖坑收容。用砂土、惰性物质或蛭石吸收大量液体。用硫酸氢钠中和。用泡沫覆盖，减少蒸发。用防爆、防腐蚀泵转移至槽车或专用收集器内。喷雾状水驱散蒸气，稀释液体泄漏物。

职业接触限值	消防措施
PC-TWA：5 mg/m^3 ［皮］	灭火剂：雾状水、泡沫、二氧化碳、干粉、砂土。 消防人员须佩戴空气呼吸器，穿全身消防服，在上风向灭火。尽可能将容器从火场移至空旷处。喷水保持火场容器冷却，直至灭火结束。容器突然发出异常声音或出现异常现象，应立即撤离。

危险性类别	品名、英文名、分子式、CAS 号	危险性标志
易燃	连二亚硫酸钠 sodium hydrosulfite $Na_2S_2O_4$ CAS 号：7775-14-6	

理化数据

熔点：52～55℃（分解）　沸点：130℃（分解）
自燃温度：250℃　相对密度（$d_水$=1）：2.1～2.2

危险特性与安全存储

危险特性	强还原剂。加热或接触明火燃烧。暴露在空气会氧化变质。遇水、酸类或与有机物、氧化剂接触，放出大量热、剧烈燃烧，放出有毒、易燃的二氧化硫。对水生生物有害。
安全存储	应与氧化剂、酸类、易（可）燃物等分开存放，切忌混储。保持容器密封。 储存于阴凉、通风的库房，相对湿度保持在 75% 以下。采用防爆型照明、通风设备，禁止使用易产生火花的机械设备和工具。储区应备有合适的材料以收容泄漏物。

防护措施

接触表现与急救措施

接触表现	对眼、呼吸道和皮肤有刺激作用，接触后可引起头痛、恶心和呕吐。
急救措施	皮肤接触　立即脱去污染的衣着，用肥皂水和清水彻底冲洗。 眼睛接触　立即分开眼睑，用大量流动清水或生理盐水彻底冲洗。就医。 吸　　入　迅速脱离现场至空气新鲜处。保持呼吸道通畅。如呼吸困难，给输氧。如呼吸、心跳停止，立即进行心肺复苏术。就医。 食　　入　用水漱口，饮水。就医。

泄漏应急处理

严禁用水处理。隔离泄漏污染区，限制出入。切断火源。建议应急处理人员戴防尘口罩，穿防腐蚀、防静电服，戴乳胶手套。禁止接触或跨越泄漏物。保持泄漏物干燥。用干燥的砂土或其他不燃材料覆盖泄漏物，然后用塑料布覆盖，减少飞散，避免雨淋。用洁净的无火花工具收集泄漏物，置于盖子较松的塑料容器中，待处置。

职业接触限值	消防措施
未制定标准	灭火剂：干粉、二氧化碳、砂土。**禁止用水、泡沫、酸碱灭火剂灭火。** 消防人员须佩戴防毒面具，穿全身消防服，在上风向灭火。尽可能将容器从火场移至空旷处。喷水保持火场容器冷却，直至灭火结束。

危险性类别	品名、英文名、分子式、CAS 号	危险性标志
	联苯 biphenyl $C_{12}H_{10}$ CAS 号：92-52-4	

理化数据

熔点：69～72℃	沸点：254.25℃	闪点：110℃
自燃温度：540℃	临界温度：515.7℃	饱和蒸气压：0.66 kPa（101.8℃）
相对密度（$d_{水}$=1）：0.992	相对蒸气密度（$d_{空气}$=1）：5.31	
爆炸上限：5.8%	爆炸下限：0.6%	

危险特性与安全存储

危险特性	可燃，粉尘与空气混合可形成爆炸性混合物。遇高热、明火或与氧化剂接触，有引起燃烧的危险。对水生生物毒性非常大并具有长期持续影响。
安全存储	应与氧化剂分开存放，切忌混储。 储存于阴凉、通风的库房，远离火种、热源。采用防爆型照明、通风设备，禁止使用易产生火花的机械设备和工具。储区应备有合适的材料以收容泄漏物。

防护措施

按需戴防护口罩

必须戴防护眼镜

必须穿防护服

必须戴防护手套

接触表现与急救措施

接触表现	对皮肤、黏膜有轻度刺激作用；高浓度接触对呼吸道和眼有明显刺激作用，损害神经系统和肝，可致过敏性或接触性皮炎。急性中毒主要表现为神经系统和消化系统症状，如头晕、头痛、眩晕、嗜睡、恶心、呕吐等，有时可出现肝功能障碍。长期接触可引起头痛、乏力、腹痛、恶心、消化不良及肝功能障碍，可出现多发性神经病症状。
急救措施	皮肤接触　立即脱去污染的衣着，用大量流动清水冲洗至少 15 min。就医。 眼睛接触　立即分开眼睑，用大量流动清水或生理盐水彻底冲洗 5～10 min。就医。 吸　　入　迅速脱离现场至空气新鲜处。保持呼吸道通畅。如呼吸困难，给输氧。如呼吸、心跳停止，立即进行心肺复苏术。就医。 食　　入　用水漱口。就医。

泄漏应急处理

隔离泄漏污染区，限制出入。切断火源。应急处理人员戴防尘口罩，穿防毒服。不要直接接触泄漏物。尽可能切断泄漏源。用塑料布覆盖，减少飞散。勿使水进入包装容器内。用洁净的铲子收集泄漏物，置于干净、干燥、盖子较松的容器中，将容器移离泄漏区。

职业接触限值	消防措施
PC-TWA：1.5 mg/m^3	灭火剂：雾状水、泡沫、干粉、二氧化碳、砂土。 消防人员须佩戴空气呼吸器，穿全身消防服，在上风向灭火。尽可能将容器从火场移至空旷处。喷水保持火场容器冷却，直至灭火结束。

危险性类别	品名、英文名、分子式、CAS 号	危险性标志
有毒	联苯胺 benzidine $C_{12}H_{12}N_2$ CAS 号：92-87-5	

理化数据

熔点：128℃　　沸点：401.7℃

饱和蒸气压：98.64 kPa（128.7℃）　　相对密度（$d_水$=1）：1.25

危险特性与安全存储

危险特性	遇明火、高热可燃。与强氧化剂接触可发生反应。受热分解放出有毒的氧化氮烟气。对水生生物毒性非常大并具有长期持续影响。
安全存储	应与氧化剂、酸类分开存放，切忌混储。 储存于阴凉、通风的库房，远离火种、热源。配备相应品种和数量的消防器材，储区应备有泄漏应急处理设备和合适的收容材料。

防护措施

接触表现与急救措施

接触表现	可经呼吸道、胃肠道、皮肤进入人体。皮肤接触可引起接触性皮炎。对黏膜有刺激作用。长期接触可引起出血性膀胱炎、膀胱复发性乳头状瘤和膀胱癌。国际癌症研究机构（IARC）已将本品确认为对人类致癌物。
急救措施	皮肤接触　立即脱去污染的衣着，用大量流动清水彻底冲洗。就医。 眼睛接触　立即分开眼睑，用大量流动清水或生理盐水彻底冲洗。就医。 吸　　入　迅速脱离现场至空气新鲜处。保持呼吸道畅通。如呼吸困难，给输氧。如呼吸、心跳停止，立即进行心肺复苏术。就医。 食　　入　用水漱口，饮水。就医。

泄漏应急处理

隔离泄漏污染区，限制出入。切断火源。建议应急处理人员戴防尘口罩，穿防毒服。不要直接接触泄漏物。尽可能切断泄漏源。用塑料布覆盖泄漏物，减少飞散。勿使水进入包装容器内。用洁净的铲子收集泄漏物，置于干净、干燥、盖子较松的容器中，将容器移离泄漏区。

职业接触限值	消防措施
未制定标准	灭火剂：雾状水、泡沫、二氧化碳、干粉、砂土。 消防人员须佩戴防毒面具，穿全身消防服，在上风向灭火。尽可能将容器从火场移至空旷处。喷水保持火场容器冷却，直至灭火结束。

危险性类别	品名、英文名、分子式、CAS 号	危险性标志
腐蚀	邻苯二甲酸酐（苯酐） phthalic anhydride $C_8H_4O_3$ CAS 号：85-44-9	

理化数据

熔点：131.2℃
沸点：295℃
闪点：151℃（CC）
自燃温度：569℃
临界压力：4.72 MPa
饱和蒸气压：0.13 kPa（96.5℃）
相对密度（$d_{水}$=1）：1.53
相对蒸气密度（$d_{空气}$=1）：5.2
爆炸上限：10.4%
爆炸下限：1.7%

危险特性与安全存储

危险特性	遇明火、高热可燃。其粉末与空气可形成爆炸性混合物。受高热分解放出有毒性气体。对水生生物有害。
安全存储	应与氧化剂、酸类、碱类、还原剂分开存放，切忌混储。保持容器密封。 储存于阴凉、通风的库房，远离火种、热源。配备相应品种和数量的消防器材，储区应备有合适的材料以收容泄漏物。

防护措施

按需戴防护口罩

必须戴防护眼镜

必须穿防护服

必须戴防护手套

接触表现与急救措施

接触表现	对眼、鼻、喉和皮肤有刺激作用。吸入本品粉尘或蒸气引起咳嗽、喷嚏和鼻衄；对有哮喘史者，可诱发哮喘。可致皮肤灼伤。 慢性影响　长期反复接触可引起皮疹、慢性眼刺激、慢性支气管炎和哮喘。反复接触对皮肤有致敏作用。
急救措施	皮肤接触　立即脱去污染的衣着，用大量流动清水彻底冲洗至少 15 min。 眼睛接触　立即分开眼睑，用大量流动清水或生理盐水彻底冲洗 5～10 min。 吸　　入　迅速脱离现场至空气新鲜处。保持呼吸道通畅。如呼吸困难，给输氧。如呼吸、心跳停止，立即进行心肺复苏术。就医。 食　　入　立即用水漱口，给饮牛奶或蛋清。禁止催吐。就医。

泄漏应急处理

隔离泄漏污染区，限制出入。建议应急处理人员戴防尘口罩，穿耐酸碱服，戴橡胶耐酸碱手套。不要直接接触泄漏物。尽可能切断泄漏源。用干燥的砂土或其他不燃材料覆盖泄漏物，然后用塑料布覆盖，减少飞散、避免雨淋。用洁净的铲子收集泄漏物，置于干净、干燥、盖子较松的容器中，将容器移离泄漏区。

职业接触限值	消防措施
MAC：1 mg/m^3 ［敏］	灭火剂：抗溶性泡沫、干粉、二氧化碳。 消防人员须佩戴空气呼吸器，穿全身耐酸碱消防服灭火。尽可能将容器从火场移至空旷处。喷水保持火场容器冷却，直至灭火结束。

危险性类别	品名、英文名、分子式、CAS 号	危险性标志
腐蚀	磷酸 phosphoric acid H_3PO_4 CAS 号：7664-38-2	

理化数据

熔点：42.4℃（纯品） 沸点：260℃ 临界压力：5.07 MPa

饱和蒸气压：0.003 8 kPa（20℃） 相对密度（$d_{水}=1$）：1.87（纯品） 相对蒸气密度（$d_{空气}=1$）：3.38

危险特性与安全存储

危险特性	有腐蚀性。受热分解放出剧毒的氧化磷烟气。对水生生物有害。
安全存储	应与易（可）燃物、碱类、活性金属粉末分开存放，切忌混储。保持容器密封。 储存于阴凉、通风的库房，远离火种、热源。储区应备有合适的材料以收容泄漏物。

防护措施

接触表现与急救措施

接触表现	本品蒸气或雾对眼、鼻、喉有刺激作用。本品液体可致皮肤或眼灼伤。 慢性影响　鼻黏膜萎缩、鼻中隔穿孔。长期反复皮肤接触可引起皮肤刺激症状。
急救措施	皮肤接触　立即脱去污染的衣着，用大量流动清水彻底冲洗至少 15 min。如有灼伤，按酸灼伤处理。 眼睛接触　立即分开眼睑，用大量流动清水或生理盐水彻底冲洗 5～10 min。就医。 吸　　入　迅速脱离现场至空气新鲜处。保持呼吸道通畅。如呼吸困难，给输氧。如呼吸、心跳停止，立即进行心肺复苏术。就医。 食　　入　用水漱口，给饮牛奶或蛋清。禁止催吐。就医。

泄漏应急处理

隔离泄漏污染区，限制出入。切断火源。建议应急处理人员戴防尘口罩，穿耐酸碱服，戴橡胶耐酸碱手套。不要直接接触泄漏物。尽可能切断泄漏源。用塑料布覆盖泄漏物，减少飞散。勿使水进入包装容器内。用洁净的铲子收集泄漏物，置于干净、干燥、盖子较松的容器中，将容器移离泄漏区。

职业接触限值	消防措施
PC-TWA：1 mg/m^3	本品不燃，根据着火原因选择适当灭火剂灭火。 消防人员须佩戴空气呼吸器，穿全身耐酸碱消防服，在上风向灭火。尽可能将容器从火场移至空旷处。喷水保持火场容器冷却，直至灭火结束。

危险性类别	品名、英文名、分子式、CAS 号	危险性标志
有毒 腐蚀	硫化钠 sodium sulfide Na_2S CAS 号：1313-82-2	

理化数据

熔点：1180℃　　相对密度（$d_水$=1）：1.86

危险特性与安全存储

危险特性	有弱臭鸡蛋气味，受高热、撞击可制爆。空气中易潮解或遇酸分解，释放硫化氢，有毒。水溶液呈强碱性，具腐蚀性，无水硫化钠具可燃性。加热放出有毒硫氧化物烟雾。对水生生物毒性非常大。
安全存储	应与氧化剂、酸类分开存放，切忌混储。保持容器密封。不宜久存，以免变质。 储存于阴凉、通风的库房，相对湿度不超过 85%，远离火种、热源。储区应配备相应品种和数量的消防器材。

防护措施

接触表现与急救措施

接触表现	可造成严重皮肤灼伤和眼损伤。皮肤接触会发生皱裂、发红。吞咽有害，本品在胃肠道中能分解出硫化氢，经口摄入引起硫化氢中毒。
急救措施	皮肤接触　立即脱去污染的衣着，用大量流动清水彻底冲洗至少 15 min。就医。 眼睛接触　立即分开眼睑，用大量流动清水彻底冲洗 5～10 min。就医。 吸　　入　迅速脱离现场至空气新鲜处。保持呼吸道通畅。如呼吸困难，给输氧。如呼吸、心跳停止，立即进行心肺复苏术。就医。 食　　入　用水漱口。禁止催吐。就医。

泄漏应急处理

隔离泄漏污染区，限制出入。切断火源。建议应急处理人员戴防尘口罩，穿耐酸碱服，戴橡胶耐酸碱手套。不要直接接触泄漏物。尽可能切断泄漏源。用塑料布覆盖泄漏物，减少飞散。勿使水进入包装容器内。用洁净的铲子收集泄漏物，置于干净、干燥、盖子较松的容器中，将容器移离泄漏区。

职业接触限值	消防措施
未制定标准	灭火剂：水、雾状水、砂土。**禁止用酸碱灭火剂**。 消防人员须佩戴空气呼吸器，穿全身耐酸碱消防服，在上风向灭火。尽可能将容器从火场移至空旷处。喷水保持火场容器冷却，直至灭火结束。

危险性类别	品名、英文名、分子式、CAS 号	危险性标志
有害	硫脲 thiourea CH_4N_2S CAS 号：62-56-6	

理化数据

熔点：182℃　　沸点：263℃（分解）　　闪点：＞182℃

临界压力：8.23 MPa　　相对密度（$d_{水}$=1）：1.41

危险特性与安全存储

危险特性	遇明火、高热可燃，具刺激性。受热分解，放出氮、硫的氧化物等有毒气体。与氧化剂能发生剧烈反应。对水生生物有毒并具有长期持续影响。
安全存储	应与氧化剂、酸类、食用化学品分开存放，切忌混储。包装密封。 储存于阴凉、通风的库房，远离火种、热源。配备相应品种和数量的消防器材，储区应备有合适的材料以收容泄漏物。

防护措施

按需戴防护口罩

按需戴防护眼镜

必须穿防护服

必须戴防护手套

接触表现与急救措施

接触表现	一次作用时毒性小；反复作用时可抑制甲状腺和造血器官的机能。可引起变态反应。可经皮肤吸收。本品粉尘对眼和上呼吸道有刺激作用，吸入后引起咳嗽、胸部不适。经口摄入刺激胃肠道。 慢性影响　长期接触出现头痛、嗜睡、无力、面色苍白、面部虚肿、基础代谢降低、血压下降、脉搏变慢、白细胞减少等症状。对皮肤有损害，出现皮肤瘙痒、手掌出汗、皮炎、皲裂等。
急救措施	皮肤接触　立即脱去污染的衣着，用肥皂水和清水彻底冲洗。 眼睛接触　立即分开眼睑，用大量流动清水或生理盐水彻底冲洗。就医。 吸　　入　迅速脱离现场至空气新鲜处。保持呼吸道通畅。如呼吸困难，给输氧。如呼吸、心跳停止，立即进行心肺复苏术。就医。 食　　入　切勿给失去知觉者通过口喂任何东西。用水漱口。就医。

泄漏应急处理

隔离泄漏污染区，限制出入。切断火源。建议应急处理人员戴防尘口罩，穿防毒服，戴橡胶手套。不要直接接触泄漏物。尽可能切断泄漏源。用塑料布覆盖泄漏物，减少飞散。勿使水进入包装容器内。用洁净的铲子收集泄漏物，置于干净、干燥、盖子较松的容器中，将容器移离泄漏区。

职业接触限值	消防措施
未制定标准	灭火剂：水、雾状水、泡沫、二氧化碳、砂土。 消防人员须佩戴空气呼吸器，穿全身防火防毒服，在上风向灭火。尽可能将容器从火场移至空旷处。喷水保持火场容器冷却，直至灭火结束。

危险性类别	品名、英文名、分子式、CAS 号	危险性标志
腐蚀	硫酸钒酰 vanadyl sulfate $VOSO_4$ CAS 号：27774-13-6	

理化数据

熔点：105℃　　沸点：330℃　　相对密度（$d_{水}$=1）：3.0（20℃）

危险特性与安全存储

危险特性	可能腐蚀金属。
安全存储	储存于阴凉、通风的库房。保持容器密封。

防护措施

接触表现与急救措施

接触表现	吞咽会中毒。接触造成皮肤刺激和严重眼刺激。怀疑对生育能力或胎儿造成伤害。长期或反复接触会对器官造成伤害。
急救措施	皮肤接触　立即脱去污染的衣着，用大量流动清水冲洗至少 15 min。就医。 眼睛接触　立即分开眼睑，用大量流动清水或生理盐水彻底冲洗 5～10 min。就医。 吸　　入　迅速脱离现场至空气新鲜处。保持呼吸道通畅。如呼吸困难，给输氧。如呼吸、心跳停止，立即进行心肺复苏术。就医。 食　　入　用水漱口，给饮牛奶或蛋清。禁止催吐。就医。

泄漏应急处理

迅速撤离泄漏污染区人员至安全区，并进行隔离，严格限制出入。切断火源。建议应急处理人员戴正压自给式呼吸器，穿防静电服，戴橡胶耐油手套。禁止接触或跨越泄漏物。尽可能切断泄漏源。

小量泄漏：尽可能将泄漏液体收集在可密闭的容器中。用砂土或其他惰性材料吸收，并转移至安全场所。禁止冲入下水道。

大量泄漏：构筑围堤或挖坑收容。封闭排水管道。用泡沫覆盖，减少蒸发。用防爆泵转移至槽车或专用收集器内。

职业接触限值	消防措施
MAC：0.1 mg/m^3	灭火剂：水雾、干粉、泡沫或二氧化碳。 消防人员须佩戴防毒面具，穿全身消防服，在上风向灭火。尽可能将容器从火场移至空旷处。喷水保持火场容器冷却，直至灭火结束。

危险性类别	品名、英文名、分子式、CAS 号	危险性标志
有毒	硫酸汞 mercury sulfate $HgSO_4$ CAS 号：7783-35-9	

理化数据

相对密度（$d_{水}$=1）：6.47

危险特性与安全存储

危险特性	不燃，有毒。遇高热分解放出高毒烟气。燃烧（分解）产物：氧化硫、汞。 对水生生物毒性非常大并具有长期持续影响。
安全存储	应与氧化剂、食用化学品分开存放，切忌混储。包装必须密封，防止阳光直射，切勿受潮。储存于阴凉、通风的库房，远离火种、热源。储区应备有合适的材料以收容泄漏物。

防护措施

接触表现与急救措施

接触表现	急性中毒一般起病急，导致头痛、头晕、低热、口腔炎、皮疹、呼吸道刺激症状、肺炎、肾损害。慢性汞中毒表现有神经衰弱、震颤、口腔炎、齿龈有汞线等。
急救措施	皮肤接触　立即脱去污染的衣着，用大量流动清水冲洗。 眼睛接触　立即分开眼睑，用大量流动清水或生理盐水彻底冲洗。就医。 吸　　入　迅速脱离现场至空气新鲜处。保持呼吸道通畅。如呼吸困难，给输氧。如呼吸、心跳停止，立即进行心肺复苏术。就医。 食　　入　给饮蛋清、牛奶或豆浆。就医（解毒剂：二巯基丙磺酸钠、二巯基丁二酸钠、青霉胺）。

泄漏应急处理

隔离泄漏污染区，限制出入。建议应急处理人员戴防尘口罩，穿防毒服。不要直接接触泄漏物。尽可能切断泄漏源。用塑料布覆盖泄漏物，减少飞散。用洁净的铲子收集泄漏物，置于干净、干燥、盖子较松的容器中，将容器移离泄漏区。

职业接触限值	消防措施
未制定标准	本品不燃，根据着火原因选择适当灭火剂灭火。 消防人员须佩戴空气呼吸器，穿全身防火防毒服，在上风向灭火。尽可能将容器从火场移至空旷处。喷水保持火场容器冷却，直至灭火结束。

危险性类别	品名、英文名、分子式、CAS 号	危险性标志
有害	硫酸镍六水合物 nickel sulfate hexahydrate $NiSO_4 \cdot 6H_2O$ CAS 号：10101-97-0	

理化数据

沸点：840℃（无水）　　相对密度（$d_{水}$=1）：2.07

危险特性与安全存储

危险特性	受高热分解放出有毒的硫化物烟气。对水生生物毒性非常大并具有长期持续影响。
安全存储	应与氧化剂分开存放，切忌混储。 储存于阴凉、通风的库房，远离火种、热源。储区应备有合适的材料以收容泄漏物。

防护措施

按需戴防护口罩

必须戴防护眼镜

必须穿防护服

必须戴防护手套

接触表现与急救措施

接触表现	吸入后对呼吸道有刺激作用，可引起哮喘、肺嗜酸细胞增多症、支气管炎。对眼有刺激作用。皮肤接触可引起皮炎和湿疹，常伴有剧烈瘙痒，称为“镍痒症”。大量经口摄入引起恶心、呕吐和眩晕。
急救措施	皮肤接触　立即脱去污染的衣着，用大量流动清水彻底冲洗。 眼睛接触　立即分开眼睑，用大量流动清水或生理盐水彻底冲洗。就医。 吸　　入　迅速脱离现场至空气新鲜处。保持呼吸道通畅。如呼吸困难，给输氧。如呼吸、心跳停止，立即进行心肺复苏术。就医。 食　　入　用水漱口，饮水。就医。

泄漏应急处理

隔离泄漏污染区，限制出入。切断火源。建议应急处理人员戴防尘口罩，穿防毒服。不要直接接触泄漏物。尽可能切断泄漏源。用塑料布覆盖泄漏物，减少飞散。勿使水进入包装容器内。用洁净的铲子收集泄漏物，置于干净、干燥、盖子较松的容器中，将容器移离泄漏区。

职业接触限值	消防措施
PC-TWA：0.5 mg/m^3 [Ni][G1]	本品不燃，根据着火原因选择适当灭火剂灭火。 消防人员须佩戴防毒面具，穿全身消防服，在上风向灭火。尽可能将容器从火场移至空旷处。喷水保持火场容器冷却，直至灭火结束。

危险性类别	品名、英文名、分子式、CAS 号	危险性标志
有毒 **腐蚀**	硫酸铅 lead sulfate $PbSO_4$ CAS 号：7446-14-2	

理化数据

熔点：1 170℃　　相对密度（$d_{水}$=1）：6.2

危险特性与安全存储

危险特性	受高热分解放出有毒的硫化物烟气。对水生生物毒性非常大并具有长期持续影响。
安全存储	应与碱类、食用化学品分开存放，切忌混储。 储存于阴凉、通风的库房，远离火种、热源。储区应备有合适的材料以收容泄漏物。

防护措施

必须戴防护眼镜

必须穿防护服

必须戴防护手套

接触表现与急救措施

接触表现	短时大量接触可发生急性或亚急性铅中毒。职业中毒主要为慢性，损害造血、神经、消化系统及肾。神经系统主要表现为神经衰弱综合征、周围神经病，重者出现铅中毒性脑病；消化系统表现有齿龈铅线、食欲不振、恶心、腹胀，重者出现腹绞痛；造血系统损害出现卟啉代谢障碍、贫血等。
急救措施	皮肤接触　立即脱去污染的衣着，用肥皂水和清水彻底冲洗。如有不适感，就医。 眼睛接触　立即分开眼睑，用大量流动清水或生理盐水彻底冲洗。立即就医。 吸　　入　迅速脱离现场至空气新鲜处。保持呼吸道通畅。如呼吸困难，给输氧。如呼吸、心跳停止，立即进行心肺复苏术。就医。 食　　入　用水漱口，给饮牛奶或蛋清。禁止催吐。就医。

泄漏应急处理

隔离泄漏污染区，限制出入。切断火源。建议应急处理人员戴防尘口罩，穿防毒服。不要直接接触泄漏物。尽可能切断泄漏源。用塑料布覆盖泄漏物，减少飞散。勿使水进入包装容器内。用洁净的铲子收集泄漏物，置于干净、干燥、盖子较松的容器中，将容器移离泄漏区。

职业接触限值	消防措施
PC-TWA： 0.05 mg/m³（铅尘） 0.03 mg/m³（铅烟） [Pb][G2A]	本品不燃，根据着火原因选择适当灭火剂灭火。 消防人员须佩戴防毒面具，穿全身消防服，在上风向灭火。尽可能将容器从火场移至空旷处。喷水保持火场容器冷却，直至灭火结束。

危险性类别	品名、英文名、分子式、CAS 号	危险性标志
腐蚀	硫酸羟胺 hydroxylamine sulfate $H_8N_2O_6S$ CAS 号：10039-54-0	

理化数据

熔点：170℃（分解）　　相对密度（$d_{水}$=1）：1.7～1.9

危险特性与安全存储

危险特性	强还原剂，具有腐蚀性。遇热能分解形成有腐蚀性并易爆炸的烟雾。与氧化剂接触发生剧烈反应。8% 的硫酸羟胺水溶液加热至 90℃时即发生爆炸性分解。对水生生物毒性非常大。
安全存储	应与还原剂分开存放，切忌混储。 储存于阴凉、通风的库房，远离火种、热源。储区应备有合适的材料以收容泄漏物。

防护措施

接触表现与急救措施

接触表现	本品为高铁血红蛋白形成剂，吸入或经口摄入后，可出现紫绀、惊厥和昏迷。对眼和皮肤有刺激作用。
急救措施	皮肤接触　立即脱去污染的衣着，用大量流动清水冲洗至少 15 min。就医。 眼睛接触　立即分开眼睑，用大量流动清水或生理盐水彻底冲洗 5～10 min。就医。 吸　　入　迅速脱离现场至空气新鲜处。保持呼吸道通畅。如呼吸困难，给输氧。如呼吸、心跳停止，立即进行心肺复苏术。就医。 食　　入　用水漱口。就医（高铁血红蛋白血症，可用美蓝和维生素 C 治疗）。

泄漏应急处理

隔离泄漏污染区，限制出入。切断火源。建议应急处理人员戴防尘口罩，穿耐酸碱服。不要直接接触泄漏物。尽可能切断泄漏源。用塑料布覆盖泄漏物，减少飞散。勿使水进入包装容器内。用洁净的铲子收集泄漏物，置于干净、干燥、盖子较松的容器中，将容器移离泄漏区。

职业接触限值	消防措施
未制定标准	本品不燃，根据着火原因选择适当灭火剂灭火。 消防人员须佩戴防毒面具，穿全身消防服，在上风向灭火。尽可能将容器从火场移至空旷处。喷水保持火场容器冷却，直至灭火结束。

危险性类别	品名、英文名、分子式、CAS 号	危险性标志
腐蚀	硫酸氢钾 potassium bisulfate $KHSO_4$ CAS 号：7646-93-7	

理化数据

熔点：197℃　　相对密度（$d_{水}$=1）：2.245

危险特性与安全存储

危险特性	有腐蚀性。受高热分解放出有毒的烟气。对水生生物有害。
安全存储	应与氧化剂、碱类分开存放，切忌混储。保持容器密封，防止阳光直射。 储存于阴凉、通风的库房，远离火种、热源。储区应备有合适的材料以收容泄漏物。

防护措施

必须戴防护口罩

必须戴防护眼镜

必须穿防护服

必须戴防护手套

接触表现与急救措施

接触表现	吸入、摄入或经皮肤吸收后对身体有害，接触后可引起头痛、恶心、呕吐、气短、咳嗽等。对眼睛、皮肤和黏膜有强烈刺激和腐蚀作用。吸入后可引起喉炎、支气管炎、化学性肺炎、肺水肿。
急救措施	皮肤接触　立即脱去污染的衣着，用大量流动清水彻底冲洗至少 15 min。 眼睛接触　立即分开眼睑，用大量流动清水或生理盐水彻底冲洗。就医。 吸　　入　迅速脱离现场至空气新鲜处。保持呼吸道通畅。如呼吸困难，给输氧。如呼吸、心跳停止，立即进行心肺复苏术。就医。 食　　入　用水漱口，给饮牛奶或蛋清。就医。

泄漏应急处理

隔离泄漏污染区，限制出入。建议应急处理人员戴防尘口罩，穿耐酸碱服。不要直接接触泄漏物。尽可能切断泄漏源。用塑料布覆盖泄漏物，减少飞散。勿使水进入包装容器内。用洁净的铲子收集泄漏物，置于干净、干燥、盖子较松的容器中，将容器移离泄漏区。

职业接触限值	消防措施
未制定标准	本品不燃，根据着火原因选择适当灭火剂灭火。 消防人员须佩戴防毒面具，穿全身防火防毒服，在上风向灭火。尽可能将容器从火场移至空旷处。

危险性类别	品名、英文名、分子式、CAS 号	危险性标志
腐蚀	硫酸氢钠 sodium bisulfate $NaHSO_4$ CAS 号：7681-38-1	

理化数据

熔点：>315℃（分解）　　相对密度（$d_{水}$=1）：2.435（13℃）

危险特性与安全存储

危险特性	有腐蚀性。受高热分解放出有毒的烟气。
安全存储	应与次氯酸钠分开存放，切忌混储。保持容器密封，防止阳光直射。 储存于阴凉、通风的库房，远离火种、热源。储区应备有合适的材料以收容泄漏物。

防护措施

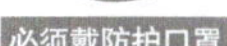

接触表现与急救措施

接触表现	对眼、皮肤、黏膜和上呼吸道有强刺激和腐蚀作用。眼接触引起灼伤。
急救措施	皮肤接触　立即脱去污染的衣着，用大量流动清水彻底冲洗。就医。 眼睛接触　立即分开眼睑，用大量流动清水或生理盐水彻底冲洗 5～10 min。就医。 吸　　入　迅速脱离现场至空气新鲜处。保持呼吸道通畅。如呼吸困难，给输氧。如呼吸、心跳停止，立即进行心肺复苏术。就医。 食　　入　用水漱口，饮水。就医。

泄漏应急处理

隔离泄漏污染区，限制出入。建议应急处理人员戴防尘口罩，穿耐酸碱工作服。不要直接接触泄漏物。尽可能切断泄漏源。用塑料布覆盖泄漏物，减少飞散。勿使水进入包装容器内。用洁净的铲子收集泄漏物，置于干净、干燥、盖子较松的容器中，将容器移离泄漏区。

职业接触限值	消防措施
未制定标准	本品不燃，根据着火原因选择适当灭火剂灭火。 消防人员须佩戴防毒面具，穿全身消防服，在上风向灭火。灭火时尽可能将容器从火场移至空旷处。

危险性类别	品名、英文名、分子式、CAS 号	危险性标志
易燃	氯苯 chlorobenzene C_6H_5Cl CAS 号：108-90-7	

理化数据

熔点：-45.2℃
沸点：131.7℃
闪点：29℃
自燃温度：638℃
临界温度：359.2℃
临界压力：4.52 MPa
饱和蒸气压：1.17 kPa（20℃）
相对密度（$d_{水}$=1）：1.11
相对蒸气密度（$d_{空气}$=1）：3.88
爆炸上限：11%
爆炸下限：1.3%

危险特性与安全存储

危险特性	易燃，遇明火、高热或与氧化剂接触，有引起燃烧爆炸的危险。与过氯酸银、二甲亚砜反应剧烈。燃烧生成有害的一氧化碳、氯化物。对水生生物有毒并且有长期持续影响。
安全存储	应与氧化剂分开存放，切忌混储。保持容器密封。 储存于阴凉、通风的库房，库温不超过 37℃，远离火种、热源。采用防爆型照明、通风设备，禁止使用易产生火花的机械设备和工具。储区应备有泄漏应急处理设备和合适的收容材料。

防护措施

接触表现与急救措施

接触表现	对中枢神经系统有抑制和麻醉作用；对皮肤和黏膜有刺激作用。	
	急性中毒	接触高浓度可引起麻醉症状，甚至昏迷。本品液体对皮肤有轻度刺激作用，但反复接触，则起红斑或有轻度表浅性坏死。
	慢性中毒	常有眼痛、流泪、结膜充血症状；早期有头痛、失眠、记忆力减退等神经衰弱症状；重者引起中毒性肝炎，个别可发生肾损害。
急救措施	皮肤接触	立即脱去污染的衣着，用肥皂水和清水彻底冲洗皮肤。就医。
	眼睛接触	立即分开眼睑，用流动清水或生理盐水冲洗。就医。
	吸　　入	迅速脱离现场至空气新鲜处。保持呼吸道通畅。如呼吸困难，给输氧。如呼吸、心跳停止，立即进行心肺复苏术。就医。
	食　　入	用水漱口，饮水。就医。

泄漏应急处理

隔离泄漏污染区，限制出入。切断火源。建议应急处理人员戴正压自给式呼吸器，穿防静电服。禁止接触或跨越泄漏物。尽可能切断泄漏源。防止进入下水道、排洪沟等限制性空间。
小量泄漏：用砂土或其他不燃材料吸收，用洁净的无火花工具收集吸收材料。
大量泄漏：构筑围堤或挖坑收容。用砂土、惰性物质或蛭石吸收大量液体。用泡沫覆盖，减少蒸发。用防爆泵转移至槽车或专用收集器内。

职业接触限值	消防措施
PC-TWA：50 mg/m^3	灭火剂：雾状水、泡沫、干粉、二氧化碳、砂土。 消防人员须佩戴防毒面具，穿全身防火防毒服，在上风向灭火。喷水冷却容器，尽可能将容器移至空旷处。容器突然发出异常声音或出现异常现象，应立即撤离。

危险性类别	品名、英文名、分子式、CAS 号	危险性标志
有毒	2-氯苯胺（邻氯苯胺） 2-chloroaniline C_6H_6ClN CAS 号：95-51-2	

理化数据

熔点：-1.94℃
沸点：209℃
闪点：103℃（CC）
自燃温度：500℃
临界压力：4.59 MPa
饱和蒸气压：0.13 kPa（46.3℃）
相对密度（$d_{水}$=1）：1.21
相对蒸气密度（$d_{空气}$=1）：4.4
爆炸上限：8.8%
爆炸下限：1.5%

危险特性与安全存储

危险特性	遇明火、高热可燃。受高热分解放出有毒的氯化物及氮氧化物气体。对水生生物毒性非常大并具有长期持续影响。
安全存储	应与氧化剂、酸类分开存放，切忌混储。保持容器密封。 储存于阴凉、通风的库房，远离火种、热源。配备相应品种和数量的消防器材，储区应备有泄漏应急处理设备和合适的收容材料。

防护措施

接触表现与急救措施

接触表现	能经无损皮肤吸收，引起高铁血红蛋白血症，引起肝肾损害。
急救措施	皮肤接触　立即脱去污染的衣着，用肥皂水和清水彻底冲洗。就医。 眼睛接触　立即分开眼睑，用大量流动清水或生理盐水彻底冲洗。就医。 吸　　入　迅速脱离现场至空气新鲜处。保持呼吸道通畅。如呼吸困难，给输氧。如呼吸、心跳停止，立即进行心肺复苏术。就医。 食　　入　用水漱口，饮水。就医（高铁血红蛋白血症，可用美蓝和维生素 C 治疗）。

泄漏应急处理

迅速撤离泄漏污染区至安全区，并进行隔离，严格限制出入。建议应急处理人员戴正压自给式呼吸器，穿防毒服，戴橡胶耐油手套。不要直接接触泄漏物。尽可能切断泄漏源。防止进入下水道、排洪沟等限制性空间。

小量泄漏：用干燥的砂土或其他不燃材料吸收或覆盖，收集于容器中。

大量泄漏：构筑围堤或挖坑收容。用泵转移至槽车或专用收集器内。

职业接触限值	消防措施
未制定标准	灭火剂：雾状水、泡沫、二氧化碳、砂土。 消防人员须佩戴空气呼吸器，穿全身防火防毒服，在上风向灭火。尽可能将容器从火场移至空旷处。喷水保持火场容器冷却，直至灭火结束。容器突然发出异常声音或出现异常现象，应立即撤离。

危险性类别	品名、英文名、分子式、CAS 号	危险性标志
有毒	3-氯苯胺（间氯苯胺） 3-chloroaniline C_6H_6ClN CAS 号：108-42-9	

理化数据

熔点：−10.4℃	沸点：230.5℃	闪点：105℃
自燃温度：540℃	临界压力：4.59 MPa	饱和蒸气压：0.13 kPa（63.5℃）
相对密度（$d_{水}$=1）：1.22	相对蒸气密度（$d_{空气}$=1）：4.4	
爆炸上限：8.8%	爆炸下限：1.5%	

危险特性与安全存储

危险特性	遇明火、高热或与氧化剂接触，有引起燃烧爆炸的危险。受高热分解放出有毒的氮氧化物和氯化物气体。对水生生物毒性极大并具有长期持续影响。
安全存储	应与氧化剂、酸类、食用化学品分开存放，切忌混储。保持容器密封。 储存于阴凉、通风的库房，远离火种、热源。配备相应品种和数量的消防器材，储区应备有泄漏应急处理设备和合适的收容材料。

防护措施

必须戴防毒面具

必须戴防护眼镜

必须穿防护服

必须戴防护手套

接触表现与急救措施

接触表现	能经无损的皮肤吸收，形成高铁血红蛋白血症，引起肝肾损害。
急救措施	皮肤接触　立即脱去污染的衣着，用肥皂水和清水彻底冲洗皮肤。如有不适感，就医。 眼睛接触　立即分开眼睑，用大量流动清水或生理盐水彻底冲洗。立即就医。 吸　　入　迅速脱离现场至空气新鲜处。保持呼吸道通畅。如呼吸困难，给输氧。如呼吸、心跳停止，立即进行心肺复苏术。就医。 食　　入　用水漱口，饮水。就医（高铁血红蛋白血症，可用美蓝和维生素 C 治疗）。

泄漏应急处理

迅速撤离泄漏污染区至安全区，并进行隔离，严格限制出入。建议应急处理人员戴正压自给式呼吸器，穿防毒服，戴橡胶耐油手套。不要直接接触泄漏物。尽可能切断泄漏源。防止进入下水道、排洪沟等限制性空间。

小量泄漏：用干燥的砂土或其他不燃材料吸收或覆盖，收集于容器中。

大量泄漏：构筑围堤或挖坑收容。用泵转移至槽车或专用收集器内。

职业接触限值	消防措施
未制定标准	灭火剂：水雾、泡沫、二氧化碳、砂土。 消防人员须佩戴空气呼吸器，穿全身防火防毒服，在上风向灭火。尽可能将容器从火场移至空旷处。喷水保持火场容器冷却，直至灭火结束。容器突然发出异常声音或出现异常现象，应立即撤离。

危险性类别	品名、英文名、分子式、CAS 号	危险性标志
有毒	4-氯苯胺（对氯苯胺） 4-chloroaniline C_6H_6ClN CAS 号：106-47-8	

理化数据

熔点：72.5℃
沸点：232℃
闪点：120℃
自燃温度：685℃
临界压力：4.45 MPa
饱和蒸气压：0.0036 kPa（26℃）
相对密度（$d_{水}$=1）：1.17
相对蒸气密度（$d_{空气}$=1）：4.4
爆炸上限：8.8%
爆炸下限：2.2%

危险特性与安全存储

危险特性	遇明火、高热可燃。受高热分解放出有毒的氮氧化物和氯化物气体。对水生生物毒性非常大并具有长期持续影响。
安全存储	应与酸类、酸酐、酰基氯、氯仿、强氧化剂、食用化学品分开存放，切忌混储。 储存于阴凉、通风的库房，防潮、防火，按有毒危险品规定存储和运输。配备相应品种和数量的消防器材，储区应备有合适的材料以收容泄漏物。

防护措施

接触表现与急救措施

接触表现	本品为高铁血红蛋白形成剂，接触后引起头晕、头痛、乏力、胸闷、皮肤黏膜紫绀。能经无损皮肤吸收，对皮肤有致敏作用。对眼有刺激作用。
急救措施	皮肤接触　立即脱去污染的衣着，用肥皂水和清水彻底冲洗皮肤。就医。 眼睛接触　立即分开眼睑，用大量流动清水或生理盐水彻底冲洗。就医。 吸　　入　迅速脱离现场至空气新鲜处。保持呼吸道通畅。如呼吸困难，给输氧。如呼吸、心跳停止，立即进行心肺复苏术。就医。 食　　入　用水漱口，饮水。就医（高铁血红蛋白血症，可用美蓝和维生素 C 治疗）。

泄漏应急处理

隔离泄漏污染区，限制出入。切断火源。建议应急处理人员戴防尘口罩，穿防毒服。不要直接接触泄漏物。尽可能切断泄漏源。用塑料布覆盖泄漏物，减少飞散。勿使水进入包装容器内。用洁净的铲子收集泄漏物，置于干净、干燥、盖子较松的容器中，将容器移离泄漏区。

职业接触限值	消防措施
未制定标准	灭火剂：雾状水、泡沫、二氧化碳、砂土。 消防人员须佩戴空气呼吸器，穿全身耐酸碱消防服，在上风向灭火。尽可能将容器从火场移至空旷处。喷水保持火场容器冷却，直至灭火结束。

危险性类别	品名、英文名、分子式、CAS 号	危险性标志
有毒	2-氯苯酚（邻氯酚） 2-chlorophenol C_6H_5ClO CAS 号：95-57-8	

理化数据

熔点：9.3℃	沸点：174～175℃	闪点：63.9℃（CC）
临界压力：5.3 MPa	饱和蒸气压：0.13 kPa（12.1℃）	相对密度（$d_{水}$=1）：1.26
相对蒸气密度（$d_{空气}$=1）：4.4	爆炸上限：8.8%	爆炸下限：1.7%

危险特性与安全存储

危险特性	遇明火、高热可燃。受高热分解放出有毒腐蚀性烟气。与强氧化剂接触可发生反应。对水生生物有毒并具有长期持续影响。
安全存储	应与氧化剂、酸类分开存放，切忌混储。保持容器密封。 储存于阴凉、通风的库房，远离火种、热源。配备相应品种和数量的消防器材，储区应备有泄漏应急处理设备和合适的收容材料。

防护措施

接触表现与急救措施

接触表现	易经皮肤吸收。给动物本品几分钟后即出现不安和呼吸加速，继之无力、震颤、阵挛性抽搐、气急、错迷，直至死亡。
急救措施	皮肤接触　立即脱去污染的衣着，用肥皂水和清水彻底冲洗。就医。 眼睛接触　立即分开眼睑，用大量流动清水或生理盐水彻底冲洗。就医。 吸　　入　迅速脱离现场至空气新鲜处。保持呼吸道通畅。如呼吸困难，给输氧。如呼吸、心跳停止，立即进行心肺复苏术。就医。 食　　入　用水漱口，饮足量温水。就医。

泄漏应急处理

迅速撤离泄漏污染区至安全区，并进行隔离，严格限制出入。切断火源。建议应急处理人员戴正压自给式呼吸器，穿防毒服，戴橡胶耐油手套。不要直接接触泄漏物。尽可能切断泄漏源。防止进入下水道、排洪沟等限制性空间。

小量泄漏：用干燥的砂土或其他不燃材料吸收或覆盖，收集于容器中。

大量泄漏：构筑围堤或挖坑收容。用碳酸氢钠中和。用泵转移至槽车或专用收集器内。

职业接触限值	消防措施
未制定标准	灭火剂：雾状水、泡沫、二氧化碳、砂土。 消防人员须佩戴空气呼吸器，穿全身防火防毒服，在上风向灭火。尽可能将容器从火场移至空旷处。喷水保持火场容器冷却，直至灭火结束。容器突然发出异常声音或出现异常现象，应立即撤离。

危险性类别	品名、英文名、分子式、CAS 号	危险性标志
有毒	4-氯苯酚（对氯苯酚） 4-chlorophenol C_6H_5ClO CAS 号：106-48-9	

理化数据

熔点：43～45℃	沸点：220℃	闪点：121℃（CC）
临界压力：4.75～5.32 MPa	饱和蒸气压：0.13 kPa（49.8℃）	相对密度（$d_{水}$=1）：1.31
相对蒸气密度（$d_{空气}$=1）：4.43	爆炸上限：8.8%	爆炸下限：1.7%

危险特性与安全存储

危险特性	遇明火、高热可燃，具腐蚀性。受高热分解放出有毒的腐蚀性烟气。与强氧化剂接触发生反应。对水生生物毒性非常大并具有长期持续影响。
安全存储	应与氧化剂、酸类、食用化学品分开存放，切忌混储。保持容器密封。 储存于阴凉、通风的库房，远离火种、热源。配备相应品种和数量的消防器材，储区应备有泄漏应急处理设备和合适的收容材料。

防护措施

按需戴防护口罩

必须戴防护眼镜

必须穿防护服

必须戴防护手套

接触表现与急救措施

接触表现	对眼、黏膜、呼吸道及皮肤有强烈刺激作用，吸入后可能因喉、支气管的炎症、水肿、痉挛，化学性肺炎，肺水肿而致死。中毒表现有烧灼感、咳嗽、喘息、喉炎、头痛和恶心。 给动物本品后几分钟后即出现不安、呼吸加速，并迅速发展为无力、震颤、阵挛性抽搐、气急、昏迷，甚至死亡。
急救措施	皮肤接触　立即脱去污染的衣着，用肥皂水和清水彻底冲洗。 眼睛接触　立即分开眼睑，用大量流动清水或生理盐水彻底冲洗。就医。 吸　　入　迅速脱离现场至空气新鲜处。保持呼吸道通畅。如呼吸困难，给输氧。如呼吸、心跳停止，立即进行心肺复苏术。就医。 食　　入　用水漱口，饮水。就医。

泄漏应急处理

迅速撤离泄漏污染区至安全区，并进行隔离，严格限制出入。切断火源。建议应急处理人员戴正压自给式呼吸器，穿防毒服，戴橡胶耐油手套。不要直接接触泄漏物。尽可能切断泄漏源。防止进入下水道、排洪沟等限制性空间。

小量泄漏：用干燥的砂土或其他不燃材料吸收或覆盖，收集于容器中。

大量泄漏：构筑围堤或挖坑收容。用碳酸氢钠中和。用泵转移至槽车或专用收集器内。

职业接触限值	消防措施
未制定标准	灭火剂：雾状水、泡沫、二氧化碳、砂土。 消防人员须佩戴空气呼吸器，穿全身耐酸碱消防服，在上风向灭火。尽可能将容器从火场移至空旷处。喷水保持火场容器冷却，直至灭火结束。

危险性类别	品名、英文名、分子式、CAS 号	危险性标志
易燃	1-氯丁烷（氯代正丁烷） 1-chlorobutane C_4H_9Cl CAS 号：109-69-3	

理化数据

熔点：−123.1℃	沸点：78.5℃	闪点：−9℃（CC）
自燃温度：460℃	临界温度：269℃	临界压力：3.68 MPa
饱和蒸气压：10.7 kPa（20℃）	相对密度（$d_{水}$=1）：0.89	相对蒸气密度（$d_{空气}$=1）：3.20
爆炸上限：10.1%	爆炸下限：1.9%	

危险特性与安全存储

危险特性	易燃，其蒸气与空气可形成爆炸性混合物，遇明火、高热能引起燃烧爆炸。受高热分解放出有毒的腐蚀性烟气。与氧化剂能发生剧烈反应。其蒸气比空气重，能在较低处扩散到相当远的地方，遇火源会着火回燃。燃烧产生有害的一氧化碳和氯化氢。
安全存储	应与氧化剂、碱类分开存放。保持容器密封，防止阳光直射。 储存于阴凉、通风的库房，库温不超过 37℃，远离火种、热源。应采用防爆型照明、通风设施，配备相应品种和数量的消防器材，罐储时要有防火防爆技术措施，禁止使用易产生火花的机械设备和工具。

防护措施

接触表现与急救措施

接触表现	吸入或摄入对身体有害。本品加热分解时，可产生剧毒的光气。
急救措施	皮肤接触　立即脱去污染的衣着，用大量肥皂水和清水彻底冲洗。就医。 眼睛接触　立即分开眼睑，用大量流动清水或生理盐水彻底冲洗。就医。 吸　　入　迅速脱离现场至空气新鲜处。保持呼吸道通畅。如呼吸困难，给输氧。如呼吸、心跳停止，立即进行心肺复苏术。就医。 食　　入　用水漱口，饮水。就医。

泄漏应急处理

迅速撤离泄漏污染区人员至安全区，并进行隔离，严格限制出入。切断火源。建议应急处理人员戴正压自给式呼吸器，穿防静电服。禁止接触或跨越泄漏物。尽可能切断泄漏源。防止进入下水道、排洪沟等限制性空间。

小量泄漏：用砂土或其他不燃材料吸收，用洁净的无火花工具收集吸收材料。

大量泄漏：构筑围堤或挖坑收容。用砂土、惰性物质或蛭石吸收大量液体。用泡沫覆盖，减少蒸发。用防爆、防腐蚀泵转移至槽车或专用收集器内。

职业接触限值	消防措施
未制定标准	灭火剂：泡沫、二氧化碳、干粉、砂土。**用水灭火无效**。 消防人员须佩戴空气呼吸器，穿全身防火防毒服，在上风向灭火。喷水保持火场容器冷却，直至灭火结束。容器突然发出异常声音或出现异常现象，应立即撤离。

危险性类别	品名、英文名、分子式、CAS 号	危险性标志
易燃	2-氯丁烷（氯代仲丁烷） 2-chlorobutane C_4H_9Cl CAS 号：78-86-4	

理化数据

熔点：−131.3～−140℃	沸点：68～70℃	闪点：−15℃
临界温度：247.5℃	相对密度（$d_{水}$=1）：0.87	相对蒸气密度（$d_{空气}$=1）：3.2
爆炸上限：10.1%	爆炸下限：1.8%	

危险特性与安全存储

危险特性	易燃，其蒸气与空气可形成爆炸性混合物，遇明火、高热能引起燃烧爆炸。受高热分解放出有毒的腐蚀性烟气。与氧化剂能发生剧烈反应。其蒸气比空气重，能在较低处扩散到相当远的地方，遇火源会着火回燃。燃烧生成有害的一氧化碳、氯化氢。
安全存储	应与氧化剂、碱类分开存放，切忌混储。保持容器密封。 储存于阴凉、通风的库房，库温不超过 37℃，远离火种、热源。采用防爆型照明、通风设备，禁止使用易产生火花的机械设备和工具。储区应备有泄漏应急处理设备和合适的收容材料。

防护措施

接触表现与急救措施

接触表现	吸入、摄入或经皮肤吸收后对身体有害，对眼、皮肤有刺激作用。可能具有麻醉作用。
急救措施	皮肤接触　立即脱去污染的衣着，用大量肥皂水和清水彻底冲洗。就医。 眼睛接触　立即分开眼睑，用大量流动清水或生理盐水彻底冲洗。就医。 吸　　入　迅速脱离现场至空气新鲜处。保持呼吸道通畅。如呼吸困难，给输氧。如呼吸、心跳停止，立即进行心肺复苏术。就医。 食　　入　用水漱口，饮水。就医。

泄漏应急处理

迅速撤离泄漏污染区人员至安全区，并进行隔离，严格限制出入。切断火源。建议应急处理人员戴正压自给式呼吸器，穿防静电服。禁止接触或跨越泄漏物。尽可能切断泄漏源。防止进入下水道、排洪沟等限制性空间。

小量泄漏：用砂土或其他不燃材料吸收，用洁净的无火花工具收集吸收材料。

大量泄漏：构筑围堤或挖坑收容。用砂土、惰性物质或蛭石吸收大量液体。用泡沫覆盖，减少蒸发。用防爆、防腐蚀泵转移至槽车或专用收集器内。

职业接触限值	消防措施
未制定标准	灭火剂：泡沫、干粉、二氧化碳、砂土。**用水灭火无效。** 消防人员须佩戴空气呼吸器，穿全身防火防毒服，在上风向灭火。喷水保持火场容器冷却，直至灭火结束。容器突然发出异常声音或出现异常现象，应立即撤离。

危险性类别	品名、英文名、分子式、CAS 号	危险性标志
易燃	2-氯-2-甲基丙烷（氯代叔丁烷） 2-chloro-2-methylpropane C_4H_9Cl CAS 号：507-20-0	

理化数据

熔点：−26.5℃
沸点：51℃
闪点：−18℃
自燃温度：540℃
饱和蒸气压：53.3 kPa（32.6℃）
相对密度（$d_{水}$=1）：0.847
相对蒸气密度（$d_{空气}$=1）：3.2
爆炸上限：10.1%
爆炸下限：1.8%

危险特性与安全存储

危险特性	易燃，其蒸气与空气可形成爆炸性混合物，遇明火、高热极易燃烧爆炸。与氧化剂接触发生剧烈反应。受高热分解放出有毒的氯化物气体。流速过快，容易产生和积聚静电。其蒸气比空气重，遇火源会着火回燃。若遇高热，容器内压增大，有开裂和爆炸的危险。
安全存储	应与氧化剂、碱类分开存放，切忌混储。 储存于阴凉、通风的库房，库温不超过 37℃，远离火种、热源。采用防爆型照明、通风设备，禁止使用易产生火花的机械设备和工具。储区应备有泄漏应急处理设备和合适的收容材料。

防护措施

接触表现与急救措施

接触表现	吸入、摄入或经皮肤吸收后对身体有害，对眼、皮肤有刺激作用。吸入液态本品可引起吸入性肺炎。
急救措施	皮肤接触　立即脱去污染的衣着，用大量流动清水彻底冲洗。就医。 眼睛接触　立即分开眼睑，用大量流动清水或生理盐水彻底冲洗。就医。 吸　　入　迅速脱离现场至空气新鲜处。保持呼吸道通畅。如呼吸困难，给输氧。如呼吸、心跳停止，立即进行心肺复苏术。就医。 食　　入　用水漱口，饮水。禁止催吐。就医。

泄漏应急处理

迅速撤离泄漏污染区人员至安全区，并进行隔离，严格限制出入。切断火源。建议应急处理人员戴正压自给式呼吸器，穿防静电服。尽可能切断泄漏源。防止进入下水道、排洪沟等限制性空间。
小量泄漏：用砂土或其他不燃材料吸收，用洁净无火花工具收集吸收材料。
大量泄漏：构筑围堤或挖坑收容。用泡沫覆盖，减少蒸发。用防爆泵转移至槽车或专用收集器内。

职业接触限值	消防措施
未制定标准	灭火剂：泡沫、干粉、二氧化碳、砂土。**用水灭火无效。** 消防人员须佩戴防毒面具，穿全身消防服，在上风向灭火。尽可能将容器从火场移至空旷处。喷水保持火场容器冷却，直至灭火结束。容器突然发出异常声音或出现异常现象，应立即撤离。

危险性类别	品名、英文名、分子式、CAS 号	危险性标志
有毒	氯化钡 barium chloride $BaCl_2$ CAS 号：10361-37-2	

理化数据

熔点：963℃　　沸点：1560℃　　相对密度（$d_{水}$=1）：3.86

危险特性与安全存储

危险特性	高毒，与三氟化硼接触能发生剧烈反应。对水生生物有害。
安全存储	应与氧化剂、酸类、食用化学品分开存放，切忌混储。保持容器密封。 储存于阴凉、通风的库房，远离火种、热源。储区应备有合适的材料以收容泄漏物。

防护措施

按需戴防护口罩

必须戴防护眼镜

必须穿防护服

必须戴防护手套

接触表现与急救措施

接触表现	急性中毒	皮肤接触高温本品溶液造成灼伤，可同时吸收中毒。吸入烟尘可引起中毒，但消化道症状不明显。经口摄入后引起恶心、呕吐、腹痛、腹泻、脉缓、进行性肌麻痹、心律紊乱、血钾明显降低等症状，可因心律紊乱和呼吸肌麻痹而死亡。
	慢性影响	长期接触钡化合物的工人，可有无力、气促、流涎、口腔黏膜肿胀糜烂、鼻炎、结膜炎、腹泻、心动过速、血压增高、脱发等症状。
急救措施	皮肤接触	立即脱去污染的衣着，用肥皂水和清水彻底冲洗。
	眼睛接触	立即分开眼睑，用大量流动清水或生理盐水彻底冲洗。就医。
	吸　　入	迅速脱离现场至空气新鲜处。保持呼吸道通畅。如呼吸困难，给输氧。如呼吸、心跳停止，立即进行心肺复苏术。就医。
	食　　入	饮足量温水，催吐。用 2%～5% 硫酸钠溶液洗胃。导泻。就医。

泄漏应急处理

隔离泄漏污染区，限制出入。建议应急处理人员戴防尘口罩，穿防毒服。不要直接接触泄漏物。尽可能切断泄漏源。用塑料布覆盖泄漏物，减少飞散。勿使水进入包装容器内。用洁净的铲子收集泄漏物，置于干净、干燥、盖子较松的容器中，将容器移离泄漏区。

职业接触限值	消防措施
PC-TWA：0.5 mg/m^3	本品不燃，根据着火原因选择适当灭火剂灭火。 消防人员须佩戴防毒面具，穿全身防火防毒服，在上风向灭火。尽可能将容器从火场移至空旷处。喷水保持火场容器冷却，直至灭火结束。

危险性类别	品名、英文名、分子式、CAS 号	危险性标志
有毒 **腐蚀**	氯化苄（苄基氯） benzyl chloride C_7H_7Cl CAS 号：100-44-7	

理化数据

熔点：-48～-39℃	沸点：175～179℃	闪点：67℃（CC）
饱和蒸气压：2.93 kPa（78℃）	相对密度（$d_{水}$=1）：1.10	相对蒸气密度（$d_{空气}$=1）：4.36
爆炸上限：14%	爆炸下限：1.1%	

危险特性与安全存储

危险特性	遇明火、高热或与氧化剂接触，有引起燃烧爆炸的危险。受高热分解放出有毒的腐蚀性烟气。与铜、铝、镁、锌及锡等接触放出热量及氯化氢气体。对水生生物有害。
安全存储	应与氧化剂、金属粉末、醇类、食用化学品分开存放，切忌混储。包装必须密封，防止阳光直射，切勿受潮。 储存于阴凉、干燥、通风的库房，库温不超过 30℃，相对湿度不超过 70%，远离火种、热源。配备相应品种和数量的消防器材，储区应备有泄漏应急处理设备合适的材料收容泄漏物。

防护措施

必须戴防护眼镜

必须穿防护服

必须戴防护手套

接触表现与急救措施

接触表现	皮肤接触可引起红斑、大疱，或发生湿疹。本品蒸气对眼有刺激作用，本品液体溅入眼内引起结膜和角膜蛋白变性。持续吸入高浓度蒸气可出现呼吸道炎症，甚至发生肺水肿。经口摄入引起胃肠道刺激反应、头痛、头晕、恶心、呕吐及中枢神经系统抑制。 慢性影响　肝肾损害。
急救措施	皮肤接触　立即脱去污染的衣着，用肥皂水和清水彻底冲洗。就医。 眼睛接触　立即分开眼睑，用大量流动清水或生理盐水彻底冲洗 5～10 min。就医。 吸　　入　迅速脱离现场至空气新鲜处。保持呼吸道通畅。如呼吸困难，给输氧。如呼吸、心跳停止，立即进行心肺复苏术。就医。 食　　入　用水漱口，饮水。就医。

泄漏应急处理

迅速撤离泄漏污染区至安全区，并进行隔离，严格限制出入。切断火源。建议应急处理人员戴正压自给式呼吸器，穿防毒服，戴橡胶耐油手套。不要直接接触泄漏物。尽可能切断泄漏源。防止进入下水道、排洪沟等限制性空间。

小量泄漏：用干燥砂土或其他不燃材料覆盖泄漏物。

大量泄漏：构筑围堤或挖坑收容。用防腐蚀泵转移至槽车或专用收集器内。

职业接触限值	消防措施
MAC：5 mg/m^3 ［G2A］	灭火剂：雾状水、泡沫、干粉、二氧化碳。 消防人员须佩戴防毒面具，穿全身消防服，在上风向灭火。尽可能将容器从火场移至空旷处。喷水保持火场容器冷却，直至灭火结束。

危险性类别	品名、英文名、分子式、CAS 号	危险性标志
有毒	氯化镉 cadmium chloride $CdCl_2$ CAS 号：10108-64-2	

理化数据

熔点：568℃　　沸点：960℃

饱和蒸气压：1.33kPa（656℃）　　相对密度（$d_{水}$=1）：4.05

危险特性与安全存储

危险特性	不燃，有毒，具刺激性。受高热分解放出有毒的腐蚀性烟气。对水生生物毒性非常大并具有长期持续影响。
安全存储	应与氧化剂、活性金属粉末、食用化学品分开存放，切忌混储。保持容器密封。 储存于阴凉、通风的库房，远离火种、热源。储区应备有合适的材料以收容泄漏物。

防护措施

接触表现与急救措施

接触表现	误食后可引起急剧的肠胃刺激症状，有恶心、呕吐、腹痛、腹泻、里急后重、全身乏力、肌肉疼痛、虚脱等，重者危及生命。
急救措施	皮肤接触　立即脱去污染的衣着，用肥皂水和清水彻底冲洗。就医。 眼睛接触　立即分开眼睑，用大量流动清水或生理盐水彻底冲洗。立即就医。 吸　　入　迅速脱离现场至空气新鲜处。保持呼吸道通畅。如呼吸困难，给输氧。如呼吸、心跳停止，立即进行心肺复苏术。就医。 食　　入　用水漱口，饮水。就医。

泄漏应急处理

隔离泄漏污染区，限制出入。建议应急处理人员戴防尘口罩，穿防毒服，戴橡胶手套。不要直接接触泄漏物。尽可能切断泄漏源。用塑料布覆盖泄漏物，减少飞散。勿使水进入包装容器内。用洁净的铲子收集泄漏物，置于干净、干燥、盖子较松的容器中，将容器移离泄漏区。

职业接触限值	消防措施
PC-TWA：0.01 mg/m^3	本品不燃，根据着火原因选择适当灭火剂灭火。 消防人员必须佩戴空气呼吸器，穿全身防火防毒服，在上风向灭火。尽可能将容器从火场移至空旷处。喷水保持火场容器冷却，直至灭火结束。

危险性类别	品名、英文名、分子式、CAS 号	危险性标志
有害	氯化钴 cobalt dichloride $CoCl_2$ CAS 号：7646-79-9	

理化数据

熔点：735℃　　沸点：1049℃　　相对密度（$d_{水}$=1）：3.367

危险特性与安全存储

危险特性	不燃，有毒，具刺激性、致敏性。与钠、钾的混合物对震动敏感。受高热分解放出腐蚀性、刺激性的烟雾。对水生生物毒性非常大并具有长期持续影响。
安全存储	应与氧化剂、碱金属、食用化学品分开存放，切忌混储。保持容器密封，防止阳光直射。储存于阴凉、通风的库房，远离火种、热源。储区应备有合适的材料以收容泄漏物。

防护措施

按需戴防护口罩

必须戴防护眼镜

必须穿防护服

必须戴防护手套

接触表现与急救措施

接触表现	对眼、皮肤和黏膜有刺激作用，长时间或反复接触可引起过敏反应。
急救措施	皮肤接触　立即脱去污染的衣着，用大量流动清水彻底冲洗。就医。 眼睛接触　立即分开眼睑，用大量流动清水或生理盐水彻底冲洗。就医。 吸　　入　迅速脱离现场至空气新鲜处。保持呼吸道通畅。如呼吸困难，给输氧。如呼吸、心跳停止，立即进行心肺复苏术。就医。 食　　入　饮适量温水，催吐（仅限于清醒着）。就医。

泄漏应急处理

隔离泄漏污染区，限制出入。建议应急处理人员戴防尘口罩，穿防毒服。尽可能切断泄漏源。用塑料布覆盖泄漏物，减少飞散。勿使水进入包装容器内。用洁净的铲子收集泄漏物，置于干净、干燥、盖子较松的容器中，将容器移离泄漏区。

职业接触限值	消防措施
未制定标准	本品不燃，根据着火原因选择适当灭火剂灭火。 消防人员须佩戴防毒面具，穿全身消防服，在上风向灭火。尽可能将容器从火场移至空旷处。

危险性类别	品名、英文名、分子式、CAS 号	危险性标志
有毒	氯化镍 nickel chloride $NiCl_2$ CAS 号：7718-54-9	(骷髅标志)

理化数据

熔点：973℃（升华）　　相对密度（$d_{水}$=1）：3.55

危险特性与安全存储

危险特性	不燃。遇钾、钠剧烈反应。对水生生物毒性非常大并具有长期持续影响。
安全存储	应与过氧化物、钾、钠分开存放，切忌混储。保持容器密封，防止阳光直射。 储存于阴凉、通风的库房，远离火种、热源。储区应备有合适的材料以收容泄漏物。

防护措施

必须戴防护眼镜

必须穿防护服

必须戴防护手套

接触表现与急救措施

接触表现	接触后可发生接触性皮炎或过敏性湿疹。吸入本品粉尘可发生支气管炎或支气管肺炎、过敏性肺炎，并可发生肾上腺皮质功能不全。镍化合物属致癌物。
急救措施	皮肤接触　立即脱去污染的衣着，用大量流动清水彻底冲洗。 眼睛接触　立即分开眼睑，用大量流动清水或生理盐水彻底冲洗。就医。 吸　　入　迅速脱离现场至空气新鲜处。保持呼吸道通畅。如呼吸困难，给输氧。如呼吸、心跳停止，立即进行心肺复苏术。就医。 食　　入　饮适量温水，催吐（仅限于清醒者）。就医。

泄漏应急处理

隔离泄漏污染区，限制出入。建议应急处理人员戴防尘口罩，穿防毒服。不要直接接触泄漏物。尽可能切断泄漏源。用塑料布覆盖泄漏物，减少飞散。勿使水进入包装容器内。用洁净的铲子收集泄漏物，置于干净、干燥、盖子较松的容器中，将容器移离泄漏区。

职业接触限值	消防措施
PC-TWA：0.5 mg/m^3 ［Ni］［G1］	本品不燃，根据着火原因选择适当灭火剂灭火。 消防人员须佩戴防毒面具，穿全身防火防毒服，在上风向灭火。尽可能将容器从火场移至空旷处。喷水保持火场中容器冷却，直至灭火结束。

危险性类别	品名、英文名、分子式、CAS 号	危险性标志
有毒	氯化铜 copper chloride $CuCl_2$ CAS 号：7447-39-4	

理化数据

无资料

危险特性与安全存储

危险特性	不燃。遇钾、钠剧烈反应。受高热分解放出有毒的腐蚀性烟气。对水生生物有害并具有长期持续影响。
安全存储	应与钾、钠分开存放，切忌混储。保持容器密封，防止阳光直射。 储存于阴凉、通风的库房，远离火种、热源。储区应备有合适的材料以收容泄漏物。

防护措施

接触表现与急救措施

接触表现	对眼、皮肤和呼吸道有刺激作用；对皮肤有致敏作用；对眼睛有严重刺激作用，可能造成严重炎症并伴随疼痛。遇热产生铜烟尘，吸入引起金属烟雾热。经口摄入引起出血性胃炎及肝、肾、中枢神经系统损害及溶血等，重者死于休克或肾衰。
急救措施	皮肤接触　立即脱去污染的衣着，用大量流动清水彻底冲洗。如有不适感，就医。 眼睛接触　立即分开眼睑，用大量流动清水或生理盐水彻底冲洗。如有不适感，就医。 吸　　入　迅速脱离现场至空气新鲜处。保持呼吸道通畅。如呼吸困难，给输氧。如呼吸、心跳停止，立即进行心肺复苏术。就医。 食　　入　禁止催吐及喂食。就医。

泄漏应急处理

隔离泄漏污染区，限制出入。切断火源。建议应急处理人员戴防尘口罩，穿防毒服。不要直接接触泄漏物。尽可能切断泄漏源。用塑料布覆盖泄漏物，减少飞散。勿使水进入包装容器内。用洁净的铲子收集泄漏物，置于干净、干燥、盖子较松的容器中，将容器移离泄漏区。

职业接触限值	消防措施
未制定标准	本品不燃，根据着火原因选择适当灭火剂灭火。 消防人员须佩戴防毒面具，穿全身耐酸碱消防服，在上风向灭火。尽可能将容器从火场移至空旷处。喷水保持火场容器冷却，直至灭火结束。

危险性类别	品名、英文名、分子式、CAS 号	危险性标志
腐蚀	氯化锌 zinc chloride $ZnCl_2$ CAS 号：7646-85-7	

理化数据

熔点：290℃　　沸点：732℃

饱和蒸气压：0.13 kPa（428℃）　　相对密度（$d_{水}$=1）：2.91

危险特性与安全存储

危险特性	受高热分解放出有毒的腐蚀性气体。遇水迅速分解，放出白色烟雾。对水生生物毒性非常大并具有长期持续影响。
安全存储	应与氧化剂、食用化学品分开存放，切忌混储。保持容器密封。 储存于阴凉、通风的库房，库温不超过 30℃，远离火种、热源。储区应备有合适的材料以收容泄漏物。

防护措施

必须戴防护眼镜

必须穿防护服

必须戴防护手套

接触表现与急救措施

接触表现	有刺激和腐蚀作用。皮肤接触可引起刺激和烧灼，出现“鸟眼”型溃疡。眼接触可致结膜炎或灼伤。吸入氯化锌烟雾可引起支气管肺炎；高浓度吸入可致死，表现有呼吸困难、胸部紧束感、胸骨后疼痛、咳嗽等。经口摄入腐蚀口腔和消化道，重者可致死。
急救措施	皮肤接触　立即脱去污染的衣着，用大量流动清水彻底冲洗至少 15 min。就医。 眼睛接触　立即分开眼睑，用大量流动清水或生理盐水彻底冲洗 5～10 min。就医。 吸　　入　迅速脱离现场至空气新鲜处。保持呼吸道通畅。如呼吸困难，给输氧。如呼吸、心跳停止，立即进行心肺复苏术。就医。 食　　入　患者清醒时立即用水漱口，给饮牛奶或蛋清。就医。

泄漏应急处理

隔离泄漏污染区，限制出入。建议应急处理人员戴防尘口罩，穿耐酸碱服。不要直接接触泄漏物。尽可能切断泄漏源。用塑料布覆盖泄漏物，减少飞散。勿使水进入包装容器内。用洁净的铲子收集泄漏物，置于干净、干燥、盖子较松的容器中，将容器移离泄漏区。

职业接触限值	消防措施
PC-TWA：1 mg/m^3	本品不燃，根据着火原因选择适当灭火剂灭火。 消防人员须佩戴防毒面具，穿全身消防服，在上风向灭火。灭火时尽可能将容器从火场移至空旷处。喷水保持火场中容器冷却，直至灭火结束。

危险性类别	品名、英文名、分子式、CAS 号	危险性标志
有毒 **腐蚀**	氯乙酸 chloroacetic acid $C_2H_3ClO_2$ CAS 号：79-11-8	 

理化数据

熔点：50～63℃	沸点：189℃	闪点：126℃（CC）
自燃温度：＞500℃	饱和蒸气压：0.67 kPa（71.5℃）	相对密度（$d_{水}$=1）：1.4～1.58
相对蒸气密度（$d_{空气}$=1）：3.26	爆炸下限：8.0%	

危险特性与安全存储

危险特性	受高热分解放出有毒的腐蚀性烟气。与强氧化剂接触可发生反应。遇潮时对大多数金属有强腐蚀性。燃烧生成有害的一氧化碳、氯化氢、光气。对水生生物毒性非常大。
安全存储	应与氧化剂、碱类、还原剂、食用化学品分开存放，切忌混储。包装密封。 储存于阴凉、通风的库房，库温不超过 32℃，相对湿度不超过 80%，远离火种、热源。配备相应品种和数量的消防器材，储区应备有合适的材料收容泄漏物。

防护措施

接触表现与急救措施

接触表现	接触本品烟雾，可有眼部疼痛、流泪、羞明、结膜充血等症状及上呼吸道刺激症状，以后发生支气管炎；重者发生水肿。眼部直接接触即刻引起严重刺激症状及角膜损伤。皮肤接触本品溶液后，出现水疱伴有剧痛；随后水疱吸收，出现过度角化，经数次脱皮治愈。中毒早期有呕吐、腹泻、视力模糊、定向障碍等症状，随后出现烦躁、抽搐、昏迷、血压下降，检查可见深浅反射消失、呼吸困难、心电图示心肌损害。还可出现血钾和严重的酸中毒及进行性肾功能衰竭。
急救措施	皮肤接触　立即脱去污染的衣着，用大量流动清水彻底冲洗至少 15 min。就医。 眼睛接触　立即分开眼睑，用大量流动清水或生理盐水彻底冲洗 5～10 min。就医。 吸　　入　迅速脱离现场至空气新鲜处。保持呼吸道通畅。如呼吸困难，给输氧。如呼吸、心跳停止，立即进行心肺复苏术。就医。 食　　入　用水漱口，给饮牛奶或蛋清。禁止催吐。就医。

泄漏应急处理

隔离泄漏污染区，限制出入。切断火源。建议应急处理人员戴防尘口罩，穿耐酸碱服，戴橡胶耐酸碱手套。不要直接接触泄漏物。尽可能切断泄漏源。用塑料布覆盖泄漏物，减少飞散。勿使水进入包装容器内。用洁净的铲子收集泄漏物，置于干净、干燥、盖子较松的容器中，将容器移离泄漏区。

职业接触限值	消防措施
MAC：2 mg/m^3 ［皮］	灭火剂：雾状水、泡沫、二氧化碳。 消防人员须佩戴空气呼吸器，穿全身耐酸碱消防服灭火。尽可能将容器从火场移至空旷处。喷水保持火场容器冷却，直至灭火结束。

危险性类别	品名、英文名、分子式、CAS 号	危险性标志
有毒	氯乙酸钠 sodium chloroacetate $C_2H_2ClNaO_2$ CAS 号：3926-62-3	

理化数据

熔点：170℃（分解）　　闪点：269℃

危险特性与安全存储

危险特性	不燃，有毒，具腐蚀性、刺激性。受高热分解放出有毒的腐蚀性烟气。可致人体灼伤。对水生生物毒性非常大。
安全存储	应与氧化剂、酸类、碱类、食用化学品分开存放，切忌混储。 储存于阴凉、通风的库房，远离火种、热源。配备相应品种和数量的消防器材，储区应备有合适的材料收容泄漏物。

防护措施

接触表现与急救措施

接触表现	吸入、摄入或经皮肤吸收对身体有害。对眼、皮肤、黏膜和上呼吸道有刺激作用。
急救措施	皮肤接触　立即脱去污染的衣着，用大量流动清水彻底冲洗。就医。 眼睛接触　立即分开眼睑，用大量流动清水或生理盐水彻底冲洗。就医。 吸　　入　迅速脱离现场至空气新鲜处。保持呼吸道通畅。如呼吸困难，给输氧。如呼吸、心跳停止，立即进行心肺复苏术。就医。 食　　入　饮适量温水，催吐（仅限于清醒者）。就医。

泄漏应急处理

隔离泄漏污染区，限制出入。切断火源。建议应急处理人员戴防尘口罩，穿防毒服。不要直接接触泄漏物。尽可能切断泄漏源。用塑料布覆盖泄漏物，减少飞散。勿使水进入包装容器内。用洁净的铲子收集泄漏物，置于干净、干燥、盖子较松的容器中，将容器移离泄漏区。

职业接触限值	消防措施
未制定标准	灭火剂：雾状水、抗溶性泡沫、干粉、二氧化碳、砂土。 消防人员须穿全身防火防毒服，在上风向灭火。尽可能将容器从火场移至空旷处。

危险性类别	品名、英文名、分子式、CAS 号	危险性标志
易燃	煤油 kerosene C_9～C_{16} 烃类 CAS 号：8008-20-6	

理化数据

沸点：175～325℃　　闪点：36～48℃　　自燃温度：280～456℃

相对密度（$d_{水}$=1）：0.79～0.85　　相对蒸气密度（$d_{空气}$=1）：4.5

爆炸上限：6.0%～7.6%　　爆炸下限：1.1%～1.3%

危险特性与安全存储

危险特性	易燃，其蒸气遇明火、高热能引起燃烧爆炸。与氧化剂能发生剧烈反应。其蒸气遇火源易着火回燃。若遇高热，容器有开裂和爆炸的危险。对水生生物有毒并具有长期持续影响。
安全存储	应与氧化剂、食用化学品分开存放，切忌混储。 储存于阴凉、通风的库房，库温不超过 37℃，远离火种、热源。采用防爆型照明、通风设施，禁止使用易产生火花的机械设备和工具。储区应备有泄漏应急处理设备和合适的收容材料。

防护措施

接触表现与急救措施

接触表现	急性中毒	本品蒸气可引起眼及呼吸道刺激症状，重者出现化学性肺炎；吸入高浓度本品蒸气，常先有兴奋，后转入抑制，表现为乏力、头痛、酩酊感、神志恍惚等症状，肌肉震颤，共济运动失调，重者出现定向力障碍、谵妄、意识模糊等；吸入液态本品可引起吸入性肺炎，严重时可发生肺水肿。摄入引起口腔、咽喉和胃肠道刺激症状，出现与吸入中毒相同的中枢神经系统症状。
	慢性影响	神经衰弱综合征为主要表现，还有眼及呼吸道刺激症状，接触性皮炎、皮肤干燥等损害。
急救措施	皮肤接触	立即脱去污染的衣着，用大量肥皂水和清水彻底冲洗。就医。
	眼睛接触	立即分开眼睑，用大量流动清水或生理盐水彻底冲洗。就医。
	吸　　入	迅速脱离现场至空气新鲜处。保持呼吸道通畅。如呼吸困难，给输氧。如呼吸、心跳停止，立即进行心肺复苏术。就医。
	食　　入	用水漱口，饮水。禁止催吐。就医。

泄漏应急处理

迅速撤离泄漏污染区人员至安全区，并进行隔离，严格限制出入。切断火源。建议应急处理人员戴正压自给式呼吸器，穿防静电服。禁止接触或跨越泄漏物。尽可能切断泄漏源。防止进入下水道、排洪沟等限制性空间。

小量泄漏：用砂土或其他不燃材料吸附或吸收，用洁净无火花的工具收集吸收材料。

大量泄漏：构筑围堤或挖坑收容。用泡沫覆盖，减少蒸发。用防爆泵转移至槽车或专用收集器内。

职业接触限值	消防措施
未制定标准	灭火剂：雾状水、泡沫、干粉、二氧化碳、砂土。 消防人员须佩戴防毒面具，穿全身消防服，在上风向灭火。喷水保持火场容器冷却，直至灭火结束。处在火场中的容器若已变色或从安全泄压装置中发出声音，应立即撤离。

危险性类别	品名、英文名、分子式、CAS 号	危险性标志
易燃	萘 naphthalene $C_{10}H_8$ CAS 号：91-20-3	

理化数据

熔点：80.1℃	沸点：217.9℃	闪点：79℃（CC）
自燃温度：526℃	临界温度：457.2℃	临界压力：4.05 MPa
饱和蒸气压：0.013 kPa（25℃）	相对密度（$d_{水}$=1）：1.16	相对蒸气密度（$d_{空气}$=1）：4.42

危险特性与安全存储

危险特性	遇明火、高热易燃。燃烧时放出有毒的刺激性烟雾。与强氧化剂如铬酸酐、氯酸盐和高锰酸钾等接触能发生剧烈反应，引起燃烧或爆炸。其粉体与空气可形成爆炸性混合物，当达到一定浓度时，遇火星会发生爆炸。对水生生物毒性非常大并具有长期持续影响。
安全存储	应与氧化剂分开存放，切忌混储。保持容器密封。 储存于阴凉、通风的库房，库温不超过 35℃，远离火种、热源。配备相应品种和数量的消防器材，储区应备有合适的材料收容泄漏物。

防护措施

接触表现与急救措施

接触表现		具刺激性，高浓度致溶血性贫血及肝肾损害。
	急性中毒	吸入高浓度本品蒸气或粉尘，出现眼及呼吸道刺激症状、角膜混浊、头痛、恶心、呕吐、食欲减退、腰痛、尿频，尿中出现蛋白及红细胞、白细胞，亦可发生视神经炎和视网膜炎；重者可发生中毒性脑病和肝损害。经口摄入中毒主要引起溶血和肝肾损害，甚至发生急性肾功能衰竭和肝坏死。
	慢性中毒	反复接触本品蒸气可引起头痛、乏力、恶心、呕吐和血液系统损害，还可引起白内障、视神经炎和视网膜病变。皮肤接触可引起皮炎。
急救措施	皮肤接触	立即脱去污染的衣着，用大量肥皂水和清水彻底冲洗。就医。
	眼睛接触	立即分开眼睑，用大量流动清水或生理盐水彻底冲洗。就医。
	吸　　入	迅速脱离现场至空气新鲜处。保持呼吸道通畅。如呼吸困难，给输氧。如呼吸、心跳停止，立即进行心肺复苏术。就医。
	食　　入	用水漱口，饮水。就医。

泄漏应急处理

隔离泄漏污染区，限制出入。切断火源。建议应急处理人员戴防尘面具，穿防毒、防静电服。禁止接触或跨越泄漏物。

小量泄漏：用洁净的铲子收集泄漏物，置于干净、干燥、盖子较松的容器中，将容器移离泄漏区。

大量泄漏：用水润湿，并筑堤收容。防止进入下水道、排洪沟等限制性空间。

职业接触限值	消防措施
PC-TWA：50 mg/m^3	灭火剂：二氧化碳、雾状水、砂土。 消防人员须佩戴空气呼吸器，穿全身防火防毒服，在上风向灭火。喷水保持火场容器冷却，直至灭火结束。

危险性类别	品名、英文名、分子式、CAS 号	危险性标志
有毒	α-萘胺（1-萘胺） α-naphthylamine $C_{10}H_9N$ CAS 号：134-32-7	

理化数据

熔点：50℃　　沸点：300.8℃　　闪点：157.2℃

自燃温度：460℃　　饱和蒸气压：0.13 kPa（104.3℃）

相对密度（$d_{水}$=1）：1.13　　相对蒸气密度（$d_{空气}$=1）：4.93

危险特性与安全存储

危险特性	可燃，有毒，为可疑致癌物，具刺激性。受高热分解放出有毒的气体。与氧化剂接触可发生反应。燃烧生成有害的一氧化碳、氮氧化物。对水生生物有害并具有长期持续影响。
安全存储	应与氧化剂、酸类、食用化学品分开存放，切忌混储。保持容器密封。 储存于阴凉、通风的库房，远离火种、热源。配备相应品种和数量的消防器材，储区应备有合适的材料收容泄漏物。

防护措施

接触表现与急救措施

接触表现	对皮肤有弱刺激作用；对眼有刺激作用；有轻微的高铁血红蛋白形成作用，吸入后有可能引起紫绀。本品的致癌作用尚无定论，但如长期接触含有已知致癌剂 β-萘胺的本品，有可能引起膀胱癌。
急救措施	皮肤接触　立即脱去污染的衣着，用大量肥皂水和清水彻底冲洗。就医。 眼睛接触　立即分开眼睑，用大量流动清水或生理盐水彻底冲洗。就医。 吸　　入　迅速脱离现场至空气新鲜处。保持呼吸道通畅。如呼吸困难，给输氧。如呼吸、心跳停止，立即进行心肺复苏术。就医。 食　　入　用水漱口，饮水。就医（高铁血红蛋白血症，可用美蓝和维生素 C 治疗）。

泄漏应急处理

隔离泄漏污染区，限制出入。切断火源。建议应急处理人员戴防尘口罩，穿防毒服，戴橡胶手套。不要直接接触泄漏物。尽可能切断泄漏源。用塑料布覆盖泄漏物，减少飞散。勿使水进入包装容器内。用洁净的铲子收集泄漏物，置于干净、干燥、盖子较松的容器中，将容器移离泄漏区。

职业接触限值	消防措施
未制定标准	灭火剂：雾状水、泡沫、二氧化碳、砂土。 消防人员须佩戴空气呼吸器，穿全身防火防毒服，在上风向灭火。尽可能将容器从火场移至空旷处。喷水保持火场容器冷却，直至灭火结束。

危险性类别	品名、英文名、分子式、CAS 号	危险性标志
有毒	β-萘胺（2-萘胺） β-naphthylamine $C_{10}H_9N$ CAS 号：91-59-8	

理化数据

熔点：111～113℃　沸点：306℃　闪点：157℃

饱和蒸气压：0.13 kPa（108℃）　相对密度（$d_{水}=1$）：1.06　相对蒸气密度（$d_{空气}=1$）：4.95

危险特性与安全存储

危险特性	可燃，有毒，为致癌物。受高热分解放出有毒的气体。与氧化剂接触可发生反应。燃烧生成有害的一氧化碳、氮氧化物。对水生生物有毒并具有长期持续影响。
安全存储	应与氧化剂、酸类、食用化学品分开存放，切忌混储。保持容器密封。 储存于阴凉、通风的库，远离火种、热源。配备相应品种和数量的消防器材，储区应备有合适的材料收容泄漏物。

防护措施

接触表现与急救措施

接触表现	可引起高铁血红蛋白血症，中毒症状有紫绀、排尿困难。长期接触引起膀胱炎、膀胱乳头状瘤及膀胱癌。
急救措施	皮肤接触　立即脱去污染的衣着，用大量肥皂水和清水彻底冲洗。就医。 眼睛接触　立即分开眼睑，用大量流动清水或生理盐水彻底冲洗。就医。 吸　　入　迅速脱离现场至空气新鲜处。保持呼吸道通畅。如呼吸困难，给输氧。如呼吸、心跳停止，立即进行心肺复苏术。就医。 食　　入　用水漱口，饮水。就医（高铁血红蛋白血症，可用美蓝和维生素 C 治疗）。

泄漏应急处理

隔离泄漏污染区，限制出入。切断火源。建议应急处理人员戴防尘口罩，穿防毒服，戴橡胶手套。不要直接接触泄漏物。尽可能切断泄漏源。用塑料布覆盖泄漏物，减少飞散。勿使水进入包装容器内。用洁净的铲子收集泄漏物，置于干净、干燥、盖子较松的容器中，将容器移离泄漏区。

职业接触限值	消防措施
未制定标准	灭火剂：雾状水、泡沫、二氧化碳、砂土。 消防人员须佩戴空气呼吸器，穿全身防火防毒服，在上风向灭火。喷水保持火场容器冷却，直至灭火结束。

危险性类别	品名、英文名、分子式、CAS 号	危险性标志
	硼酸 boracic acid H_3BO_3 CAS 号：10043-35-3	

理化数据

熔点：169℃（分解）　　沸点：300℃　　相对密度（$d_{水}$=1）：1.44～1.51（15℃）

危险特性与安全存储

危险特性	不燃。受高热分解放出有毒的气体。
安全存储	应与碱类、钾分开存放，切忌混储。 储存于阴凉、通风的库房，远离火种、热源。储区应备有合适的材料以收容泄漏物。

防护措施

按需戴防护口罩

必须戴防护眼镜

必须穿防护服

必须戴防护手套

接触表现与急救措施

接触表现	工业生产中，仅见引起皮肤刺激、结膜炎、支气管炎，一般无中毒发生。 急性中毒　经口摄入主要表现为胃肠道症状，恶心、呕吐、腹痛、腹泻等，继之发生脱水、休克、昏迷或急性肾功能衰竭，可发生高热、肝肾损害和惊厥，重者可致死。本品易被损伤皮肤吸收而引起中毒，皮肤出现广泛鲜红色疹，重者成剥脱性皮炎。 慢性中毒　长期由胃肠道或皮肤吸收少量本品，可发生轻度消化道症状、皮炎、秃发及肝肾损害。成人的内服致死量为 5～20 g，婴儿则少于 5 g。
急救措施	皮肤接触　立即脱去污染的衣着，用流动清水彻底冲洗。就医。 眼睛接触　立即分开眼睑，用流动清水或生理盐水彻底冲洗。就医。 吸　　入　迅速脱离现场至空气新鲜处。保持呼吸道通畅。如呼吸困难，给输氧。如呼吸、心跳停止，立即进行心肺复苏术。就医。 食　　入　用水漱口，饮水。就医。

泄漏应急处理

隔离泄漏污染区，限制出入。建议应急处理人员戴防尘口罩，穿防毒服。尽可能切断泄漏源。用塑料布覆盖泄漏物，减少飞散。勿使水进入包装容器内。用洁净的铲子收集泄漏物，置于干净、干燥、盖子较松的容器中，将容器移离泄漏区。

职业接触限值	消防措施
未制定标准	本品不燃，根据着火原因选择适当灭火剂灭火。 消防人员须佩戴空气呼吸器，穿全身耐酸碱消防服，在上风向灭火。尽可能将容器从火场移至空旷处。

危险性类别	品名、英文名、分子式、CAS 号	危险性标志
有毒	偏钒酸铵 ammonium metavanadate NH_4VO_3 CAS 号：7803-55-6	

理化数据

熔点：210℃（分解）　　相对密度（$d_{水}$=1）：2.326

危险特性与安全存储

危险特性	有氧化性。接触有机物有引起燃烧的危险。对水生生物有害并具有长期持续影响。
安全存储	应与易（可）燃物、还原剂分开存放，切忌混储。保持容器密封，防止阳光直射。 储存于阴凉、通风的库房，远离火种、热源。储区应备有合适的材料以收容泄漏物。

防护措施

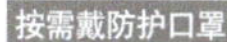

接触表现与急救措施

接触表现	本品粉尘能刺激眼、皮肤和呼吸道。吸入和经口摄入可致死亡。吸入后引起咳嗽、胸痛、口中金属味和精神症状，对肝、肾有损害。皮肤接触可引起荨麻疹。
急救措施	皮肤接触　立即脱去被污染的衣着，用大量流动清水彻底冲洗。就医。 眼睛接触　立即分开眼睑，用大量流动清水或生理盐水彻底冲洗。就医。 吸　　入　迅速脱离现场至空气新鲜处，保持呼吸道通畅。如呼吸困难，给输氧。如呼吸、心跳停止，立即进行心肺复苏术。就医。 食　　入　饮适量温水，催吐（仅限于清醒者）。就医。

泄漏应急处理

隔离泄漏污染区，限制出入。建议应急处理人员戴防毒面具，穿化学防护服。不要直接接触泄漏物。尽可能切断泄漏源。用塑料布覆盖泄漏物，减少飞散。用洁净的铲子收集泄漏物，置于干净、干燥、盖子较松的容器中，将容器移离泄漏区。

职业接触限值	消防措施
未制定标准	本品不燃，根据着火原因选择适当灭火剂灭火。 消防人员须佩戴防毒面具，穿全身消防服，在上风向灭火。尽可能将容器从火场移至空旷处。喷水保持火场中容器冷却，直至灭火结束。

危险性类别	品名、英文名、分子式、CAS 号	危险性标志
易燃 高压气体	氢气 hydrogen H_2 CAS 号：1333-74-0	 

理化数据

熔点：−259.2℃	沸点：−252.8℃	自燃温度：500～571℃
临界温度：−240℃	临界压力：1.3 MPa	饱和蒸气压：13.33 kPa（−257.9℃）
相对密度（$d_{水}$=1）：0.07（−252℃）	相对蒸气密度（$d_{空气}$=1）：0.07	
爆炸上限：75%	爆炸下限：4.1%	

危险特性与安全存储

危险特性	与空气混合能形成爆炸性混合物，遇热、明火即爆炸。气体比空气轻，在室内使用和储存时，漏气上升滞留屋顶不易排出，遇火星会引起爆炸。氢气与氟、氯、溴等卤素会发生剧烈反应。
安全存储	应与氧化剂、卤素分开存放，切忌混储。 储存于阴凉、通风的易燃气体专用库房，库温不超过 30℃，远离火种、热源。采用防爆型照明、通风设备，禁止使用易产生火花的机械设备和工具。储区应备有泄漏应急处理设备。

防护措施

接触表现与急救措施

接触表现	本品在生理学上是惰性气体，仅在高浓度时，由于空气中氧分压降低才引起窒息。在很高的分压下，氢气可呈现出麻醉作用。液氢可引起冻伤。
急救措施	皮肤接触　如发生冻伤，用温水（38～42℃）复温，忌用热水或辐射热，不要揉搓。就医。 吸　　入　迅速脱离现场至空气新鲜处。保持呼吸道通畅。如呼吸困难，给输氧。如呼吸、心跳停止，立即进行心肺复苏术。就医。

泄漏应急处理

迅速撤离泄漏污染区人员至上风处，并进行隔离，严格限制出入。切断火源。建议应急处理人员戴正压自给式呼吸器，穿防静电服。尽可能切断泄漏源。合理通风，加速扩散。漏气容器要妥善处理，修复、检验后再用。

职业接触限值	消防措施
未制定标准	灭火剂：雾状水、泡沫、二氧化碳、干粉。 **切断气源。若不能切断气源，则不允许熄灭泄漏处的火焰。**消防人员须佩戴空气呼吸器，穿全身防火防毒服，在上风向灭火。尽可能将容器从火场移至空旷处。喷水保存火场容器冷却，直至灭火结束。

危险性类别	品名、英文名、分子式、CAS 号	危险性标志
腐蚀	氢溴酸 hydrobromic acid HBr CAS 号：10035-10-6	

理化数据

熔点：−86℃　　沸点：126℃（47%）　　相对密度（$d_{水}$=1）：1.49（47%）

危险特性与安全存储

危险特性	具有较强的腐蚀性。遇 H 发泡剂立即燃烧。遇氰化物能产生剧毒的氰化氢气体。能与普通金属发生反应，放出氢气而与空气形成爆炸性混合物。
安全存储	应与易（可）燃物、碱类、活性金属粉末分开存放，切忌混储。保持容器密封。 储存于阴凉、通风的库房，库温不超过 30℃，相对湿度不超过 80%，远离火种、热源。储区应备有泄漏应急处理设备和合适的收容材料。

防护措施

必须戴防护眼镜

必须穿防护服

必须戴防护手套

接触表现与急救措施

接触表现	可引起皮肤、黏膜的刺激或灼伤。长期低浓度接触可引起呼吸道刺激症状和消化功能障碍。
急救措施	皮肤接触　立即脱去污染的衣着，用大量流动清水彻底冲洗 10 min 或用 2% 碳酸氢钠溶液冲洗。就医。 眼睛接触　立即分开眼睑，用大量流动清水或生理盐水彻底冲洗 5～10 min。就医。 吸　　入　迅速脱离现场至空气新鲜处。保存呼吸道通畅。如呼吸困难，给输氧。如呼吸、心跳停止，立即进行心肺复苏术。就医。 食　　入　患者清醒时立即用水漱口，给饮牛奶或蛋清。立即就医。

泄漏应急处理

迅速撤离泄漏污染区人员至安全区，并进行隔离，严格限制出入。建议应急处理人员戴正压自给式呼吸器，穿防腐蚀、防毒服，戴橡胶耐酸碱手套。不要直接接触泄漏物。尽可能切断泄漏源。防止进入下水道、排洪沟等限制性空间。

小量泄漏：用干燥的砂土或其他不燃材料吸收或覆盖，收集于容器中。

大量泄漏：构筑围堤或挖坑收容。用碎石灰石、苏打灰或石灰中和。用防腐蚀泵转移至槽车或专用收集器内。

职业接触限值	消防措施
MAC：10 mg/m^3	本品不燃。根据着火原因选择适当灭火剂灭火。 消防人员须佩戴空气呼吸器，穿全身耐酸碱消防服灭火。尽可能将容器从火场移至空旷处。喷水保持火场中容器冷却，直至灭火结束。

危险性类别	品名、英文名、分子式、CAS 号	危险性标志
腐蚀	氢氧化钡 barium hydroxide $Ba(OH)_2$ CAS 号：17194-00-2	

理化数据

熔点：300～408℃　　沸点：1436℃　　相对密度（$d_{水}$=1）：2.18

危险特性与安全存储

危险特性	不燃，具强腐蚀性。
安全存储	应与酸类、食用化学品分开存放，切忌混储。保持容器密封。 储存于阴凉、通风的库房，远离火种、热源。储区应备有合适的材料以收容泄漏物。

防护措施

按需戴防护口罩

必须戴防护眼镜

必须穿防护服

必须戴防护手套

接触表现与急救措施

接触表现	急性中毒	经口摄入后表现为恶心、呕吐、腹痛、腹泻、脉缓、进行性肌麻痹、心律紊乱、血钾明显降低等。吸入本品烟尘可引起中毒，但消化道症状不明显，可因心律紊乱和呼吸肌麻痹而死亡。接触高温本品溶液造成皮肤灼伤，可同时吸收中毒。
	慢性影响	长期接触钡化合物的工人，可有无力、气促、流涎、口腔黏膜肿胀糜烂、鼻炎、结膜炎、腹泻、心动过速、血压增高、脱发等症状。
急救措施	皮肤接触	立即脱去污染的衣着，用大量流动清水彻底冲洗至少 15 min。就医。
	眼睛接触	立即分开眼睑，用大量流动清水或生理盐水彻底冲洗 5～10 min。就医。
	吸　　入	迅速脱离现场至空气新鲜处。保持呼吸道通畅。如呼吸困难，给输氧。如呼吸、心跳停止，立即进行心肺复苏术。就医。
	食　　入	用水漱口，给饮牛奶或蛋清。给服硫酸钠。就医。

泄漏应急处理

隔离泄漏污染区，限制出入。建议应急处理人员戴防尘口罩，穿防毒服，戴橡胶耐油手套。不要直接接触泄漏物。尽可能切断泄漏源。用塑料布覆盖泄漏物，减少飞散。勿使水进入包装容器内。用洁净的铲子收集泄漏物，置于干净、干燥、盖子较松的容器中，将容器移离泄漏区。

职业接触限值	消防措施
PC-TWA：0.5 mg/m^3	本品不燃，根据着火原因选择适当灭火剂灭火。 消防人员须佩戴空气呼吸器，穿全身耐酸碱消防服灭火。尽可能将容器从火场移至空旷处。喷水保持火场中容器冷却，直至灭火结束。

危险性类别	品名、英文名、分子式、CAS 号	危险性标志
腐蚀	氢氧化钾 potassium hydroxide KOH CAS 号：1310-58-3	

理化数据

熔点：360～406℃　　沸点：1320～1324℃
饱和蒸气压：0.13 kPa（719℃）　　相对密度（$d_{水}$=1）：2.04

危险特性与安全存储

危险特性	不燃，遇水和水蒸气大量放热，形成腐蚀性溶液。与酸发生中和反应并放热。具强腐蚀性。纯品及含量超 30% 的水溶液均易制爆。对水生生物有害。
安全存储	应与易（可）燃物、酸类分开存放，切忌混储。保持容器密封。 储存于阴凉、干燥、通风的库房，库房温度不超过 35℃，相对湿度不超过 80%，远离火种、热源。储区应备有合适的材料以收容泄漏物。

防护措施

接触表现与急救措施

接触表现	具强烈腐蚀性。本品粉尘刺激眼和呼吸道，腐蚀鼻中隔。皮肤和眼直接接触可引起灼伤。误服灼伤消化道，导致黏膜糜烂、出血，甚至休克。
急救措施	皮肤接触　立即脱去污染的衣着，用大量流动清水彻底冲洗至少 15 min。就医。 眼睛接触　立即分开眼睑，用大量流动清水或生理盐水彻底冲洗 5～10 min。就医。 吸　　入　迅速脱离现场至空气新鲜处。保持呼吸道通畅。如呼吸困难，给输氧。如呼吸、心跳停止，立即进行心肺复苏术。就医。 食　　入　用水漱口，给饮牛奶或蛋清。禁止催吐。就医。

泄漏应急处理

隔离泄漏污染区，周围设警告标志。建议应急处理人员戴防尘口罩，穿耐酸碱服，戴橡胶耐酸碱手套。尽可能切断泄漏源。用塑料布覆盖泄漏物，减少飞散。勿使水进入包装容器内。用洁净的铲子收集泄漏物，置于干净、干燥、盖子较松的容器中，将容器移离泄漏区。

职业接触限值	消防措施
MAC：2 mg/m^3	本品不燃，根据着火原因选择适当灭火剂灭火。 消防人员须佩戴空气呼吸器，穿全身耐酸碱消防服灭火。尽可能将容器从火场移至空旷处。喷水保持火场中容器冷却，直至灭火结束。

危险性类别	品名、英文名、分子式、CAS 号	危险性标志
腐蚀	氢氧化钠 sodium hydroxide NaOH CAS 号：1310-73-2	

理化数据

熔点：318.4℃　沸点：1390℃　临界压力：25 MPa

饱和蒸气压：0.13 kPa（739℃）　相对密度（$d_{水}$=1）：2.13

危险特性与安全存储

危险特性	不燃。遇潮时对铝、锌和锡有腐蚀性，并放出易燃易爆的氢气。遇水和水蒸气大量放热，形成腐蚀性溶液。与酸发生中和反应并放热。具强腐蚀性。纯品及含量超 30% 水溶液均易制爆。对水生生物有害。
安全存储	应与易（可）燃物、酸类分开存放，切忌混储。保持容器密封。 储存于阴凉、干燥、通风的库房，库温不超过 35℃，相对湿度不超过 80%，远离火种、热源。储区应备有合适的材料以收容泄漏物。

防护措施

接触表现与急救措施

接触表现	具强烈刺激性和腐蚀性。本品粉尘或烟雾刺激眼和呼吸道，腐蚀鼻中隔。皮肤和眼直接接触可引起灼伤。误服灼伤消化道，导致黏膜糜烂、出血，甚至休克。
急救措施	皮肤接触　立即脱去污染的衣着，用大量流动清水彻底冲洗至少 15 min。就医。 眼睛接触　立即分开眼睑，用大量流动清水或生理盐水彻底冲洗 5～10 min。就医。 吸　　入　迅速脱离现场至空气新鲜处。保持呼吸道通畅。如呼吸困难，给输氧。如呼吸、心跳停止，立即进行心肺复苏术。就医。 食　　入　用水漱口，给饮牛奶或蛋清。禁止催吐。就医。

泄漏应急处理

隔离泄漏污染区，限制出入。建议应急处理人员戴防尘口罩，穿耐酸碱服，戴橡胶耐酸碱手套。尽可能切断泄漏源。用塑料布覆盖泄漏物，减少飞散。勿使水进入包装容器内。用洁净的铲子收集泄漏物，置于干净、干燥、盖子较松的容器中，将容器移离泄漏区。

职业接触限值	消防措施
MAC：2 mg/m^3	本品不燃，根据着火原因选择适当灭火剂灭火。 消防人员须佩戴空气呼吸器，穿全身耐酸碱消防服灭火。尽可能将容器从火场移至空旷处。喷水保持火场中容器冷却，直至灭火结束。

危险性类别	品名、英文名、分子式、CAS 号	危险性标志
有毒 高压气体	三氟化硼 boron trifluoride BF_3 CAS 号：7637-07-2	 

理化数据

熔点：−126.8℃　　沸点：−100℃　　临界温度：−12.26℃

临界压力：4.98 MPa　　饱和蒸气压：1013.25 kPa（−58℃）

相对密度（$d_{水}$=1）：1.6（液体）　　相对蒸气密度（$d_{空气}$=1）：2.38

危险特性与安全存储

危险特性	化学反应活性很高，遇水发生爆炸性分解。与金属、有机物等发生剧烈反应。暴露在空气中遇潮气时迅速水解成氟硼酸与硼酸，产生白色烟雾。腐蚀性很强，冷时也能腐蚀玻璃。
安全存储	应与醇类、碱类、食用化学品分开存放，切忌混储。保持容器密封。 储存于阴凉、通风的有毒气体专用库房，库温不超过 30℃，远离火种、热源。储区应备有合适的材料以收容泄漏物。

防护措施

接触表现与急救措施

接触表现	急性中毒	主要症状有干咳、气急、胸闷、胸部紧迫感，部分患者出现恶心、食欲减退、流涎。吸入量多时，有震颤及抽搐，亦可引起肺炎。眼和皮肤接触可致灼伤。
急救措施	皮肤接触	立即脱去污染的衣着，用大量流动清水彻底冲洗至少 15 min。就医。
	眼睛接触	立即分开眼睑，用大量流动清水或生理盐水彻底冲洗 5～10 min。就医。
	吸　　入	迅速脱离现场至空气新鲜处。保持呼吸道通畅。如呼吸困难，给输氧。如呼吸、心跳停止，立即进行心肺复苏术。就医。
	食　　入	用水漱口。禁止催吐。立即就医。

泄漏应急处理

迅速撤离泄漏污染区人员至安全区，严格限制出入。建议应急处理人员穿内置正压自给式呼吸器的全封闭防化服。尽可能切断泄漏源。合理通风，加速扩散。如有可能，将残余气或漏出气用排风机送至水洗塔或与塔相连的通风橱内。漏气容器要妥善处理，修复、检验后再用。防止气体通过下水道、通风系统和有限空间扩散。喷雾状水抑制蒸气或改变蒸气云流向，避免水流接触泄漏物。禁止用水直接冲击泄漏物或泄漏源。隔离泄漏区直至气体散尽。

职业接触限值	消防措施
MAC：3 mg/m^3	本品不燃，根据着火原因选择适当灭火剂灭火。 消防人员须佩戴防毒面具，穿全身消防服，在上风向灭火。切断气源。喷水冷却容器，尽可能将容器从火场移至空旷处。火场中有大量本品泄漏物时，**禁用水、泡沫和酸碱灭火剂**。

危险性类别	品名、英文名、分子式、CAS 号	危险性标志
易燃	1,3,5-三甲苯（均三甲苯） 1,3,5-trimethylbenzene C_9H_{12} CAS 号：108-67-8	

理化数据

熔点：-44.8℃　沸点：164.7℃　闪点：50℃
自燃温度：559℃　临界温度：368℃　临界压力：3.34 MPa
饱和蒸气压：1.33 kPa（48.2℃）　相对密度（$d_{水}$=1）：0.86　相对蒸气密度（$d_{空气}$=1）：4.1
爆炸上限：6.09%　爆炸下限：0.87%

危险特性与安全存储

危险特性	易燃，具刺激性。其蒸气与空气可形成爆炸性混合物，遇明火、高热能引起燃烧爆炸。与氧化剂接触可发生反应。流速过快，易产生和积聚静电。其蒸气遇火源易着火回燃。若遇高热，容器内压增大，有开裂和爆炸的危险。对水生生物有毒并具有长期持续影响。
安全存储	应与氧化剂分开存放，切忌混储。 储存于阴凉、通风的库房，远离火种、热源。采用防爆型照明、通风设备，禁止使用易产生火花的机械设备和工具。储区应备有泄漏应急处理设备和合适的收容材料。

防护措施

接触表现与急救措施

接触表现	对皮肤、黏膜有刺激作用，对中枢神经系统有麻醉作用，对造血系统有抑制作用。
急救措施	皮肤接触　立即脱去污染的衣着，用大量流动清水彻底冲洗。 眼睛接触　立即分开眼睑，用大量流动清水或生理盐水彻底冲洗。就医。 吸　　入　迅速脱离现场至空气新鲜处。保持呼吸道通畅。如呼吸困难，给输氧。如呼吸、心跳停止，立即进行心肺复苏术。就医。 食　　入　用水漱口，饮水。就医。

泄漏应急处理

迅速撤离泄漏污染区人员至安全区，并进行隔离，严格限制出入。切断火源。建议应急处理人员戴正压自给式呼吸器，穿防静电服。禁止接触或跨越泄漏物。尽可能切断泄漏源。防止进入下水道、排洪沟等限制性空间。
小量泄漏：用砂土、蛭石或其他惰性材料吸收，用洁净的无火花工具收集吸收材料。
大量泄漏：构筑围堤或挖坑收容。用泡沫覆盖，减少蒸发。用防爆泵转移至槽车或专用收集器内。

职业接触限值	消防措施
未制定标准	灭火剂：雾状水、泡沫、干粉、二氧化碳、砂土。 消防人员须佩戴防毒面具，穿全身消防服，在上风向灭火。尽可能将容器从火场移至空旷处。喷水保持火场容器冷却，直至灭火结束。容器突然发出异常声音或出现异常现象，应立即撤离。

危险性类别	品名、英文名、分子式、CAS 号	危险性标志
有毒	1,2,4-三氯苯 1,2,4-trichlorobenzene $C_6H_3Cl_3$ CAS 号：120-82-1	

理化数据

熔点：17℃	沸点：213.5℃	闪点：105℃
临界压力：3.72 MPa	饱和蒸气压：0.13 kPa（38.4℃）	相对密度（$d_{水}$=1）：1.45
相对蒸气密度（$d_{空气}$=1）：6.26	爆炸上限：6.6%	爆炸下限：2.5%

危险特性与安全存储

危险特性	可燃，有毒，具刺激性。遇明火能燃烧。在空气中受热分解放出剧毒的光气和氯化氢气体。与氧化剂接触发生剧烈反应。对水生生物有毒并具有长期持续影响。
安全存储	应与氧化剂、食用化学品分开存放，切忌混储。 密封储存于阴凉、通风的库房，远离火种、热源。配备相应品种和数量的消防器材，储区应备有泄漏应急处理设备和合适的收容材料。

防护措施

按需戴防毒面具

必须戴防护眼镜

必须穿防护服

必须戴防护手套

接触表现与急救措施

接触表现	高浓度吸入引起呼吸道刺激、麻醉作用及肝损害。眼接触本品液体或雾，引起刺激反应。对皮肤有刺激作用，可引起化学灼伤。经口摄入刺激口腔和胃肠道，可引起死亡。 慢性影响　引起头痛、恶心、上腹部和心前区不适，上呼吸道和眼刺激，皮损多为黑头粉刺，色素沉着，可发生角膜点状溃疡。
急救措施	皮肤接触　立即脱去污染的衣着，用大量流动清水彻底冲洗。就医。 眼睛接触　立即分开眼睑，用大量流动清水或生理盐水彻底冲洗。就医。 吸　　入　迅速脱离现场至空气新鲜处。保持呼吸道通畅。如呼吸困难，给输氧。如呼吸、心跳停止，立即进行心肺复苏术。就医。 食　　入　用水漱口，饮水。就医。

泄漏应急处理

迅速撤离泄漏污染区人员至安全区，并进行隔离，严格限制出入。切断火源。建议应急处理人员戴正压自给式呼吸器，穿防毒服，戴橡胶耐油手套。不要直接接触泄漏物。尽可能切断泄漏源。防止进入下水道、排洪沟等限制性空间。

小量泄漏：用干燥的砂土或其他不燃材料吸附或吸收，收集于容器中。

大量泄漏：构筑围堤或挖坑收容。用泵转移至槽车或专用收集器内。

职业接触限值	消防措施
未制定标准	灭火剂：雾状水、二氧化碳、砂土、泡沫。 消防人员须佩戴空气呼吸器，穿全身防火防毒服，在上风向灭火。喷水保持火场容器冷却，直至灭火结束。容器突然发出异常声音或出现异常现象，应立即撤离。

危险性类别	品名、英文名、分子式、CAS 号	危险性标志
腐蚀	三氯化铝 aluminium trichloride $AlCl_3$ CAS 号：7446-70-0	

理化数据

熔点：190～194℃　　沸点：182.7℃（升华）　　临界压力：2.63 MPa

饱和蒸气压：0.13 kPa（100℃）　　相对密度（$d_{水}$=1）：2.44

危险特性与安全存储

危险特性	遇水或水蒸气反应放热，并产生有毒的腐蚀性气体。对很多金属尤其是潮湿空气存在下有腐蚀性。对水生生物有毒。
安全存储	应与易（可）燃物、碱类、醇类分开存放，切忌混储。保持容器密封。不宜久存，以免变质。储存于阴凉、干燥、通风的库房，库温不超过 30℃，相对湿度保持在 75% 以下，远离火种、热源。储区应备有合适的材料以收容泄漏物。

防护措施

接触表现与急救措施

接触表现	吸入高浓度本品可刺激上呼吸道，引起支气管炎，并且对皮肤、黏膜有刺激作用，个别人可引起支气管哮喘。眼和皮肤接触引起灼伤。误服量大时，引起口腔糜烂、胃炎、胃出血和黏膜坏死。 慢性影响　长期接触可引起头痛、头晕、食欲减退、咳嗽、鼻塞、胸痛等症状。
急救措施	皮肤接触　立即脱去污染的衣着，用大量流动清水彻底冲洗至少 15 min。就医。 眼睛接触　立即分开眼睑，用大量流动清水冲洗或生理盐水彻底冲洗 5～10 min。就医。 吸　　入　迅速脱离现场至空气新鲜处，保持呼吸道通畅。如呼吸困难，给输氧。如呼吸、心跳停止，立即进行心肺复苏术。就医。 食　　入　患者清醒时立即用水漱口，给饮牛奶或蛋清。就医。

泄漏应急处理

隔离泄漏污染区，周围设警告标志，限制出入。建议应急处理人员戴防尘口罩，穿耐酸碱服，戴橡胶耐酸碱手套。尽可能切断泄漏源。不要直接接触泄漏物，勿使泄漏物与可燃物质（木材、纸、油等）接触。

小量泄漏：用干燥的砂土或其他不燃材料覆盖泄漏物，用洁净无火花工具收集泄漏物，置于盖子较松的塑料容器中，待处理。

大量泄漏：用塑料布覆盖泄漏物，减少飞散，避免雨淋。

职业接触限值	消防措施
未制定标准	灭火剂：干燥砂土。**禁止用水**。 消防人员须佩戴过空气呼吸器，穿全身防火防毒服，在上风向灭火。尽可能将容器从火场移至空旷处。喷水保持火场容器冷却，直至灭火结束。

危险性类别	品名、英文名、分子式、CAS 号	危险性标志
易燃 腐蚀	三氯化钛 titanium trichloride $TiCl_3$ CAS 号：7705-07-9	

理化数据

熔点：440℃（分解）　　相对密度（$d_{水}$=1）：2.64

危险特性与安全存储

危险特性	强还原剂。易自燃，暴露在空气或潮气中能燃烧。受高热分解放出有毒的腐蚀性烟气。在潮湿空气存在下，放出热和近似白色烟雾状有刺激性和腐蚀性的氯化氢气体。
安全存储	应与氧化剂分开存放，切忌混储。保持容器密封，不宜大量储存或久存。 储存于阴凉、通风的库房，远离火种、热源。采用防爆型照明、通风设备，禁止使用易产生火花的机械设备和工具。储区应备有合适的材料以收容泄漏物。

防护措施

接触表现与急救措施

接触表现	眼和皮肤接触引起灼伤。
急救措施	皮肤接触　立即脱去污染的衣着，用大量流动清水彻底冲洗至少 15 min。就医。 眼睛接触　立即分开眼睑，用大量流动清水或生理盐水彻底冲洗 5～10 min。就医。 吸　　入　迅速脱离现场至空气新鲜处。保持呼吸道通畅。如呼吸困难，给输氧。如呼吸、心跳停止，立即进行心肺复苏术。就医。 食　　入　用水漱口，给饮牛奶或蛋清。禁止催吐。就医。

泄漏应急处理

隔离泄漏污染区，限制出入。切断火源。建议应急处理人员戴防尘口罩，穿耐酸碱服，戴橡胶手套。不要直接接触泄漏物。尽可能切断泄漏源。用干燥的砂土或其他不燃材料覆盖泄漏物。用塑料布覆盖泄漏物，减少飞散，避免雨淋。勿使水进入包装容器内。用洁净的无火花工具收集泄漏物，置于干净、干燥、盖子较松的容器中，待处置。

职业接触限值	消防措施
未制定标准	灭火剂：二氧化碳、干粉、砂土。**禁止用水和泡沫灭火**。 消防人员须佩戴过滤式防毒面具（全面罩）或隔离式呼吸器，穿全身防火防毒服，在上风向灭火。尽可能将容器从火场移至空旷处。喷水保持火场容器冷却，直至灭火结束。

危险性类别	品名、英文名、分子式、CAS 号	危险性标志
腐蚀	三氯化锑 antimony trichloride $SbCl_3$ CAS 号：10025-91-9	

理化数据

熔点：73.4℃　　沸点：223.5℃　　临界压力：4.82 MPa

饱和蒸气压：0.13 kPa（49.2℃）　　相对密度（$d_{水}$=1）：3.14

危险特性与安全存储

危险特性	受热或遇水分解放热，放出有毒的腐蚀性烟气。遇 H 发泡剂立即燃烧。对很多金属尤其是潮湿空气存在下有腐蚀性。对水生生物有毒并具有长期持续影响。
安全存储	应与还原剂、醇类、碱类分开存放，切忌混储。保持容器密封。 储存于阴凉、通风的库房，库温不超过 30℃，相对湿度不超过 75%，远离火种、热源。储区应备有合适的材料以收容泄漏物。

防护措施

接触表现与急救措施

接触表现	高浓度对眼、皮肤、黏膜和呼吸道有强烈刺激作用，可引起支气管炎、肺炎、肺水肿。眼和皮肤接触引起灼伤。皮肤接触可因锑吸收而引起锑中毒全身性症状，如肝肿大、肝功能异常。
急救措施	皮肤接触　立即脱去污染的衣着，用大量流动清水彻底冲洗至少 15 min。就医。 眼睛接触　立即分开眼睑，用大量流动清水或生理盐水彻底冲洗 5～10 min。就医。 吸　　入　迅速脱离现场至空气新鲜处。保持呼吸道通畅。如呼吸困难，给输氧。如呼吸、心跳停止，立即进行心肺复苏术。就医。 食　　入　用水漱口，给饮牛奶或蛋清。禁止催吐。就医。

泄漏应急处理

隔离泄漏污染区，限制出入。建议应急处理人员戴防尘口罩，穿耐酸碱服，戴橡胶耐酸碱手套。不要直接接触泄漏物。尽可能切断泄漏源。用干燥砂土或其他不燃材料覆盖泄漏物，然后用塑料布覆盖，减少飞散，避免雨淋。用洁净的铲子收集泄漏物，置于干净、干燥、盖子较松的容器中，将容器移离泄漏区。

职业接触限值	消防措施
PC-TWA：0.5 mg/m^3 ［Sb］	本品不燃，根据着火原因选择适当灭火剂灭火。 消防人员须佩戴防毒面具，穿全身消防服，在上风向灭火。尽可能将容器从火场移至空旷处。喷水保持火场中容器冷却，直至灭火结束。

危险性类别	品名、英文名、分子式、CAS 号	危险性标志
腐蚀	三氯化铁 ferric trichloride $FeCl_3$ CAS 号：7705-08-0	

理化数据

熔点：306℃　　沸点：319℃　　临界压力：43 MPa

相对密度（$d_{水}$=1）：2.90　　相对蒸气密度（$d_{空气}$=1）：5.61

危险特性与安全存储

危险特性	受高热分解放出有毒的腐蚀性烟气。对水生生物有害。
安全存储	应与氧化剂、活性金属粉末分开存放，切忌混储。保持容器密封。 储存于阴凉、通风的库房，远离火种、热源。储区应备有合适的材料以收容泄漏物。

防护措施

接触表现与急救措施

接触表现	吸入本品粉尘对整个呼吸道有强烈刺激和腐蚀作用，损害黏膜组织，引起化学性肺炎等。对眼有强烈腐蚀作用，重者可导致失明。皮肤接触可致化学性灼伤。经口摄入灼伤口腔和消化道，出现剧烈腹痛、呕吐和虚脱。 慢性影响　长期摄入有可能引起肝肾损害。
急救措施	皮肤接触　立即脱去污染的衣着，用大量流动清水彻底冲洗至少 15 min。就医。 眼睛接触　立即分开眼睑，用大量流动清水或生理盐水彻底冲洗至少 5～10 min。就医。 吸　　入　迅速脱离现场至空气新鲜处。保持呼吸道通畅。如呼吸困难，给输氧。如呼吸、心跳停止，立即进行心肺复苏术。就医。 食　　入　立即用水漱口，给饮牛奶或蛋清。禁止催吐。就医。

泄漏应急处理

隔离泄漏污染区，限制出入。建议应急处理人员戴防尘口罩，穿耐酸碱服，戴橡胶耐酸碱手套。不要直接接触泄漏物。尽可能切断泄漏源。用干燥的砂土或其他不燃材料覆盖泄漏物，然后用塑料布覆盖，减少飞散、避免雨淋。用洁净的铲子收集泄漏物，置于干净、干燥、盖子较松的容器中，将容器移离泄漏区。

职业接触限值	消防措施
未制定标准	灭火剂：干粉、二氧化碳。**禁止用水和泡沫灭火。** 消防人员须佩戴空气呼吸器，穿全身防火防毒服，在上风向灭火。尽可能将容器从火场移至空旷处。喷水保持火场中容器冷却，直至灭火结束。

危险性类别	品名、英文名、分子式、CAS 号	危险性标志
有毒	2,4,6-三溴苯胺 2,4,6-tribromoaniline $C_6H_4Br_3N$ CAS 号：147-82-0	

理化数据

熔点：120～122℃　　沸点：300℃　　相对密度（$d_水$=1）：2.35

危险特性与安全存储

危险特性	有毒，具刺激性。遇明火、高热可燃。其粉体与空气混合，能形成爆炸性混合物。与强氧化剂接触可发生反应。受高热分解放出有毒的氮氧化物和溴化物烟雾。
安全存储	应与氧化剂、酸类分开存放，切忌混储。 储存于阴凉、通风的库房，远离火种、热源。配备相应品种和数量的消防器材，储区应备有合适的材料以收容泄漏物。

防护措施

接触表现与急救措施

接触表现	对眼、皮肤、黏膜、上呼吸道有刺激作用。进入体内可形成高铁血红蛋白血症。高浓度时可引起紫绀，这种症状可持续 2～4 h 或更长时间。
急救措施	皮肤接触　立即脱去污染的衣着，用大量肥皂水和清水彻底冲洗。就医。 眼睛接触　立即分开眼睑，用大量流动清水或生理盐水彻底冲洗。就医。 吸　　入　迅速脱离现场至空气新鲜处。保持呼吸道通畅。如呼吸困难，给输氧。如呼吸、心跳停止，立即进行心肺复苏术。就医。 食　　入　用水漱口，饮水。就医（高铁血红蛋白血症，可用美蓝和维生素 C 治疗）。

泄漏应急处理

隔离泄漏污染区，限制出入。切断火源。建议应急处理人员戴防尘口罩，穿防毒服。不要直接接触泄漏物。尽可能切断泄漏源。用塑料布覆盖泄漏物，减少飞散。勿使水进入包装容器内。用洁净的铲子收集于干净、干燥、盖子较松的容器中，将容器移离泄漏区。

职业接触限值	消防措施
未制定标准	灭火剂：雾状水、泡沫、干粉、二氧化碳、砂土。 消防人员须佩戴防毒面具，穿全身消防服，在上风向灭火。喷水保持火场容器冷却，直至灭火结束。

危险性类别	品名、英文名、分子式、CAS 号	危险性标志
氧化剂 有毒	三氧化铬 chromium trioxide CrO_3 CAS 号：1333-82-0	 

理化数据

熔点：190～197℃	沸点：分解	相对密度（$d_{水}$=1）：2.70

危险特性与安全存储

危险特性	高毒、致癌物，具腐蚀性、刺激性，可致人体灼伤。强氧化剂。与易燃物（如苯等）和可燃物（如糖、纤维素等）接触发生剧烈反应，甚至引起燃烧。与还原性物质（如镁粉、铝粉、硫、磷等）混合后，经摩擦或撞击，能引起燃烧或爆炸。对水生生物毒性非常大并具有长期持续影响。
安全存储	应与易（可）燃物、还原剂、活性金属粉末、食用化学品分开存放，切忌混储。保持容器密封。 储存于阴凉、干燥、通风的库房，库温不超过 30℃，相对湿度不超过 80%。储区应备有合适的材料以收容泄漏物。

防护措施

按需戴防护口罩

必须戴防护眼镜

必须穿防护服

必须戴防护手套

接触表现与急救措施

接触表现	急性中毒	吸入后可引起急性呼吸道刺激症状，引起鼻出血、声音嘶哑、鼻黏膜萎缩，有时出现哮喘和紫绀；重者可发生化学性肺炎。经口摄入可刺激和腐蚀消化道，引起恶心、呕吐、腹痛、血便等；重者出现呼吸困难、紫绀、休克、肝损害及急性肾功能衰竭等。眼和皮肤接触引起灼伤。
	慢性影响	有接触性皮炎、铬溃疡、鼻炎、鼻中隔穿孔及呼吸道炎症等。
急救措施	皮肤接触	立即脱去污染的衣着，用肥皂水和清水彻底冲洗皮肤。就医。
	眼睛接触	立即分开眼睑，用大量流动清水或生理盐水彻底冲洗。就医。
	吸　　入	迅速脱离现场至空气新鲜处。保持呼吸道通畅。如呼吸困难，给输氧。如呼吸、心跳停止，立即进行心肺复苏术。就医。
	食　　入	饮足量温水，催吐。用清水或 1% 硫代硫酸钠溶液洗胃。给饮牛奶或蛋清。就医。

泄漏应急处理

隔离泄漏污染区，限制出入。建议应急处理人员戴防尘口罩，穿防毒服，戴橡胶手套。不要直接接触泄漏物。勿使泄漏物与可燃物质（如木材、纸、油等）接触。尽可能切断泄漏源。用洁净的铲子收集泄漏物，置于干净、干燥、盖子较松的容器中，将容器移离泄漏区。

职业接触限值	消防措施
PC-TWA：0.05 mg/m^3 ［Cr］［G1］	本品不燃，根据着火原因选择适当灭火剂灭火。 消防人员须佩戴空气呼吸器，穿全身防火防毒服，在上风向灭火。喷水保持火场容器冷却，直至灭火结束。**切勿将流水直射至熔融物**，以免引起严重的流淌火灾或引起剧烈沸溅。

危险性类别	品名、英文名、分子式、CAS 号	危险性标志
易燃 **腐蚀**	三乙胺（*N,N*-二乙基乙胺） triethylamine (*N,N*-diethylethanamine) $C_6H_{15}N$ CAS 号：121-44-8	 

理化数据

熔点：-114.8℃	沸点：89.5℃	闪点：-7℃（OC）
临界温度：262.45℃	临界压力：3.032 MPa	饱和蒸气压：7.2 kPa（20℃）
相对密度（$d_{水}$=1）：0.73	相对蒸气密度（$d_{空气}$=1）：3.5	
爆炸上限：8.0%	爆炸下限：1.2%	

危险特性与安全存储

危险特性	易燃，具腐蚀性。其蒸气与空气可形成爆炸性混合物，遇明火、高热能引起燃烧爆炸。与氧化剂能发生剧烈反应。其蒸气比空气重，遇火源易着火回燃。对水生生物有害。
安全存储	应与氧化剂、酸类分开存放，切忌混储。保持容器密封。 储存于阴凉、通风的库房，库温不超过37℃，远离火种、热源。采用防爆型照明、通风设备，禁止使用易产生火花的机械设备和工具。储区应备有泄漏应急处理设备和合适的收容材料。

防护措施

必须戴防护手套

接触表现与急救措施

接触表现	对呼吸道有强烈刺激作用，吸入后可引起肺水肿，甚至死亡。经口摄入腐蚀口腔、食道及胃。眼及皮肤接触可引起化学性灼伤。
急救措施	皮肤接触　立即脱去污染的衣着，用大量流动清水彻底冲洗至少 15 min。就医。 眼睛接触　立即分开眼睑，用大量流动清水或生理盐水彻底冲洗 5～10 min。就医。 吸　　入　迅速脱离现场至空气新鲜处。保持呼吸道通畅。如呼吸困难，给输氧。如呼吸、心跳停止，立即进行心肺复苏术。就医。 食　　入　用水漱口，给饮牛奶或蛋清。禁止催吐。就医。

泄漏应急处理

迅速撤离泄漏污染区人员至安全区，并进行隔离，严格限制出入。切断火源。建议应急处理人员戴正压自给式呼吸器，穿防腐蚀、防静电服，戴橡胶耐油手套。从上风处进入现场。尽可能切断泄漏源。防止进入下水道、排洪沟等限制性空间。
小量泄漏：用砂土或其他不燃材料吸附或吸收，用洁净无火花工具收集吸收材料。
大量泄漏：构筑围堤或挖坑收容。用砂土、惰性物质或蛭石吸收大量液体。用硫酸氢钠中和。用抗溶性泡沫覆盖，减少蒸发。用防爆、防腐蚀泵转移至槽车或专用收集器内。喷雾状水驱散蒸气，稀释液体泄漏物。

职业接触限值	消防措施
未制定标准	灭火剂：抗溶性泡沫、二氧化碳、干粉、砂土。**用水灭火无效**。 消防人员须佩戴空气呼吸器，穿全身防火防毒服，在上风向灭火。喷水冷却容器，尽可能将容器从火场移至空旷处。容器突然发出异常声音或出现异常现象，应立即撤离。

危险性类别	品名、英文名、分子式、CAS 号	危险性标志
易燃	石油醚 petroleum ether 组成：戊烷、己烷等 CAS 号：8032-32-4	

理化数据

熔点：<-73℃　　沸点：40～80℃　　闪点：<-20℃

自燃温度：280℃　　饱和蒸气压：53.32 kPa（20℃）　　相对密度（$d_{水}$=1）：0.64～0.66

相对蒸气密度（$d_{空气}$=1）：2.50　　爆炸上限：8.7%　　爆炸下限：1.1%

危险特性与安全存储

危险特性	极度易燃，具强刺激性。其蒸气与空气可形成爆炸性混合物，遇明火、高热能引起燃烧爆炸。燃烧时产生大量烟雾。与氧化剂接触发生剧烈反应。高速冲击、流动、激荡后可因产生静电火花放电引起燃烧爆炸。其蒸气比空气重，遇火源易着火回燃。对环境有害。
安全存储	应与氧化剂分开存放，切忌混储。保持容器密封。 储存于阴凉、通风的库房，库温不超过 25℃，远离火种、热源。采用防爆型照明、通风设备，禁止使用易产生火花的机械设备和工具。储区应备有泄漏应急处理设备和合适的收容材料。

防护措施

接触表现与急救措施

接触表现	本品蒸气或雾对眼、黏膜和呼吸道有刺激作用。中毒表现可有烧灼感、咳嗽、喘息、喉炎、气短、头痛、恶心和呕吐。可引起周围神经炎。对皮肤有强烈刺激作用。
急救措施	皮肤接触　立即脱去污染的衣着，用肥皂水和清水彻底冲洗。就医。 眼睛接触　立即分开眼睑，用大量流动清水或生理盐水彻底冲洗 5～10 min。就医。 吸　　入　迅速脱离现场至空气新鲜处。保持呼吸道通畅。如呼吸困难，给输氧。如呼吸、心跳停止，立即进行心肺复苏术。就医。 食　　入　禁止催吐，切勿给失去知觉者喂食任何东西。立即就医。

泄漏应急处理

迅速撤离泄漏污染区人员至安全区，并进行隔离，严格限制出入。切断火源。建议应急处理人员戴正压自给式呼吸器，穿防静电服。尽可能切断泄漏源。防止进入下水道、排洪沟等限制性空间。

小量泄漏：用砂土或其他惰性材料吸收。也可以用不燃性分散剂制成的乳液涮洗，洗液稀释后放入废水系统。

大量泄漏：构筑围堤或挖坑收容。用泡沫覆盖，减少蒸发。用防爆泵转移至槽车或专用收集器内。

职业接触限值	消防措施
未制定标准	灭火剂：泡沫、二氧化碳、干粉、砂土。**用水灭火无效。** 消防人员须佩戴防毒面具，穿全身防火防毒服，戴橡胶耐油手套，在上风向灭火。喷水冷却容器，尽可能将容器从火场移至空旷处。容器突然发出异常声音或出现异常现象，应立即撤离。

危险性类别	品名、英文名、分子式、CAS 号	危险性标志
腐蚀	4-叔丁基苯酚（对叔丁基苯酚） 4-*tert*-butylphenol $C_{10}H_{14}O$ CAS 号：98-54-4	

理化数据

熔点：98～99℃　沸点：236～238℃　闪点：112.8℃

临界压力：3.34 MPa　饱和蒸气压：1.33 kPa（114℃）　相对密度（$d_{水}$=1）：0.91（114℃）

相对蒸气密度（$d_{空气}$=1）：5.1　爆炸上限：5.8%　爆炸下限：0.8%

危险特性与安全存储

危险特性	遇明火、高热可燃。受高热分解放出刺激性烟气。与氧化剂能发生剧烈反应。对水生生物有害并具有长期持续影响。
安全存储	应与氧化剂、碱类、食用化学品分开存放，切忌混储。包装密封。 储存于阴凉、通风的库房，远离火种、热源。配备相应品种和数量的消防器材，储区应备有合适的材料收容泄漏物。

防护措施

接触表现与急救措施

接触表现	对眼、皮肤、黏膜有刺激作用，对皮肤有致敏作用。皮肤接触可引起皮炎，反复接触可引起白斑。白斑除发生于手背、腕部等皮肤暴露部分外，亦可出现于非暴露部分，有时呈对称性。动物实验证实本品经口或呼吸道感染可引起皮肤白斑。
急救措施	皮肤接触　立即脱去污染的衣着，用大量流动清水彻底冲洗。就医。 眼睛接触　立即分开眼睑，用大量流动清水或生理盐水彻底冲洗 5～10 min。就医。 吸　　入　迅速脱离现场至空气新鲜处。保持呼吸道通畅。如呼吸困难，给输氧。如呼吸、心跳停止，立即进行心肺复苏术。就医。 食　　入　用水漱口，饮水。就医。

泄漏应急处理

隔离泄漏污染区，限制出入。切断火源。建议应急处理人员戴防尘口罩，穿防腐蚀、防毒服，戴橡胶手套。不要直接接触泄漏物。尽可能切断泄漏源。用塑料布覆盖泄漏物，减少飞散。勿使水进入包装容器内。用洁净的铲子收集泄漏物，置于干净、干燥、盖子较松的容器中，将容器移离泄漏区。

职业接触限值	消防措施
未制定标准	灭火剂：干粉、泡沫、二氧化碳、砂土。 消防人员须佩戴空气呼吸器，穿全身防火防毒服，在上风向灭火。尽可能将容器从火场移至空旷处。喷水保持火场容器冷却，直至灭火结束。

危险性类别	品名、英文名、分子式、CAS 号	危险性标志
有毒	水杨醛 salicylaldehyde $C_7H_6O_2$ CAS 号：90-02-8	

理化数据

熔点：−7℃	沸点：197℃	闪点：77.8℃（CC）
临界压力：4.99 MPa	饱和蒸气压：0.13 kPa（33℃）	
相对密度（$d_{水}$=1）：1.17	相对蒸气密度（$d_{空气}$=1）：4.2	

危险特性与安全存储

危险特性	可燃，有毒，具刺激性。遇高热、明火及强氧化剂易引起燃烧并放出有毒气体。对水生生物有害并具有长期持续影响。
安全存储	应与氧化剂、酸类、碱类、食用化学品分开存放，切忌混储。保持容器密封。 储存于阴凉、通风的库房，远离火种、热源。配备相应品种和数量的消防器材，储区应备有泄漏应急处理设备和合适的收容材料。

防护措施

接触表现与急救措施

接触表现	对呼吸道有刺激作用，吸入后引起咳嗽、胸痛。对眼和皮肤有刺激作用。
急救措施	皮肤接触　立即脱去污染的衣着，用大量流动清水彻底冲洗。就医。 眼睛接触　立即分开眼睑，用大量流动清水或生理盐水彻底冲洗。就医。 吸　　入　迅速脱离现场至空气新鲜处。保持呼吸道通畅。如呼吸困难，给输氧。如呼吸、心跳停止，立即进行心肺复苏术。就医。 食　　入　用水漱口，饮水。就医。

泄漏应急处理

迅速撤离泄漏污染区人员至安全区，并进行隔离，严格限制出入。切断火源。建议应急处理人员戴正压自给式呼吸器，穿防毒服。尽可能切断泄漏源。防止进入下水道、排洪沟等限制性空间。
小量泄漏：用干燥的砂土或其他不燃材料吸收或覆盖，收集于容器中。
大量泄漏：构筑围堤或挖坑收容。用泵转移至槽车或专用收集器内。

职业接触限值	消防措施
未制定标准	灭火剂：雾状水、泡沫、二氧化碳、干粉、砂土。 消防人员须佩戴防毒面具，穿全身防火防毒服，在上风向灭火。尽可能将容器从火场移至空旷处。喷水保持火场容器冷却，直至灭火结束。

危险性类别	品名、英文名、分子式、CAS 号	危险性标志
腐蚀	四氯化钛 titanium tetrachloride $TiCl_4$ CAS 号：7550-45-0	

理化数据

熔点：−25℃　　沸点：136.4℃　　临界温度：358℃

临界压力：4.66 MPa　　饱和蒸气压：1.33 kPa（21.3℃）　　相对密度（$d_{水}$=1）：1.73

危险特性与安全存储

危险特性	不燃，高毒，具强腐蚀性、强刺激性酸味。受热或遇水分解放热，并放出有毒的腐蚀性烟气。
安全存储	应与氧化剂、酸类、食用化学品分开存放，切忌混储。保持容器密封。 储存于阴凉、干燥、通风的库房，相对湿度保持在 75% 以下，远离火种、热源。储区应备有泄漏应急处理设备和合适的收容材料。

防护措施

按需戴防毒面具

必须戴防护眼镜

必须穿防护服

必须戴防护手套

接触表现与急救措施

接触表现	吸入本品烟雾可引起上呼吸道黏膜强烈刺激症状。轻度中毒有喘息性支气管炎症状；重者出现呼吸困难、脉搏加快、体温升高、咳嗽、咯痰等症状，可发展成肺水肿。皮肤直接接触本品液体，可引起严重灼伤，治愈后可见有黄色色素沉着。	
急救措施	皮肤接触	立即脱去污染的衣着，用清洁棉花或软纸等吸去液体，用大量流动清水彻底冲洗至少 15 min。就医。
	眼睛接触	立即分开眼睑，用大量流动清水或生理盐水彻底冲洗 5～10 min。就医。
	吸　　入	迅速脱离现场至空气新鲜处。保持呼吸道通畅。如呼吸困难，给输氧。如呼吸、心跳停止，立即进行心肺复苏术。就医。
	食　　入	用水漱口，给饮牛奶或蛋清。禁止催吐。就医。

泄漏应急处理

迅速撤离泄漏污染区人员至安全区，并进行隔离，严格限制出入。建议应急处理人员戴正压自给式呼吸器，穿耐酸碱服，戴橡胶耐酸碱手套。尽可能切断泄漏源。勿使泄漏物与可燃性物质（如木材、纸、油等）接触。防止进入下水道、排洪沟等限制性空间。

小量泄漏：用干燥砂土或其他不燃材料覆盖泄漏物，用洁净的无火花工具收集泄漏物，置于盖子较松塑料容器中，待处置。

大量泄漏：构筑围堤或挖坑收容。用砂土、惰性物质或蛭石吸收大量液体。用防腐蚀泵转移至槽车或专用收集器内。

职业接触限值	消防措施
未制定标准	灭火剂：干燥砂土。**禁止用水、泡沫灭火。** 消防人员须佩戴防毒面具，穿全身防火防毒服，在上风向灭火。尽可能将容器从火场移至空旷处。

危险性类别	品名、英文名、分子式、CAS 号	危险性标志
有毒	四氯化碳 carbon tetrachloride CCl_4 CAS 号：56-23-5	

理化数据

熔点：−23℃　沸点：76.8℃　临界温度：283.2℃

临界压力：4.56 MPa　饱和蒸气压：12.13 kPa（20℃）

相对密度（$d_{水}$=1）：1.60　相对蒸气密度（$d_{空气}$=1）：5.3

危险特性与安全存储

危险特性	遇明火、高热易产生剧毒的光气和氯化氢烟雾。在潮湿的空气中逐渐分解成光气和氯化氢。对水生生物有害并具有长期持续影响，破坏高层大气中的臭氧，危害公共健康和环境。
安全存储	应与氧化剂、活性金属粉末、食用化学品分开存放，切忌混储。保持容器密封。 储存于阴凉、通风的库房，库温不超过 32℃，相对湿度不超过 80%，远离火种、热源。储区应备有泄漏应急处理设备和合适的收容材料。

防护措施

接触表现与急救措施

接触表现	急性中毒	吸入较高浓度本品蒸气，出现眼及上呼吸道刺激症状，有时可发生肺水肿，随后可出现中枢神经系统抑制和胃肠道症状，甚至出现中毒性肝肾损害，重者甚至发生肝坏死、肝昏迷或急性肾功能衰竭。吸入极高浓度本品蒸气可迅速出现昏迷、抽搐，可致猝死。经口摄入中毒肝肾损害明显。皮肤直接接触可致损害。
	慢性中毒	神经衰弱综合征、肝肾损害、皮炎。
急救措施	皮肤接触	立即脱去污染的衣着，用肥皂水和清水彻底冲洗。
	眼睛接触	立即分开眼睑，用大量流动清水或生理盐水彻底冲洗。就医。
	吸　入	迅速脱离现场至空气新鲜处。保持呼吸道通畅。如呼吸困难，给输氧。如呼吸、心跳停止，立即进行心肺复苏术。就医。
	食　入	用水漱口，饮水。就医。

泄漏应急处理

迅速撤离泄漏污染区人员至安全区，并进行隔离，严格限制出入。切断火源。建议应急处理人员戴正压自给式呼吸器，穿防毒服，戴防化学品手套。不要直接接触泄漏物。尽可能切断泄漏源。防止进入下水道、排洪沟等限制性空间。

小量泄漏：用干燥的砂土或其他不燃材料覆盖泄漏物，收集于容器中。

大量泄漏：构筑围堤或挖坑收容。用砂土、惰性物质或蛭石吸收大量液体。用泵转移至槽车或专用收集器内。

职业接触限值	消防措施
PC-TWA：15 mg/m^3	灭火剂：雾状水、二氧化碳、砂土。 消防人员须佩戴空气呼吸器，穿全身防火防毒服，在上风向灭火。尽可能将容器从火场移至空旷处。喷水保持火场容器冷却，直至灭火结束。

危险性类别	品名、英文名、分子式、CAS 号	危险性标志
易燃	四氢呋喃 tetrahydrofuran C_4H_8O CAS 号：109-99-9	

理化数据

熔点：−108.5℃	沸点：66℃	闪点：−14℃（CC）；20℃（OC）
自燃温度：321℃	临界温度：268℃	临界压力：5.19 MPa
饱和蒸气压：19.3 kPa（20℃）	相对密度（$d_{水}$=1）：0.89	相对蒸气密度（$d_{空气}$=1）：2.5
爆炸上限：11.8 %	爆炸下限：1.8%	

危险特性与安全存储

危险特性	其蒸气与空气可形成爆炸性混合物。遇高热、明火及强氧化剂易引起燃烧。接触空气或在光照条件下可生成具有潜在爆炸危险性的过氧化物。与酸类接触能发生反应。与氢氧化钾、氢氧化钠反应剧烈。其蒸气比空气重，能在较低处扩散到相当远的地方，遇火源会着火回燃。
安全存储	应与氧化剂、酸类、碱类分开存放，切忌混储。保持容器密封。 储存于阴凉、通风的库房，库温不超过 29℃，远离火种、热源。采用防爆型照明、通风设备，禁止使用易产生火花的机械设备和工具。储区应备有泄漏应急处理设备和合适的收容材料。

防护措施

按需戴防毒面具

必须戴防护眼镜

必须穿防护服

必须戴防护手套

接触表现与急救措施

接触表现	有刺激和麻醉作用。吸入后引起上呼吸道刺激、恶心、头晕、头痛和中枢神经系统抑制，能引起肝肾损害。本品液体或高浓度蒸气对眼有刺激作用。皮肤长期反复接触可发生皮炎。
急救措施	皮肤接触　立即脱去污染的衣着，用大量流动清水彻底冲洗。 眼睛接触　立即分开眼睑，用大量流动清水或生理盐水彻底冲洗。就医。 吸　　入　迅速脱离现场至空气新鲜处。保持呼吸道通畅。如呼吸困难，给输氧。如呼吸、心跳停止，立即进行心肺复苏术。就医。 食　　入　用水漱口，饮水。就医。

泄漏应急处理

迅速撤离泄漏污染区人员至安全区，并进行隔离，严格限制出入。切断火源。建议应急处理人员戴正压自给式呼吸器，穿防静电服。从上风处进入现场。尽可能切断泄漏源。防止进入下水道、排洪沟等限制性空间。

小量泄漏：用砂土或其他不燃材料吸附或吸收，用洁净的无火花工具收集吸收材料。

大量泄漏：构筑围堤或挖坑收容。用抗溶性泡沫覆盖，减少蒸发。用防爆泵转移至槽车或专用收集器内。

职业接触限值	消防措施
PC−TWA：300 mg/m^3	灭火剂：干粉、抗溶性泡沫、二氧化碳、砂土。 消防人员须佩戴空气呼吸器，穿全身防火防毒服，在上风向灭火。喷水冷却容器，尽可能将容器从火场移至空旷处。容器突然发出异常声音或出现异常现象，应立即撤离。

危险性类别	品名、英文名、分子式、CAS 号	危险性标志
有毒	五氧化二钒 vanadium pentoxide V_2O_5 CAS 号：1314-62-1	

理化数据

熔点：690℃　　分解温度：1 750℃　　相对密度（$d_{水}$=1）：3.357

危险特性与安全存储

危险特性	不燃，高毒。与三氟化氯、锂接触发生剧烈反应。对水生生物有害并具有长期持续影响。
安全存储	应与易（可）燃物、酸类、食用化学品分开存放，切忌混储。 储存于阴凉、通风的库房，远离火种、热源。储区应备有合适的材料以收容泄漏物。

防护措施

接触表现与急救措施

接触表现	对呼吸系统和皮肤有损害作用。	
	急性中毒	可引起鼻、咽、肺部刺激症状，多数人有眼烧灼感、流泪、咽痒、干咳、胸闷、全身不适、倦怠等症状，部分患者可引起肾炎、肺炎。皮肤高浓度接触可致皮炎，剧烈瘙痒。
	慢性影响	长期接触可引起慢性支气管炎、肾损害、视力障碍等。
急救措施	皮肤接触	立即脱去污染的衣着，用大量流动清水彻底冲洗。就医。
	眼睛接触	立即分开眼睑，用大量流动清水或生理盐水彻底冲洗。就医。
	吸　　入	迅速脱离现场至空气新鲜处。保持呼吸道通畅。如呼吸困难，给输氧。如呼吸、心跳停止，立即进行心肺复苏术。就医。
	食　　入	饮适量温水，催吐（仅限于清醒者）。就医。

泄漏应急处理

隔离泄漏污染区，限制出入。建议应急处理人员戴防尘口罩，穿防毒服。不要直接接触泄漏物。尽可能切断泄漏源。用塑料布覆盖泄漏物，减少飞散。勿使水进入包装容器内。用洁净的铲子收集泄漏物，置于干净、干燥、盖子较松的容器中，将容器移离泄漏区。

职业接触限值	消防措施
PC-TWA：0.05 mg/m^3 [V]	本品不燃。根据着火原因选择适当灭火剂灭火。 消防人员须穿全身防火防毒服，在上风向灭火。尽可能将容器从火场移至空旷处。喷水保持火场容器冷却，直至灭火结束。

危险性类别	品名、英文名、分子式、CAS 号	危险性标志
腐蚀	五氧化二磷 phosphorus pentoxide P_2O_5 CAS 号：1314-56-3	

理化数据

熔点：340～360℃　　熔点：360℃（升华）　　饱和蒸气压：0.13 kPa（384℃）
相对密度（$d_{水}$=1）：2.39　　相对蒸气密度（$d_{空气}$=1）：4.9

危险特性与安全存储

危险特性	不燃，具强腐蚀性、刺激性，可致人体灼伤。接触可燃物有引起燃烧危险。受热或遇水分解放热，并放出有毒的腐蚀性烟气。燃烧产生有害的氧化磷。
安全存储	应与活性金属粉末、碱类、过氧化物、醇类分开存放，切忌混储。包装必须密封，切勿受潮。储存于阴凉、干燥、通风的库房，库温不超过 25℃，相对湿度不超过 75%，远离火种、热源。储区应备有合适的材料以收容泄漏物。

防护措施

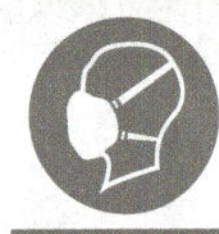

必须戴防护手套

接触表现与急救措施

接触表现	本品遇水生成磷酸；有时含游离磷而引起磷中毒。 急性中毒　短期大量吸入引起眼及上呼吸道刺激症状，出现咽喉炎、支气管炎；重者发生喉头水肿致窒息，引起肺炎或肺水肿。经口摄入发生恶心、呕吐、腹痛、腹泻，数日内出现黄疸及肝肿大，或急性肝坏死；最严重的病例，数小时内患者由兴奋转入抑制，发生昏迷，循环衰竭，以致死亡。可使组织脱水，对皮肤有刺激和腐蚀作用。 慢性影响　有呼吸道刺激症状及磷毒性牙齿、牙龈和下颌骨损害。
急救措施	皮肤接触　立即脱去污染的衣着，用大量流动清水彻底冲洗至少 15 min。就医。 眼睛接触　立即分开眼睑，用大量流动清水或生理盐水彻底冲洗 5～10 min。就医。 吸　　入　迅速脱离现场至空气新鲜处。保持呼吸道通畅。如呼吸困难，给输氧。如呼吸、心跳停止，立即进行心肺复苏术。就医。 食　　入　立即用水漱口，给饮牛奶或蛋清。禁止催吐。立即就医。

泄漏应急处理

隔离泄漏污染区，限制出入。建议应急处理人员戴好防尘口罩，穿耐酸碱服，戴橡胶耐酸碱手套。不要直接接触泄漏物。尽可能切断泄漏源。勿使泄漏物与可燃物质（如木材、纸、油等）接触。

小量泄漏：用干燥的砂土或其他不燃材料覆盖泄漏物，用洁净无火花工具收集泄漏物，置于盖子较松的塑料容器中，待处理。

大量泄漏：用塑料布、帆布覆盖，减少飞散，避免雨淋。在专家指导下清除。

职业接触限值	消防措施
MAC：1 mg/m^3	灭火剂：干粉、砂土。**禁止用水**。 消防人员须佩戴防毒面具，穿全身防火防毒服，在上风向灭火。尽可能将容器从火场移至空旷处。喷水保持火场容器冷却，直至灭火结束。

危险性类别	品名、英文名、分子式、CAS 号	危险性标志
易燃	1-戊醇（正戊醇） 1-amyl alcohol $C_5H_{12}O$ CAS 号：71-41-0	

理化数据

熔点：−79～−78.2℃	沸点：137.5℃	闪点：33℃（CC）
自燃温度：300℃	临界温度：313℃	临界压力：3.86 MPa
饱和蒸气压：0.13 kPa（20℃）	相对密度（$d_{水}$=1）：0.82	相对蒸气密度（$d_{空气}$=1）：3.04
爆炸上限：10.5%	爆炸下限：1.2%	

危险特性与安全存储

危险特性	易燃。受热放出辛辣的腐蚀性烟雾。与氧化剂接触发生剧烈反应。在火场中，受热的容器有爆炸危险。
安全存储	应与氧化剂、酸类分开存放，切忌混储。保持容器密封。 储存于阴凉、通风的库房，库温不超过 37℃，远离火种、热源。采用防爆型照明、通风设备，禁止使用易产生火花的机械设备和工具。储区应备有泄漏应急处理设备和合适的收容材料。

防护措施

接触表现与急救措施

接触表现	本品蒸气或雾对眼、皮肤、黏膜和上呼吸道有刺激作用，还可引起头痛、眩晕、呼吸困难、咳嗽、恶心、呕吐、腹泻等；重者有复视、耳聋、谵妄等，有时出现高铁血红蛋白血症。
急救措施	皮肤接触　立即脱去污染的衣着，用大量流动清水彻底冲洗。就医。 眼睛接触　立即分开眼睑，用大量流动清水或生理盐水彻底冲洗。就医。 吸　　入　迅速脱离现场至空气新鲜处。保持呼吸道通畅。如呼吸困难，给输氧。如呼吸、心跳停止，立即进行心肺复苏术。就医。 食　　入　用水漱口，饮水。就医（高铁血红蛋白血症，可用美蓝和维生素 C 治疗）。

泄漏应急处理

切断火源。迅速撤离泄漏污染区人员至安全区，并进行隔离，严格限制出入。建议应急处理人员戴正压自给式呼吸器，穿防静电服，戴橡胶耐油手套。禁止接触或跨越泄漏物。尽可能切断泄漏源。防止进入下水道、排洪沟等限制性空间。

小量泄漏：用砂土或其他不燃材料吸收，用洁净的无火花工具收集吸收材料。

大量泄漏：构筑围堤或挖坑收容。用砂土、惰性物质或蛭石吸收大量液体。用抗溶性泡沫覆盖，减少蒸发。用防爆泵转移至槽车或专用收集器内。

职业接触限值	消防措施
PC-TWA：100 mg/m^3	灭火剂：泡沫、干粉、二氧化碳、1211 灭火剂、砂土。 消防人员须佩戴空气呼吸器，穿全身防火防毒服，在上风向灭火。尽可能将容器从火场移至空旷处。喷水保持火场容器冷却，直至灭火结束。容器突然发出异常声音或出现异常现象，应立即撤离。

危险性类别	品名、英文名、分子式、CAS 号	危险性标志
易燃	2-戊醇（仲戊醇） 2-amyl alcohol $C_5H_{12}O$ CAS 号：6032-29-7	

理化数据

熔点：-75℃	沸点：119.3℃	闪点：33℃
自燃温度：347℃	饱和蒸气压：0.53 kPa（20℃）	相对密度（$d_{水}$=1）：0.81（20℃）
相对蒸气密度（$d_{空气}$=1）：3.04	爆炸上限：9.0%	爆炸下限：1.2%

危险特性与安全存储

危险特性	易燃，具刺激性。其蒸气与空气可形成爆炸性混合物，遇明火、高热能引起燃烧爆炸。与氧化剂能发生剧烈反应。在火场中，受热的容器有爆炸危险。
安全存储	应与氧化剂、酸类分开存放，切忌混储。保持容器密封。 储存于阴凉、通风的库房，库温不超过 37℃，远离火种、热源。采用防爆型照明、通风设备，禁止使用易产生火花的机械设备和工具。储区应备有泄漏应急处理设备和合适的收容材料。

防护措施

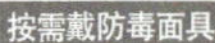

接触表现与急救措施

接触表现	本品蒸气或雾对眼、皮肤、黏膜和上呼吸道有刺激作用，还可引起头痛、头晕、呼吸困难、咳嗽、恶心、呕吐、腹泻等；重者有复视、耳聋、谵妄等，有时出现高铁血红蛋白血症。
急救措施	皮肤接触　立即脱去污染的衣着，用大量肥皂水和清水彻底冲洗。就医。 眼睛接触　立即分开眼睑，用大量流动清水或生理盐水彻底冲洗。就医。 吸　　入　迅速脱离现场至空气新鲜处。保持呼吸道通畅。如呼吸困难，给输氧。如呼吸、心跳停止，立即进行心肺复苏术。就医。 食　　入　用水漱口，饮水。就医（高铁血红蛋白血症，可用美蓝和维生素 C 治疗）。

泄漏应急处理

迅速撤离泄漏污染区人员至安全区，并进行隔离，严格限制出入。切断火源。建议应急处理人员戴正压自给式呼吸器，穿防静电服，戴橡胶耐油手套。尽可能切断泄漏源。防止进入下水道、排洪沟等限制性空间。

小量泄漏：用砂土或其他不燃材料吸附或吸收，用洁净无火花工具收集吸收材料。

大量泄漏：构筑围堤或挖坑收容。用砂土、惰性物质或蛭石吸收大量液体。用抗溶性泡沫覆盖，减少蒸发。用防爆泵转移至槽车或专用收集器内。喷雾状水驱散蒸气，稀释液体泄漏物。

职业接触限值	消防措施
未制定标准	灭火剂：抗溶性泡沫、干粉、二氧化碳、砂土、1211 灭火剂。 消防人员须佩戴空气呼吸器，穿全身防火防毒服，在上风向灭火。尽可能将容器从火场移至空旷处。容器突然出现异常声音或异常现象，应立即撤离。

危险性类别	品名、英文名、分子式、CAS 号	危险性标志
腐蚀	戊酸（正戊酸） *n*-valeric acid $C_5H_{10}O_2$ CAS 号：109-52-4	

理化数据

熔点：−34.5℃	沸点：186.4℃	闪点：88℃
自燃温度：375℃	临界温度：378℃	饱和蒸气压：0.02 kPa（25℃）
相对密度（$d_{水}$=1）：0.94（20℃）	相对蒸气密度（$d_{空气}$=1）：3.5	
爆炸上限：7.6%	爆炸下限：1.6%	

危险特性与安全存储

危险特性	可燃，其蒸气与空气可形成爆炸性混合物。对水生生物有害并具有长期持续影响。
安全存储	应与氧化剂、还原剂、碱类、食用化学品分开存放，切忌混储。保持容器密封。 储存于阴凉、通风的库房，远离火种、热源。配备相应品种和数量的消防器材，储区应备有合适的材料以收容泄漏物。

防护措施

按需戴防毒面具

必须戴防护眼镜

必须穿防护服

必须戴防护手套

接触表现与急救措施

接触表现	吸入、摄入或经皮肤吸收后对身体有害，可引起灼伤。对眼、皮肤、黏膜和上呼吸道有强烈刺激作用。吸入后可引起喉或支气管的炎症、水肿和痉挛等，也可引起化学性肺炎和肺水肿。接触后可引起烧灼感、咳嗽、喘息、气短、头痛、恶心和呕吐等。
急救措施	皮肤接触　立即脱去污染的衣着，用大量流动清水彻底冲洗至少 15 min。就医 眼睛接触　立即分开眼睑，用大量流动清水或生理盐水彻底冲洗 5～10 min。就医。 吸　　入　迅速脱离现场至空气新鲜处。保持呼吸道通畅。如呼吸困难，给输氧。如呼吸、心跳停止，立即进行心肺复苏术。就医。 食　　入　用水漱口，给饮牛奶或蛋清。禁止催吐。就医。

泄漏应急处理

迅速撤离泄漏污染区人员至安全区，并进行隔离，严格限制出入。切断火源。建议应急处理人员戴防毒面具，穿防腐蚀、防毒服。不要直接接触泄漏物。尽可能切断泄漏源。防止进入下水道、排洪沟等限制性空间。

小量泄漏：用砂土或其他不燃材料吸收或覆盖，收集于容器中。

大量泄漏：构筑围堤或挖坑收容。用粉煤灰或石灰粉吸收大量液体。用生石灰（CaO）、碎石灰石（$CaCO_3$）或碳酸氢钠（$NaHCO_3$）中和。用防腐蚀泵转移至槽车或专用收集器内。

职业接触限值	消防措施
未制定标准	灭火剂：雾状水、泡沫、干粉、二氧化碳、砂土。 消防人员须佩戴空气呼吸器，穿全身防火防毒服，在上风向灭火。尽可能将容器从火场移至空旷处。喷水保持火场容器冷却，直至灭火结束。容器突然发出异常声音或出现异常现象，应立即撤离。

危险性类别	品名、英文名、分子式、CAS 号	危险性标志
易燃 **有毒**	2-戊酮 2-pentanone $C_5H_{10}O$ CAS 号：107-87-9	 

理化数据

熔点：−78℃
沸点：101.7℃
闪点：7℃（CC）
自燃温度：452℃
临界温度：290.8℃
临界压力：3.89 MPa
饱和蒸气压：4.7 kPa（25℃）
相对密度（$d_{水}$=1）：0.81
相对蒸气密度（$d_{空气}$=1）：3.0
爆炸上限：8.2%
爆炸下限：1.5%

危险特性与安全存储

危险特性	高度易燃，具刺激性。其蒸气与空气可形成爆炸性混合物，遇明火、高热能引起燃烧爆炸。其蒸气比空气重，能在较低处扩散到相当远的地方，遇火源会着火回燃。
安全存储	应与氧化剂、还原剂、碱类分开存放，切忌混储。保持容器密封。 储存于阴凉、通风的库房，库温不超过 37℃，远离火种、热源。采用防爆型照明、通风设施，禁止使用易产生火花的机械设备和工具。储区应备有泄漏应急处理设备和合适的收容材料。

防护措施

接触表现与急救措施

接触表现	对黏膜有刺激作用，高浓度可致麻醉。吸入后引起上呼吸道刺激、头痛、头晕、恶心、呕吐、嗜睡、昏迷，吸入液态本品可引起吸入性肺炎。对眼及皮肤有刺激作用，长期接触可致皮炎。未见慢性中毒病例。
急救措施	皮肤接触　立即脱去污染的衣着，用大量流动清水彻底冲洗皮肤。就医。 眼睛接触　立即分开眼睑，用大量流动清水或生理盐水彻底冲洗。就医。 吸　　入　迅速脱离现场至空气新鲜处。保持呼吸道通畅。如呼吸困难，给输氧。如呼吸、心跳停止，立即进行心肺复苏术。就医。 食　　入　用水漱口，饮水。禁止催吐。就医。

泄漏应急处理

迅速撤离泄漏污染区人员至安全区，并进行隔离，严格限制出入。切断火源。建议应急处理人员戴正压自给式呼吸器，穿防静电服，戴橡胶耐油手套。禁止接触或跨越泄漏物。尽可能切断泄漏源。防止进入下水道、排洪沟等限制性空间。

小量泄漏：用砂土或其他不燃材料吸收，用洁净的无火花工具收集吸收材料。

大量泄漏：构筑围堤或挖坑收容。用泡沫覆盖，减少蒸发。用防爆泵转移至槽车或专用收集器内。喷雾状水驱散蒸气，稀释液体泄漏物。

职业接触限值	消防措施
未制定标准	灭火剂：抗溶性泡沫、干粉、二氧化碳、砂土。 消防人员须佩戴防毒面具，穿全身消防服，在上风向灭火。喷水保持火场容器冷却，直至灭火结束。容器突然发出异常声音或出现异常现象，应立即撤离。

危险性类别	品名、英文名、分子式、CAS 号	危险性标志
易燃	3-戊酮 3-pentanone $C_5H_{10}O$ CAS 号：96-22-0	

理化数据

熔点：-39～-42℃	沸点：102℃	闪点：13℃（OC）；7℃（CC）
自燃温度：452℃	临界温度：288.3℃	临界压力：3.729 MPa
饱和蒸气压：3.49 kPa（20℃）	相对密度（$d_{水}$=1）：0.81	相对蒸气密度（$d_{空气}$=1）：3.0
爆炸上限：3%	爆炸下限：1.6%	

危险特性与安全存储

危险特性	高度易燃，具强刺激性。其蒸气与空气可形成爆炸性混合物，遇明火、高热能引起燃烧爆炸。与氧化剂接触发生剧烈反应。其蒸气比空气重，能在较低处扩散到相当远的地方，遇火源会着火回燃。
安全存储	应与氧化剂、还原剂、碱类分开存放，切忌混储。保持容器密封。 储存于阴凉、通风的库房，库温不超过 37℃，远离火种、热源。采用防爆型照明、通风设施，禁止使用易产生火花的机械设备和工具。储区应备有泄漏应急处理设备和合适的收容材料。

防护措施

接触表现与急救措施

接触表现	吸入中等浓度本品蒸气引起头晕、恶心、倦睡；吸入高浓度本品蒸气引起昏迷，甚至死亡。对眼及皮肤有强烈刺激作用。经口摄入引起恶心、呕吐、腹泻及昏睡。
急救措施	皮肤接触　立即脱去污染的衣着，用大量流动清水彻底冲洗。就医。 眼睛接触　立即分开眼睑，用大量流动清水或生理盐水彻底冲洗。就医。 吸　　入　迅速脱离现场至空气新鲜处。保持呼吸道通畅。如呼吸困难，给输氧。如呼吸、心跳停止，立即进行心肺复苏术。就医。 食　　入　用水漱口，饮水。就医。

泄漏应急处理

迅速撤离泄漏污染区人员至安全区，并进行隔离，严格限制出入。切断火源。建议应急处理人员戴正压自给式呼吸器，穿防静电服，戴橡胶耐油手套。禁止接触或跨越泄漏物。尽可能切断泄漏源。防止进入下水道、排洪沟等限制性空间。

小量泄漏：用砂土或其他惰性材料吸收，用洁净的无火花工具收集吸收材料。

大量泄漏：构筑围堤或挖坑收容。用抗溶性泡沫覆盖，减少蒸发。用防爆泵转移至槽车或专用收集器内。喷雾状水驱散蒸气，稀释液体泄漏物。

职业接触限值	消防措施
PC-TWA：700 mg/m^3	灭火剂：抗溶性泡沫、干粉、二氧化碳、砂土。 消防人员须佩戴防毒面具，穿全身消防服，在上风向灭火。喷水保持火场容器冷却，直至灭火结束。容器突然发出异常声音或出现异常现象，应立即撤离。

危险性类别	品名、英文名、分子式、CAS 号	危险性标志
易燃	戊烷（正戊烷） *n*-pentane C_5H_{12} CAS 号：109-66-0	

理化数据

熔点：-129.8℃	沸点：36.1℃	闪点：-40℃（CC）
自燃温度：260℃	临界温度：196.6℃	临界压力：3.37 MPa
饱和蒸气压：53.32 kPa（18.5℃）	相对密度（$d_{水}$=1）：0.63	相对蒸气密度（$d_{空气}$=1）：2.48
爆炸上限：7.8%	爆炸下限：1.5%	

危险特性与安全存储

危险特性	高度易燃，其蒸气与空气可形成爆炸性混合物，遇明火、高热极易燃烧爆炸。与氧化剂接触发生剧烈反应。在火场中，受热的容器有爆炸危险。其蒸气遇火源易着火回燃。对水生生物有毒。
安全存储	应与氧化剂等分开存放，切忌混储。保持容器密封。 储存于阴凉、通风的库房，库温不超过 29℃，远离火种、热源。采用防爆型照明、通风设备，禁止使用易产生火花的机械设备和工具。储区应备有泄漏应急处理设备和合适的收容材料。

防护措施

按需戴防毒面具

按需戴防护眼镜

必须穿防护服

必须戴防护手套

接触表现与急救措施

接触表现	接触高浓度本品蒸气可引起眼与呼吸道黏膜轻度刺激症状和麻醉状态，甚至丧失意识。慢性作用为眼和呼吸道的轻度刺激，可引起轻度皮炎。
急救措施	皮肤接触　立即脱去污染的衣着，用流动清水彻底冲洗。就医。 眼睛接触　立即分开眼睑，用流动清水或生理盐水彻底冲洗。就医。 吸　　入　迅速脱离现场至空气新鲜处。保持呼吸道通畅。如呼吸困难，给输氧。如呼吸、心跳停止，立即进行心肺复苏术。就医。 食　　入　用水漱口，饮水。禁止催吐。就医。

泄漏应急处理

迅速撤离泄漏污染区人员至安全区，并进行隔离，严格限制出入。切断火源。建议应急处理人员戴正压自给式呼吸器，穿防静电服，戴橡胶耐油手套。禁止接触或跨越泄漏物。尽可能切断泄漏源。
小量泄漏：用砂土或其他不燃材料吸收，用洁净的无火花工具收集吸收材料。
大量泄漏：构筑围堤或挖坑收容。用砂土、惰性物质或蛭石吸收大量液体。用泡沫覆盖，减少蒸发。喷水雾能减少蒸发，但不能降低泄漏物在有限空间内的易燃性。用防爆泵转移至槽车或专用收集器内。

职业接触限值	消防措施
PC-TWA：500 mg/m^3	灭火剂：泡沫、干粉、二氧化碳、砂土。**用水灭火无效。** 消防人员须佩戴空气呼吸器，穿全身防火防毒服，在上风向灭火。尽可能将容器从火场移至空旷处。喷水保持火场容器冷却，直至灭火结束。容器突然发出异常声音或出现异常现象，应立即撤离。

危险性类别	品名、英文名、分子式、CAS 号	危险性标志
有毒	硝基苯 nitrobenzene $C_6H_5NO_2$ CAS 号：98-95-3	

理化数据

熔点：5.7℃
沸点：210.8℃
闪点：88℃（CC）
自燃温度：482℃
临界压力：4.82 MPa
饱和蒸气压：0.02 kPa（20℃）
相对密度（$d_{水}$=1）：1.20
相对蒸气密度（$d_{空气}$=1）：4.25
爆炸上限：40 %
爆炸下限：1.8%（93℃）

危险特性与安全存储

危险特性	可能致癌。遇明火、高热或与氧化剂接触，有引起燃烧爆炸的危险。与硝酸反应剧烈。燃烧生成有害的一氧化碳、氮氧化物。对水生生物有毒并具有长期持续影响。
安全存储	应与氧化剂、还原剂、碱类、食用化学品分开存放，切忌混储。保持容器密封。 储存于阴凉、通风的库房，远离火种、热源。配备相应品种和数量的消防器材，储区应备有泄漏应急处理设备和合适的收容材料。

防护措施

接触表现与急救措施

接触表现	主要引起高铁血红蛋白血症。可引起溶血及肝损害。 急性中毒　有头痛、头晕、乏力、皮肤黏膜紫绀、手指麻木等症状；严重时可出现胸闷、呼吸困难、心悸，甚至心律紊乱、昏迷、抽搐、呼吸麻痹。 慢性影响　可有神经衰弱综合征；慢性溶血时，可出现贫血、黄疸；还可引起中毒性肝炎。
急救措施	皮肤接触　立即脱去污染的衣着，用肥皂水和清水彻底冲洗。就医。 眼睛接触　立即分开眼睑，用大量流动清水或生理盐水彻底冲洗。就医。 吸　　入　迅速脱离现场至空气新鲜处。保持呼吸道通畅。如呼吸困难，给输氧。如呼吸、心跳停止，立即进行心肺复苏术。就医。 食　　入　用水漱口，饮水。就医（高铁血红蛋白血症，可用美蓝和维生素 C 治疗）。

泄漏应急处理

迅速撤离泄漏污染区至安全区，并进行隔离，严格限制出入。切断火源。建议应急处理人员戴正压自给式呼吸器，穿防毒服，戴橡胶耐油手套。不要直接接触泄漏物。尽可能切断泄漏源。防止进入下水道、排洪沟等限制性空间。
小量泄漏：用干燥的砂土或其他不燃材料吸收或覆盖，收集于容器中。
大量泄漏：构筑围堤或挖坑收容。用砂土、惰性物质或蛭石吸收大量液体。用泵转移至槽车或专用收集器内。

职业接触限值	消防措施
PC-TWA：2 mg/m^3 ［皮］［G2B］	灭火剂：雾状水、抗溶性泡沫、二氧化碳、砂土。 消防人员须佩戴空气呼吸器，穿全身防火防毒服，在上风向灭火。尽可能将容器从火场移至空旷处。喷水保持火场容器冷却，直至灭火结束。

危险性类别	品名、英文名、分子式、CAS 号	危险性标志
有毒	2-硝基苯胺（邻硝基苯胺） 2-nitroaniline $C_6H_6N_2O_2$ CAS 号：88-74-4	

理化数据

熔点：73～76℃　　沸点：284.5℃　　闪点：168℃（CC）
自燃温度：521℃　　临界压力：4.42 MPa　　饱和蒸气压：0.13 kPa（104℃）
相对密度（$d_{水}$=1）：1.44　　相对蒸气密度（$d_{空气}$=1）：4.77

危险特性与安全存储

危险特性	遇明火、高热可燃。受高热分解放出有毒的氧化氮烟气。与强氧化剂接触可发生反应。对水生生物有害并具有长期持续影响。
安全存储	应与氧化剂、还原剂、酸类、食用化学品分开存放，切忌混储。保持容器密封。 储存于阴凉、通风的库房，远离火种、热源。配备相应品种和数量的消防器材，储区应备有合适的材料以收容泄漏物。

防护措施

接触表现与急救措施

接触表现	本品毒性比苯胺大。可通过皮肤和呼吸道吸收，是一种强烈的高铁血红蛋白形成剂。吸收后数小时内可出现紫绀，可发生溶血性贫血。长期大量接触可引起肝损害。
急救措施	皮肤接触　立即脱去污染的衣着，用肥皂水和清水彻底冲洗皮肤。就医。 眼睛接触　立即分开眼睑，用大量流动清水或生理盐水彻底冲洗。就医。 吸　　入　迅速脱离现场至空气新鲜处。保持呼吸道通畅。如呼吸困难，给输氧。如呼吸、心跳停止，立即进行心肺复苏术。就医。 食　　入　用水漱口，饮水。就医（高铁血红蛋白血症，可用美蓝和维生素 C 治疗）。

泄漏应急处理

隔离泄漏污染区，限制出入。切断火源。建议应急处理人员戴防尘口罩，穿防毒服，戴橡胶手套。不要直接接触泄漏物。尽可能切断泄漏源。用塑料布覆盖泄漏物，减少飞散。勿使水进入包装容器内。用洁净的铲子收集泄漏物，置于干净、干燥、盖子较松的容器中，将容器移离泄漏区。

职业接触限值	消防措施
未制定标准	灭火剂：雾状水、泡沫、干粉、二氧化碳。 消防人员须佩戴空气呼吸器，穿全身防火防毒服，在上风向灭火。尽可能将容器从火场移至空旷处。喷水保持火场容器冷却，直至灭火结束。

危险性类别	品名、英文名、分子式、CAS 号	危险性标志
有毒	3-硝基苯胺（间硝基苯胺） 3-nitroaniline $C_6H_6N_2O_2$ CAS 号：99-09-2	

理化数据

熔点：112～114℃　沸点：306℃（分解）　闪点：199.2℃

自燃温度：577℃　临界压力：4.42 MPa

饱和蒸气压：0.13 kPa（119.3℃）　相对密度（$d_{水}$=1）：0.901 1

危险特性与安全存储

危险特性	遇明火、高热可燃。受高热分解放出有毒的氧化氮烟气。与强氧化剂接触可发生反应。对水生生物有害并具有长期持续影响。
安全存储	应与氧化剂、还原剂、酸类、食用化学品分开存放，切忌混储。保持容器密封。 储存于阴凉、通风的库房，远离火种、热源。配备相应品种和数量的消防器材，储区应备有合适的材料以收容泄漏物。

防护措施

接触表现与急救措施

接触表现	本品毒性比苯胺大。可通过皮肤和呼吸道吸收，是一种强烈的高铁血红蛋白形成剂。形成的高铁血红蛋白造成组织缺氧，出现紫绀，引起中枢神经系统、心血管系统及其他脏器的损害，并有溶血作用，可发生溶血性贫血。长期大量接触可引起肝损害。
急救措施	皮肤接触　立即脱去污染的衣着，用肥皂水和清水彻底冲洗。就医。 眼睛接触　立即分开眼睑，用大量流动清水或生理盐水彻底冲洗。就医。 吸　　入　迅速脱离现场至空气新鲜处。保持呼吸道通畅。如呼吸困难，给输氧。如呼吸、心跳停止，立即进行心肺复苏术。就医。 食　　入　用水漱口，饮水。就医（高铁血红蛋白血症，可用美蓝和维生素 C 治疗）。

泄漏应急处理

隔离泄漏污染区，限制出入。切断火源。建议应急处理人员戴防尘口罩，穿防毒服，戴橡胶手套。不要直接接触泄漏物。尽可能切断泄漏源。用塑料布覆盖泄漏物，减少飞散。勿使水进入包装容器内。用洁净的铲子收集泄漏物，置于干净、干燥、盖子较松的容器中，将容器移离泄漏区。

职业接触限值	消防措施
未制定标准	灭火剂：干粉、泡沫、二氧化碳。 消防人员须佩戴空气呼吸器，穿全身防火防毒服，在上风向灭火。尽可能将容器从火场移至空旷处。喷水保持火场容器冷却，直至灭火结束。

危险性类别	品名、英文名、分子式、CAS 号	危险性标志
有毒	4-硝基苯胺（对硝基苯胺） 4-nitroaniline $C_6H_6N_2O_2$ CAS 号：100-01-6	

理化数据

熔点：146～148℃	沸点：332℃	闪点：199℃（CC）
自燃温度：180℃	临界压力：4.42 MPa	饱和蒸气压：0.13 kPa（142.4℃）
相对密度（$d_{水}$=1）：1.42	相对蒸气密度（$d_{空气}$=1）：4.77	
爆炸上限：9.8%	爆炸下限：1.5%	

危险特性与安全存储

危险特性	遇明火、高热可燃。受热分解放出有毒的氧化氮烟气。与强氧化剂接触可发生反应。对水生生物有害并具有长期持续影响。
安全存储	应与氧化剂、酸类、食用化学品分开存放，切忌混储。包装密封。 储存于阴凉、通风的库房，远离火种、热源。配备相应品种和数量的消防器材，储区应备有合适的材料以收容泄漏物。

防护措施

接触表现与急救措施

接触表现	本品毒性比苯胺大。可通过皮肤和呼吸道吸收，是一种强烈的高铁血红蛋白形成剂。吸收后数小时内可出现紫绀，并有溶血作用，可发生溶血性贫血。长期大量接触可引起肝损害。
急救措施	皮肤接触　立即脱去污染的衣着，用肥皂水和清水彻底冲洗。就医。 眼睛接触　立即分开眼睑，用流动清水或生理盐水彻底冲洗。就医。 吸　　入　迅速脱离现场至空气新鲜处。保持呼吸道通畅。如呼吸困难，给输氧。如呼吸、心跳停止，立即进行心肺复苏术。就医。 食　　入　用水漱口，饮水。就医（高铁血红蛋白血症，可用美蓝和维生素 C 治疗）。

泄漏应急处理

隔离泄漏污染区，限制出入。切断火源。建议应急处理人员戴防尘口罩，穿防毒服，戴橡胶手套。不要直接接触泄漏物。尽可能切断泄漏源。用塑料布覆盖泄漏物，减少飞散。勿使水进入包装容器内。用洁净的铲子收集泄漏物，置于干净、干燥、盖子较松的容器中，将容器移离泄漏区。

职业接触限值	消防措施
PC-TWA：3 mg/m^3 ［皮］	灭火剂：水、泡沫、干粉、二氧化碳。 消防人员须佩戴空气呼吸器，穿全身防火防毒服，在上风向灭火。尽可能将容器移至空旷处。喷水保持火场容器冷却，直至灭火结束。

危险性类别	品名、英文名、分子式、CAS 号	危险性标志
有毒	2-硝基苯酚（邻硝基苯酚） 2-nitrophenol $C_6H_5NO_3$ CAS 号：88-75-5	

理化数据

熔点：45℃　　沸点：214.5～216℃

饱和蒸气压：0.13 kPa（49.3℃）　　相对密度（$d_{水}$=1）：1.495

危险特性与安全存储

危险特性	可燃，具强刺激性。遇明火、高热或与氧化剂接触，有引起燃烧爆炸的危险。受热分解放出有毒的氧化氮烟气。对水生生物有毒。
安全存储	应与氧化剂、还原剂、碱类、食用化学品分开存放，切忌混储。保持容器密封。 储存于阴凉、通风的库房，远离火种、热源。采用防爆型照明、通风设备，禁止使用易产生火花的机械设备和工具。储区应备有合适的材料以收容泄漏物。

防护措施

接触表现与急救措施

接触表现	对皮肤有强烈刺激作用。能经皮肤和呼吸道吸收。动物实验可引起高铁血红蛋白血症，导致体温升高、肝肾损害。
急救措施	皮肤接触　立即脱去污染的衣着，用大量流动清水彻底冲洗。就医。 眼睛接触　立即分开眼睑，用大量流动清水或生理盐水彻底冲洗。就医。 吸　　入　迅速脱离现场至空气新鲜处。保持呼吸道通畅。如呼吸困难，给输氧。如呼吸、心跳停止，立即进行心肺复苏术。就医。 食　　入　用水漱口，饮水。就医（高铁血红蛋白血症，可用美蓝和维生素 C 治疗）。

泄漏应急处理

隔离泄漏污染区，限制出入。切断火源。建议应急处理人员戴防尘口罩，穿防毒服，戴橡胶手套。不要直接接触泄漏物。尽可能切断泄漏源。用塑料布覆盖泄漏物，减少飞散。勿使水进入包装容器内。用洁净的铲子收集泄漏物，置于干净、干燥、盖子较松的容器中，将容器移离泄漏区。

职业接触限值	消防措施
未制定标准	灭火剂：雾状水、泡沫、二氧化碳、砂土。 消防人员须佩戴空气呼吸器，穿全身防火防毒服，在上风向灭火。尽可能将容器从火场移至空旷处。喷水保持火场容器冷却，直至灭火结束。

危险性类别	品名、英文名、分子式、CAS 号	危险性标志
有害	3-硝基苯酚（间硝基苯酚） 3-nitrophenol $C_6H_5NO_3$ CAS 号：554-84-7	

理化数据

熔点：96～97℃　　沸点：194℃（9.33 kPa）
饱和蒸气压：9.33 kPa（194℃）　　相对密度（$d_{水}$=1）：1.49（20℃）

危险特性与安全存储

危险特性	遇高热、明火或与氧化剂接触，有引起燃烧爆炸的危险。受热分解放出有毒的氧化氮烟气。燃烧生成有害的一氧化碳、氮氧化物。对水生生物有毒。
安全存储	应与氧化剂、还原剂、碱类、食用化学品分开存放，切忌混储。保持容器密封。 储存于阴凉、通风的库房，远离火种、热源。配备相应品种和数量的消防器材，储区应备有合适的材料以收容泄漏物。

防护措施

接触表现与急救措施

接触表现	对皮肤有强烈刺激作用。能经皮肤和呼吸道吸收。动物实验可引起高铁血红蛋白血症，导致体温升高、肝肾损害。
急救措施	皮肤接触　立即脱去污染的衣着，用大量流动清水彻底冲洗。就医。 眼睛接触　立即分开眼睑，用大量流动清水或生理盐水彻底冲洗。就医。 吸　　入　迅速脱离现场至空气新鲜处。保持呼吸道通畅。如呼吸困难，给输氧。如呼吸、心跳停止，立即进行心肺复苏术。就医。 食　　入　禁止喂食。催吐。就医（高铁血红蛋白血症，可用美蓝和维生素 C 治疗）。

泄漏应急处理

隔离泄漏污染区，限制出入。切断火源。建议应急处理人员戴防尘口罩，穿防毒服，戴橡胶手套。不要直接接触泄漏物。尽可能切断泄漏源。用塑料布覆盖泄漏物，减少飞散。勿使水进入包装容器内。用洁净的铲子收集泄漏物，置于干净、干燥、盖子较松的容器中，将容器移离泄漏区。

职业接触限值	消防措施
未制定标准	灭火剂：雾状水、泡沫、二氧化碳、砂土。 消防人员须佩戴空气呼吸器，穿全身防火防毒服，在上风向灭火。尽可能将容器从火场移至空旷处。喷水保持火场容器冷却，直至灭火结束。

危险性类别	品名、英文名、分子式、CAS 号	危险性标志
有毒	4-硝基苯酚（对硝基苯酚） 4-nitrophenol $C_6H_5NO_3$ CAS 号：100-02-7	

理化数据

熔点：113～115℃　　沸点：279℃（分解）　　闪点：192℃

自燃温度：283℃　　饱和蒸气压：0.92 kPa（16℃）　　相对密度（$d_{水}$=1）：1.27

危险特性与安全存储

危险特性	可燃，有毒，具强刺激性。遇明火、高热或与氧化剂接触，有引起燃烧爆炸的危险。受热分解放出有毒的氧化氮烟气。对水生生物有毒。
安全存储	与氧化剂、还原剂、碱类、食用化学品分开存放，切忌混储。保持容器密封。 储存于阴凉、干燥、通风的库房，远离火种、热源。采用防爆型照明、通风设施，禁止使用易产生火花的机械设备和工具。储区应备有合适的材料以收容泄漏物。

防护措施

接触表现与急救措施

接触表现	对皮肤有强烈刺激作用。能经皮肤和呼吸道吸收。动物实验可引起高铁血红蛋白血症，导致体温升高、肝肾损害。
急救措施	皮肤接触　立即脱去污染的衣着，用大量流动清水彻底冲洗。就医。 眼睛接触　立即分开眼睑，用大量流动清水或生理盐水彻底冲洗。就医。 吸　　入　迅速脱离现场至空气新鲜处。保持呼吸道通畅。如呼吸困难，给输氧。如呼吸、心跳停止，立即进行心肺复苏术。就医。 食　　入　用水漱口，饮水。就医（高铁血红蛋白血症，可用美蓝和维生素 C 治疗）。

泄漏应急处理

隔离泄漏污染区，限制出入。切断火源。建议应急处理人员戴防尘口罩，穿防毒服，戴橡胶手套。不要直接接触泄漏物。尽可能切断泄漏源。用塑料布覆盖泄漏物，减少飞散。勿使水进入包装容器内。用洁净的铲子收集泄漏物，置于干净、干燥、盖子较松的容器中，将容器移离泄漏区。

职业接触限值	消防措施
未制定标准	灭火剂：泡沫、雾状水、二氧化碳、砂土。 消防人员须佩戴空气呼吸器，穿全身防火防毒服，在上风向灭火。尽可能将容器从火场移至空旷处。喷水保持火场容器冷却，直至灭火结束。

危险性类别	品名、英文名、分子式、CAS 号	危险性标志
有害	2-硝基甲苯（邻硝基甲苯） 2-nitrotoluene $C_7H_7NO_2$ CAS 号：88-72-2	

理化数据

熔点：-9.5℃　沸点：222℃　闪点：106℃（CC）；95℃（OC）
自燃温度：305℃　饱和蒸气压：0.03 kPa（25℃）　相对密度（$d_{水}$=1）：1.16
相对蒸气密度（$d_{空气}$=1）：4.72　爆炸下限：2.2%

危险特性与安全存储

危险特性	遇明火、高热可燃。受高热分解放出有毒的气体。燃烧生成有害的一氧化碳、氮氧化物。对水生生物有毒并具有长期持续影响。
安全存储	应与氧化剂、还原剂、碱类、食用化学品分开存放，切忌混储。保持容器密封。 储存于阴凉、通风的库房，远离火种、热源。配备相应品种和数量的消防器材，储区应备有泄漏应急处理设备和合适的收容材料。

防护措施

按需戴防毒面具

必须戴防护眼镜

必须穿防护服

必须戴防护手套

接触表现与急救措施

接触表现	对眼、呼吸道和皮肤有刺激作用。吸收进入体内可引起高铁血红蛋白血症，出现紫绀；严重中毒者可致死。
急救措施	皮肤接触　立即脱去污染的衣着，用肥皂水和清水彻底冲洗。就医。 眼睛接触　立即分开眼睑，用大量流动清水或生理盐水彻底冲洗。就医。 吸　　入　迅速脱离现场至空气新鲜处。保持呼吸道通畅。如呼吸困难，给输氧。如呼吸、心跳停止，立即进行心肺复苏术。就医。 食　　入　用水漱口，饮水。就医（高铁血红蛋白血症，可用美蓝和维生素 C 治疗）。

泄漏应急处理

迅速撤离泄漏污染区人员至安全区，并进行隔离，严格限制出入。建议应急处理人员戴正压自给式呼吸器，穿防毒服，戴橡胶耐油手套。不要直接接触泄漏物。尽可能切断泄漏源。防止进入下水道、排洪沟等限制性空间。
小量泄漏：用干燥的砂土或其他不燃材料吸收或覆盖，收集于容器中。
大量泄漏：构筑围堤或挖坑收容。用泵转移至槽车或专用收集器内。

职业接触限值	消防措施
PC-TWA：10 mg/m^3 ［皮］	灭火剂：泡沫、干粉、二氧化碳。 消防人员须佩戴空气呼吸器，穿全身防火防毒服，在上风向灭火。尽可能将容器从火场移至空旷处。喷水保持火场容器冷却，直至灭火结束。容器突然发出异常声音或出现异常现象，应立即撤离。

危险性类别	品名、英文名、分子式、CAS 号	危险性标志
有毒	4-硝基甲苯（对硝基甲苯） 4-nitrotoluene $C_7H_7NO_2$ CAS 号：99-99-0	

理化数据

熔点：51.9℃	沸点：238.3℃	自燃温度：390℃
饱和蒸气压：0.013 kPa（20℃）	相对密度（$d_{水}$=1）：1.29（20℃）	相对蒸气密度（$d_{空气}$=1）：4.72

危险特性与安全存储

危险特性	遇明火、高热可燃。受高热分解放出有毒的气体。对水生生物有毒并具有长期持续影响。
安全存储	应与氧化剂、还原剂、碱类、食用化学品分开存放，切忌混储。保持容器密封。 储存于阴凉、通风的库房，库温不超过 30℃，相对湿度不超过 70%，远离火种、热源。配备相应品种和数量的消防器材，储区应备有合适的材料收容泄漏物。

防护措施

必须戴防护眼镜

必须穿防护服

必须戴防护手套

接触表现与急救措施

接触表现	对眼、呼吸道和皮肤有刺激作用。吸收进入体内可引起高铁血红蛋白血症，出现紫绀；严重中毒者可致死。
急救措施	皮肤接触　立即脱去污染的衣着，用肥皂水和清水彻底冲洗。就医。 眼睛接触　立即分开眼睑，用大量流动清水或生理盐水彻底冲洗。就医。 吸　　入　迅速脱离现场至空气新鲜处。保持呼吸道通畅。如呼吸困难，给输氧。如呼吸、心跳停止，立即进行心肺复苏术。就医。 食　　入　用水漱口，饮水。就医（高铁血红蛋白血症，可用美蓝和维生素 C 治疗）。

泄漏应急处理

隔离泄漏污染区，限制出入。切断火源。建议应急处理人员戴防尘口罩，穿防毒服，戴橡胶耐油手套。不要直接接触泄漏物。尽可能切断泄漏源。用塑料布覆盖泄漏物，减少飞散。勿使水进入包装容器内。用洁净的铲子收集泄漏物，置于干净、干燥、盖子较松的容器中，将容器移离泄漏区。

职业接触限值	消防措施
PC-TWA：10 mg/m^3 ［皮］	灭火剂：泡沫、干粉、二氧化碳。 消防人员须佩戴空气呼吸器，穿全身防火防毒服，在上风向灭火。尽可能将容器从火场移至空旷处。喷水保持火场容器冷却，直至灭火结束。

危险性类别	品名、英文名、分子式、CAS 号	危险性标志
有毒	4-硝基氯苯（对硝基氯苯） 4-nitrochlorobenzene $C_6H_4ClNO_2$ CAS 号：100-00-5	

理化数据

熔点：83～84℃	沸点：242℃	闪点：127℃
自燃温度：126.67℃	临界温度：477.85℃	饱和蒸气压：0.012 kPa（25℃）
相对密度（$d_{水}$=1）：1.298	相对蒸气密度（$d_{空气}$=1）：5.43	

危险特性与安全存储

危险特性	易升华，具爆炸性。遇高热、明火或与氧化剂接触，有引起燃烧的危险。受高热分解放出有毒的氮氧化物和氯化物气体。对水生生物有毒并具有长期持续影响。
安全存储	应与氧化剂、还原剂、碱类、食用化学品分开存放，切忌混储。 储存于阴凉、通风的库房，远离火种、热源。配备相应品种和数量的消防器材，储区应备有合适的材料以收容泄漏物。

防护措施

接触表现与急救措施

接触表现	对皮肤和黏膜有刺激作用，可引起高铁血红蛋白症。	
	急性中毒	有头痛、头昏、乏力、皮肤黏膜紫绀、手指麻木等症状；重者出现胸闷、呼吸困难、心悸，甚至发生心律失常、昏迷、抽搐、呼吸麻痹，有时可引起溶血性贫血、肝损害。
	慢性影响	有头痛、乏力、失眠、记忆力减退等神经衰弱综合征表现；有慢性溶血时可引起黄疸、贫血；还可引起中毒性肝炎。
急救措施	皮肤接触	立即脱去污染的衣着，用肥皂水和清水彻底冲洗。就医。
	眼睛接触	立即分开眼睑，用大量流动清水或生理盐水彻底冲洗。就医。
	吸　　入	迅速脱离现场至空气新鲜处。保持呼吸道通畅。如呼吸困难，给输氧。如呼吸、心跳停止，立即进行心肺复苏术。就医。
	食　　入	用水漱口，饮水。就医（高铁血红蛋白血症，可用美蓝和维生素 C 治疗）。

泄漏应急处理

隔离泄漏污染区，限制出入。切断火源。建议应急处理人员戴防尘口罩，穿防毒服。不要直接接触泄漏物。尽可能切断泄漏源。用塑料布覆盖泄漏物，减少飞散。勿使水进入包装容器内。用洁净的铲子收集泄漏物，置于干净、干燥、盖子较松的容器中，将容器移离泄漏区。

职业接触限值	消防措施
PC-TWA：0.6 mg/m^3 ［皮］	灭火剂：雾状水、干粉、泡沫或二氧化碳、砂土。 消防人员须佩戴空气呼吸器，穿全身防火防毒服，在上风向灭火。喷水保持火场容器冷却，直至灭火结束。避免使用直流水灭火，直流水可能导致可燃性液体飞溅，使火势扩散。

危险性类别	品名、英文名、分子式、CAS 号	危险性标志
氧化剂	硝酸铋 bismuth nitrate $Bi(NO_3)_3$ CAS 号：10361-44-1	

理化数据

熔点：75～80℃（分解）　　相对密度（$d_{水}$=1）：2.83

危险特性与安全存储

危险特性	强氧化剂。与还原剂、有机物、易燃物（如硫、磷或金属粉末等）混合可形成爆炸性混合物。燃烧分解时，放出有毒的氮氧化物气体。
安全存储	应与易（可）燃物、还原剂等分开存放，切忌混储。保持容器密封。 储存于阴凉、通风的库房，库温不超过 30℃，相对湿度不超过 80%，远离火种、热源。储区应备有合适的材料以收容泄漏物。

防护措施

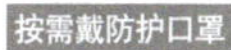

必须戴防护眼镜

必须穿防护服

必须戴防护手套

接触表现与急救措施

接触表现	对眼、皮肤、黏膜和上呼吸道有刺激作用。非职业性中毒可发生肝、肾、中枢神经系统损害及药疹等。
急救措施	皮肤接触　立即脱去污染的衣着，用肥皂水和清水彻底冲洗。就医。 眼睛接触　立即分开眼睑，用大量流动清水或生理盐水彻底冲洗。就医。 吸　　入　迅速脱离现场至空气新鲜处，保持呼吸道通畅。如呼吸困难，给输氧。如呼吸、心跳停止，立即进行心肺复苏术。就医。 食　　入　用水漱口，饮水。就医。

泄漏应急处理

隔离泄漏污染区，限制出入。建议应急处理人员戴防尘口罩，穿防毒服，戴橡胶手套。不要直接接触泄漏物。勿使泄漏物与可燃物质（如木材、纸、油等）接触。尽可能切断泄漏源。勿使水进入包装容器内。

小量泄漏：用洁净的铲子收集泄漏物，置于干净、干燥、盖子较松的容器中，将容器移离泄漏区。

大量泄漏：泄漏物回收后，用水冲洗泄漏区。

职业接触限值	消防措施
未制定标准	本品不燃，根据着火原因选择适当灭火剂灭火。 消防人员须佩戴空气呼吸器，穿全身防火防毒服，在上风向灭火。尽可能将容器从火场移至空旷处。喷水保持火场容器冷却，直至灭火结束。**切勿将水流直接射至熔融物**，以免引起严重的流淌火灾或引起剧烈沸溅。

危险性类别	品名、英文名、分子式、CAS 号	危险性标志
氧化剂	硝酸锆 zirconium nitrate $Zr(NO_3)_4$ CAS 号：13746-89-9	

理化数据

熔点：100℃（分解） 相对密度（$d_水$=1）：1.40

危险特性与安全存储

危险特性	无机氧化剂。遇可燃物着火时，能助长火势。与还原剂、有机物、易燃物（如硫、磷或金属粉末等）混合可形成爆炸性混合物。受高热分解放出有毒的氮氧化物气体。
安全存储	应与易（可）燃物、还原剂分开存放，切忌混储。保持容器密封，防止吸潮。 储存于阴凉、通风的库房，库温不超过 30℃，相对湿度不超过 80%，远离火种、热源。储区应备有合适的材料以收容泄漏物。

防护措施

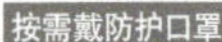

接触表现与急救措施

接触表现	对眼、皮肤、黏膜有刺激作用。在高温下可分解，释放出有毒的氮氧化物气体，吸入后可引起中毒。
急救措施	皮肤接触 立即脱去污染的衣着，用肥皂水和清水彻底冲洗。如有不适感，就医。 眼睛接触 立即分开眼睑，用大量流动清水或生理盐水彻底冲洗。就医。 吸　　入 迅速脱离现场至空气新鲜处，保持呼吸道通畅。如呼吸困难，给输氧。如呼吸、心跳停止，立即进行心肺复苏术。就医。 食　　入 用水漱口，饮水。就医。

泄漏应急处理

隔离泄漏污染区，限制出入。建议应急处理人员戴防尘口罩，穿防毒服，戴氯丁橡胶手套。不要直接接触泄漏物。勿使泄漏物与可燃物（如木材、纸、油等）接触。尽可能切断泄漏源。勿使水进入包装容器内。

小量泄漏：用洁净的铲子收集泄漏物，置于干净、干燥、盖子较松的容器中，将容器移离泄漏区。

大量泄漏：泄漏物回收后，用水冲洗泄漏区。

职业接触限值	消防措施
PC-TWA：5 mg/m^3	本品不燃，根据着火原因选择适当灭火剂灭火。 消防人员须佩戴防毒面具，穿全身消防服，在上风向灭火。尽可能将容器从火场移至空旷处。喷水保持火场容器冷却，直至灭火结束。

危险性类别	品名、英文名、分子式、CAS 号	危险性标志
氧化剂	硝酸铬 chromic nitrate $Cr(NO_3)_3$ CAS 号：13548-38-4	

理化数据

熔点：60℃（九水化物）　　沸点：100℃（分解）　　相对密度（$d_水$=1）：1.8

危险特性与安全存储

危险特性	助燃，有毒。与有机物、还原剂、易燃物（如硫、磷等）接触或混合时有引起燃烧爆炸的危险。遇高热分解放出高毒烟气。对水生生物有毒并具有长期持续影响。
安全存储	应与易（可）燃物、还原剂、食用化学品分开存放，切忌混储。保持容器密封，防止阳光直射。 储存于阴凉、通风的库房，库温不超过 30℃，相对湿度不超过 80%，远离火种、热源。配备相应品种和数量的消防器材，储区应备有合适的材料以收容泄漏物。

防护措施

接触表现与急救措施

接触表现	吸入有害，刺激和灼伤呼吸道。对眼和皮肤有刺激作用，可致灼伤。对皮肤有致敏作用。经口摄入灼伤消化道。
急救措施	皮肤接触　立即脱去污染的衣着，用大量流动清水彻底冲洗。就医。 眼睛接触　立即分开眼睑，用大量流动清水或生理盐水彻底冲洗。就医。 吸　　入　迅速脱离现场至空气新鲜处，保持呼吸道通畅。如呼吸困难，给输氧。如呼吸、心跳停止，立即进行心肺复苏术。就医。 食　　入　用水漱口，饮水。就医。

泄漏应急处理

隔离泄漏污染区，限制出入。切断火源。建议应急处理人员戴防尘口罩，穿防毒服。不要直接接触泄漏物。勿使泄漏物与可燃物（如木材、纸、油等）接触。尽可能切断泄漏源。用塑料布覆盖，减少飞散。用洁净的铲子收集泄漏物，置于干净、干燥、盖子较松的容器中，将容器移离泄漏区。

职业接触限值	消防措施
未制定标准	本品不燃，根据着火原因选择适当灭火剂灭火。 消防人员须穿全身防火防毒服，在上风向灭火。尽可能将容器从火场移至空旷处。

危险性类别	品名、英文名、分子式、CAS 号	危险性标志
有毒 腐蚀	硝酸汞 mercuric nitrate $Hg(NO_3)_2$ CAS 号：10045-94-0	 

理化数据

熔点：79℃　　沸点：180℃（分解）　　相对密度（$d_{水}$=1）：4.39

危险特性与安全存储

危险特性	助燃，与可燃物混合能形成爆炸性混合物。受热分解放出有毒的烟气。对水生生物毒性非常大并具有长期持续影响。
安全存储	应与易（可）燃物、还原剂、活性金属粉末、食用化学品分开存放，切忌混储。保持容器密封。储存于阴凉、通风的专用库房，库温不超过 30℃，相对湿度不超过 70%，远离火种、热源。储区应备有合适的材料以收容泄漏物。

防护措施

接触表现与急救措施

接触表现	汞离子可使含巯基的酶丧失活性，失去功能；还能与酶中的氨基、二巯基、羧基、羟基及细胞膜内的磷酰基结合，引起相应的损害。 急性中毒　有头痛、头晕、乏力、失眠、多梦、口腔炎、发热等全身症状，可有食欲不振、恶心、腹痛、腹泻等，部分患者皮肤出现红色斑丘疹；严重者可发生间质性肺炎及肾损害。经口摄入可发生急性腐蚀性胃肠炎；严重者昏迷、休克，甚至发生坏死性肾病致急性肾功能衰竭。眼和皮肤接触引起灼伤。 慢性影响　有神经衰弱综合征、易兴奋症、精神情绪障碍（如胆怯、害羞、易怒、爱哭等）、汞毒性震颤和口腔炎等。少数病例有肝肾损害。
急救措施	皮肤接触　立即脱去污染的衣着，用大量流动清水彻底冲洗。就医。 眼睛接触　立即分开眼睑，用大量流动清水或生理盐水彻底冲洗。就医。 吸　　入　迅速脱离现场至空气新鲜处，保持呼吸道通畅。如呼吸困难，给输氧。如呼吸、心跳停止，立即进行心肺复苏术。就医。 食　　入　用水漱口，给饮牛奶、蛋清或豆浆。立即就医。

泄漏应急处理

隔离泄漏污染区，限制出入。建议应急处理人员戴防尘口罩，穿防毒服，戴橡胶手套。不要直接接触泄漏物。勿使泄漏物与可燃性物质（如木材、纸、油等）接触。尽可能切断泄漏源。用洁净的铲子收集泄漏物，置于干净、干燥、盖子较松的容器中，将容器移离泄漏区。

职业接触限值	消防措施
未制定标准	本品不燃，根据着火原因选择适当灭火剂灭火。 消防人员须佩戴空气呼吸器，穿全身防火防毒服，在上风向灭火。尽可能将容器从火场移至空旷处。喷水保持火场容器冷却，直至灭火结束。

危险性类别	品名、英文名、分子式、CAS 号	危险性标志
氧化剂	硝酸钴 cobalt nitrate $Co(NO_3)_2$ CAS 号：10141-05-6	

理化数据

熔点：100～105℃（分解）　　相对密度（$d_{水}$=1）：2.49

危险特性与安全存储

危险特性	与有机物、还原剂、易燃物（如硫、磷或金属粉末等）混合可形成爆炸性混合物。在 74℃开始分解，放出有毒的氮氧化物气体。对水生生物毒性非常大并具有长期持续影响。
安全存储	应与易（可）燃物、还原剂、活性金属粉末分开存放，切忌混储。保持容器密封。 储存于阴凉、干燥、通风的库房，库温不超过 30℃，相对湿度不超过 80%，远离火种、热源。储区应备有合适的材料以收容泄漏物。

防护措施

接触表现与急救措施

接触表现	有致敏作用，长期反复接触或吸入可致哮喘。对心脏、甲状腺和骨髓有影响，可致心肌病、甲状腺肿和红细胞增多症。
急救措施	皮肤接触　立即脱去污染的衣着，用大量流动清水彻底冲洗。就医。 眼睛接触　立即分开眼睑，用大量流动清水或生理盐水彻底冲洗。就医。 吸　　入　迅速脱离现场至空气新鲜处，保持呼吸道通畅。如呼吸困难，给输氧。如呼吸、心跳停止，立即进行心肺复苏术。就医。 食　　入　用水漱口，饮水。就医。

泄漏应急处理

隔离泄漏污染区，限制出入。建议应急处理人员戴防尘口罩，穿防毒服，戴橡胶手套。不要直接接触泄漏物。勿使泄漏物与可燃性物质（如木材、纸、油等）接触。尽可能切断泄漏源。勿使水进入包装容器内。

小量泄漏：用洁净的铲子收集泄漏物，置于干净、干燥、盖子较松的容器中，将容器移离泄漏区。

大量泄漏：泄漏物回收后，用水冲洗泄漏区。

职业接触限值	消防措施
未制定标准	本品不燃，根据着火原因选择适当灭火剂灭火。 消防人员须佩戴空气呼吸器，穿全身防火防毒服，在上风处灭火。尽可能将容器从火场移至空旷处。喷水保持火场容器冷却，直至灭火结束。**切勿将水流直接射至熔融物**，以免引起严重的流淌火灾或引起剧烈沸溅。

危险性类别	品名、英文名、分子式、CAS 号	危险性标志
氧化剂	硝酸铝 aluminium nitrate $Al(NO_3)_3$ CAS 号：13473-90-0	

理化数据

熔点：73.5℃　　沸点：135℃（分解）

危险特性与安全存储

危险特性	无机氧化剂，助燃。与可燃物混合能形成爆炸性混合物。高温时分解放出有毒的氮氧化物气体。
安全存储	应与易（可）燃物、还原剂、酸类、活性金属粉末分开存放，切忌混储。包装必须密封，切勿受潮。 储存于阴凉、干燥、通风的库房，库温不超过 30℃，相对湿度不超过 80%，远离火种、热源。储区应备有泄漏应急处理设备和合适的收容材料。

防护措施

接触表现与急救措施

接触表现	本品粉尘对上呼吸道有刺激作用，吸入后引起咳嗽和胸部不适。对眼有刺激作用。经口摄入引起恶心、呕吐。长期接触对皮肤有刺激作用。
急救措施	皮肤接触　立即脱去污染的衣着，用肥皂水和清水彻底冲洗。就医。 眼睛接触　立即分开眼睑，用大量流动清水或生理盐水彻底冲洗。就医。 吸　　入　迅速脱离现场至空气新鲜处，保持呼吸道通畅。如呼吸困难，给输氧。如呼吸、心跳停止，立即进行心肺复苏术。就医。 食　　入　用水漱口，饮水。就医。

泄漏应急处理

隔离泄漏污染区，限制出入。建议应急处理人员戴防尘口罩，穿防毒服，戴橡胶手套。不要直接接触泄漏物。勿使泄漏物与可燃性物质（如木材、纸、油等）接触。尽可能切断泄漏源。勿使水进入包装容器内。

小量泄漏：用洁净的铲子收集泄漏物，置于干净、干燥、盖子较松的容器中，将容器移离泄漏区。

大量泄漏：泄漏物回收后，用水冲洗泄漏区。

职业接触限值	消防措施
未制定标准	本品不燃，根据着火原因选择适当灭火剂灭火。 消防人员须佩戴空气呼吸器，穿全身防火防毒服，在上风向灭火。尽可能将容器从火场移至空旷处。喷水保持火场容器冷却，直至灭火结束。**切勿将水流直接射至熔融物**，以免引起严重的流淌火灾或引起剧烈沸溅。

危险性类别	品名、英文名、分子式、CAS 号	危险性标志
氧化剂	硝酸锰四水合物 manganous nitrate tetrahydrate $Mn(NO_3)_2 \cdot 4H_2O$ CAS 号：20694-39-7	

理化数据

熔点：25.8℃　　沸点：129.4℃　　相对密度（$d_{水}$=1）：1.82

危险特性与安全存储

危险特性	无机氧化剂。与还原剂、有机物、易燃物（如硫、磷或金属粉末等）混合可形成爆炸性混合物。高温时分解放出有毒的氮氧化物气体。
安全存储	应与易（可）燃物、还原剂分开存放，切忌混储。包装必须完整密封，防止吸潮。 储存于阴凉、通风的库房，库温应低于 25℃，远离火种、热源。储区应备有合适的材料以收容泄漏物。

防护措施

接触表现与急救措施

接触表现	对眼、皮肤、黏膜和上呼吸道有刺激作用。可引起呼吸道炎症和肺炎。
急救措施	皮肤接触　立即脱去污染的衣着，用肥皂水和清水彻底冲洗。就医。 眼睛接触　立即分开眼睑，用大量流动清水或生理盐水彻底冲洗。就医。 吸　　入　迅速脱离现场至空气新鲜处，保持呼吸道通畅。如呼吸困难，给输氧。如呼吸、心跳停止，立即进行心肺复苏术。就医。 食　　入　用水漱口，饮水。就医。

泄漏应急处理

隔离泄漏污染区，限制出入。建议应急处理人员戴防尘口罩，穿防毒服，戴橡胶手套。不要直接接触泄漏物。勿使泄漏物与可燃物质（如木材、纸、油等）接触。尽可能切断泄漏源。勿使水进入包装容器内。
小量泄漏：用洁净的铲子收集泄漏物，置于干净、干燥、盖子较松的容器中，将容器移离泄漏区。
大量泄漏：泄漏物回收后，用水冲洗泄漏区。

职业接触限值	消防措施
PT-TWA：0.15 mg/m^3 ［MnO_2］	本品不燃，根据着火原因选择适当灭火剂灭火。 消防人员须佩戴空气呼吸器，穿全身防火防毒服，在上风向灭火。尽可能将容器从火场移至空旷处。喷水保持火场容器冷却，直至灭火结束。

危险性类别	品名、英文名、分子式、CAS 号	危险性标志
氧化剂	硝酸铈铵 ammonium ceric nitrate $(NH_4)_2Ce(NO_3)_6$ CAS 号：16774-21-3	

理化数据

熔点：214℃（分解）　　相对密度（$d_{水}$=1）：2.49（20℃）

危险特性与安全存储

危险特性	助燃。与有机物、还原剂、易燃物（如硫、磷等）接触或混合时有引起燃烧爆炸的危险。受高热分解放出有毒的气体。
安全存储	应与还原剂、活性金属粉末、食用化学品分开存放，切忌混储。保持容器密封，防止阳光直射。 储存于阴凉、通风的库房，库温不超过 30℃，相对湿度不超过 80%，远离火种、热源。配备相应品种和数量的消防器材，储区应备有合适的材料以收容泄漏物。

防护措施

接触表现与急救措施

接触表现	对哺乳动物的毒性主要表现在影响肝、肾功能，显著影响凝血酶原及凝血时间。目前，尚未见职业性中毒的病例报告。
急救措施	皮肤接触　立即脱去污染的衣着，用大量流动清水彻底冲洗。就医。 眼睛接触　立即分开眼睑，用大量流动清水或生理盐水彻底冲洗。就医。 吸　　入　迅速脱离现场至空气新鲜处，保持呼吸道通畅。如呼吸困难，给输氧。如呼吸、心跳停止，立即进行心肺复苏术。就医。 食　　入　用水漱口，饮水。就医。

泄漏应急处理

隔离泄漏污染区，限制出入。切断火源。建议应急处理人员戴防尘口罩，穿防毒服。不要直接接触泄漏物。勿使泄漏物与可燃物质（如木材、纸、油等）接触。尽可能切断泄漏源。用塑料布覆盖泄漏物，减少飞散。勿使水进入包装容器内。

小量泄漏：用洁净的铲子收集泄漏物，置于干净、干燥、盖子较松的容器中，将容器移离泄漏区。

大量泄漏：泄漏物回收后，用水冲洗泄漏区。

职业接触限值	消防措施
未制定标准	本品不燃，根据着火原因选择适当灭火剂灭火。 消防人员须穿全身防火防毒服，在上风向灭火。尽可能将容器从火场移至空旷处。

危险性类别	品名、英文名、分子式、CAS 号	危险性标志
氧化剂	硝酸铁 ferric nitrate $Fe(NO_3)_3$ CAS 号：10421-48-4	

理化数据

熔点：47.2℃　　沸点：125℃（分解）　　相对密度（$d_{水}$=1）：1.684

危险特性与安全存储

危险特性	无机氧化剂。与可燃物混合能形成爆炸性混合物。与有机物、还原剂、易燃物（如硫、磷等）接触或混合时有引起燃烧爆炸的危险。高温时分解放出有毒的氮氧化物气体。
安全存储	应与易（可）燃物、还原剂、活性金属粉末分开存放，切忌混储。保持容器密封。 储存于阴凉、干燥、通风的库房，库温不超过 30℃，相对湿度不超过 80%，远离火种、热源。储区应备有合适的材料以收容泄漏物。

防护措施

必须戴防护眼镜

必须穿防护服

必须戴防护手套

接触表现与急救措施

接触表现	吸入本品粉尘对呼吸道有刺激作用。粉尘对眼有强刺激和腐蚀作用。皮肤接触其浓水溶液或粉尘可造成灼伤。对消化道有腐蚀作用，大量经口摄入引起呕吐、头痛、头晕、紫绀、休克和惊厥，重者可致死。可引起高铁血红蛋白血症。大量铁在体内蓄积可引起胃痛、恶心、便秘。
急救措施	皮肤接触　立即脱去污染的衣着，用大量流动清水彻底冲洗至少 15 min。就医。 眼睛接触　立即分开眼睑，用大量流动清水或生理盐水彻底冲洗 5～10 min。就医。 吸　　入　迅速脱离现场至空气新鲜处，保持呼吸道通畅。如呼吸困难，给输氧。如呼吸、心跳停止，立即进行心肺复苏术。就医。 食　　入　用水漱口，给饮牛奶或蛋清。禁止催吐。就医（高铁血红蛋白血症，可用美蓝和维生素 C 治疗）。

泄漏应急处理

隔离泄漏污染区，限制出入。建议应急处理人员戴防尘口罩，穿防毒服，戴橡胶手套。不要直接接触泄漏物。勿使泄漏物与可燃物质（如木材、纸、油等）接触。尽可能切断泄漏源。勿使水进入包装容器内。

小量泄漏：用洁净的铲子收集泄漏物，置于干净、干燥、盖子较松的容器中，将容器移离泄漏区。

大量泄漏：泄漏物回收后，用水冲洗泄漏区。

职业接触限值	消防措施
未制定标准	本品不燃，根据着火原因选择适当灭火剂灭火。 消防人员须佩戴空气呼吸器，穿全身防火防毒服，在上风向灭火。尽可能将容器从火场移至空旷处。喷水保持火场容器冷却，直至灭火结束。**切勿将水流直接射至熔融物**，以免引起严重的流淌火灾或引起剧烈沸溅。

危险性类别	品名、英文名、分子式、CAS 号	危险性标志
氧化剂	硝酸铜三水合物 cupric nitrate trihydrate $Cu(NO_3)_2 \cdot 3H_2O$ CAS 号：10031-43-3	

理化数据

熔点：114.5℃　　沸点：170℃（分解）　　相对密度（$d_{水}$=1）：2.32

危险特性与安全存储

危险特性	助燃，具腐蚀性、强刺激性。与有机物、还原剂、易燃物（如硫、磷等）接触或混合时有引起燃烧爆炸的危险。与浓氨水形成二硝酸的氨铜络合物，加热即发生爆炸。对水生生物毒性非常大并具有长期持续影响。
安全存储	应与易（可）燃物、还原剂分开存放，切忌混储。保持容器密封，防止阳光直射。 储存于阴凉、通风的库房，库温不超过 30℃，相对湿度不超过 80%，远离火种、热源。储区应备有合适的材料以收容泄漏物。

防护措施

按需戴防护口罩

按需戴防护眼镜

必须穿防护服

必须戴防护手套

接触表现与急救措施

接触表现	吸入后对呼吸道有刺激作用，出现咳嗽、气短等。对眼和皮肤有刺激作用。长期接触引起皮炎、血液损害、肝损害、鼻黏膜溃疡、鼻中隔穿孔。
急救措施	皮肤接触　立即脱去污染的衣着，用大量流动清水彻底冲洗。就医。 眼睛接触　立即分开眼睑，用大量流动清水或生理盐水彻底冲洗。就医。 吸　　入　迅速脱离现场至空气新鲜处，保持呼吸道通畅。如呼吸困难，给输氧。如呼吸、心跳停止，立即进行心肺复苏术。就医。 食　　入　用水漱口，饮水。就医。

泄漏应急处理

隔离泄漏污染区，限制出入。切断火源。建议应急处理人员戴防尘口罩，穿防毒服。不要直接接触泄漏物。勿使泄漏物与可燃物质（如木材、纸、油等）接触。尽可能切断泄漏源。用塑料布覆盖，减少飞散。勿使水进入包装容器内。

小量泄漏：用洁净的铲子收集泄漏物，置于干净、干燥、盖子较松的容器中，将容器移离泄漏区。

大量泄漏：泄漏物回收后，用水冲洗泄漏区。

职业接触限值	消防措施
未制定标准	本品不燃，根据着火原因选择适当灭火剂灭火。 消防人员须穿全身防火防毒服，在上风向灭火。尽可能将容器从火场移至空旷处。喷水保持火场容器冷却，直至灭火结束。

危险性类别	品名、英文名、分子式、CAS 号	危险性标志
氧化剂	硝酸钇六水合物 yttrium (Ⅲ) nitrate hexahydrate $Y(NO_3)_3 \cdot 6H_2O$ CAS 号：13494-98-9	

理化数据

熔点：100℃（$-3H_2O$）　　相对密度（$d_{水}$=1）：2.682

危险特性与安全存储

危险特性	助燃，与可燃物混合能形成爆炸性混合物。与有机物、还原剂、易燃物（如硫、磷等）接触或混合时有引起燃烧爆炸的危险。受高热分解放出有毒的气体。
安全存储	应与易（可）燃物、还原剂、食用化学品分开存放，切忌混储。保持容器密封，防止阳光直射。 储存于阴凉、通风的库房，库温不超过 30℃，相对湿度不超过 80%，远离火种、热源。配备相应品种和数量的消防器材，储区应备有合适的材料以收容泄漏物。

防护措施

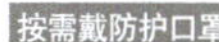

接触表现与急救措施

接触表现	有毒。在高温下能放出氮氧化物。
急救措施	皮肤接触　立即脱去污染的衣着，用大量流动清水彻底冲洗。就医。 眼睛接触　立即分开眼睑，用大量流动清水或生理盐水彻底冲洗。就医。 吸　　入　迅速脱离现场至空气新鲜处。保持呼吸道通畅。如呼吸困难，给输氧。如呼吸、心跳停止，立即进行心肺复苏术。就医。 食　　入　用水漱口，饮水。就医。

泄漏应急处理

隔离泄漏污染区，限制出入。切断火源。建议应急处理人员戴防尘口罩，穿防毒服。不要直接接触泄漏物。勿使泄漏物与可燃物质（如木材、纸、油等）接触。尽可能切断泄漏源。用塑料布覆盖泄漏物，减少飞散。勿使水进入包装容器内。

小量泄漏：用洁净的铲子收集泄漏物，置于干净、干燥、盖子较松的容器中，将容器移离泄漏区。

大量泄漏：泄漏物回收后，用水冲洗泄漏区。

职业接触限值	消防措施
MAC：1 mg/m^3 ［Y］	本品不燃，根据着火原因选择适当灭火剂灭火。 消防人员须穿全身防火防毒服，在上风向灭火。尽可能将容器从火场移至空旷处。

危险性类别	品名、英文名、分子式、CAS 号	危险性标志
腐蚀	辛酸亚锡 stannous octoate $C_{16}H_{30}O_4Sn$ CAS 号：301-10-0	

理化数据

闪点：> 110℃　　相对密度（$d_{水}$=1）：1.251

危险特性与安全存储

危险特性	可燃，其粉体与空气混合，能形成爆炸性混合物。与氧化剂接触可发生反应。受高热分解放出有毒的烟气。若遇高热，容器内压增大，有开裂和爆炸的危险。对水生生物有毒并具有长期持续影响。
安全存储	应与氧化剂分开存放，切忌混储。保持容器密封，防止阳光直射。 储存于阴凉、通风的库房，远离火种、热源。配备相应品种和数量的消防器材，储区应备有合适的材料以收容泄漏物。

防护措施

按需戴防毒面具

必须戴防护眼镜

必须穿防护服

必须戴防护手套

接触表现与急救措施

接触表现	有毒。对眼、皮肤、黏膜和上呼吸道有刺激作用。
急救措施	皮肤接触　立即脱去污染衣着，用大量流动清水彻底冲洗。就医。 眼睛接触　立即分开眼睑，用大量流动清水或生理盐水彻底冲洗 5～10 min。就医。 吸　　入　迅速脱离现场至空气新鲜处。保持呼吸道通畅。如呼吸困难，给输氧。如呼吸、心跳停止，立即进行心肺复苏术。就医。 食　　入　用水漱口，饮水。就医。

泄漏应急处理

隔离泄漏污染区，限制出入。切断火源。建议应急处理人员戴防尘口罩，穿一般作业工作服。尽可能切断泄漏源。用塑料布覆盖泄漏物，减少飞散。勿使水进入包装容器内。用洁净的铲子收集泄漏物，置于干净、干燥、盖子较松的容器中，将容器移离泄漏区。

职业接触限值	消防措施
未制定标准	灭火剂：雾状水、泡沫、干粉、二氧化碳、砂土。 消防人员须佩戴防毒面具，穿全身消防服，在上风向灭火。尽可能将容器从火场移至空旷处。喷水保持火场容器冷却，直至灭火结束。容器突然发出异常声音或出现异常现象，应立即撤离。

危险性类别	品名、英文名、分子式、CAS 号	危险性标志
易燃	辛烷（正辛烷） octane C_8H_{18} CAS 号：111-65-9	

理化数据

熔点：−56.8℃	沸点：125.6℃	闪点：13℃（CC）；22℃（OC）
自燃温度：206℃	临界温度：296℃	临界压力：2.49 MPa
饱和蒸气压：1.33 kPa（20℃）	相对密度（$d_{水}$=1）：0.70	相对蒸气密度（$d_{空气}$=1）：3.94
爆炸上限：6.5%	爆炸下限：1.0%	

危险特性与安全存储

危险特性	高度易燃，其蒸气与空气可形成爆炸性混合物，遇明火、高热极易燃烧爆炸。与氧化剂接触发生剧烈反应。高速冲击、流动、激荡后可因产生静电火花放电引起燃烧爆炸。其蒸气比空气重，遇火源会着火回燃。对水生生物毒性非常大并具有长期持续影响。
安全存储	应与氧化剂分开存放，切忌混储。保持容器密封。 储存于阴凉、通风的库房，库温不超过 37℃，远离火种、热源。采用防爆型照明、通风设施，禁止使用易产生火花的机械设备和工具。储区应备有泄漏应急处理设备和合适的收容材料。

防护措施

接触表现与急救措施

接触表现	对眼、呼吸道黏膜有刺激作用，有麻醉和肺部刺激作用。吸入高浓度本品可引起窒息、呼吸麻痹和心跳停止而死亡。
急救措施	皮肤接触　立即脱去污染的衣着，用大量流动清水彻底冲洗。就医。 眼睛接触　立即分开眼睑，用大量流动清水或生理盐水彻底冲洗。就医。 吸　　入　迅速脱离现场至空气新鲜处。保持呼吸道通畅。如呼吸困难，给输氧。如呼吸、心跳停止，立即进行心肺复苏术。就医。 食　　入　用水漱口，饮水。就医。

泄漏应急处理

迅速撤离泄漏污染区人员至安全区，并进行隔离，严格限制出入。切断火源。建议应急处理人员戴正压自给式呼吸器，穿防静电服，戴橡胶耐油手套。禁止接触或跨越泄漏物。尽可能切断泄漏源。防止进入下水道、排洪沟等限制性空间。

小量泄漏：用砂土或其他不燃材料吸收，用洁净的无火花工具收集吸收材料。

大量泄漏：构筑围堤或挖坑收容。用泡沫覆盖，减少蒸发。用防爆泵转移至槽车或专用收集器内。

职业接触限值	消防措施
PC-TWA：500 mg/m^3	灭火剂：泡沫、干粉、二氧化碳、砂土。 消防人员须佩戴空气呼吸器，穿全身防火防毒服，在上风向灭火。尽可能将容器从火场移至空旷处。喷水保持火场容器冷却，直至灭火结束。容器突然发出异常声音或出现异常现象，应立即撤离。

危险性类别	品名、英文名、分子式、CAS 号	危险性标志
有毒 腐蚀	溴 bromine Br_2 CAS 号：7726-95-6	 

理化数据

熔点：-7.25 ℃　　沸点：58.8 ℃　　临界压力：10.3 MPa

饱和蒸气压：23.33 kPa（20℃）　　相对密度（$d_{水}$=1）：3.119　　相对蒸气密度（$d_{空气}$=1）：5.51

危险特性与安全存储

危险特性	强氧化剂。与易燃物（如苯）和可燃物（如糖、纤维素等）接触会发生剧烈反应，甚至引起燃烧。和氢、甲烷、硫磺、锑、砷、磷、钠及其他金属粉末发生剧烈反应，甚至引起燃烧爆炸。能腐蚀大多数金属及有机组织。对水生生物毒性非常大。
安全存储	应与还原剂、碱金属、易（可）燃物、金属粉末分开存放，切忌混储。保持容器密封。 储存于安全、通风的库房，远离火种、热源。储区应备有泄漏应急处理设备和合适的收容材料。

防护措施

接触表现与急救措施

接触表现	对皮肤、黏膜有刺激和腐蚀作用。吸入较低浓度时很快发生眼和呼吸道黏膜的刺激症状，并有头痛、眩晕、全身无力、胸部发紧、干咳、恶心和呕吐等症状；吸入高浓度时有剧烈咳嗽、呼吸困难、哮喘，严重时可发生窒息、肺炎，可出现神经系统症状。长期吸入，除黏膜刺激症状外，还伴有神经衰弱综合征。皮肤接触高浓度溴蒸气可造成严重灼伤。
急救措施	皮肤接触　立即脱去污染衣着，用大量流动清水彻底冲洗至少 15 min。就医。 眼睛接触　立即分开眼睑，用大量流动清水或生理盐水彻底冲洗 5～10 min。就医。 吸　　入　迅速脱离现场至空气新鲜处。保持呼吸道畅通。如呼吸困难，给输氧。如呼吸、心跳停止，立即进行人工心肺复苏术。就医。 食　　入　用水漱口，给饮牛奶或蛋清。禁止催吐。就医。

泄漏应急处理

迅速撤离泄漏污染区人员至安全区，并进行隔离，严格限制出入。建议应急处理人员戴正压自给式呼吸器，穿防腐蚀、防毒服，戴橡胶耐酸碱手套。不要直接接触泄漏物。尽可能切断泄漏源。防止进入下水道、排洪沟等限制性空间。

小量泄漏：用干燥的砂土或其他不燃材料吸收或覆盖，收集于容器中。

大量泄漏：构筑围堤或挖坑收容。用防腐蚀泵转移至槽车或专用收集器内。

职业接触限值	消防措施
PC-TWA：0.6 mg/m^3	本品不燃，根据着火原因选择适当灭火剂灭火。 喷水保持火场容器冷却，直至灭火结束。用雾状水赶走泄漏的液体。用氨水从远处喷射，驱散蒸气，并使之中和。但**对泄漏出来的溴液不可用氨水喷射**，以免引起强烈反应放热而产生大量有毒的溴蒸气。

危险性类别	品名、英文名、分子式、CAS 号	危险性标志
易燃	溴苯 bromobenzene C_6H_5Br CAS 号：108-86-1	

理化数据

熔点：−30.7℃	沸点：156.2℃	闪点：51℃（CC）
自燃温度：565℃	临界温度：397℃	临界压力：4.52 MPa
饱和蒸气压：0.532 kPa（25℃）	相对密度（$d_{水}$=1)：1.50	相对蒸气密度（$d_{空气}$=1)：5.41
爆炸上限：2.8%	爆炸下限：0.5%	

危险特性与安全存储

危险特性	易燃，其蒸气与空气混合可形成爆炸性混合物，遇高热、明火及强氧化剂易引起燃烧。燃烧生成有害的一氧化碳、溴化氢。对水生生物有毒并具有长期持续影响。
安全存储	应与氧化剂分开存放，切忌混储。保持容器密封。 储存于阴凉、通风的库房，库温不超过 37℃，远离火种、热源。采用防爆型照明、通风设备，禁止使用易产生火花的机械设备和工具。储区应备有泄漏应急处理设备和合适的收容材料。

防护措施

接触表现与急救措施

接触表现	吸入本品蒸气或雾会刺激上呼吸道，引起咳嗽、胸部不适；高浓度吸入有麻醉作用。本品液体或雾对眼睛有刺激作用。较长时间接触对皮肤有刺激作用。经口摄入引起恶心、呕吐、腹痛、腹泻、头痛、迟钝，影响中枢神经系统，甚至发生死亡。
急救措施	皮肤接触　立即脱去污染的衣着，用肥皂水和清水彻底冲洗。就医。 眼睛接触　立即分开眼睑，用大量流动清水或生理盐水彻底冲洗。就医。 吸　　入　迅速脱离现场至空气新鲜处。保持呼吸道通畅。如呼吸困难，给输氧。如呼吸、心跳停止，立即进行心肺复苏术。就医。 食　　入　用水漱口，饮水。就医。

泄漏应急处理

迅速撤离泄漏污染区人员至安全区，并进行隔离，严格限制出入。切断火源。建议应急处理人员戴正压自给式呼吸器，穿防静电服，戴橡胶耐油手套。禁止接触或跨越泄漏物。尽可能切断泄漏源。防止进入下水道、排洪沟等限制性空间。

小量泄漏：用砂土或其他不燃材料吸附或吸收，用洁净的无火花工具收集吸收材料。

大量泄漏：构筑围堤或挖坑收容。用泡沫覆盖，减少蒸发。用防爆泵转移至槽车或专用收集器内。

职业接触限值	消防措施
未制定标准	灭火剂：雾状水、泡沫、干粉、二氧化碳、砂土。 消防人员须佩戴空气呼吸器，穿全身防火防毒服，在上风向灭火。尽可能将容器从火场移至空旷处。喷水保持火场容器冷却，直至灭火结束。容器突然发出异常声音或出现异常现象，应立即撤离。

危险性类别	品名、英文名、分子式、CAS 号	危险性标志
	2-溴苯胺（邻溴苯胺） 2-bromoaniline C_6H_6BrN CAS 号：615-36-1	

理化数据

熔点：29～31℃　　沸点：229℃

闪点：>110℃　　相对密度（$d_{水}$=1）：1.58

危险特性与安全存储

危险特性	遇明火、高热可燃。其粉体与空气混合，能形成爆炸性混合物。受高热分解放出有毒的烟气。对水生生物有毒并具有长期持续影响。
安全存储	应与氧化剂、酸类、酸酐、酰基氯、食用化学品分开存放，切忌混储。保持容器密封，防止阳光直射。 储存于阴凉、通风的库房，远离火种、热源。配备相应品种和数量的消防器材，储区应备有泄漏应急处理设备和合适的收容材料。

防护措施

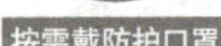

接触表现与急救措施

接触表现	吸入、摄入或经皮肤吸收都能引起中毒。进入体内能形成高铁血红蛋白，可引起紫绀。对肝、肾有损害作用。
急救措施	皮肤接触　立即脱去污染的衣着，用肥皂水和清水彻底冲洗。就医。 眼睛接触　立即分开眼睑，用大量流动清水或生理盐水彻底冲洗。就医。 吸　　入　迅速脱离现场至空气新鲜处。保持呼吸道通畅。如呼吸困难，给输氧。如呼吸、心跳停止，立即进行心肺复苏术。就医。 食　　入　用水漱口，饮水。就医（高铁血红蛋白血症，可用美蓝和维生素 C 治疗）。

泄漏应急处理

隔离泄漏污染区，限制出入。切断火源。建议应急处理人员戴防尘口罩，穿防毒服。不要直接接触泄漏物。尽可能切断泄漏源。用塑料布覆盖泄漏物，减少飞散。勿使水进入包装容器内。用洁净的铲子收集泄漏物，置于干净、干燥、盖子较松的容器中，将容器移离泄漏区。

职业接触限值	消防措施
未制定标准	灭火剂：雾状水、泡沫、干粉、二氧化碳、砂土。 消防人员须佩戴空气呼吸器，穿全身防火防毒服，在上风向灭火。尽可能将容器从火场移至空旷处。喷水保持火场容器冷却，直至灭火结束。

危险性类别	品名、英文名、分子式、CAS 号	危险性标志
	3-溴苯胺（间溴苯胺） 3-bromoaniline C_6H_6BrN CAS 号：591-19-5	

理化数据

熔点：16.8℃　　沸点：251℃

闪点：>230℃　　相对密度（$d_{水}$=1）：1.58

危险特性与安全存储

危险特性	遇明火、高热可燃。其粉体或蒸气与空气混合，能形成爆炸性混合物。受高热分解放出有毒的烟气。燃烧生成有害的一氧化碳、氮氧化物、溴化氢。对水生生物有害并具有长期持续影响。
安全存储	应与氧化剂、酸类、酸酐、酰基氯分开存放，切忌混储。避免阳光直射。保持容器密封。储存于阴凉、通风的库房，远离火种、热源。配备相应品种和数量的消防器材，储区应备有泄漏应急处理设备和合适的收容材料。

防护措施

接触表现与急救措施

接触表现	吸入、摄入或皮肤吸收都能引起中毒。进入体内能形成高铁血红蛋白，可引起紫绀。对肝、肾有损害作用。
急救措施	皮肤接触　立即脱去污染的衣着，用肥皂水和清水彻底冲洗。就医。 眼睛接触　立即分开眼睑，用大量流动清水或生理盐水彻底冲洗。就医。 吸　　入　迅速脱离现场至空气新鲜处。保持呼吸道通畅。如呼吸困难，给输氧。如呼吸、心跳停止，立即进行心肺复苏术。就医。 食　　入　用水漱口，饮水。就医（高铁血红蛋白血症，可用美蓝和维生素 C 治疗）。

泄漏应急处理

迅速撤离泄漏污染区人员至安全区，并进行隔离，严格限制出入。切断火源。建议应急处理人员戴正压自给式呼吸器，穿防毒服。不要直接接触泄漏物。尽可能切断泄漏源。防止进入下水道、排洪沟等限制性空间。

小量泄漏：用干燥的砂土或其他不燃材料吸收或覆盖，收集于容器中。

大量泄漏：构筑围堤或挖坑收容。用泵转移至槽车或专用收集器内。

职业接触限值	消防措施
未制定标准	灭火剂：雾状水、泡沫、干粉、二氧化碳、砂土。 消防人员须佩戴防毒面具，穿全身消防服，在上风向灭火。尽可能将容器从火场移至空旷处。喷水保持火场容器冷却，直至灭火结束。容器突然发出异常声音或出现异常现象，应立即撤离。

危险性类别	品名、英文名、分子式、CAS 号	危险性标志
有害	4-溴苯胺（对溴苯胺） 4-bromoaniline C_6H_6BrN CAS 号：106-40-1	

理化数据

熔点：66～66.5℃　　闪点：> 112℃　　相对密度（$d_{水}$=1）：1.80

危险特性与安全存储

危险特性	遇明火、高热可燃。其粉体与空气可形成爆炸性混合物，当达到一定浓度时，遇火星会发生爆炸。受热分解放出有毒的烟气。对水生生物有害并具有长期持续影响。
安全存储	应与氧化剂、酸类、酸酐、酰基氯、食用化学品分开存放，切忌混储。保持容器密封，防止阳光直射。 储存于阴凉、通风的库房，远离火种、热源。配备相应品种和数量的消防器材，储区应备有泄漏应急处理设备和合适的收容材料。

防护措施

接触表现与急救措施

接触表现	吸入、摄入或经皮肤吸收都能引起中毒。进入体内能形成高铁血红蛋白，可引起紫绀。对肝、肾有损害作用。
急救措施	皮肤接触　立即脱去污染的衣着，用肥皂水和清水彻底冲洗。就医。 眼睛接触　立即分开眼睑，用流动清水或生理盐水彻底冲洗。就医。 吸　　入　迅速脱离现场至空气新鲜处。保持呼吸道通畅。如呼吸困难，给输氧。如呼吸、心跳停止，立即进行心肺复苏术。就医。 食　　入　用水漱口，饮水。就医（高铁血红蛋白血症，可用美蓝和维生素 C 治疗）。

泄漏应急处理

隔离泄漏污染区，限制出入。切断火源。建议应急处理人员戴防尘口罩，穿防毒服。不要直接接触泄漏物。尽可能切断泄漏源。用塑料布覆盖泄漏物，减少飞散。勿使水进入包装容器内。用洁净的铲子收集泄漏物，置于干净、干燥、盖子较松的容器中，将容器移离泄漏区。

职业接触限值	消防措施
未制定标准	灭火剂：雾状水、干粉、泡沫、二氧化碳、砂土。 消防人员须佩戴防毒面具，穿全身消防服，在上风向灭火。喷水保持火场容器冷却，直至灭火结束。

危险性类别	品名、英文名、分子式、CAS 号	危险性标志
	3-溴苯酚（间溴苯酚） 3-bromophenol C_6H_5BrO CAS 号：591-20-8	

理化数据

熔点：33℃　　沸点：236℃

闪点：> 110℃　　饱和蒸气压：0.13 kPa（108.4℃）

危险特性与安全存储

危险特性	遇明火、高热可燃。其粉体与空气可形成爆炸性混合物，当达到一定浓度时，遇火星会发生爆炸。受高热分解放出有毒的气体。燃烧生成有害的一氧化碳和溴化氢。对水生生物有毒并具有长期持续影响。
安全存储	应与氧化剂、酸酐、酰基氯、食用化学品分开存放，切忌混储。保持容器密封，防止阳光直射。储存于阴凉、通风的库房，远离火种、热源。配备相应品种和数量的消防器材，储区应备有泄漏应急处理设备和合适的收容材料。

防护措施

按需戴防护口罩

按需戴防护眼镜

必须穿防护服

必须戴防护手套

接触表现与急救措施

接触表现	吸入、摄入或经皮肤吸收后会中毒。对眼、皮肤、黏膜和上呼吸道有强烈刺激作用。
急救措施	皮肤接触　立即脱去污染的衣着，用大量流动清水彻底冲洗。就医。 眼睛接触　立即分开眼睑，用大量流动清水或生理盐水彻底冲洗。就医。 吸　　入　迅速脱离现场至空气新鲜处。保持呼吸道通畅。如呼吸困难，给输氧。如呼吸、心跳停止，立即进行心肺复苏术。就医。 食　　入　用水漱口，饮水。就医。

泄漏应急处理

隔离泄漏污染区，限制出入。切断火源。建议应急处理人员戴防尘口罩，穿防毒服。不要直接接触泄漏物。尽可能切断泄漏源。用塑料布覆盖泄漏物，减少飞散。勿使水进入包装容器内。用洁净的铲子收集泄漏物，置于干净、干燥、盖子较松的容器中，将容器移离泄漏区。

职业接触限值	消防措施
未制定标准	灭火剂：雾状水、泡沫、干粉、二氧化碳、砂土。 消防人员须佩戴防毒面具，穿全身消防服，在上风向灭火。尽可能将容器从火场移至空旷处。喷水保持火场容器冷却，直至灭火结束。

危险性类别	品名、英文名、分子式、CAS 号	危险性标志
有害	4-溴苯酚（对溴苯酚） 4-bromophenol C_6H_5BrO CAS 号：106-41-2	

理化数据

熔点：66.4℃　　沸点：238℃

饱和蒸气压：1.47 kPa（118.2℃）　　相对密度（$d_{水}$=1）：1.84

危险特性与安全存储

危险特性	可燃，有毒，具强刺激性。遇明火能燃烧。受高热燃烧并分解放出有毒气体。与强氧化剂接触可发生反应。燃烧生成有害的一氧化碳、溴化氢。对水生生物有毒并具有长期持续影响。
安全存储	应与氧化剂、食用化学品分开存放，切忌混储。保持容器密封。 储存于阴凉、通风的库房，远离火种、热源。配备相应品种和数量的消防器材，储区应备有泄漏应急处理设备和合适的收容材料。

防护措施

按需戴防护口罩

必须戴防护眼镜

必须穿防护服

必须戴防护手套

接触表现与急救措施

接触表现	对眼、上呼吸道、黏膜和皮肤有刺激作用。长时间接触可引起眼的强烈刺激或灼伤。
急救措施	皮肤接触　立即脱去污染的衣着，用大量流动清水彻底冲洗。就医。 眼睛接触　立即分开眼睑，用大量流动清水或生理盐水彻底冲洗。就医。 吸　　入　迅速脱离现场至空气新鲜处。保持呼吸道通畅。如呼吸困难，给输氧。如呼吸、心跳停止，立即进行心肺复苏术。就医。 食　　入　用水漱口，饮水。就医。

泄漏应急处理

隔离泄漏污染区，限制出入。切断火源。建议应急处理人员戴防尘口罩，穿防毒服，戴橡胶手套。尽可能切断泄漏源。用塑料布覆盖泄漏物，减少飞散。勿使水进入包装容器内。用洁净的铲子收集泄漏物，置于干净、干燥、盖子较松的容器中，将容器移离泄漏区。

职业接触限值	消防措施
未制定标准	灭火剂：雾状水、抗溶性泡沫、干粉、二氧化碳、砂土。 消防人员须佩戴空气呼吸器，穿全身防火防毒服，在上风向灭火。喷水保持火场容器冷却，直至灭火结束。

危险性类别	品名、英文名、分子式、CAS 号	危险性标志
易燃	1-溴丁烷（溴代正丁烷） 1-bromobutane C_4H_9Br CAS 号：109-65-9	

理化数据

熔点：-112.4℃	沸点：100～104℃	闪点：18℃
自燃温度：265℃	临界压力：4.54 MPa	饱和蒸气压：5.58 kPa（25℃）
相对密度（$d_{水}$=1）：1.276	相对蒸气密度（$d_{空气}$=1）：4.72	
爆炸上限：6.6%（100℃）	爆炸下限：2.6%（100℃）	

危险特性与安全存储

危险特性	易燃，遇明火、高热易引起燃烧，并放出有毒气体。受高热分解放出有毒的溴化物气体。对水生生物有害。
安全存储	应与氧化剂、碱类、活性金属粉末分开存放，切忌混储。保持容器密封。 储存于阴凉、通风的库房，库温不超过 37℃，远离火种、热源。采用防爆型照明、通风设施，禁止使用易产生火花的机械设备和工具。储区应备有泄漏应急处理设备和合适的收容材料。

防护措施

接触表现与急救措施

接触表现	吸入本品蒸气可引起咳嗽、胸痛和呼吸困难。高浓度时有麻醉作用，引起神志障碍。
急救措施	皮肤接触　立即脱去污染的衣着，用大量肥皂水和清水彻底冲洗。就医。 眼睛接触　立即分开眼睑，用大量流动清水或生理盐水彻底冲洗。就医。 吸　　入　迅速脱离现场至空气新鲜处。保持呼吸道通畅。如呼吸困难，给输氧。如呼吸、心跳停止，立即进行心肺复苏术。就医。 食　　入　用水漱口，饮水。就医。

泄漏应急处理

切断火源。迅速撤离泄漏污染区人员至安全区，并进行隔离，严格限制出入。建议应急处理人员戴正压自给式呼吸器，穿防静电服，戴橡胶耐油手套。不要直接接触泄漏物。尽可能切断泄漏源。防止进入下水道、排洪沟等限制性空间。
小量泄漏：用砂土或其他不燃材料吸收，用洁净的无火花工具收集吸收材料。
大量泄漏：构筑围堤或挖坑收容。用泡沫覆盖，减少蒸发。用防爆泵转移至槽车或专用收集器内。

职业接触限值	消防措施
未制定标准	灭火剂：雾状水、泡沫、干粉、二氧化碳、砂土。 消防人员须佩戴防毒面具，穿全身消防服，在上风向灭火。喷水保持火场容器冷却，直至灭火结束。容器突然发出异常声音或出现异常现象，应立即撤离。

危险性类别	品名、英文名、分子式、CAS 号	危险性标志
易燃	2-溴丁烷（溴代仲丁烷） 2-bromobutane C_4H_9Br CAS 号：78-76-2	

理化数据

熔点：-112℃　　沸点：91℃　　闪点：21℃（OC）
自燃温度：265℃　　相对密度（$d_{水}$=1）：1.25
爆炸上限：6.6%　　爆炸下限：2.6%

危险特性与安全存储

危险特性	高度易燃，遇明火、高热易燃烧，并分解放出有毒的溴化物气体。对水生生物有害。
安全存储	应与氧化剂分开存放，切忌混储。避光密封保存。 储存于阴凉、通风的库房，远离火种、热源。采用防爆型照明、通风设备，禁止使用易产生火花的机械设备和工具。储区应备有泄漏应急处理设备和合适的收容材料。

防护措施

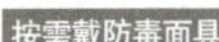

接触表现与急救措施

接触表现	吸入本品蒸气可能引起瞌睡和头昏眼花，可能伴随嗜睡、警惕性下降、反射作用消失、失去协调性并感到眩晕。意外摄入本品可能对个体健康有害。通过割伤、擦伤或病变进入血液，可能引起全身损伤。眼直接接触可导致暂时不适。
急救措施	皮肤接触　立即脱去污染的衣着，用肥皂水和清水彻底冲洗。就医。 眼睛接触　立即分开眼睑，用大量流动清水或生理盐水彻底冲洗。就医。 吸　　入　迅速脱离现场至空气新鲜处。保持呼吸道通畅。如呼吸困难，给输氧。如呼吸、心跳停止，立即进行心肺复苏术。就医。 食　　入　用水漱口。禁止催吐。就医。

泄漏应急处理

迅速撤离泄漏污染区人员至安全区，并进行隔离，严格限制出入。切断火源。建议应急处理人员戴正压自给式呼吸器，穿防静电服，戴橡胶耐油手套。不要直接接触泄漏物。尽可能切断泄漏源。防止进入下水道、排洪沟等限制性空间。
小量泄漏：用砂土或其他不燃材料吸收，用洁净的无火花工具收集吸收材料。
大量泄漏：构筑围堤或挖坑收容。用泡沫覆盖，减少蒸发。用防爆泵转移至槽车或专用收集器内。

职业接触限值	消防措施
未制定标准	灭火剂：干粉、干砂、二氧化碳、耐醇泡沫、1211 灭火剂。 消防人员须佩戴空气呼吸器，穿全身防火防毒服，在上风向灭火。喷水保持火场容器冷却，直至灭火结束。容器突然发出异常声音或出现异常现象，应立即撤离。

危险性类别	品名、英文名、分子式、CAS 号	危险性标志
易燃 有毒	3-溴-1-丙烯（烯丙基溴） 3-bromo-1-propene C_3H_5Br CAS 号：106-95-6	 

理化数据

熔点：-119℃	沸点：71.3℃	闪点：-1℃
自燃温度：295℃	相对密度（$d_{水}$=1）：1.40	相对蒸气密度（$d_{空气}$=1）：4.17
爆炸上限：7.3 %	爆炸下限：4.4 %	

危险特性与安全存储

危险特性	易燃，遇明火、高热、氧化剂能燃烧，并放出有毒气体。受高热分解放出有毒的溴化物气体。其蒸气比空气重，能在较低处扩散到相当远的地方，遇明火会引着回燃。
安全存储	应与氧化剂、碱类分开存放，切忌混储。保持容器密封。不宜久存，以免变质。 储存于阴凉、通风的库房，库温不超过 37℃，远离火种、热源。采用防爆型照明、通风设备，禁止使用易产生火花的机械设备和工具。储区应备有泄漏应急处理设备和合适的收容材料。

防护措施

按需戴防毒面具

按需戴防护眼镜

必须穿防护服

必须戴防护手套

接触表现与急救措施

接触表现	对皮肤、黏膜有刺激作用，可引起严重的眼刺激。暴露的浓度和时间不同，其影响可由较轻刺激到严重的组织损伤。吸入、摄入或经皮肤吸收可产生烧灼感、咳嗽、喘息、喉炎、气短、头痛、恶心和呕吐。
急救措施	皮肤接触　立即脱去污染的衣着，用大量流动清水彻底冲洗至少 15 min。就医。 眼睛接触　立即分开眼睑，用大量流动清水或生理盐水彻底冲洗 5～10 min。就医。 吸　　入　迅速脱离现场至空气新鲜处。保持呼吸道通畅。如呼吸困难，给输氧。如呼吸、心跳停止，立即进行心肺复苏术。就医。 食　　入　用水漱口，给饮牛奶或蛋清。禁止催吐。就医。

泄漏应急处理

迅速撤离泄漏污染区人员至安全区，并进行隔离，严格限制出入。切断火源。建议应急处理人员戴正压自给式呼吸器，穿防毒、防静电服，戴橡胶耐油手套。不要直接接触泄漏物。尽可能切断泄漏源，防止进入下水道、排洪沟等限制性空间。

小量泄漏：用砂土或其他不燃材料吸附或吸收，用洁净无火花工具收集吸收材料。

大量泄漏：构筑围堤或挖坑收容。用泡沫覆盖，减少蒸发。用防爆、防腐蚀泵转移至槽车或专用收集器内。喷雾状水驱散蒸气，稀释液体泄漏物。

职业接触限值	消防措施
未制定标准	灭火剂：泡沫、干粉、二氧化碳、砂土。**用水灭火无效**。 消防人员须佩戴防毒面具，穿全身防火防毒服，在上风向灭火。尽可能将容器从火场移至空旷处。喷水保持火场容器冷却，直至灭火结束。

危险性类别	品名、英文名、分子式、CAS 号	危险性标志
氧化剂 有毒	溴酸钾 potassium bromate $KBrO_3$ CAS 号：7758-01-2	 

理化数据

熔点：350℃　　沸点：370℃（分解）　　相对密度（$d_{水}$=1）：3.27（17.5℃）

危险特性与安全存储

危险特性	助燃，与可燃物能形成爆炸性混合物。与铵盐、金属粉末、可燃物、有机物或其他易氧化物可形成爆炸性混合物，经摩擦或受热易引起燃烧或爆炸。与硫酸接触容易发生爆炸。能与铝、砷、铜、碳、金属硫化物、有机物、磷、硒、硫剧烈反应。
安全存储	应与易（可）燃物、还原剂分开存放，切忌混储。保持容器密封。 储存于阴凉、通风的库房，库温不超过 30℃，相对湿度不超过 80%，远离火种、热源。储区应备有合适的材料以收容泄漏物。

防护措施

接触表现与急救措施

接触表现	本品粉尘对眼、皮肤、黏膜有刺激作用。经口摄入可引起恶心、呕吐、胃痛、呕血、腹泻等，重者发生肾小管坏死、肝损害、高铁血红蛋白血症、听力损害。大量接触可致血压下降。
急救措施	皮肤接触　立即脱去污染的衣着，用肥皂水和清水彻底冲洗。就医。 眼睛接触　立即分开眼睑，用大量流动清水或生理盐水彻底冲洗。就医。 吸　　入　迅速脱离现场至空气新鲜处，保持呼吸道通畅。如呼吸困难，给输氧。如呼吸、心跳停止，立即进行心肺复苏术。就医。 食　　入　饮足量温水，催吐（仅限于清醒者）。就医（高铁血红蛋白血症，可用美蓝和维生素 C 治疗）。

泄漏应急处理

隔离泄漏污染区，限制出入。建议应急处理人员戴防尘口罩，穿防毒服，戴橡胶手套。勿使泄漏物与可燃物质（如木材、纸、油等）接触。穿上适当的防护服前严禁接触破裂的容器和泄漏物。尽可能切断泄漏源。勿使水进入包装容器内。

小量泄漏：用洁净的铲子收集泄漏物，置于干净、干燥、盖子较松的容器中，将容器移离泄漏区。

大量泄漏：泄漏物回收后，用水冲洗泄漏区。

职业接触限值	消防措施
未制定标准	本品不燃，根据着火原因选择适当灭火剂灭火。 消防人员须佩戴空气呼吸器、穿全身防火防毒服，在上风向灭火。尽可能将容器从火场移至空旷处。喷水保持火场容器冷却，直至灭火结束。

危险性类别	品名、英文名、分子式、CAS 号	危险性标志
氧化剂	溴酸钠 sodium bromate $NaBrO_3$ CAS 号：7789-38-0	

理化数据

熔点：381℃（分解）　沸点：139 0℃　相对密度（$d_{水}$=1)：3.34（17.5℃）

危险特性与安全存储

危险特性	助燃，与可燃物能形成爆炸性混合物。与铵盐、金属粉末、可燃物、有机物或其他易氧化物可形成爆炸性混合物，经摩擦或受热易引起燃烧或爆炸。与硫酸接触容易发生爆炸。能与铝、砷、铜、碳、金属硫化物、有机物、磷、硒、硫剧烈反应。
安全存储	应与易（可）燃物、还原剂等分开存放，切忌混储。保持容器密封。 储存于阴凉、通风的库房，库温不超过 30℃，相对湿度不超过 80%，远离火种、热源。储区应备有合适的泄漏收容材料。

防护措施

接触表现与急救措施

接触表现	急性经口摄入中毒可出现急性肠胃炎、高铁血红蛋白血症、肝功能损害，重者可抑制血管运功中枢，导致血压下降。可引起听力损害。
急救措施	皮肤接触　立即脱去污染的衣着，用流动清水彻底冲洗。就医。 眼睛接触　立即分开眼睑，用流动清水或生理盐水彻底冲洗。就医。 吸　　入　迅速脱离现场至空气新鲜处。保持呼吸道通畅。如呼吸困难，给输氧。如呼吸、心跳停止，立即进行心肺复苏术。就医。 食　　入　用水漱口，饮水。就医（高铁血红蛋白血症，可用美蓝和维生素 C 治疗）。

泄漏应急处理

隔离泄漏污染区，限制出入。建议应急处理人员戴防尘口罩，穿防毒服，戴橡胶手套。勿使泄漏物与可燃物质（如木材、纸、油等）接触。穿上适当的防护服前严禁接触破裂的容器和泄漏物。尽可能切断泄漏源。用洁净的铲子收集泄漏物，置于干净、干燥、盖子较松的容器中，将容器移离泄漏区。

职业接触限值	消防措施
未制定标准	本品不燃，根据着火原因选择适当灭火剂灭火。 消防人员须佩戴空气呼吸器，穿全身防火防毒服，在上风向灭火。尽可能将容器从火场移至空旷处。喷水保持火场容器冷却，直至灭火结束。

危险性类别	品名、英文名、分子式、CAS 号	危险性标志
易燃	溴乙烷 bromoethane C_2H_5Br CAS 号：74-96-4	

理化数据

熔点：−119℃	沸点：38.4℃	闪点：−23℃
临界温度：776.8℃	临界压力：6.23 MPa	自燃温度：511℃
饱和蒸气压：53.2 kPa（20℃）	相对密度（$d_{水}$=1）：1.45（25℃）	相对蒸气密度（空气=1）：3.76
爆炸上限：11.3%	爆炸下限：6.7%	

危险特性与安全存储

危险特性	高度易燃，蒸气与空气可形成爆炸性混合物，遇明火、高热能引起燃烧爆炸。受高热分解放出有毒的溴化物气体。受光照或在火焰下易分解生成溴化氢和碳酰溴。与强氧化剂接触可发生反应。
安全存储	应与氧化剂、碱类、食用化学品分开存放，切忌混储。保持容器密封。 储存于阴凉、通风的库房，远离火种、热源。采用防爆型照明、通风设备，禁止使用易产生火花的机械设备和工具。储区应备有泄漏应急处理设备和合适的收容材料。

防护措施

按需戴防毒面具

按需戴防护眼镜

必须穿防护服

必须戴防护手套

接触表现与急救措施

接触表现	有麻醉作用，可由呼吸道和皮肤进入人体，损害肝、肾、心肌。对眼和呼吸道刺激较轻。	
	急性中毒	表现有头痛、晕眩、面部潮红、瞳孔散大、脉搏加速、四肢震颤、呼吸困难、紫绀、虚脱，甚至呼吸麻痹。
	慢性影响	表现有头痛、头晕、四肢乏力和麻木、身体沉重感；随病情发展，可有四肢无力加剧、肌力减退、行走困难、腱反射亢进；可发生语言障碍，眼球、手指震颤，流涎。
急救措施	皮肤接触	立即脱去污染的衣着，用流动清水彻底冲洗。就医。
	眼睛接触	立即分开眼睑，用流动清水或生理盐水彻底冲洗。就医。
	吸　　入	迅速脱离现场至空气新鲜处。保持呼吸道通畅。如呼吸困难，给输氧。如呼吸、心跳停止，立即进行心肺复苏术。就医。
	食　　入	用水漱口，饮水。就医。

泄漏应急处理

迅速撤离泄漏污染区人员至安全区，并进行隔离，严格限制出入。切断火源。建议应急处理人员戴正压自给式呼吸器，穿防毒、防静电服，戴防化学品手套。禁止接触或跨越泄漏物。尽可能切断泄漏源。
小量泄漏：用砂土或其他不燃材料吸收，用洁净的无火花工具收集吸收材料。
大量泄漏：构筑围堤或挖坑收容。用泡沫覆盖，减少蒸发。用防爆泵转移至槽车或专用收集器内。

职业接触限值	消防措施
未制定标准	灭火剂：泡沫、干粉、二氧化碳、砂土。**用水灭火无效。** 消防人员须佩戴空气呼吸器，穿全身防火防毒服，在上风向灭火。尽可能将容器从火场移至空旷处。喷水保持火场容器冷却，直至灭火结束。容器突然发出异常声音或出现异常现象，应立即撤离。

危险性类别	品名、英文名、分子式、CAS 号	危险性标志
腐蚀	亚磷酸 phosphorous acid H_3PO_3 CAS 号：13598-36-2	

理化数据

熔点：73～73.8℃　　沸点：200℃（分解）　　相对密度（$d_{水}$=1）：1.65

危险特性与安全存储

危险特性	具腐蚀性，室温下有白色烟雾冒出，可致人体灼伤。在空气中缓慢氧化成磷酸，受热可分解放出有毒的氧化磷烟气。
安全存储	应与碱类分开存放，切忌混储。保持容器密封，不可与空气接触。 储存于阴凉、通风的库房，远离火种、热源。储区应备有泄漏应急处理设备和合适的收容材料。

防护措施

接触表现与急救措施

接触表现	对呼吸道有刺激作用。眼接触可致灼伤，造成永久性损害。皮肤接触可致灼伤。
急救措施	皮肤接触　立即脱去污染的衣着，用大量流动清水彻底冲洗至少 15 min。就医。 眼睛接触　立即分开眼睑，用大量流动清水或生理盐水彻底冲洗 5～10 min。就医。 吸　　入　迅速脱离现场至空气新鲜处。保持呼吸道通畅。如呼吸困难，给输氧。如呼吸、心跳停止，立即进行心肺复苏术。就医。 食　　入　用水漱口，给饮牛奶或蛋清。禁止催吐。就医。

泄漏应急处理

隔离泄漏污染区，限制出入。建议应急处理人员戴防尘口罩，穿耐酸碱服，戴橡胶耐酸碱手套。不要直接接触泄漏物。尽可能切断泄漏源。用塑料布覆盖泄漏物，减少飞散。勿使水进入包装容器内。用洁净的铲子收集泄漏物，置于干净、干燥、盖子较松的容器中，将容器移离泄漏区。

职业接触限值	消防措施
未制定标准	本品不燃，根据着火原因选择适当灭火剂灭火。 消防人员须佩戴空气呼吸器，穿全身耐酸碱消防服灭火。尽可能将容器从火场移至空旷处。喷水保持火场容器冷却，直至灭火结束。

危险性类别	品名、英文名、分子式、CAS 号	危险性标志
有害	亚硫酸氢钠 sodium hydrogen sulfite $NaHSO_3$ CAS 号：7631-90-5	

理化数据

熔点：150℃（分解）　　相对密度（$d_{水}$=1)：1.48（20℃）

危险特性与安全存储

危险特性	具强还原性、腐蚀性。接触酸或酸气能产生有毒气体。受高热分解放出有毒的气体。
安全存储	应与氧化剂、酸类、碱类分开存放，切忌混储。保持容器密封，防止阳光直射。不宜久存，以免变质。 储存于阴凉、通风的库房，远离火种、热源。储区应备有合适的材料以收容泄漏物。

防护措施

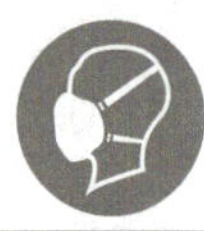

接触表现与急救措施

接触表现	对眼、皮肤和呼吸道有刺激作用，可引起过敏反应；可引起角膜损害，导致失明；可引起哮喘。大量经口摄入引起恶心、腹痛、腹泻、循环衰竭、中枢神经抑制。
急救措施	皮肤接触　立即脱去污染的衣着，用流动清水彻底冲洗。就医。 眼睛接触　立即分开眼睑，用流动清水或生理盐水彻底冲洗 5～10 min。就医。 吸　　入　迅速脱离现场至空气新鲜处。保持呼吸道通畅。如呼吸困难，给输氧。如呼吸、心跳停止，立即进行心肺复苏术。就医。 食　　入　用水漱口，饮水。就医。

泄漏应急处理

隔离泄漏污染区，限制出入。切断火源。建议应急处理人员戴防尘口罩，穿耐酸碱服。不要直接接触泄漏物。尽可能切断泄漏源。用塑料布覆盖泄漏物，减少飞散。勿使水进入包装容器内。用洁净的铲子收集泄漏物，置于干净、干燥、盖子较松的容器中，将容器移离泄漏区。

职业接触限值	消防措施
未制定标准	本品不燃，根据着火原因选择适当灭火剂灭火。 消防人员须佩戴空气呼吸器，穿全身耐酸碱消防服灭火。尽可能将容器从火场移至空旷处。喷水保持火场容器冷却，直至灭火结束。

危险性类别	品名、英文名、分子式、CAS 号	危险性标志
氧化剂 有毒	亚硝酸钠 sodium nitrite $NaNO_2$ CAS 号：7632-00-0	 

理化数据

熔点：271℃　　沸点：320℃（分解）　　相对密度（$d_{水}$=1）：2.17

危险特性与安全存储

危险特性	助燃。无机氧化剂。与有机物、可燃物的混合物能燃烧和爆炸，并放出有毒和刺激性的氧化氮气体。与铵盐、可燃物粉末或氰化物的混合物会爆炸。加热或遇酸能产生有毒的氮氧化物气体。对水生生物毒性非常大。
安全存储	应与还原剂、活性金属粉末、酸类、食用化学品分开存放，切忌混储。保持容器密封。 储存于阴凉、通风的库房，库温不超过 30℃，相对湿度不超过 75%，远离火种、热源。储区应备有合适的材料收容泄漏物。

防护措施

接触表现与急救措施

接触表现	毒作用为麻痹血管运动中枢、呼吸中枢及周围血管；形成高铁血红蛋白血症。 急性中毒　表现为全身无力、头痛、头晕、恶心、呕吐、腹泻、胸部紧迫感及呼吸困难，检查可见皮肤黏膜明显紫绀；重者血压下降、昏迷、死亡。接触手、足部皮肤可发生损害。
急救措施	皮肤接触　立即脱去污染的衣着，用大量流动清水彻底冲洗。就医。 眼睛接触　立即分开眼睑，用大量流动清水或生理盐水彻底冲洗。就医。 吸　　入　迅速脱离现场至空气新鲜处。保持呼吸道通畅。如呼吸困难，给输氧。如呼吸、心跳停止，立即进行心肺复苏术。就医。 食　　入　用水漱口，饮水。就医（高铁血红蛋白血症，可用美蓝和维生素 C 治疗）。

泄漏应急处理

隔离泄漏污染区，限制出入。建议应急处理人员戴防尘口罩，穿防毒服，戴橡胶手套。不要直接接触泄漏物。勿使泄漏物与可燃物质（如木材、纸、油等）接触。尽可能切断泄漏源。勿使水进入包装容器内。

小量泄漏：用洁净的铲子收集泄漏物，置于干净、干燥、盖子较松的容器中，将容器移离泄漏区。

大量泄漏：泄漏物回收后，用水冲洗泄漏区。

职业接触限值	消防措施
未制定标准	本品不燃。根据着火原因选择适当灭火剂灭火。 消防人员须佩戴空气呼吸器，穿全身防火防毒服，在上风向灭火。尽可能将容器从火场移至空旷处。喷水保持火场容器冷却，直至灭火结束。容器突然发出异常声音或出现异常现象，应立即撤离。

危险性类别	品名、英文名、分子式、CAS 号	危险性标志
氧化剂 **高压气体**	氧气 oxygen O_2 CAS 号：7782-44-7	 

理化数据

熔点：-218.8℃　沸点：-183.1℃　临界温度：-118.95℃
临界压力：5.08 MPa　饱和蒸气压：506.62 kPa（-164℃）
相对密度（$d_{水}$=1）：1.14（-183℃）　相对蒸气密度（$d_{空气}$=1）：1.43

危险特性与安全存储

危险特性	助燃，是易燃物、可燃物燃烧爆炸的基本要素之一，能氧化大多数活性物质。可与易燃物（乙炔、甲烷等）形成爆炸性混合物。
安全存储	应与易（可）燃物、活性金属粉末分开存放，切忌混储。 储存于阴凉、通风的不燃气体专用库房，库温不超过 30℃，远离火种、热源。储区应备有泄漏应急处理设备。

防护措施

接触表现与急救措施

接触表现	氧压的高低不同对机体各种生理功能的影响也不同。肺型：见于在氧分压 100～200 kPa 条件下，时间超过 6～12 h，开始时出现胸骨不适、轻咳，进而胸闷、胸骨后烧灼感和呼吸困难，咳嗽加剧；严重时可发生肺水肿，甚至出现呼吸窘迫综合征。脑型：见于在氧分压 300 kPa 连续 2～3 h，先出现面部肌肉抽动、面色苍白、眩晕、心动过速、虚脱，继而全身强直性抽搐、昏迷，呼吸衰竭而死亡。眼型：长期处于氧分压 60～100 kPa 的条件下可发生眼损害，重者可致失明。皮肤接触液态氧可引起冻伤。	
急救措施	皮肤接触	如发生冻伤，用温水（38～42℃）复温，忌用热水或辐射热，不要揉搓。就医。
	吸　　入	迅速脱离现场至空气新鲜处。保持呼吸道通畅。如呼吸、心跳停止，立即进行心肺复苏术。就医。

泄漏应急处理

切断火源。迅速撤离泄漏污染区人员至安全区，并进行隔离，严格限制出入。建议应急处理人员戴正压自给式呼吸器，穿一般作业工作服。勿使泄漏物与可燃物质（如木材、纸、油等）接触。尽可能切断泄漏源。喷雾状水抑制蒸气或改变蒸气云流向。隔离泄漏区直至气体散尽。

职业接触限值	消防措施
未制定标准	本品不燃，根据着火原因选择适当灭火剂灭火。 切断气源。喷水保持火场容器冷却，尽可能将容器从火场移至空旷处。

危险性类别	品名、英文名、分子式、CAS 号	危险性标志
易燃	乙苯 ethylbenzene C_8H_{10} CAS 号：100-41-4	

理化数据

熔点：−94.9℃
沸点：136.2℃
闪点：12.8℃
自燃温度：432℃
临界温度：344.1℃
临界压力：3.60 MPa
饱和蒸气压：0.9 kPa（20℃）
相对密度（$d_{水}$=1）：0.87（20℃）
相对蒸气密度（$d_{空气}$=1）：3.66
爆炸上限：6.7%
爆炸下限：1.0%

危险特性与安全存储

危险特性	高度易燃，其蒸气与空气可形成爆炸性混合物，遇明火、高热或与氧化剂接触，有引起燃烧爆炸的危险。流速过快，容易产生和积聚静电。其蒸气遇火源易着火回燃。对水生生物有毒。
安全存储	应与氧化剂分开存放，切忌混储。保持容器密封。 储存于阴凉、通风的库房，库温不超过 37℃，远离火种、热源。采用防爆型照明、通风设备，禁止使用易产生火花的机械设备和工具。储区应备有泄漏应急处理设备和合适的收容材料。

防护措施

接触表现与急救措施

接触表现	对皮肤、黏膜有较强刺激作用，高浓度有麻醉作用。 急性中毒　轻度中毒有头晕、头痛、恶心、呕吐、步态蹒跚、轻度意识障碍及眼和上呼吸道刺激症状；重者发生昏迷、抽搐、血压下降及呼吸循环衰竭。可有肝损害。直接吸入本品液体可致化学性肺炎和肺水肿。 慢性影响　眼及上呼吸道刺激症状、神经衰弱综合征。皮肤出现黏糙、皲裂、脱皮。
急救措施	皮肤接触　立即脱去污染的衣着，用流动清水彻底冲洗。就医。 眼睛接触　立即分开眼睑，用流动清水或生理盐水彻底冲洗。就医。 吸　　入　迅速脱离现场至空气新鲜处。保持呼吸道通畅。如呼吸困难，给输氧。如呼吸、心跳停止，立即进行心肺复苏术。就医。 食　　入　用水漱口，饮水。禁止催吐。就医。

泄漏应急处理

迅速撤离泄漏污染区人员至安全区，并进行隔离，严格限制出入。切断火源。建议应急处理人员戴正压自给式呼吸器，穿防静电服，戴橡胶耐油手套。禁止接触或跨越泄漏物。尽可能切断泄漏源。
小量泄漏：用砂土或其他不燃材料吸收，用洁净的无火花工具收集吸收材料。
大量泄漏：构筑围堤或挖坑收容。用泡沫覆盖，减少蒸发。用防爆泵转移至槽车或专用收集器内。

职业接触限值	消防措施
PC-TWA：100 mg/m^3	灭火剂：泡沫、干粉、二氧化碳、砂土。 消防人员须佩戴空气呼吸器，穿全身防火防毒服，在上风向灭火。尽可能将容器从火场移至空旷处。喷水保持火场容器冷却，直至灭火结束。容器突然发出异常声音或出现异常现象，应立即撤离。

危险性类别	品名、英文名、分子式、CAS 号	危险性标志
易燃	乙醇 ethanol C_2H_6O CAS 号：64-17-5	

理化数据

熔点：−114.1℃	沸点：78.3℃	闪点：13℃（CC）；17℃（OC）
自燃温度：363℃	临界温度：243.1℃	临界压力：6.38 MPa
饱和蒸气压：5.8 kPa（20℃）	相对密度（$d_{水}$=1）：0.79（20℃）	相对蒸气密度（$d_{空气}$=1）：1.59
爆炸上限：19%	爆炸下限：3.3%	

危险特性与安全存储

危险特性	高度易燃，其蒸气与空气可形成爆炸性混合物。在火场中，受热的容器有爆炸的危险。其蒸气遇火源易着火回燃。
安全存储	应与氧化剂、酸类、碱金属、胺类分开存放，切忌混储。保持容器密封。 储存于阴凉、通风的库房，库温不超过 37℃，远离火种、热源。采用防爆型照明、通风设施，禁止使用易产生火花的机械设备和工具。储区应备有泄漏应急处理设备和合适的收容材料。

防护措施

接触表现与急救措施

接触表现	本品为中枢神经系统抑制剂，先引起兴奋，随后抑制。 急性中毒　主要见于过量饮酒者，轻度中毒和中毒早期表现为兴奋、语言增多、颜面潮红或苍白、步态不稳、轻度动作不协调、判断力障碍、语无伦次、眼球震颤，甚至昏睡；重度中毒可出现昏迷、呼吸表浅或呈潮式呼吸，并可因呼吸麻痹或循环衰竭而死亡。吸入高浓度蒸气可出现酒醉感、头昏、乏力、兴奋和轻度的眼、上呼吸道黏膜刺激症状，但一般不引起严重中毒。 慢性影响　长期酗酒者可见面部毛细血管扩张、皮肤营养障碍、慢性胃炎、胃溃疡、肝炎、肝硬化、肝功能衰竭、心肌损害、肌病、多发性神经病等。皮肤长期反复接触乙醇液体，可引起局部干燥、脱屑、皲裂和皮炎。
急救措施	皮肤接触　立即脱去污染的衣着，用流动清水彻底冲洗。就医。 眼睛接触　立即分开眼睑，用流动清水或生理盐水彻底冲洗。就医。 吸　　入　迅速脱离现场至空气新鲜处。保持呼吸道通畅。如呼吸困难，给输氧。如呼吸、心跳停止，立即进行心肺复苏术。就医。 食　　入　饮适量温水，催吐（仅限于清醒者）。就医。

泄漏应急处理

迅速撤离泄漏污染区人员至安全区，并进行隔离，严格限制出入。切断火源。建议应急处理人员戴正压自给式呼吸器，穿防静电服。禁止接触或跨越泄漏物。尽可能切断泄漏源。防止进入下水道、排洪沟等限制性空间。

小量泄漏：用砂土或其他不燃材料吸收，用洁净的无火花工具收集吸收材料。

大量泄漏：构筑围堤或挖坑收容。用泡沫覆盖，减少蒸发。用防爆泵转移至槽车或专用收集器内。

职业接触限值	消防措施
未制定标准	灭火剂：抗溶性泡沫、干粉、二氧化碳、砂土。 消防人员须佩戴防毒面具，穿全身消防服，在上风向灭火。喷水冷却容器，尽可能将容器从火场移至空旷处。容器突然发出异常声音或出现异常现象，应立即撤离。

危险性类别	品名、英文名、分子式、CAS 号	危险性标志
易燃	乙二醇二甲醚（1,2-二甲氧基乙烷） ethylene glycol dimethyl ether $C_4H_{10}O_2$ CAS 号：110-71-4	

理化数据

熔点：-58℃	沸点：82～83℃	闪点：-2℃（CC）
自燃温度：202℃	临界温度：263℃	临界压力：3.87 MPa
饱和蒸气压：6.40 kPa（20℃）	相对密度（$d_{水}$=1）：0.87（20℃）	相对蒸气密度（$d_{空气}$=1）：3.11
爆炸上限：18.7%	爆炸下限：1.9%	

危险特性与安全存储

危险特性	高度易燃，遇明火、高热易引起燃烧爆炸。与氧化剂能发生剧烈反应。接触空气或在光照条件下可生成具有潜在爆炸危险性的过氧化物。其蒸气遇火源易着火回燃。
安全存储	应与氧化剂、酸类分开存放，切忌混储。保持容器密封，不可与空气接触。 储存于阴凉、通风的库房，库温不超过 37℃，远离火种、热源。采用防爆型照明、通风设备，禁止使用易产生火花的机械设备和工具。储区应备有泄漏应急处理设备和合适的收容材料。

防护措施

接触表现与急救措施

接触表现	经口摄入引起恶心、呕吐、腹绞痛、虚弱、昏迷。具刺激性。
急救措施	皮肤接触　立即脱去污染的衣着，用流动清水彻底冲洗。就医。 眼睛接触　立即分开眼睑，用流动清水或生理盐水彻底冲洗。就医。 吸　　入　迅速脱离现场至空气新鲜处。保持呼吸道通畅。如呼吸困难，给输氧。如呼吸、心跳停止，立即进行心肺复苏术。就医。 食　　入　用水漱口，饮水。就医。

泄漏应急处理

迅速撤离泄漏污染区人员至安全区，并进行隔离，严格限制出入。切断火源。建议应急处理人员戴正压自给式呼吸器，穿防静电服，戴橡胶耐油手套。禁止接触或跨越泄漏物。尽可能切断泄漏源。防止进入下水道、排洪沟等限制性空间。

小量泄漏：用砂土或其他不燃材料吸收，用洁净的无火花工具收集吸收材料。

大量泄漏：构筑围堤或挖坑收容。用泡沫覆盖，减少蒸发。用防爆泵转移至槽车或专用收集器内。

职业接触限值	消防措施
未制定标准	灭火剂：抗溶性泡沫、干粉、二氧化碳、砂土。 消防人员须佩戴防毒面具，穿全身消防服，在上风向灭火。尽可能将容器从火场移至空旷处。喷水保持火场容器冷却，直至灭火结束。容器突然发出异常声音或出现异常现象，应立即撤离。

危险性类别	品名、英文名、分子式、CAS 号	危险性标志
易燃	乙二醇二乙醚（1,2-二乙氧基乙烷） ethylene glycol diethyl ether $C_6H_{14}O_2$ CAS 号：629-14-1	

理化数据

熔点：−74.0℃　沸点：121.4℃　闪点：20.56℃

自燃温度：205℃　临界温度：268.85℃　饱和蒸气压：1.25 kPa（20℃）

相对密度（$d_{水}$=1）：0.842　相对蒸气密度（$d_{空气}$=1）：6.56

危险特性与安全存储

危险特性	高度易燃，其蒸气与空气可形成爆炸性混合物。遇明火、高热能引起燃烧爆炸。与氧化剂可发生反应。其蒸气遇火源易着火回燃。若遇高热，容器内压增大，有开裂和爆炸的危险。
安全存储	应与氧化剂、酸类分开存放，切忌混储。包装要求密封。 储存于阴凉、通风的库房，库温不超过 37℃，远离火种、热源。采用防爆型照明、通风设备，严禁使用易产生火花的机械设备和工具。储区应备有泄漏应急处理设备和合适的收容材料。

防护措施

接触表现与急救措施

接触表现	吸入、摄入或经皮肤吸收对身体有害。对眼、皮肤有刺激作用。
急救措施	皮肤接触　立即脱去污染的衣着，用流动清水彻底冲洗。就医。 眼睛接触　立即分开眼睑，用流动清水或生理盐水彻底冲洗 5～10 min。就医。 吸　　入　迅速脱离现场至空气新鲜处。保持呼吸道通畅。如呼吸困难，给输氧。如呼吸、心跳停止，立即进行心肺复苏术。就医。 食　　入　用水漱口，饮水。就医。

泄漏应急处理

迅速撤离泄漏污染区人员至安全区，并进行隔离，严格限制出入。切断火源。建议应急处理人员戴正压自给式呼吸器，穿防静电服。禁止接触或跨越泄漏物。尽可能切断泄漏源。防止进入下水道、排洪沟等限制性空间。

小量泄漏：用砂土或其他不燃材料吸收，用洁净的无火花工具收集吸收材料。

大量泄漏：构筑围堤或挖坑收容。用泡沫覆盖，减少蒸发。用防爆泵转移至槽车或专用收集器内。

职业接触限值	消防措施
未制定标准	灭火剂：雾状水、泡沫、干粉、二氧化碳、砂土。 消防人员须佩戴防毒面具，穿全身消防服，在上风向灭火。尽可能将容器从火场移至空旷处。喷水保持火场容器冷却，直至灭火结束。容器突然发出异常声音或出现异常现象，应立即撤离。

危险性类别	品名、英文名、分子式、CAS 号	危险性标志
有害	乙二酸二乙酯（草酸二乙酯） diethyl ethanedioate $C_6H_{10}O_4$ CAS 号：95-92-1	

理化数据

熔点：−40.6℃	沸点：185.4℃	闪点：75.6℃（CC）；76℃（OC）
临界压力：3.09 MPa	饱和蒸气压：1.33 kPa（84℃）	相对密度（$d_{水}$=1）：1.08（20℃）
相对蒸气密度（$d_{空气}$=1）：5.04	爆炸上限：8.4%	爆炸下限：1.5%

危险特性与安全存储

危险特性	可燃。加热分解放出易燃的有毒气体。燃烧生成有害的一氧化碳。
安全存储	应与氧化剂、还原剂、酸类、碱类、食用化学品分开存放，切忌混储。保持容器密封。 储存于阴凉、干燥、通风良好的库房，远离火种、热源。储区应备有泄漏应急处理设备和合适的收容材料。

防护措施

按需戴防护眼镜

必须穿防护服

必须戴防护手套

接触表现与急救措施

接触表现	酯类化合物对眼、呼吸道黏膜和皮肤有刺激作用，对中枢神经系统有麻醉作用。
急救措施	皮肤接触　立即脱去污染的衣着，用流动清水彻底冲洗。就医。 眼睛接触　立即分开眼睑，用流动清水或生理盐水彻底冲洗。就医。 吸　　入　迅速脱离现场至空气新鲜处。保持呼吸道通畅。如呼吸困难，给输氧。如呼吸、心跳停止，立即进行心肺复苏术。就医。 食　　入　用水漱口，饮水。就医。

泄漏应急处理

迅速撤离泄漏污染区人员至安全区，并进行隔离，严格限制出入。建议应急处理人员戴正压自给式呼吸器，穿防毒服，戴防化学品手套。不要直接接触泄漏物。尽可能切断泄漏源。防止进入下水道、排洪沟等限制性空间。

小量泄漏：用干燥的砂土或其他不燃材料覆盖泄漏物。

大量泄漏：构筑围堤或挖坑收容。用泵转移至槽车或专用收集器内。

职业接触限值	消防措施
未制定标准	灭火剂：泡沫、干粉、二氧化碳、砂土。 消防人员须佩戴防毒面具，穿全身防火防毒服，在上风向灭火。尽可能将容器从火场移至空旷处。喷水保持火场容器冷却，直至灭火结束。容器突然发出异常声音或出现异常现象，应立即撤离。

危险性类别	品名、英文名、分子式、CAS 号	危险性标志
有毒 腐蚀	乙二酰氯（草酰氯） ethanedioyl chloride $C_2Cl_2O_2$ CAS 号：79-37-8	 

理化数据

熔点：−12℃　　沸点：63～64℃　　饱和蒸气压：19.95 kPa（20℃）

相对密度（$d_{水}$=1）：1.49　　相对蒸气密度（$d_{空气}$=1）：4.4

危险特性与安全存储

危险特性	可燃，具强腐蚀性、强刺激性。遇高温（600℃以下）或与脱水剂（三氯化铝）共存时加热分解为剧毒的光气和一氧化碳。遇水分解生成盐酸和草酸。与钾−钠合金接触发生剧烈反应。
安全存储	应与碱类、醇类分开存放，切忌混储。保持容器密封。防止阳光直射。 储存于阴凉、干燥、通风的库房，远离火种、热源。配备相应品种和数量的消防器材，储区应备有泄漏应急处理设备和合适的收容材料。

防护措施

按需戴防毒面具

按需戴防护眼镜

必须穿防护服

必须戴防护手套

接触表现与急救措施

接触表现	具强烈刺激性，可引起皮肤和黏膜的严重灼伤。少量吸入引起食欲减退，以后出现咳嗽、呼吸困难、易疲劳、腹泻、呕吐、头痛、气喘、视力减退等症状。
急救措施	皮肤接触　立即脱去污染的衣着，用大量流动清水彻底冲洗至少 15 min。就医。 眼睛接触　立即分开眼睑，用大量流动清水或生理盐水彻底冲洗 5～10 min。就医。 吸　　入　迅速脱离现场至空气新鲜处。保持呼吸道通畅。如呼吸困难，给输氧。如呼吸、心跳停止，立即进行心肺复苏术。就医。 食　　入　用水漱口，给饮牛奶或蛋清。禁止催吐。就医。

泄漏应急处理

迅速撤离泄漏污染区人员至安全区，并进行隔离，严格限制出入。切断火源。建议应急处理人员戴正压自给式呼吸器，穿耐酸碱服。不要直接接触泄漏物。尽可能切断泄漏源。防止进入下水道、排洪沟等限制性空间。

小量泄漏：用干燥的砂土或其他不燃材料吸收或覆盖，收集于容器中。

大量泄漏：构筑围堤或挖坑收容。用防腐蚀泵转移至槽车或专用收集器内。

职业接触限值	消防措施
未制定标准	灭火剂：干粉、二氧化碳、砂土。**禁止用水、泡沫和酸碱灭火剂灭火。** 消防人员须佩戴空气呼吸器，穿全身耐酸碱消防服灭火。尽可能将容器从火场移至空旷处。容器突然发出异常声音或出现异常现象，应立即撤离。

危险性类别	品名、英文名、分子式、CAS 号	危险性标志
易燃	乙腈（甲基氰） acetonitrile C_2H_3N CAS 号：75-05-8	

理化数据

熔点：−45℃　　沸点：81.6℃　　闪点：12.8℃（OC）

自燃温度：524℃　　临界温度：274.7℃　　临界压力：4.83 MPa

饱和蒸气压：13.33 kPa（27℃）　　相对密度（$d_{水}$=1）：0.79（15℃）　　相对蒸气密度（$d_{空气}$=1）：1.42

爆炸上限：16.0%　　爆炸下限：3.0%

危险特性与安全存储

危险特性	高度易燃，其蒸气与空气可形成爆炸性混合物，遇明火、高热或与氧化剂接触，有引起燃烧爆炸的危险。与氧化剂能发生剧烈反应。燃烧时有发光火焰。与硫酸、发烟硫酸、氯磺酸、过氯酸盐等反应剧烈。燃烧生成有害的一氧化碳、氮氧化物、氰化氢。
安全存储	应与氧化剂、还原剂、酸类、碱类、易（可）燃物、食用化学品分开存放，切忌混储。保持容器密封。 储存于阴凉、通风的库房，库温不超过 37℃，远离火种、热源。采用防爆型照明、通风设备，严禁使用易产生火花的机械设备和工具。储区应备有泄漏应急处理设备和合适的收容材料。

防护措施

接触表现与急救措施

接触表现	急性中毒	发病较氢氰酸慢，可有数小时潜伏期。主要症状为衰弱、无力、面色灰白、恶心、呕吐、腹痛、腹泻、胸闷、胸痛；重者呼吸及循环系统紊乱，呼吸浅、慢而不规则，血压下降，脉搏细而慢，体温下降，阵发性抽搐，昏迷。可有尿频、蛋白尿等。
急救措施	皮肤接触	立即脱去污染的衣着，用流动清水彻底冲洗。就医。
	眼睛接触	立即分开眼睑，用流动清水或生理盐水彻底冲洗。就医。
	吸　　入	迅速脱离现场至空气新鲜处。保持呼吸道通畅。如呼吸困难，给输氧。如呼吸、心跳停止，立即进行心肺复苏术。就医。
	食　　入	催吐（仅限于清醒者），给服活性炭悬液。就医（解毒剂：亚硝酸钠、硫代硫酸钠、4−二甲基氨基苯酚等）。

泄漏应急处理

迅速撤离泄漏污染区人员至安全区，并进行隔离，严格限制出入。切断火源。建议应急处理人员戴正压自给式呼吸器，穿防毒、防静电服，戴橡胶耐油手套。禁止接触或跨越泄漏物。尽可能切断泄漏源。防止进入下水道、排洪沟等限制性空间。

小量泄漏：用砂土或其他不燃材料吸收，用洁净的无火花工具收集吸收材料。

大量泄漏：构筑围堤或挖坑收容。用泡沫覆盖，减少蒸发。用防爆泵转移至槽车或专用收集器内。

职业接触限值	消防措施
PC−TWA：30 mg/m^3	灭火剂：抗溶性泡沫、干粉、二氧化碳、砂土。 消防人员须佩戴空气呼吸器，穿全身防火防毒服，在上风向灭火。喷水冷却容器，尽可能将容器从火场移至空旷处。容器突然发出异常声音或出现异常现象，应立即撤离。

危险性类别	品名、英文名、分子式、CAS 号	危险性标志
易燃	乙醛 acetaldehyde C_2H_4O CAS 号：75-07-0	

理化数据

熔点：−123.5℃	沸点：20.8℃	闪点：−39℃（CC）；−40℃（OC）
自燃温度：175℃	临界温度：188℃	临界压力：6.4 MPa
饱和蒸气压：98.64 kPa（20℃）	相对密度（$d_{水}$=1）：0.788（16℃）	相对蒸气密度（$d_{空气}$=1）：1.52
爆炸上限：57%	爆炸下限：4.0%	

危险特性与安全存储

危险特性	极易燃，低温下的蒸气也能与空气形成爆炸性混合物。在空气中久置后能生成爆炸性的过氧化物。受热可能发生剧烈的聚合反应。其蒸气遇火源易着火回燃。燃烧生成有害的一氧化碳。对水生生物有害。
安全存储	应与氧化剂、还原剂、酸类等分开存放，切忌混储。保持容器密封，不可与空气接触。不宜大量储存及久存。 储存于阴凉、通风的库房，库温不超过 29℃，远离火种、热源。采用防爆型照明、通风设备，禁止使用易产生火花的机械设备和工具。储区应备有泄漏应急处理设备和合适的收容材料。

防护措施

必须戴防护眼镜

接触表现与急救措施

接触表现	急性中毒	低浓度引起眼、鼻及上呼吸道刺激症状及支气管炎；高浓度吸入有麻醉作用，表现有头痛、嗜睡、神志不清及支气管炎、肺水肿、腹泻、蛋白尿肝和心肌脂肪性变，可致死。误服出现胃肠道刺激症状、麻醉作用及心、肝、肾损害。对皮肤有致敏作用。反复接触蒸气引起皮炎、结膜炎。
	慢性影响	类似酒精中毒，表现有体重减轻、贫血、谵妄、视听幻觉、智力丧失和精神障碍。
急救措施	皮肤接触	立即脱去污染的衣着，用流动清水彻底冲洗。就医。
	眼睛接触	立即分开眼睑，用流动清水或生理盐水彻底冲洗。就医。
	吸　　入	迅速脱离现场至空气新鲜处。保持呼吸道通畅。如呼吸困难，给输氧。如呼吸、心跳停止，立即进行心肺复苏术。就医。
	食　　入	用水漱口，饮水。就医。

泄漏应急处理

迅速撤离泄漏污染区人员至安全区，并进行隔离，严格限制出入。切断火源。建议应急处理人员戴正压自给式呼吸器，穿防静电服，戴橡胶手套。禁止接触或跨越泄漏物。尽可能切断泄漏源。防止进入下水道、排洪沟等限制性空间。

小量泄漏：用砂土或其他不燃材料吸收，用洁净的无火花工具收集吸收材料。

大量泄漏：构筑围堤或挖坑收容。用砂土、惰性物质或蛭石吸收大量液体。用硫酸氢钠中和。用抗溶性泡沫覆盖，减少蒸发。用防爆泵转移至槽车或专用收集器内。喷雾状水驱散蒸气，稀释液体泄漏物。

职业接触限值	消防措施
MAC：45 mg/m^3 ［G2B］	灭火剂：抗溶性泡沫、二氧化碳、干粉、砂土。**用水灭火无效**。 消防人员须佩戴空气呼吸器，穿全身防火防毒服，在上风向灭火。喷水保持火场容器冷却，至灭火结束。容器突然发出异常声音或出现异常现象，应立即撤离。遇大火，消防人员须在有防爆掩蔽处操作。

危险性类别	品名、英文名、分子式、CAS 号	危险性标志
易燃 高压气体	乙炔 acetylene C_2H_2 CAS 号：74-86-2	 

理化数据

熔点：−81.8℃（119 kPa）	沸点：−83.8℃（升华）	闪点：−18.15℃
自燃温度：305℃	临界温度：35.2℃	临界压力：6.19 MPa
饱和蒸气压：4460 kPa（20℃）	相对密度（$d_{水}$=1）：0.62（−82℃）	相对蒸气密度（$d_{空气}$=1）：0.91
爆炸上限：82%	爆炸下限：2.5%	

危险特性与安全存储

危险特性	极易燃烧爆炸。与空气可形成爆炸性混合物，遇明火、高热能引起燃烧爆炸。经压缩或加热可造成剧烈爆炸。与氧化剂接触发生剧烈反应。与氟、氯等接触也会发生剧烈反应。能与铜、银、汞等的化合物生成爆炸性物质。
安全存储	应与氧化剂、酸类、卤素分开存放，切忌混储。乙炔的包装法通常是溶解在溶剂及多孔物中，装入钢瓶。 储存于阴凉、通风的库房，库温不超过 30℃，远离火种、热源。采用防爆型照明、通风设施，禁止使用易产生火花的机械设备和工具。储区应备有泄漏应急处理设备。

防护措施

按需戴防毒面具

必须穿防护服

必须戴防护手套

接触表现与急救措施

接触表现	有弱麻醉作用。高浓度吸入可引起单纯窒息。	
	急性中毒	暴露于 20% 浓度时，出现明显缺氧症状；吸入高浓度，初期兴奋、多语、哭笑不安，后出现眩晕、头痛、恶心、呕吐、共济失调、嗜睡；重者昏迷、紫绀、瞳孔对光反应消失、脉弱而不齐。当混有磷化氢、硫化氢时，毒性增大，应予以注意。
急救措施	吸　　入	迅速脱离现场至空气新鲜处。保持呼吸道通畅。如呼吸困难，给输氧。如呼吸、心跳停止，立即进行心肺复苏术。就医。

泄漏应急处理

迅速撤离泄漏污染区人员至安全区，并进行隔离，严格限制出入。切断火源。建议应急处理人员戴正压自给式呼吸器，穿防静电服。尽可能切断泄漏源。若有可能则翻转容器，使之逸出气体而非液体。喷雾状水抑制蒸气或改变蒸气云流向，避免水流接触泄漏物。禁止用水直接冲击泄漏物或泄漏源。隔离泄漏区直至气体散尽。

职业接触限值	消防措施
未制定标准	灭火剂：雾状水、泡沫、干粉、二氧化碳。 **切断气源。若不能切断气源，则不允许熄灭泄漏处的火焰。**消防人员须佩戴空气呼吸器，穿全身防火防毒服，在上风向灭火。尽可能将容器从火场移至空旷处。喷水保持火场容器冷却，直至灭火结束。

<table>
<tr><th>危险性类别</th><th>品名、英文名、分子式、CAS 号</th><th>危险性标志</th></tr>
<tr><td>易燃
腐蚀</td><td>乙酸
acetic acid
$C_2H_4O_2$
CAS 号：64-19-7</td><td> </td></tr>
</table>

理化数据

熔点：16.6℃	沸点：118.1℃（101.7 kPa）	闪点：39℃（CC）；43℃（OC）
自燃温度：426℃	临界温度：321.6 ℃	临界压力：5.78 MPa
饱和蒸气压：1.52 kPa（20℃）	相对密度（$d_{水}$=1）：1.05（20℃）	相对蒸气密度（$d_{空气}$=1）：2.07
爆炸上限：16.0%	爆炸下限：5.4%	

危险特性与安全存储

危险特性	易燃，具腐蚀性、强刺激性，其蒸气与空气可形成爆炸性混合物，遇明火、高热能引起燃烧爆炸。与铬酸、过氧化钠、硝酸或其他氧化剂接触，有爆炸危险。燃烧生成有害的一氧化碳。
安全存储	应与氧化剂、碱类分开存放，切忌混储。保持容器密封。 储存于阴凉、通风的库房，冬季应保持库温高于 16℃，以防凝固，远离火种、热源。采用防爆型照明、通风设施，禁止使用易产生火花的机械设备和工具。储区应备有泄漏应急处理设备和合适的收容材料。

防护措施

接触表现与急救措施

接触表现	吸入本品蒸气对鼻、喉和呼吸道有刺激作用，对眼有强烈刺激作用。皮肤接触，轻者出现红斑，重者引起化学灼伤。误服浓乙酸，口腔和消化道可产生糜烂，重者可因休克而致死。	
	慢性影响	眼睑水肿、结膜充血、慢性咽炎和支气管炎。长期反复接触，可致皮肤干燥、脱脂和皮炎。
急救措施	皮肤接触	立即脱去污染的衣着，用大量流动清水彻底冲洗至少 15 min。就医。
	眼睛接触	立即分开眼睑，用大量流动清水或生理盐水彻底冲洗 5～10 min。就医。
	吸　　入	迅速脱离现场至空气新鲜处。保持呼吸道通畅。如呼吸困难，给输氧。如呼吸、心跳停止，立即进行心肺复苏术。就医。
	食　　入	用水漱口，饮水。就医。

泄漏应急处理

迅速撤离泄漏污染区人员至安全区，并进行隔离，严格限制出入。切断火源。建议应急处理人员戴正压自给式呼吸器，穿防静电、防腐蚀、防毒服，戴橡胶耐酸碱手套。禁止接触或跨越泄漏物。尽可能切断泄漏源。防止进入下水道、排洪沟等限制性空间。

小量泄漏：用砂土或其他不燃材料吸收，用洁净的无火花工具收集吸收材料。

大量泄漏：构筑围堤或挖坑收容。用抗溶性泡沫覆盖，减少蒸发。用砂土、惰性物质或蛭石吸收大量液体。用稀苛性钠溶液或苏打灰中和。用防爆、防腐蚀泵转移至槽车或专用收集器内。

职业接触限值	消防措施
PC-TWA：10 mg/m^3	灭火剂：雾状水、抗溶性泡沫、干粉、二氧化碳。 消防人员须佩戴空气呼吸器，穿全身耐酸碱消防服灭火。容器突然发出异常声音或出现异常现象，应立即撤离。

危险性类别	品名、英文名、分子式、CAS 号	危险性标志
易燃	乙酸丁酯 butyl acetate $C_6H_{12}O_2$ CAS 号：123-86-4	

理化数据

熔点：−76.8℃	沸点：126.1℃	闪点：22℃（CC）
自燃温度：421℃	临界温度：305.9℃	临界压力：3.1 MPa
饱和蒸气压：1.2 kPa（20℃）	相对密度（$d_{水}$=1）：0.88	相对蒸气密度（$d_{空气}$=1）：4.1
爆炸上限：7.6%	爆炸下限：1.2%	

危险特性与安全存储

危险特性	易燃，其蒸气与空气可形成爆炸性混合物，遇明火、高热能引起燃烧爆炸。与氧化剂能发生剧烈反应。其蒸气比空气重，遇火源易着火回燃。对水生生物有害。
安全存储	应与氧化剂、酸类、碱类分开存放，切忌混储。保持容器密封。 储存于阴凉、通风的库房，库温不超过 37℃，远离火种、热源。采用防爆型照明、通风设备，禁止使用易产生火花的机械设备和工具。储区应备有泄漏应急处理设备和合适的收容材料。

防护措施

接触表现与急救措施

接触表现	对眼及上呼吸道均有强烈的刺激作用，有麻醉作用。吸入高浓度本品出现流泪、咽痛、咳嗽、胸闷、气短等症状，重者出现心血管和神经系统的症状。可引起结膜炎、角膜炎，角膜上皮有空泡形成。皮肤接触可引起皮肤干燥。
急救措施	皮肤接触　立即脱去污染的衣着，用大量流动清水彻底冲洗。就医。 眼睛接触　立即分开眼睑，用大量流动清水或生理盐水彻底冲洗。就医。 吸　　入　迅速脱离现场至空气新鲜处。保持呼吸道通畅。如呼吸困难，给输氧。如呼吸、心跳停止，立即进行心肺复苏术。就医。 食　　入　用水漱口，饮水。就医。

泄漏应急处理

迅速撤离泄漏污染区人员至安全区，并进行隔离，严格限制出入。切断火源。建议应急处理人员戴正压自给式呼吸器，穿防静电服，戴橡胶耐油手套。禁止接触或跨越泄漏物。尽可能切断泄漏源。防止进入下水道、排洪沟等限制性空间。

小量泄漏：用砂土或其他不燃材料吸收，用洁净的无火花工具收集吸收材料。

大量泄漏：构筑围堤或挖坑收容。用砂土、惰性物质或蛭石吸收大量液体。用抗溶性泡沫覆盖，减少蒸发。用防爆泵转移至槽车或专用收集器内。喷雾状水驱散蒸气，稀释液体泄漏物。

职业接触限值	消防措施
PC-TWA：200 mg/m^3	灭火剂：泡沫、干粉、二氧化碳、砂土。 消防人员须佩戴空气呼吸器，穿全身防火防毒服，在上风向灭火。尽可能将容器从火场移至空旷处。喷水保持火场容器冷却，直至灭火结束。容器突然发出异常声音或出现异常现象，应立即撤离。

危险性类别	品名、英文名、分子式、CAS 号	危险性标志
易燃	乙酸甲酯 methyl acetate $C_3H_6O_2$ CAS 号：79-20-9	

理化数据

熔点：−98.1℃	沸点：56.8℃	闪点：−10℃（CC）；−5.6℃（OC）
自燃温度：454℃	临界温度：233.7℃	临界压力：4.69 MPa
饱和蒸气压：21.7 kPa（20℃）	相对密度（$d_{水}$=1）：0.93（20℃）	相对蒸气密度（$d_{空气}$=1）：2.6
爆炸上限：16.0%	爆炸下限：3.1%	

危险特性与安全存储

危险特性	高度易燃，其蒸气与空气可形成爆炸性混合物，遇明火、高热能引起燃烧爆炸。与氧化剂接触发生剧烈反应。其蒸气比空气重，能在较低处扩散到相当远的地方，遇火源会着火回燃。
安全存储	应与氧化剂、酸类、碱类分开存放，切忌混储。保持容器密封。 储存于阴凉、通风的库房，库温不超过 37℃，远离火种、热源。采用防爆型照明、通风设备，禁止使用易产生火花的机械设备和工具。储区应备有泄漏应急处理设备和合适的收容材料。

防护措施

接触表现与急救措施

接触表现	有麻醉和刺激作用。接触本品蒸气引起眼灼痛、流泪、进行性呼吸困难、头痛、头晕、心悸、中枢神经抑制。由其分解产生的甲醇可引起视力减退、视野缩小和视神经萎缩等。
急救措施	皮肤接触　立即脱去污染的衣着，用流动清水彻底冲洗。就医。 眼睛接触　立即分开眼睑，用流动清水或生理盐水彻底冲洗。就医。 吸　　入　迅速脱离现场至空气新鲜处。保持呼吸道通畅。如呼吸困难，给输氧。如呼吸、心跳停止，立即进行心肺复苏术。就医。 食　　入　用水漱口，饮水。就医。

泄漏应急处理

迅速撤离泄漏污染区人员至安全区，并进行隔离，严格限制出入。切断火源。建议应急处理人员戴正压自给式呼吸器，穿防静电服，戴橡胶耐油手套。禁止接触或跨越泄漏物。尽可能切断泄漏源。防止进入下水道、排洪沟等限制性空间。

小量泄漏：用砂土或其他不燃材料吸收，用洁净的无火花工具收集吸收材料。

大量泄漏：构筑围堤或挖坑收容。用泡沫覆盖，减少蒸发。用防爆泵转移至槽车或专用收集器内。

职业接触限值	消防措施
PC-TWA：200 mg/m^3	灭火剂：泡沫、干粉、二氧化碳、砂土。**用水灭火无效**。 消防人员须佩戴空气呼吸器，穿全身防火防毒服，在上风向灭火。尽可能将容器从火场移至空旷处。喷水保持火场容器冷却，直至灭火结束。容器突然发出异常声音或出现异常现象，应立即撤离。

危险性类别	品名、英文名、分子式、CAS 号	危险性标志
有毒	乙酸铅三水合物 lead acetate trihydrate $C_4H_6O_4Pb \cdot 3H_2O$ CAS 号：6080-56-4	

理化数据

熔点：75℃（失水） 沸点：280℃（无水物） 相对密度（$d_{水}$=1）：2.55

危险特性与安全存储

危险特性	遇明火能燃烧。其粉体与空气可形成爆炸性混合物。受高热分解放出有毒的气体。对水生生物毒性非常大并具有长期持续影响。
安全存储	应与酸类、碱类分开存放，切忌混储。保持容器密封。 储存于阴凉、通风的库房，远离火种、热源。配备相应种类和数量的消防器材，储区应备有泄漏应急处理设备和合适的收容材料。

防护措施

接触表现与急救措施

接触表现	可经皮肤吸收，可致灼伤；对眼有刺激作用。职业中毒主要为慢性。本品损害神经、消化、造血系统及肾。神经系统损害主要表现为神经衰弱综合征、周围神经病，重者出现铅中毒性脑病；消化系统损害表现为齿龈铅线、食欲不振、恶心、腹胀、腹泻或便秘，腹绞痛见于中等及较重病例；造血系统损害出现卟啉代谢障碍、贫血等。短时大量接触可发生急性或亚急性铅中毒，表现类似重症慢性铅中毒。
急救措施	皮肤接触　立即脱去污染的衣着，用大量流动清水彻底冲洗。就医。 眼睛接触　立即分开眼睑，用大量流动清水或生理盐水彻底冲洗。就医。 吸　　入　迅速脱离现场至空气新鲜处。保持呼吸道通畅。如呼吸困难，给输氧。如呼吸、心跳停止，立即进行心肺复苏术。就医。 食　　入　用水漱口，饮水。就医（解毒剂：依地酸二钠钙、二巯基丁二酸钠、二巯基丁二酸等）。

泄漏应急处理

隔离泄漏污染区，限制出入。建议应急处理人员戴防尘口罩，穿防毒服。不要直接接触泄漏物。尽可能切断泄漏源。用塑料布覆盖泄漏物，减少飞散。勿使水进入包装容器内。用洁净的铲子收集泄漏物，置于干净、干燥、盖子较松的容器中，将容器移离泄漏区。

职业接触限值	消防措施
未制定标准	灭火剂：雾状水、泡沫、干粉、二氧化碳、砂土。 消防人员须佩戴空气呼吸器，穿全身防火防毒服，在上风向灭火。尽可能将容器从火场移至空旷处。喷水保持火场容器冷却，直至灭火结束。容器突然发出异常声音或出现异常现象，应立即撤离。

<table>
<tr><th>危险性类别</th><th>品名、英文名、分子式、CAS 号</th><th>危险性标志</th></tr>
<tr><td>易燃</td><td>乙酸乙酯
ethyl acetate
$C_4H_8O_2$
CAS 号：141-78-6</td><td></td></tr>
</table>

理化数据

熔点：-83.6℃	沸点：77.2℃	闪点：-4℃（CC）；7.2℃（OC）
自燃温度：426.7℃	临界温度：250.1℃	临界压力：3.83 MPa
饱和蒸气压：10.1 kPa（20℃）	相对密度（$d_{水}$=1）：0.90（20℃）	相对蒸气密度（$d_{空气}$=1）：3.04
爆炸上限：11.5%	爆炸下限：2.2%	

危险特性与安全存储

危险特性	高度易燃，其蒸气与空气可形成爆炸性混合物，遇明火、高热能引起燃烧爆炸。与氧化剂接触发生剧烈反应。其蒸气比空气重，能在较低处扩散到相当远的地方，遇火源会着火回燃。
安全存储	应与氧化剂、酸类、碱类分开存放，切忌混储。保持容器密封。 储存于阴凉、通风的库房，库温不超过 37℃，远离火种、热源。采用防爆型照明、通风设备，禁止使用易产生火花的机械设备和工具。储区应备有泄漏应急处理设备和合适的收容材料。

防护措施

接触表现与急救措施

接触表现	对眼、鼻、咽喉有刺激作用。高浓度吸入有进行性麻醉作用，造成急性肺水肿、肝肾损害；持续大量吸入，可致呼吸麻痹。误服者可产生恶心、呕吐、腹痛、腹泻等。有致敏作用，因血管神经障碍而致牙龈出血；可致湿疹样皮炎。 慢性影响　长期接触本品有时可致角膜混浊、继发性贫血、白细胞增多等。
急救措施	皮肤接触　立即脱去污染的衣着，用流动清水彻底冲洗。就医。 眼睛接触　立即分开眼睑，用流动清水或生理盐水彻底冲洗。就医。 吸　　入　迅速脱离现场至空气新鲜处。保持呼吸道通畅。如呼吸困难，给输氧。如呼吸、心跳停止，立即进行心肺复苏术。就医。 食　　入　用水漱口，饮水。就医。

泄漏应急处理

迅速撤离泄漏污染区人员至安全区，并进行隔离，严格限制出入。切断火源。建议应急处理人员戴正压自给式呼吸器，穿防静电服，戴橡胶耐油手套。禁止接触或跨越泄漏物。尽可能切断泄漏源。防止进入下水道、排洪沟等限制性空间。

小量泄漏：用砂土或其他不燃材料吸收，用洁净的无火花工具收集吸收材料。

大量泄漏：构筑围堤或挖坑收容。用泡沫覆盖，减少蒸发。用防爆泵转移至槽车或专用收集器内。

职业接触限值	消防措施
PC-TWA：200 mg/m^3	灭火剂：泡沫、干粉、二氧化碳、砂土。**用水灭火无效**。 消防人员须佩戴空气呼吸器，穿全身防火防毒服，在上风向灭火。尽可能将容器从火场移至空旷处。喷水保持火场容器冷却，直至灭火结束。容器突然发出异常声音或出现异常现象，应立即撤离。

危险性类别	品名、英文名、分子式、CAS 号	危险性标志
易燃	乙酸异戊酯 isoamyl acetate $C_7H_{14}O_2$ CAS 号：123-92-2	

理化数据

熔点：−78.5
沸点：142～142.5℃
闪点：18～35℃（CC）
自燃温度：360℃
临界压力：2.83 MPa
饱和蒸气压：0.53kPa（20℃）
相对密度（$d_{水}$=1）：0.88
相对蒸气密度（$d_{空气}$=1）：4.5
爆炸上限：7.5%
爆炸下限：1.1%

危险特性与安全存储

危险特性	易燃，其蒸气与空气可形成爆炸性混合物。与氧化剂能发生剧烈反应。流速过快，容易产生和积聚静电。其蒸气遇明火会着火回燃。若遇高热，容器有开裂和爆炸的危险。对水生生物有害。
安全存储	应与氧化剂、酸类、卤素分开存放，切忌混储。保持容器密封。 储存于阴凉、通风的库房，库温不超过 37℃，远离火种、热源。采用防爆型照明、通风设备，禁止使用易产生火花的机械设备和工具。储区应备有泄漏应急处理设备和合适的收容材料。

防护措施

接触表现与急救措施

接触表现		对眼和黏膜有刺激作用。高浓度吸入可引起中枢神经系统损害，甚至肝肾损害。
	急性中毒	可出现急性结膜炎、咽喉炎、支气管肺炎、肺水肿；长期接触有流泪、咳嗽、喉干、疲劳等症状，重者伴有头痛、恶心、呕吐、胸闷、心悸、食欲不振等。可致皮肤干裂、皮炎或湿疹；可致贫血，嗜酸粒细胞增多。
急救措施	皮肤接触	立即脱去污染的衣着，用流动清水彻底冲洗。就医。
	眼睛接触	立即分开眼睑，用流动清水或生理盐水彻底冲洗。就医。
	吸　　入	迅速脱离现场至空气新鲜处。保持呼吸道通畅。如呼吸困难，给输氧。如呼吸、心跳停止，立即进行心肺复苏术。就医。
	食　　入	用水漱口，饮水。就医。

泄漏应急处理

迅速撤离泄漏污染区人员至安全区，并进行隔离，严格限制出入。切断火源。建议应急处理人员戴正压自给式呼吸器，穿防静电服，戴橡胶耐油手套。禁止接触或跨越泄漏物。尽可能切断泄漏源。防止进入下水道、排洪沟等限制性空间。

小量泄漏：用砂土或其他不燃材料吸收，用洁净的无火花工具收集吸收材料。

大量泄漏：构筑围堤或挖坑收容。用泡沫覆盖，减少蒸发。用防爆泵转移至槽车或专用收集器内。

职业接触限值	消防措施
未制定标准	灭火剂：泡沫、干粉、二氧化碳、砂土。 消防人员须佩戴空气呼吸器，穿全身防火防毒服，在上风向灭火。尽可能将容器从火场移至空旷处。喷水保持火场容器冷却，直至灭火结束。

危险性类别	品名、英文名、分子式、CAS 号	危险性标志
易燃	乙酸正戊酯 pentyl acetate $C_7H_{14}O_2$ CAS 号：628-63-7	

理化数据

熔点：-70.8℃　沸点：149.2℃　闪点：25℃（CC）

自燃温度：360℃　临界温度：327℃　临界压力：2.8 MPa

饱和蒸气压：0.53 kPa（20℃）　相对密度（$d_{水}$=1）：0.88　相对蒸气密度（$d_{空气}$=1）：4.5

爆炸上限：7.5%　爆炸下限：1.1%

危险特性与安全存储

危险特性	易燃，其蒸气与空气可形成爆炸性混合物，遇高温、明火或与氧化剂接触，有引起燃烧的危险。与氧化剂能发生剧烈反应。其蒸气比空气重，遇火源会着火回燃。对水生生物有害。
安全存储	应与氧化剂、酸类、碱类分开存放，切忌混储。保持容器密封。 储存于阴凉、通风的库房，库温不超过 37℃。采用防爆型照明、通风设施，禁止使用易产生火花的机械设备和工具。储区应备有泄漏应急处理设备和合适的收容材料。

防护措施

接触表现与急救措施

接触表现	对眼和上呼吸道黏膜有刺激作用，可引起结膜炎、鼻炎、咽喉炎等；重者伴有头痛、嗜睡、胸闷、心悸、食欲不振、恶心、呕吐等症状。皮肤长期接触可致皮炎或湿疹，有的可发生贫血和嗜酸性粒细胞增多。
急救措施	皮肤接触　立即脱去污染的衣着，用流动清水彻底冲洗至少 15 min。就医。 眼睛接触　立即分开眼睑，用流动清水或生理盐水彻底冲洗 5～10 min。就医。 吸　　入　迅速脱离现场至空气新鲜处。保持呼吸道通畅。如呼吸困难，给输氧。如呼吸、心跳停止，立即进行心肺复苏术。就医。 食　　入　用水漱口，饮水。就医。

泄漏应急处理

迅速撤离泄漏污染区人员至安全区，并进行隔离，严格限制出入。切断火源。建议应急处理人员戴正压自给式呼吸器，穿防静电服，戴橡胶耐油手套。禁止接触或跨越泄漏物。尽可能切断泄漏源。防止进入下水道、排洪沟等限制性空间。

小量泄漏：用砂土或其他不燃材料吸附或吸收，用洁净的无火花工具收集吸收材料。

大量泄漏：构筑围堤或挖坑收容。用砂土、惰性物质或蛭石吸收大量液体。用抗溶性泡沫覆盖，减少蒸发。用防爆泵转移至槽车或专用收集器内。喷水雾驱散蒸气，稀释液体泄漏物。

职业接触限值	消防措施
PC-TWA：100 mg/m^3	灭火剂：泡沫、干粉、二氧化碳、砂土。 消防人员须佩戴空气呼吸器，穿全身防火防毒服，在上风向灭火。尽可能将容器从火场移至空旷处。喷水保持火场容器冷却，直至灭火结束。容器突然发出异常声音或出现异常现象，应立即撤离。

危险性类别	品名、英文名、分子式、CAS 号	危险性标志
有害	乙酰苯胺（*N*-苯基乙酰胺） acetanilide C_8H_9NO CAS 号：103-84-4	

理化数据

熔点：114～116℃　　沸点：303.8℃　　闪点：173℃

自燃温度：539℃　　饱和蒸气压：0.13 kPa（114℃）

相对密度（$d_{水}$=1）：1.21（4℃）　　相对蒸气密度（$d_{空气}$=1）：4.65

危险特性与安全存储

危险特性	其粉末与空气混合后遇明火、高热可燃。受热分解放出有毒气体。
安全存储	应与氧化剂、碱类分开存放，切忌混储。 储存于阴凉、通风的库房，远离火种、热源。配备相应品种和数量的消防器材，储区应备有合适的材料以收容泄漏物。

防护措施

接触表现与急救措施

接触表现	吸入对上呼吸道有刺激作用。高剂量摄入可引起高铁血红蛋白血症和骨髓增生。反复接触可发生紫绀。对皮肤有刺激作用，可致皮炎。
急救措施	皮肤接触　立即脱去污染的衣着，用流动清水彻底冲洗。就医。 眼睛接触　立即分开眼睑，用流动清水或生理盐水彻底冲洗。就医。 吸　　入　迅速脱离现场至空气新鲜处。保持呼吸道通畅。如呼吸困难，给输氧。如呼吸、心跳停止，立即进行心肺复苏术。就医。 食　　入　用水漱口，饮水。就医（高铁血红蛋白血症，可用美蓝和维生素 C 治疗）。

泄漏应急处理

隔离泄漏污染区，限制出入。切断火源。建议应急处理人员戴防尘口罩，穿防毒服。不要直接接触泄漏物。尽可能切断泄漏源。用塑料布覆盖泄漏物，减少飞散。勿使水进入包装容器内。用洁净的铲子收集泄漏物，置于干净、干燥、盖子较松的容器中，将容器移离泄漏区。

职业接触限值	消防措施
未制定标准	灭火剂：雾状水、泡沫、干粉、二氧化碳、砂土。 消防人员须佩戴防毒面具，穿全身消防服，在上风向灭火。尽可能将容器从火场移至空旷处。喷水保持火场容器冷却，直至灭火结束。

危险性类别	品名、英文名、分子式、CAS 号	危险性标志
易燃 **有毒**	乙酰丙酮（2,4-戊二酮） acetylacetone $C_5H_8O_2$ CAS 号：123-54-6	 

理化数据

熔点：−23.5℃	沸点：140.5℃	闪点：36.1℃
自燃温度：340℃	饱和蒸气压：0.93 kPa（20℃）	相对密度（$d_{水}$=1）：0.98
相对蒸气密度（$d_{空气}$=1）：3.45	爆炸上限：11.6%	爆炸下限：2.4%

危险特性与安全存储

危险特性	易燃，遇明火、高热能引起燃烧爆炸。与氧化剂可发生反应。流速过快，容易产生和积聚静电。其蒸气遇火源易着火回燃。若遇高热，容器内压增大，有开裂和爆炸的危险。对水生生物有害。
安全存储	应与氧化剂、还原剂、碱类、卤素、食用化学品分开存放，切忌混储。 储存于阴凉、通风的库房，库温不超过 37℃，远离火种、热源。采用防爆型照明、通风设备，严禁使用易产生火花的机械设备和工具。储区应备有泄漏应急处理设备和合适的收容材料。

防护措施

接触表现与急救措施

接触表现	吸入、摄入或经皮吸收对身体有害。对眼和皮肤有刺激作用。中毒表现有头痛、恶心和呕吐。
急救措施	皮肤接触　立即脱去污染的衣着，用大量流动清水彻底冲洗。就医。 眼睛接触　立即分开眼睑，用大量流动清水或生理盐水彻底冲洗。就医。 吸　　入　迅速脱离现场至空气新鲜处。保持呼吸道通畅。如呼吸困难，给输氧。如呼吸、心跳停止，立即进行心肺复苏术。就医。 食　　入　用水漱口，饮水。就医。

泄漏应急处理

迅速撤离泄漏污染区人员至安全区，并进行隔离，严格限制出入。切断火源。建议应急处理人员戴正压自给式呼吸器，穿防毒、防静电服。禁止接触或跨越泄漏物。尽可能切断泄漏源。防止进入下水道、排洪沟等限制性空间。

小量泄漏：用砂土或其他不燃材料吸附或吸收，用洁净的无火花工具收集吸收材料。

大量泄漏：构筑围堤或挖坑收容。用泡沫覆盖，减少蒸发。用防爆泵转移至槽车或专用收集器内。

职业接触限值	消防措施
未制定标准	灭火剂：雾状水、泡沫、干粉、二氧化碳、砂土。 消防人员须佩戴防毒面具，穿全身消防服，在上风向灭火。尽可能将容器从火场移至空旷处。喷水保持火场容器冷却，直至灭火结束。容器突然发出异常声音或出现异常现象，应立即撤离。

危险性类别	品名、英文名、分子式、CAS 号	危险性标志
有毒	4-乙氧基苯胺（对氨基苯乙醚） 4-ethoxyaniline $C_8H_{11}NO$ CAS 号：156-43-4	

理化数据

熔点：4℃　　沸点：253～255℃

闪点：115℃　　相对密度（$d_{水}$=1）：1.062（16℃）

危险特性与安全存储

危险特性	遇明火、高热可燃，具刺激性。与氧化剂接触可发生反应。受高热分解放出有毒的气体。若遇高热，容器内压增大，有开裂和爆炸的危险。对水生生物有毒。
安全存储	应与氧化剂分开存放，切忌混储。保持容器密封，避免阳光直射。 储存于阴凉、通风的仓库，远离火种、热源。配备相应品种和数量的消防器材，储区应备有泄漏应急处理设备和合适的收容材料。

防护措施

接触表现与急救措施

接触表现	对眼和皮肤有刺激作用。本品蒸气能经皮肤吸收。本品中毒有类似苯胺的中毒症状，如头痛、眩晕、发绀等。
急救措施	皮肤接触　立即脱去污染的衣着，用肥皂水和清水彻底冲洗。就医。 眼睛接触　立即分开眼睑，用大量流动清水或生理盐水彻底冲洗。就医。 吸　　入　迅速脱离现场至空气新鲜处。保持呼吸道通畅。如呼吸困难，给输氧。如呼吸、心跳停止，立即进行心肺复苏术。就医。 食　　入　用水漱口，饮水。就医。

泄漏应急处理

迅速撤离泄漏污染区人员至安全区，并进行隔离，严格限制出入。切断火源。建议应急处理人员戴正压自给式呼吸器，穿一般作业服。不要直接接触泄漏物。尽可能切断泄漏源。防止进入下水道、排洪沟等限制性空间。

小量泄漏：用干燥的砂土或其他不燃材料吸收或覆盖，收集于容器中。

大量泄漏：构筑围堤或挖坑收容。用泵转移至槽车或专用收集器内。

职业接触限值	消防措施
未制定标准	灭火剂：雾状水、泡沫、干粉、二氧化碳、砂土。 消防人员须佩戴防毒面具，穿全身消防服，在上风向灭火。喷水保持火场容器冷却，直至灭火结束。容器突然发出异常声音或出现异常现象，应立即撤离。

危险性类别	品名、英文名、分子式、CAS 号	危险性标志
易燃 腐蚀	异丁醇 isobutyl alcohol $C_4H_{10}O$ CAS 号：78-83-1	 

理化数据

熔点：−108℃	沸点：107.9℃	闪点：28℃（CC）；37.7（OC）
自燃温度：415℃	临界温度：274.6℃	临界压力：4.3 MPa
饱和蒸气压：1.17 kPa（20℃）	相对密度（$d_{水}$=1）：0.81（15℃）	相对蒸气密度（$d_{空气}$=1）：2.55
爆炸上限：10.9%	爆炸下限：1.2%	

危险特性与安全存储

危险特性	易燃，其蒸气与空气可形成爆炸性混合物。受热分解放出有毒气体。与氧化剂接触可发生剧烈反应。在火场中，受热的容器有爆炸危险。
安全存储	应与氧化剂、酸类分开存放，切忌混储。保持容器密封。 储存于阴凉、通风的库房，库温不超过 37℃，远离火种、热源。采用防爆型照明、通风设备，禁止使用易产生火花的机械设备和工具。储区应备有泄漏应急处理设备和合适的收容材料。

防护措施

接触表现与急救措施

接触表现	有刺激和麻醉作用。较高浓度蒸气对眼、皮肤、黏膜和上呼吸道有刺激作用，可使眼角膜表层形成空泡，还可引起食欲减退和体重减轻。涂于皮肤引起局部轻度充血及红斑。经口摄入有轻度毒性，出现中枢神经抑制和胃肠道症状。
急救措施	皮肤接触　立即脱去污染的衣着，用大量流动清水彻底冲洗。就医。 眼睛接触　立即分开眼睑，用大量流动清水或生理盐水彻底冲洗 5～10 min。就医。 吸　　入　迅速脱离现场至空气新鲜处。保持呼吸道通畅。如呼吸困难，给输氧。如呼吸、心跳停止，立即进行心肺复苏术。就医。 食　　入　用水漱口，饮水。就医。

泄漏应急处理

迅速撤离泄漏污染区人员至安全区，并进行隔离，严格限制出入。切断火源。建议应急处理人员戴正压自给式呼吸器，穿防静电服，戴防护手套。禁止接触或跨越泄漏物。尽可能切断泄漏源。防止进入下水道、排洪沟等限制性空间。

小量泄漏：用砂土或其他不燃材料吸收，用洁净的无火花工具收集吸收材料。

大量泄漏：构筑围堤或挖坑收容。用抗溶性泡沫覆盖，减少蒸发。用防爆泵转移至槽车或专用收集器内。

职业接触限值	消防措施
未制定标准	灭火剂：雾状水、抗溶性泡沫、干粉、二氧化碳、砂土。 消防人员须佩戴防毒面具，穿全身防火防毒服，在上风向灭火。尽可能将容器从火场移至空旷处。喷水保持火场容器冷却，直至灭火结束。容器突然发出异常声音或出现异常现象，应立即撤离。

危险性类别	品名、英文名、分子式、CAS 号	危险性标志
易燃 **腐蚀**	异丁酸 isobutyric acid $C_4H_8O_2$ CAS 号：79-31-2	 

理化数据

熔点：−47℃　沸点：154.5℃　闪点：56℃（CC）

自燃温度：481℃　临界温度：336℃　临界压力：4.05 MPa

饱和蒸气压：0.2 kPa（20℃）　相对密度（$d_{水}$=1）：0.95　相对蒸气密度（$d_{空气}$=1）：3.04

爆炸上限：10%　爆炸下限：2%

危险特性与安全存储

危险特性	具腐蚀性。易燃，遇明火、高热或与氧化剂接触，有引起燃烧爆炸的危险。对水生生物有害。
安全存储	应与氧化剂、还原剂、碱类分开存放，切忌混储。保持容器密封。 储存于阴凉、通风的库房，远离火种、热源。库温不超过 37℃。采用防爆型照明、通风设备，禁止使用易产生火花的机械设备和工具。储区应备有泄漏应急处理设备和合适的收容材料。

防护措施

接触表现与急救措施

接触表现	对眼、皮肤、黏膜和上呼吸道有强烈的刺激作用。吸入后可因喉和支气管的痉挛、炎症、水肿及化学性肺炎或肺水肿而致死。接触后引起烧灼感、咳嗽、喘息、喉炎、气短、头痛、恶心、呕吐。
急救措施	皮肤接触　立即脱去污染的衣着，用大量流动清水彻底冲洗至少 15 min。就医。 眼睛接触　立即分开眼睑，用大量流动清水或生理盐水彻底冲洗 5～10 min。就医。 吸　　入　迅速脱离现场至空气新鲜处。保持呼吸道通畅。如呼吸困难，给输氧。如呼吸、心跳停止，立即进行心肺复苏术。就医。 食　　入　用水漱口，饮水。就医。

泄漏应急处理

迅速撤离泄漏污染区人员至安全区，并进行隔离，严格限制出入。切断火源。建议应急处理人员戴正压自给式呼吸器，穿防静电、防腐蚀、防毒服，戴橡胶手套。禁止接触或跨越泄漏物。尽可能切断泄漏源。防止进入下水道、排洪沟等限制性空间。

小量泄漏：用砂土或其他不燃材料吸收，用洁净的无火花工具收集吸收材料。

大量泄漏：构筑围堤或挖坑收容。用抗溶性泡沫覆盖，减少蒸发。用砂土、惰性物质或蛭石吸收大量液体。用石灰石、碎石灰石或碳酸氢钠中和。用防爆、防腐蚀泵转移至槽车或专用收集器内。

职业接触限值	消防措施
未制定标准	灭火剂：雾状水、抗溶性泡沫、干粉、二氧化碳、砂土。 消防人员须佩戴空气呼吸器，穿全身耐酸碱消防服灭火。尽可能将容器从火场移至空旷处。容器突然发出异常声音或出现异常现象，应立即撤离。

危险性类别	品名、英文名、分子式、CAS 号	危险性标志
易燃	异戊醇 isoamyl alcohol $C_5H_{12}O$ CAS 号：123-51-3	

理化数据

熔点：−117.2℃	沸点：132.5℃	闪点：43℃（CC）
自燃温度：347℃	临界温度：304℃	临界压力：3.92 MPa
饱和蒸气压：0.27 kPa（20 ℃）	相对密度（$d_{水}$=1）：0.81（15℃）	相对蒸气密度（$d_{空气}$=1）：3.04 kPa
爆炸上限：9.0%	爆炸下限：1.2%	

危险特性与安全存储

危险特性	易燃，具刺激性，其蒸气与空气可形成爆炸性混合物，遇明火、高热能引起燃烧爆炸。与氧化剂接触可发生剧烈反应。在火场中，受热的容器有爆炸危险。
安全存储	应与氧化剂、酸类分开存放，切忌混储。保持容器密封。 储存于阴凉、通风的库房，库温不超过 37℃，远离火种、热源。采用防爆型照明、通风设备，禁止使用易产生火花的机械设备和工具。储区应备有泄漏应急处理设备和合适的收容材料。

防护措施

接触表现与急救措施

接触表现	吸入、摄入或经皮肤吸收有麻醉作用。其蒸气或雾对眼、皮肤、黏膜和呼吸道有刺激作用，可引起神经系统功能紊乱，长时间接触有麻醉作用。
急救措施	皮肤接触　立即脱去污染的衣着，用流动清水彻底冲洗。就医。 眼睛接触　立即分开眼睑，用流动清水或生理盐水彻底冲洗。就医。 吸　　入　迅速脱离现场至空气新鲜处。保持呼吸道通畅。如呼吸困难，给输氧。如呼吸、心跳停止，立即进行心肺复苏术。就医。 食　　入　用水漱口，饮水。就医。

泄漏应急处理

迅速撤离泄漏污染区人员至安全区，并进行隔离，严格限制出入。切断火源。建议应急处理人员戴正压自给式呼吸器，穿防静电服，戴防护手套。禁止接触或跨越泄漏物。尽可能切断泄漏源。防止进入下水道、排洪沟等限制性空间。

小量泄漏：用砂土或其他不燃材料吸收，用洁净的无火花工具收集吸收材料。

大量泄漏：构筑围堤或挖坑收容。用泡沫覆盖，减少蒸发。用防爆泵转移至槽车或专用收集器内。

职业接触限值	消防措施
未制定标准	灭火剂：泡沫、干粉、二氧化碳、砂土。 消防人员须佩戴空气呼吸器，穿全身防火防毒服，在上风向灭火。尽可能将容器从火场移至空旷处。喷水保持火场容器冷却，直至灭火结束。容器突然发出异常声音或出现异常现象，应立即撤离。

危险性类别	品名、英文名、分子式、CAS 号	危险性标志
易燃	异戊醛 isopentaldehyde $C_5H_{10}O$ CAS 号：590-86-3	

理化数据

熔点：−51℃
沸点：92.5℃
闪点：−5℃
自燃温度：222℃
临界压力：3.83 MPa
饱和蒸气压：6.66 kPa（25℃）
相对密度（$d_{水}$=1）：0.80
相对蒸气密度（$d_{空气}$=1）：2.76
爆炸上限：12.9%
爆炸下限：1.24%

危险特性与安全存储

危险特性	高度易燃，其蒸气与空气可形成爆炸性混合物。与氧化剂接触可发生剧烈反应。其蒸气比空气重，能在较低处扩散到相当远的地方，遇火源会着火回燃。
安全存储	应与氧化剂、还原剂、碱类分开存放，切忌混储。保持容器密封。 储存于阴凉、通风的库房，库温不超过 37℃，远离火种、热源。采用防爆型照明、通风设备，禁止使用易产生火花的机械设备和工具。储区应备有泄漏应急处理设备和合适的收容材料。

防护措施

接触表现与急救措施

接触表现	对眼、皮肤和呼吸道有刺激作用。接触本品蒸气可引起胸部压迫感、上呼吸道刺激、眩晕、头痛、恶心、呕吐、疲倦无力等。
急救措施	皮肤接触　立即脱去污染的衣着，用大量流动清水彻底冲洗。就医。 眼睛接触　立即分开眼睑，用大量流动清水或生理盐水彻底冲洗。就医。 吸　　入　迅速脱离现场至空气新鲜处。保持呼吸道通畅。如呼吸困难，给输氧。如呼吸、心跳停止，立即进行心肺复苏术。就医。 食　　入　用水漱口，饮水。就医。

泄漏应急处理

迅速撤离泄漏污染区人员至安全区，并进行隔离，严格限制出入。切断火源。建议应急处理人员戴正压自给式呼吸器，穿防静电服，戴橡胶手套。禁止接触或跨越泄漏物。尽可能切断泄漏源。防止进入下水道、排洪沟等限制性空间。
小量泄漏：用砂土或其他不燃材料吸收，用洁净的无火花工具收集吸收材料。
大量泄漏：构筑围堤或挖坑收容。用泡沫覆盖，减少蒸发。用防爆泵转移至槽车或专用收集器内。

职业接触限值	消防措施
未制定标准	灭火剂：泡沫、干粉、二氧化碳、砂土。**用水灭火无效**。 消防人员须佩戴防毒面具，穿全身消防服，在上风向灭火。尽可能将容器从火场移至空旷处。喷水保持火场容器冷却，直至灭火结束。容器突然发出异常声音或出现异常现象，应立即撤离。

危险性类别	品名、英文名、分子式、CAS 号	危险性标志
易燃	异辛烷（2,2,4−三甲基戊烷） isooctane C_8H_{18} CAS 号：540-84-1	

理化数据

熔点：−107.4℃	沸点：99.2℃	闪点：45℃（OC）
自燃温度：417℃	临界压力：2.57 MPa	饱和蒸气压（kPa）：5.1 kPa（20℃）
相对密度（$d_{水}$=1）：0.69（20℃）	爆炸上限：6.0%	爆炸下限：1.0%

危险特性与安全存储

危险特性	高度易燃，其蒸气与空气可形成爆炸性混合物，遇明火、高热极易燃烧爆炸。遇强氧化剂会引起燃烧爆炸。在火场中，受热的容器有爆炸危险。其蒸气比空气重，遇火源会着火回燃。对水生生物毒性非常大并具有长期持续影响。
安全存储	应与氧化剂分开存放，切忌混储。保持容器密封。 储存于阴凉、通风的库房，库温不超过 37℃，远离火种、热源。采用防爆型照明、通风设备，禁止使用易产生火花的机械设备和工具。储区应备有泄漏应急处理设备和合适的收容材料。

防护措施

接触表现与急救措施

接触表现	具刺激性，可能有麻醉作用。吸入液态本品可引起吸入性肺炎。
急救措施	皮肤接触　立即脱去污染的衣着，用大量流动清水彻底冲洗。就医。 眼睛接触　立即分开眼睑，用大量流动清水或生理盐水彻底冲洗。就医。 吸　　入　迅速脱离现场至空气新鲜处。保持呼吸道通畅。如呼吸困难，给输氧。如呼吸、心跳停止，立即进行心肺复苏术。就医。 食　　入　用水漱口，饮水。禁止催吐。就医。

泄漏应急处理

迅速撤离泄漏污染区人员至安全区，并进行隔离，严格限制出入。切断火源。建议应急处理人员戴正压自给式呼吸器，穿防静电服。禁止接触或跨越泄漏物。尽可能切断泄漏源。防止进入下水道、排洪沟等限制性空间。

小量泄漏：用砂土或其他不燃材料吸收，用洁净的无火花工具收集吸收材料。

大量泄漏：构筑围堤或挖坑收容。用泡沫覆盖，减少蒸发。用防爆泵转移至槽车或专用收集器内。

职业接触限值	消防措施
未制定标准	灭火剂：泡沫、干粉、二氧化碳、砂土。**用水灭火无效。** 消防人员须佩戴防毒面具，穿全身防火防毒服，在上风向灭火。喷水保持火场容器冷却，尽可能将容器从火场移至空旷处。容器突然发出异常声音或出现异常现象，应立即撤离。

危险性类别	品名、英文名、分子式、CAS 号	危险性标志
易燃	原甲酸三乙酯（三乙氧基甲烷） ethylorthoformate $C_7H_{16}O_3$ CAS 号：122-51-0	

理化数据

熔点：−61℃
沸点：145.9℃
闪点：30℃（CC）
自燃温度：180℃
饱和蒸气压：1.33 kPa（40.5℃）
相对密度（$d_{水}$=1）：0.89
相对蒸气密度（$d_{空气}$=1）：5.11
爆炸上限：25.1%
爆炸下限：0.7%

危险特性与安全存储

危险特性	易燃，遇明火、高热或与氧化剂接触，有引起燃烧爆炸的危险。其蒸气比空气重，能在较低处扩散到相当远的地方，遇火源会着火回燃。
安全存储	应与氧化剂、酸类分开存放，切忌混储。保持容器密封。 储存于阴凉、通风的库房，库温不超过 37℃，远离火种、热源。采用防爆型照明、通风设施，禁止使用易产生火花的机械设备和工具。储区应备有泄漏应急处理设备和合适的收容材料。

防护措施

接触表现与急救措施

接触表现	经口摄入可引起呼吸困难及软弱。吸入液态本品可引起吸入性肺炎。
急救措施	皮肤接触　立即脱去污染的衣着，用流动清水彻底冲洗。就医。 眼睛接触　立即分开眼睑，用流动清水或生理盐水彻底冲洗。就医。 吸　　入　迅速脱离现场至空气新鲜处。保持呼吸道通畅。如呼吸困难，给输氧。如呼吸、心跳停止，立即进行心肺复苏术。就医。 食　　入　用水漱口，饮水。禁止催吐。就医。

泄漏应急处理

迅速撤离泄漏污染区人员至安全区，并进行隔离，严格限制出入。切断火源。建议应急处理人员戴正压自给式呼吸器，穿防静电服，戴橡胶耐油手套。禁止接触或跨越泄漏物。尽可能切断泄漏源。防止进入下水道、排洪沟等限制性空间。
小量泄漏：用砂土或其他不燃材料吸收，用洁净的无火花工具收集吸收材料。
大量泄漏：构筑围堤或挖坑收容。用泡沫覆盖，减少蒸发。用防爆泵转移至槽车或专用收集器内。

职业接触限值	消防措施
未制定标准	灭火剂：泡沫、干粉、二氧化碳、砂土。 消防人员须佩戴防毒面具，穿全身防火防毒服，在上风向灭火。尽可能将容器从火场移至空旷处。喷水保持火场容器冷却，直至灭火结束。容器突然发出异常声音或出现异常现象，应立即撤离。

危险性类别	品名、英文名、分子式、CAS 号	危险性标志
易燃	原乙酸三甲酯（1,1,1-三甲氧基乙烷） trimethyl orthoacetate $C_5H_{12}O_3$ CAS 号：1445-45-0	

理化数据

沸点：107～109℃　闪点：16.67℃　相对密度（$d_{水}$=1）：0.9940

危险特性与安全存储

危险特性	高度易燃，其蒸气与空气可形成爆炸性混合物，遇明火、高热极易燃烧爆炸。与氧化剂接触发生剧烈反应。若遇高热，容器内压增大，有开裂和爆炸的危险。
安全存储	应与氧化剂、酸类分开存放，切忌混储。保持容器密封，防止阳光直射。 储存于阴凉、通风的库房，库温不超过 37℃，远离火种、热源。采用防爆型照明、通风设备，禁止使用易产生火花的机械设备和工具。储区应备有泄漏应急处理设备和合适的收容材料。

防护措施

接触表现与急救措施

接触表现	吸入、摄入或经皮肤吸收后对身体有害。对眼、皮肤、黏膜和上呼吸道有刺激作用，应避免接触。本品易水解产生甲醇，甲醇可致失明。
急救措施	皮肤接触　立即脱去污染的衣着，用大量流动清水彻底冲洗。就医。 眼睛接触　立即分开眼睑，用大量流动清水或生理盐水彻底冲洗。就医。 吸　　入　迅速脱离现场至空气新鲜处。保持呼吸道通畅。如呼吸困难，给输氧。如呼吸、心跳停止，立即进行心肺复苏术。就医。 食　　入　用水漱口，饮水。就医。

泄漏应急处理

迅速撤离泄漏污染区人员至安全区，并进行隔离，严格限制出入。切断火源。建议应急处理人员戴正压自给式呼吸器，穿防静电服。禁止接触或跨越泄漏物。尽可能切断泄漏源。防止进入下水道、排洪沟等限制性空间。

小量泄漏：用砂土或其他不燃材料吸收，用洁净的无火花工具收集吸收材料。

大量泄漏：构筑围堤或挖坑收容。用泡沫覆盖，减少蒸发。用防爆泵转移至槽车或专用收集器内。

职业接触限值	消防措施
未制定标准	灭火剂：雾状水、泡沫、干粉、二氧化碳、砂土。 消防人员须佩戴防毒面具，穿全身消防服，在上风向灭火。尽可能将容器从火场移至空旷处。喷水保持火场容器冷却，直至灭火结束。容器突然发出异常声音或出现异常现象，应立即撤离。

第 2 章　剧毒化学品

危险性类别	品名、英文名、分子式、CAS 号	危险性标志
剧毒品 **易燃**	磷化氢 hydrogen phosphide H_3P CAS 号：7803-51-2	 

理化数据

熔点：−133℃	沸点：−87.7℃	闪点：−88℃
自燃温度：100～150℃	临界温度：52℃	临界压力：6.58 MPa
饱和蒸气压：53.32 kPa（−98.3℃）	相对密度（$d_{水}$=1）：0.8	相对蒸气密度（$d_{空气}$=1）：1.17
爆炸上限：98%	爆炸下限：1.8%	

危险特性与安全存储

危险特性	高压气体，极易燃，高毒。具强还原性、腐蚀性。与空气可形成爆炸性混合物。遇明火、高热有燃烧爆炸的危险。暴露在空气中能自燃。与氧接触会爆炸，与卤素接触剧烈反应。与氧化剂接触发生剧烈反应。燃烧生成有害的氧化磷。对水生生物毒性非常大。
安全存储	应与氧化剂、食用化学品分开存放，切忌混储。保持容器密封。 储存于阴凉、通风的有毒气体专用库房，库温不超过 30℃，远离火种、热源。实行“双人收发、双人保管”制度。采用防爆型照明、通风设施，禁止使用易产生火花的设备和工具。储区应备有泄漏应急处理设备。

防护措施

接触表现与急救措施

接触表现		磷化氢作用于细胞酶，影响细胞代谢，发生内窒息。其主要损害神经系统、呼吸系统、心、肾及肝。10 mg/m^3 时接触 6 h，有中毒症状；409～846 mg/m^3 时，0.5～1 h 时发生死亡。
	急性中毒	轻者有头痛、乏力、恶心、失眠、口渴、鼻咽发干、胸闷、咳嗽和低热等；中度中毒者出现轻度意识障碍、呼吸困难、心肌损伤；重度中毒者出现昏迷、抽搐、肺水肿及明显的心肌、肝及肾损害。眼和皮肤接触引起灼伤。
急救措施	皮肤接触	立即脱去污染的衣着，用大量流动清水彻底冲洗至少 15 min。就医。
	眼睛接触	立即分开眼睑，用大量流动清水或生理盐水彻底冲洗 5～10min。就医。
	吸　　入	迅速脱离现场至空气新鲜处。保持呼吸道通畅。如呼吸困难，给输氧。如呼吸、心跳停止，立即进行心肺复苏术。就医。

泄漏应急处理

迅速撤离泄漏污染区人员至上风处，严格限制出入。切断火源。建议应急处理人员穿内置正压自给式呼吸器的全封闭防护服。如果是液化气体泄漏，还应注意防冻伤。尽可能切断泄漏源。喷雾状水稀释、溶解。禁止用水直接冲击泄漏物或泄漏源。若有可能则翻转容器，使之逸出气体而非液体。合理通风，加速扩散。

职业接触限值	消防措施
MAC：0.3 mg/m^3	灭火剂：雾状水、泡沫、干粉、二氧化碳。 **切断气源。若不能切断气源，则不允许熄灭泄漏处的火焰**。消防人员须佩戴过滤式防毒面具或隔离式呼吸器，穿全身防火防毒服，在上风向灭火。喷水冷却容器，尽可能将容器从火场移至空旷处。

危险性类别	品名、英文名、分子式、CAS 号	危险性标志
剧毒品 **腐蚀**	氯化汞 mercuric chloride $HgCl_2$ CAS 号：7487-94-7	 

理化数据

熔点：276～277℃　沸点：302℃　饱和蒸气压：0.13 kPa（136.2℃）
相对密度（$d_{水}$=1）：5.44　相对蒸气密度（$d_{空气}$=1）：9.8（300℃）

危险特性与安全存储

危险特性	高毒。与碱金属能发生剧烈反应。对水生生物毒性非常大并具有长期持续影响。
安全存储	应与氧化剂、碱类、食用化学品分开存放，切忌混储。包装密封，避免光照。 储存于阴凉、通风的专用库房内，库温不超过 35℃，相对湿度不超过 80%，远离火种、热源。实行“双人收发、双人保管”制度。储区应备有合适的材料以收容泄漏物。

防护措施

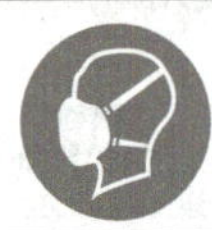
必须戴防护口罩

必须戴防护眼镜

必须穿防护服

必须戴防护手套

接触表现与急救措施

接触表现	汞离子可使含巯基的酶丧失活性，失去功能；还能与酶中的氨基、二巯基、羧基、羟基及细胞内的磷酰基结合，引起相应的损害。 急性中毒　有头痛、头晕、乏力、失眠、多梦、口腔炎、发热等全身症状，可有食欲不振、恶心、腹痛、腹泻等，部分患者皮肤出现红色斑丘疹；重者发生间质性肺炎及肾损害。经口摄入可发生急性腐蚀性胃肠炎，重者昏迷、休克，甚至发生坏死性肾病致急性肾功能衰竭。对眼有刺激作用。可致皮炎。 慢性影响　表现有神经衰弱综合征；易兴奋症；精神情绪障碍，如胆怯、害羞、易怒、爱哭等；汞毒性震颤；口腔炎。少数病例有肝肾损害。
急救措施	皮肤接触　立即脱去污染的衣着，用大量流动清水彻底冲洗。 眼睛接触　立即分开眼睑，用大量流动清水或生理盐水彻底冲洗。就医。 吸　　入　迅速脱离现场至空气新鲜处。保持呼吸道通畅。如呼吸困难，给输氧。如呼吸、心跳停止，立即进行心肺复苏术。就医。 食　　入　给饮蛋清、牛奶或豆浆。就医（解毒剂：二巯基丙磺酸钠、二巯基丁二酸钠、青霉胺）。

泄漏应急处理

隔离泄漏污染区，限制出入。建议应急处理人员戴防尘口罩，穿防毒服，戴橡胶手套。不要直接接触泄漏物。尽可能切断泄漏源。用塑料布覆盖泄漏物，减少飞散。勿使水进入包装容器内。用洁净的铲子收集泄漏物，置于干净、干燥、盖子较松的容器中，将容器移离泄漏区。

职业接触限值	消防措施
MAC：0.025 mg/m^3	本品不燃，根据着火原因选择适当灭火剂灭火。 消防人员须佩戴空气呼吸器，穿全身防火防毒服，在上风向灭火。喷水冷却容器，尽可能将容器从火场移至空旷处。

危险性类别	品名、英文名、分子式、CAS 号	危险性标志
剧毒品 **氧化剂**	氯气 chlorine Cl_2 CAS 号：7782-50-5	 

理化数据

熔点：−101℃　沸点：−34.0℃　临界温度：144℃

临界压力：7.71 MPa　饱和蒸气压：673 kPa（20℃）

相对密度（$d_{水}$=1）：1.41（20℃）　相对蒸气密度（$d_{空气}$=1）：2.5

危险特性与安全存储

危险特性	助燃，高毒，具强刺激性。可燃物大都能在氯气中燃烧。与可燃物混合会发生爆炸。能与许多化学品如乙炔、松节油、乙醚、氨、燃料气、烃类、氢气、金属粉末等剧烈反应，发生爆炸或生成爆炸性物质。对金属和非金属几乎都有腐蚀作用。对水生生物毒性非常大。
安全存储	应与易（可）燃物、醇类、食用化学品分开存放，切忌混储。 储存于阴凉、通风的有毒气体专用库房，库温不超过30℃，远离火种、热源。实行“双人收发、双人保管”制度。储区应备有泄漏应急处理设备。

防护措施

接触表现与急救措施

接触表现	急性中毒	轻者有流泪、咳嗽、咳少量痰、胸闷症状，出现气管炎和支气管炎的表现；中度中毒发生支气管肺炎、肺水肿，或哮喘样发作，除有上述症状的加重外，还出现呼吸困难、轻度紫绀等；重者发生肺泡性水肿、急性呼吸窘迫综合征、严重窒息、昏迷和休克，并可出现气胸、纵隔气肿等并发症。吸入极高浓度的氯气，可引起迷走神经反射性心跳骤停或喉头痉挛而发生“电击样”死亡。皮肤接触液氯或高浓度氯，在暴露部位可有灼伤或急性皮炎。
	慢性影响	长期低浓度接触可引起慢性牙龈炎、咽炎、支气管炎、哮喘、肺气肿、牙齿酸蚀症等。
急救措施	皮肤接触	立即脱去污染的衣着，用大量流动清水彻底冲洗。
	眼睛接触	立即分开眼睑，用大量流动清水或生理盐水彻底冲洗。就医。
	吸　　入	迅速脱离现场至空气新鲜处。保持呼吸道通畅。如呼吸困难，给输氧。如呼吸、心跳停止，立即进行心肺复苏术。就医。

泄漏应急处理

迅速撤离泄漏污染区人员至上风处，并进行隔离，严格限制出入。建议应急处理人员穿内置正压自给式呼吸器的全封闭防化服，戴橡胶手套。如果是液化气体泄漏，还应注意防冻伤。尽可能切断泄漏源。喷雾状水稀释、溶解。构筑围堤堵截液体泄漏物。喷稀碱液中和、稀释。也可以将漏气钢瓶或储罐浸入石灰乳液中。隔离泄漏区直至气体散尽。泄漏场所保持通风。漏气容器要妥善处理，修复、检验后再用。

职业接触限值	消防措施
MAC：1 mg/m^3	本品不燃，根据着火原因选择适当灭火剂灭火。 消防人员须佩戴空气呼吸器，穿全身防火防毒服，在上风向灭火。切断气源。

危险性类别	品名、英文名、分子式、CAS 号	危险性标志
剧毒品 易燃	2-氯乙醇 2-chloroethanol C_2H_5ClO CAS 号：107-07-3	 

理化数据

熔点：-67.5℃	沸点：127～136℃	闪点：60℃（OC）
自燃温度：425℃	饱和蒸气压：0.64 kPa（20℃）	相对密度（$d_{水}$=1)：1.21
相对蒸气密度（$d_{空气}$=1)：2.78	爆炸上限：16 %	爆炸下限：5%

危险特性与安全存储

危险特性	易燃，高毒，具刺激性。其蒸气与空气可形成爆炸性混合物，遇明火、高热能引起燃烧爆炸。与氧化剂接触可发生反应。高热时能分解放出剧毒的光气。遇水或水蒸气反应放热并产生有毒的腐蚀性气体。其蒸气遇明火易回燃。若遇高热，容器内压增大，有开裂和爆炸的危险。
安全存储	应与氧化剂、碱类、食用化学品分开存放，切忌混储。保持容器密封。 储存于阴凉干燥、通风的库房，远离火种、热源。实行“双人收发、双人保管”制度。采用防爆型照明、通风设施，禁止使用易产生火花的机械设备和工具。储区应备有泄漏应急处理设备和合适的收容材料。

防护措施

接触表现与急救措施

接触表现	急性中毒	高浓度蒸气对眼、上呼吸道有刺激性。高浓度吸入出现头痛、头晕、嗜睡、恶心、呕吐，继之乏力、呼吸困难、紫绀、共济失调、抽搐、昏迷；重者发生脑和肺水肿，可因循环和呼吸衰竭而死亡。皮肤接触，可出现皮肤红斑；可经皮吸收引起中毒。经口摄入可致死。
	慢性影响	有头痛、乏力、胃纳减退、血压降低和消瘦等。
急救措施	皮肤接触	立即脱去污染的衣着，用大量流动清水彻底冲洗。就医。
	眼睛接触	立即分开眼睑，用大量流动清水或生理盐水彻底冲洗。就医。
	吸　　入	迅速脱离现场至空气新鲜处。保持呼吸道通畅。如呼吸困难，给输氧。如呼吸、心跳停止，立即进行心肺复苏术。就医。
	食　　入	饮足量温水，催吐（仅限于清醒者）。就医。

泄漏应急处理

迅速撤离泄漏污染区人员至安全区，并进行隔离，严格限制出入。切断火源。建议应急处理人员戴正压自给式呼吸器，穿防毒、防静电服。尽可能切断泄漏源。作业时使用的所有设备应接地。禁止接触或跨越泄漏物。防止流入下水道、排洪沟等限制性空间。

小量泄漏：用砂土或其他不燃材料吸收，用洁净的无火花工具收集吸收材料。

大量泄漏：构筑围堤或挖坑收容。用泡沫覆盖，减少蒸发。喷水雾稀释。用防爆泵转移至槽车或专用收集器内。

职业接触限值	消防措施
MAC：2 mg/m^3 ［皮］	灭火剂：泡沫、干粉、二氧化碳、砂土。 消防人员须佩戴防毒面具，穿全身消防服，在上风向灭火。喷水冷却容器，直至灭火结束。容器突然发出异常声音或出现异常现象，应立即撤离。

危险性类别	品名、英文名、分子式、CAS 号	危险性标志
剧毒品 易燃	砷化氢 arsenic hydride AsH_3 CAS 号：7784-42-1	 

理化数据

熔点：−116℃	沸点：−62℃	闪点：−110℃
临界温度：99.95℃	临界压力：6.55 MPa	饱和蒸气压：1463 kPa（20℃）
相对密度（$d_{水}$=1）：1.689（84.9℃，液体）；2.69		相对蒸气密度（$d_{空气}$=1）：2.66
爆炸上限：100%	爆炸下限：4.5%	

危险特性与安全存储

危险特性	高压气体，易燃，高毒，可能致癌。强还原剂。与空气可形成爆炸性混合物，遇明火、高热能引起燃烧爆炸。燃烧生成有害的氧化砷。对水生生物毒性非常大并具有长期持续影响。
安全存储	应与氧化剂、食用化学品分开存放，切忌混储。保持容器密封。 储存于阴凉、通风的有毒气体专用库房，库温不超过 30℃，远离火种、热源。实行“双人收发、双人保管”制度。采用防爆型照明、通风设施，禁止使用易产生火花的设备和工具。储区应备有泄漏应急处理设备。

防护措施

接触表现与急救措施

接触表现	本品为强烈溶血毒物，红细胞溶解后的产物可堵塞肾小管，引起急性肾功能衰竭。	
	急性中毒	一般在十多小时内即出现溶血症状和体征。轻者全身无力、恶心、呕吐、腰痛、巩膜轻度黄染、尿色深暗；较重者出现寒战，体温升高，尿呈酱油色甚至黑色，黄疸加深，肝肿大；严重者导致急性肾功能衰竭，全身症状加重，体温升高，出现尿闭，可因急性心力衰竭和尿毒症而死亡。接触液态砷化氢可引起冻伤。
	慢性影响	长期在低浓度环境中作业的主要表现为头痛、乏力、恶心、呕吐，较重者可有多发性神经炎，常伴有贫血。
急救措施	皮肤接触	如发生冻伤，用温水（38～42℃）复温，忌用热水或辐射热，不要揉搓。就医。
	吸　　入	迅速脱离现场至空气新鲜处。保持呼吸道通畅。如呼吸困难，给输氧。如呼吸、心跳停止，立即进行心肺复苏术。就医。

泄漏应急处理

迅速撤离泄漏污染区人员至上风处，严格限制出入。切断火源。建议应急处理人员戴正压自给式呼吸器，穿防毒服。如果是液化气体泄漏，还应注意防冻伤。尽可能切断泄漏源。喷雾状水抑制蒸气或改变蒸气云流向。禁止用水直接冲击泄漏物或泄漏源。若有可能则翻转容器，使之逸出气体而非液体。合理通风，加速扩散。

职业接触限值	消防措施
MAC：0.03 mg/m³ ［G1］	灭火剂：雾状水、泡沫、干粉。 **切断气源。若不能切断气源，则不允许熄灭泄漏处的火焰。**消防人员须佩戴空气呼吸器，穿全身防火防毒服，在上风向灭火。喷水冷却容器，尽可能将容器从火场移至空旷处。

危险性类别	品名、英文名、分子式、CAS 号	危险性标志
剧毒品 **腐蚀**	乙酸汞 mercuric acetate $C_4H_6O_4Hg$ CAS 号：1600-27-7	 

理化数据

熔点：178～180℃　　相对密度（$d_{水}$=1）：3.28　　相对蒸气密度（$d_{空气}$=1）：11.0

危险特性与安全存储

危险特性	可燃，高毒，具刺激性。受高热分解放出有毒的气体。其粉体与空气混合，能形成爆炸性混合物。对水生生物毒性非常大并具有长期持续影响。
安全存储	应与氧化剂、酸类、食用化学品分开存放，切忌混储。 储存于阴凉、通风的专用库房内，远离火种、热源。实行“双人收发、双人保管”制度。配备相应品种和数量的消防器材，储区应备有合适的材料以收容泄漏物。

防护措施

接触表现与急救措施

接触表现	有刺激作用。吸入、摄入或经皮吸收对身体有害，重者可致死。侵犯神经系统，引起进行性神经麻痹、共济失调、精神障碍等。眼和皮肤接触可引起灼伤。
急救措施	皮肤接触　立即脱去污染的衣着，用大量流动清水彻底冲洗至少 15 min。就医。 眼睛接触　立即分开眼睑，用大量流动清水或生理盐水彻底冲洗 5～10 min。就医。 吸　　入　迅速脱离现场至空气新鲜处。保持呼吸道通畅。如呼吸困难，给输氧。如呼吸、心跳停止，立即进行心肺复苏术。就医。 食　　入　用水漱口，给饮牛奶和蛋清。禁止催吐。就医（解毒剂：二巯基丙磺酸钠、二巯基丁二酸钠、青霉胺）。

泄漏应急处理

隔离泄漏污染区，限制出入。建议应急处理人员戴防尘口罩，穿防毒服。不要直接接触泄漏物。尽可能切断泄漏源。用塑料布覆盖泄漏物，减少飞散。勿使水进入包装容器内。用洁净的铲子收集泄漏物，置于干净、干燥、盖子较松的容器中，将容器移离泄漏区。

职业接触限值	消防措施
PC-TWA：0.01 mg/m^3	灭火剂：雾状水、泡沫、干粉、二氧化碳、砂土。 消防人员须佩戴防毒面具，穿全身消防服，在上风向灭火。尽可能将容器从火场移至空旷处。喷水保持火场容器冷却，直至灭火结束。

第 3 章　易制毒化学品

危险性类别	品名、英文名、分子式、CAS 号	危险性标志
有害	苯乙酸 phenylacetic acid $C_8H_8O_2$ CAS 号：103-82-2	

理化数据

熔点：76.5℃　　沸点：265.5℃　　相对密度（$d_{水}$=1）：1.09（77℃）

危险特性与安全存储

危险特性	可燃，具刺激性。遇高热、明火或与氧化剂接触，有引起燃烧的危险。燃烧生成有害的一氧化碳。对环境有危害，对水体和大气可造成污染。易制毒。
安全存储	应与氧化剂、还原剂、碱类分开存放，切忌混储。 储存于阴凉、通风的库房，远离火种、热源。配备相应品种和数量的消防器材，储区应备有合适的材料以收容泄漏物。

防护措施

接触表现与急救措施

接触表现	对眼、皮肤、黏膜和上呼吸道有刺激作用。吸入、摄入或经皮肤吸收对身体有害。
急救措施	皮肤接触　立即脱去污染的衣着，用肥皂水和清水彻底冲洗。 眼睛接触　立即分开眼睑，用大量流动清水彻底冲洗 5～10 min。就医。 吸　　入　迅速脱离现场至空气新鲜处。保持呼吸道通畅。如呼吸困难，给输氧。如呼吸、心跳停止，立即进行心肺复苏术。就医。 食　　入　饮足量温水，催吐。就医。

泄漏应急处理

隔离泄漏污染区，限制出入。切断火源。建议应急处理人员戴防尘口罩，穿防毒服。避免扬尘，小心扫起，置于袋中转移至安全场所。若大量泄漏，用塑料布、帆布覆盖。收集回收或运至废物处理场所处置。

职业接触限值	消防措施
未制定标准	灭火剂：雾状水、泡沫、干粉、二氧化碳、砂土。 消防人员须佩戴防毒面具，穿全身消防服，在上风向灭火。尽可能将容器从火场移至空旷处。喷水保持火场容器冷却，直至灭火结束。

危险性类别	品名、英文名、分子式、CAS 号	危险性标志
易燃	丙酮 acetone C_3H_6O CAS 号：67-64-1	

理化数据

熔点：−95℃　　沸点：56.5℃　　闪点：−18℃（CC）；−9.4℃（OC）

自燃温度：465℃　　临界温度：235.5℃　　临界压力：4.72 MPa

饱和蒸气压：24 kPa（20℃）　　相对密度（$d_{水}$=1）：0.80　　相对蒸气密度（$d_{空气}$=1）：2.00

爆炸上限：12.8%　　爆炸下限：2.5%

危险特性与安全存储

危险特性	高度易燃。其蒸气与空气可形成爆炸性混合物，遇明火、高热极易燃烧爆炸。与氧化剂接触可发生剧烈反应。其蒸气遇明火易回燃。遇高热，容器有开裂和爆炸的危险。易制毒。
安全存储	应与氧化剂、还原剂、碱类分开存放，切忌混储。保持容器密封。 储存于阴凉、通风的专用库房，库温不超过 29℃，远离火种、热源。采用防爆型照明、通风设施，禁止使用易产生火花的机械设备和工具。储区应备有泄漏应急处理设备和合适的收容材料。

防护措施

按需戴防毒面具

按需戴防护眼镜

必须穿防护服

必须戴防护手套

接触表现与急救措施

接触表现	急性中毒	麻醉中枢神经系统，出现乏力、恶心、头痛、头晕、易激动等症状；重者发生呕吐、气急、痉挛，甚至昏迷。经口摄入后，口唇、咽喉有烧灼感，然后出现口干、呕吐、昏迷、酸中毒和酮症。对眼、鼻、喉有刺激作用。
	慢性影响	长期接触出现眩晕、灼烧感、咽炎、支气管炎、乏力、易激动等症状。皮肤长期接触可致皮炎。
急救措施	皮肤接触	立即脱去污染的衣着，用流动清水彻底冲洗。就医。
	眼睛接触	立即分开眼睑，用流动清水或生理盐水彻底冲洗。就医。
	吸　　入	迅速脱离现场至空气新鲜处。保持呼吸道通畅。如呼吸困难，给输氧。如呼吸、心跳停止，立即进行心肺复苏术。就医。
	食　　入	用水漱口，饮水。就医。

泄漏应急处理

迅速撤离泄漏污染区人员至安全区，严格限制出入。切断火源。建议应急处理人员戴正压自给式呼吸器，穿防静电服，戴橡胶耐油手套。作业时使用的所有设备应接地。禁止接触或跨越泄漏物。尽可能切断泄漏源。防止进入下水道、排洪沟等限制性空间。

小量泄漏：用砂土或其他不燃材料吸附或吸收，用洁净的无火花工具收集吸收材料。

大量泄漏：构筑围堤或挖坑收容。用砂土、惰性物质或蛭石吸收大量液体。用抗溶性泡沫覆盖，减少蒸发。用防爆泵转移至槽车或专用收集器内。喷雾状水驱散蒸气、稀释液体泄漏物。

职业接触限值	消防措施
PC−TWA：300 mg/m^3	灭火剂：抗溶性泡沫、干粉、二氧化碳、砂土。**用水灭火无效。** 消防人员须佩戴防毒面具，穿全身消防服，在上风向灭火。喷水冷却容器。容器突然发出异常声音或出现异常现象，应立即撤离。

危险性类别	品名、英文名、分子式、CAS 号	危险性标志
易燃	2-丁酮（甲基乙基酮） 2-butanone C_4H_8O CAS 号：78-93-3	

理化数据

熔点：−85.9℃　沸点：79.6℃　闪点：−9℃（CC）
自燃温度：404℃　临界温度：262.5℃　临界压力：4.15 MPa
饱和蒸气压：10.5 kPa（20℃）　相对密度（$d_{水}$=1）：0.81　相对蒸气密度（$d_{空气}$=1）：2.42
爆炸上限：11.5%　爆炸下限：1.8%

危险特性与安全存储

危险特性	高度易燃，具刺激性。其蒸气与空气可形成爆炸性混合物，遇明火、高热或与氧化剂接触，有引起燃烧爆炸的危险。其蒸气比空气重，遇火源易着火回燃。易制毒。
安全存储	应与氧化剂、还原剂、碱类分开存放，切忌混储。保持容器密封。 储存于阴凉、通风的库房，库温不超过 37℃，远离火种、热源。采用防爆型照明、通风设施，禁止使用易产生火花的机械设备和工具。储区应备有泄漏应急处理设备和合适的收容材料。

防护措施

接触表现与急救措施

接触表现	对眼、鼻、喉、黏膜有刺激作用。长期接触可致皮炎。动物试验显示：本品有麻醉作用。
急救措施	皮肤接触　立即脱去污染的衣着，用大量流动清水彻底冲洗。就医。 眼睛接触　立即分开眼睑，用大量流动清水或生理盐水彻底冲洗。就医。 吸　　入　迅速脱离现场至空气新鲜处。保持呼吸道通畅。如呼吸困难，给输氧。如呼吸、心跳停止，立即进行心肺复苏术。就医。 食　　入　用水漱口，饮水。就医。

泄漏应急处理

迅速撤离泄漏污染区人员至安全区，并进行隔离，严格限制出入。切断火源。建议应急处理人员戴正压自给式呼吸器，穿防静电服，戴橡胶耐油手套。作业时使用的所有设备应接地。禁止接触或跨越泄漏物。尽可能切断泄漏源。防止流入下水道、排洪沟等限制性空间。
小量泄漏：用砂土或其他不燃材料吸附或吸收，用洁净的无火花工具收集吸收材料。
大量泄漏：构筑围堤或挖坑收容。用砂土、惰性物质和蛭石吸收大量液体。用抗溶性泡沫覆盖，减少蒸发。用防爆泵转移至槽车或专用收集器内。喷雾状水驱散蒸气、稀释液体泄漏物。

职业接触限值	消防措施
PC-TWA：300 mg/m^3	灭火剂：抗溶性泡沫、干粉、二氧化碳、砂土。 消防人员须佩戴防毒面具，穿全身消防服，在上风向灭火。尽可能将容器从火场移至空旷处。喷水保持火场容器冷却，直至灭火结束。容器突然发出异常声音或出现异常现象，应立即撤离。

危险性类别	品名、英文名、分子式、CAS 号	危险性标志
氧化剂	高锰酸钾 potassium permanganate $KMnO_4$ CAS 号：7722-64-7	

理化数据

熔点：240℃（分解）　　相对密度（$d_{水}$=1）：2.7

危险特性与安全存储

危险特性	强氧化剂，遇硫酸、铵盐或过氧化氢能发生爆炸。遇甘油、乙醇能引起自燃。与还原剂、有机物、易燃物（如硫、磷等）接触或混合时有引起燃烧爆炸的危险。在火场中，受热的容器有爆炸危险。对水生生物毒性非常大并具有长期持续影响。易制爆。易制毒。
安全存储	应与还原剂、活性金属粉末、酸类、醇类分开存放，切忌混储。保持容器密封。 储存于阴凉、通风的库房，库温不超过 30℃，相对湿度不超过 80%，远离火种、热源。储区应备有合适的材料以收容泄漏物。

防护措施

接触表现与急救措施

接触表现	吸入后可引起呼吸道损害。溅落眼内，刺激结膜，重者致灼伤。刺激皮肤，浓溶液或结晶对皮肤有腐蚀作用。经口摄入腐蚀口腔和消化道，出现口内烧灼感、上腹痛、恶心、呕吐、口咽肿胀等症状。经口摄入剂量大者，口腔黏膜呈黑色、肿胀糜烂、剧烈腹痛、呕吐、血便、休克，最后死于循环衰竭。
急救措施	皮肤接触　立即脱去污染的衣着，用流动清水彻底冲洗。如有不适感，就医。 眼睛接触　立即分开眼睑，用流动清水或生理盐水彻底冲洗。如有不适感，就医。 吸　　入　迅速脱离现场至空气新鲜处。保持呼吸道通畅。如呼吸困难，给输氧。如呼吸、心跳停止，立即进行心肺复苏术。就医。 食　　入　用水漱口，给饮牛奶或蛋清。就医。

泄漏应急处理

隔离泄漏污染区，限制出入。建议应急处理人员戴防尘口罩，穿防毒服，戴橡胶手套。勿使泄漏物与有机物、还原剂、易燃物接触。不要直接接触泄漏物。尽可能切断泄漏源。勿使水进入包装容器内。
小量泄漏：用洁净的铲子收集泄漏物，置于干净、干燥、盖子较松的容器中，将容器移离泄漏区。
大量泄漏：泄漏物回收后，用水冲洗泄漏区。

职业接触限值	消防措施
PC-TWA：0.15 mg/m^3 ［MnO_2］	本品不燃，根据着火原因选择适当灭火剂灭火。 消防人员须佩戴空气呼吸器，穿全身防火防毒服，在上风向灭火。尽可能将容器从火场移至空旷处。喷水保持火场容器冷却，直至灭火结束。

危险性类别	品名、英文名、分子式、CAS 号	危险性标志
易燃	甲苯 toluene C_7H_8 CAS 号：108-88-3	

理化数据

熔点：−95℃	沸点：110.6℃	闪点：4℃（CC）；16℃（OC）
自燃温度：480℃	临界温度：318.6℃	临界压力：4.11 MPa
饱和蒸气压：3.8 kPa（25℃）	相对密度（$d_{水}$=1）：0.87	相对蒸气密度（$d_{空气}$=1）：3.14
爆炸上限：7.1%	爆炸下限：1.1%	

危险特性与安全存储

危险特性	高度易燃，其蒸气与空气可形成爆炸性混合物。与氧化剂接触可发生剧烈反应。流速过快，易产生和积聚静电。其蒸气遇明火易回燃。对水生生物有害并具有长期持续影响。易制毒。
安全存储	应与氧化剂分开存放，切忌混储。保持容器密封。 储存于阴凉、通风的库房，库温不超过 37℃，远离火种、热源。采用防爆型照明、通风设施，禁止使用易产生火花的机械设备和工具。储区应备有泄漏应急处理设备和合适的收容材料。

防护措施

必须穿防护服

接触表现与急救措施

接触表现	对皮肤、黏膜有刺激作用，对中枢神经系统有麻醉作用。 急性中毒　短时间吸入较高浓度本品表现为中枢神经系统麻醉作用，出现头晕、头痛、恶心、呕吐、胸闷、四肢无力、步态蹒跚、意识模糊等症状；重者可有躁动、抽搐、昏迷。呼吸道和眼结膜有明显的刺激症状。液体本品吸入肺内可引起肺炎、肺水肿和肺出血，可出现明显的心脏损害；吸入呼吸道可引起吸入性肺炎。 慢性影响　长期接触可发生神经衰弱综合征，肝肿大，女性可发生月经异常等。皮肤干燥、皲裂、皮炎。
急救措施	皮肤接触　立即脱去污染的衣着，用肥皂水和清水彻底冲洗。就医。 眼睛接触　立即分开眼睑，用大量流动清水或生理盐水彻底冲洗。就医。 吸　　入　迅速脱离现场至空气新鲜处。保持呼吸道通畅。如呼吸困难，给输氧。如呼吸、心跳停止，立即进行心肺复苏术。就医。 食　　入　用水漱口，饮水。禁止催吐。就医。

泄漏应急处理

迅速撤离泄漏污染区人员至安全区，并进行隔离，严格限制出入。切断火源。建议应急处理人员戴正压自给式呼吸器，穿防毒、防静电服，戴橡胶耐油手套。尽可能切断泄漏源。防止进入下水道、排洪沟等限制性空间。

小量泄漏：用砂土或其他不燃材料吸附或吸收，用洁净的无火花工具收集吸收材料。

大量泄漏：构筑围堤或挖坑收容。用砂土、惰性物质或蛭石吸收大量液体。用泡沫覆盖，减少蒸发。用防爆泵转移至槽车或专用收集器内。

职业接触限值	消防措施
PC-TWA：50 mg/m^3	灭火剂：干粉、泡沫、二氧化碳、砂土。 消防人员须佩戴空气呼吸器，穿全身防火防毒服，在上风向灭火。容器突然发出异常声音或出现异常现象，应立即撤离。

危险性类别	品名、英文名、分子式、CAS 号	危险性标志
腐蚀	邻氨基苯甲酸 anthranilic acid $C_7H_7NO_2$ CAS 号：118-92-3	

理化数据

熔点：146℃　　相对密度（$d_{水}$=1）：1.41（20℃）

危险特性与安全存储

危险特性	具刺激性。遇明火、高热可燃。受热分解放出有毒的氧化氮烟气。对环境有危害，对水体和大气可造成污染。易制毒。
安全存储	应与氧化剂、酸类、碱类分开存放，切忌混储。 储存于阴凉、通风的库房，远离火种、热源。配备相应品种和数量的消防器材，储区应备有合适的材料以收容泄漏物。

防护措施

接触表现与急救措施

接触表现	在一般情况下接触无明显危险性，不引起过敏反应。本品蒸气对眼、皮肤和上呼吸道有刺激作用。
急救措施	皮肤接触　立即脱去污染的衣着，用肥皂水和清水彻底冲洗。 眼睛接触　立即分开眼睑，用大量流动清水彻底冲洗 5～10 min。就医。 吸　　入　迅速脱离现场至空气新鲜处。保持呼吸道通畅。如呼吸困难，给输氧。如呼吸、心跳停止，立即进行心肺复苏术。就医。 食　　入　用水漱口，给饮牛奶或蛋清。就医。

泄漏应急处理

隔离泄漏污染区，限制出入。切断火源。应急处理人员戴好防尘口罩，穿防毒服。避免扬尘。用清洁的铲子收集于干净、干燥、盖子较松的容器中，转移至安全场所。如大量泄漏，收集回收或无害处理后废弃。

职业接触限值	消防措施
未制定标准	灭火剂：雾状水、泡沫、二氧化碳、干粉、砂土。 消防人员须佩戴防毒面具，穿全身消防服，在上风向灭火。尽可能将容器从火场移至空旷处。喷水保持火场容器冷却，直至灭火结束。

危险性类别	品名、英文名、分子式、CAS 号	危险性标志
腐蚀	硫酸 sulphuric acid H_2SO_4 CAS 号：7664-93-9 	

理化数据

熔点：10～10.49℃	沸点：330℃	临界压力：6.4 MPa
饱和蒸气压：0.13 kPa（145.8℃）	相对密度（$d_{水}$=1）：1.84（96%～98%）	相对蒸气密度（$d_{空气}$=1）：3.4

危险特性与安全存储

危险特性	遇水大量放热，可发生沸溅。与易燃物（如苯）和可燃物（如糖、纤维素等）接触会发生剧烈反应，甚至引起燃烧。遇电石、高氯酸盐、雷酸盐、硝酸盐、苦味酸盐、金属粉末等发生剧烈反应，引起爆炸或燃烧。具强腐蚀性和吸水性。对水生生物有害。易制毒。
安全存储	应与易（可）燃物、还原剂、碱类、碱金属、食用化学品分开存放，切忌混储。保持容器密封。 储存于阴凉、通风的库房。储区应备有泄漏应急处理设备和合适的收容材料。

防护措施

接触表现与急救措施

接触表现	对皮肤、黏膜等组织有强烈的刺激和腐蚀作用。皮肤灼伤轻者出现红斑；重者形成溃疡，界限清楚，周围微肿，疼痛剧烈。溅入眼内可造成灼伤，甚至角膜穿孔、全眼炎，以致失明。本品蒸气或雾可引起结膜炎、结膜水肿、角膜混浊，以致失明；引起呼吸道刺激，重者发生呼吸困难和肺水肿；高浓度时可引起喉痉挛或声门水肿而窒息死亡。经口摄入引起消化道灼伤，以致溃疡形成；重者可发生胃穿孔、腹膜炎、肾损害、休克等。 慢性影响　牙齿酸蚀症、慢性支气管炎、肺气肿和肺硬化。
急救措施	皮肤接触　立即脱去污染的衣着，用大量流动清水彻底冲洗至少 15 min。就医。 眼睛接触　立即分开眼睑，用大量流动清水或生理盐水彻底冲洗 5～10 min。就医。 吸　　入　迅速脱离现场至空气新鲜处。保持呼吸道通畅。如呼吸困难，给输氧。如呼吸、心跳停止，立即进行心肺复苏术。就医。 食　　入　用水漱口，给饮牛奶或蛋清。禁止催吐。就医。

泄漏应急处理

迅速撤离泄漏污染区人员至安全区，并进行隔离，严格限制出入。建议应急处理人员戴正压自给式呼吸器，穿耐酸碱服。不要直接接触泄漏物。尽可能切断泄漏源。防止流入下水道、排洪沟等限制性空间。

小量泄漏：用干燥的砂土或其他不燃材料覆盖泄漏物，用洁净的无火花工具收集泄漏物，置于一盖子较松的塑料容器中，待处置。

大量泄漏：构筑围堤或挖坑收容。用砂土、惰性物质或蛭石吸收大量液体。用石灰（CaO）、碎石灰石（$CaCO_3$）或碳酸氢钠（$NaHCO_3$）中和。用防腐蚀泵转移至槽车或专用收集器内。

职业接触限值	消防措施
PC-TWA：1 mg/m^3 ［G1］	本品不燃，根据着火原因选择适当灭火剂灭火。 消防人员须佩戴空气呼吸器，穿全身耐酸碱消防服灭火。**避免直接将水喷入硫酸**，以免遇水会放出大量热发生喷溅灼伤皮肤。

危险性类别	品名、英文名、分子式、CAS 号	危险性标志
易燃 **腐蚀**	哌啶 piperidine $C_5H_{11}N$ CAS 号：110-89-4	 

理化数据

熔点：-9～-7℃	沸点：106℃	闪点：16℃（CC）
临界压力：4.65 MPa	饱和蒸气压：3.06 kPa（20℃）	相对密度（$d_{水}$=1）：0.86
相对蒸气密度（$d_{空气}$=1）：3.0	爆炸上限：10%	爆炸下限：1.4%

危险特性与安全存储

危险特性	有毒，高度易燃，具强刺激性。其蒸气与空气可形成爆炸性混合物。燃烧时放出有毒气体。受热分解放出有毒的氧化氮烟气。与氧化剂接触可发生剧烈反应。易制毒。
安全存储	应与氧化剂、酸类、食用化学品分开存放，切忌混储。保持容器密封。 储存于阴凉、通风的库房，库温不超过 37℃，远离火种、热源。采用防爆型照明、通风设施，禁止使用易产生火花的机械设备和工具。储区应备有泄漏应急处理设备和合适的收容材料。

防护措施

必须戴防护手套

接触表现与急救措施

接触表现	对眼和皮肤有强烈刺激作用，并是升压剂。小剂量可刺激交感和副交感神经节，大剂量反而有抑制作用，误服后可引起虚弱、恶心、流涎、呼吸困难、肌肉瘫痪和窒息。
急救措施	皮肤接触　立即脱去污染的衣着，用大量流动清水彻底冲洗至少 15 min。就医。 眼睛接触　立即分开眼睑，用大量流动清水或生理盐水彻底冲洗 5～10 min。就医。 吸　　入　迅速脱离现场至空气新鲜处。保持呼吸道通畅。如呼吸困难，给输氧。如呼吸、心跳停止，立即进行心肺复苏术。就医。 食　　入　用水漱口，给饮牛奶或蛋清。禁止催吐。就医。

泄漏应急处理

迅速撤离泄漏污染区人员至安全区，并进行隔离，严格限制出入。切断火源。建议应急处理人员戴正压自给式呼吸器，穿防静电、防腐蚀、防毒服，戴橡胶耐油手套。作业时使用的所有设备应接地。禁止接触或跨越泄漏物。尽可能切断泄漏源。防止流入下水道、排洪沟等限制性空间。
小量泄漏：用砂土或其他不燃材料吸附或吸收，用洁净的无火花工具收集吸收材料。
大量泄漏：构筑围堤或挖坑收容。用泡沫覆盖，减少蒸发。用防爆、耐腐蚀泵转移至槽车或专用收集器内。

职业接触限值	消防措施
未制定标准	灭火剂：泡沫、二氧化碳、干粉、砂土。 消防人员须佩戴空气呼吸器，穿全身防火防毒服，在上风向灭火。喷水冷却容器。尽可能将容器从火场移至空旷处。容器突然发出异常声音或出现异常现象，应立即撤离。

危险性类别	品名、英文名、分子式、CAS 号	危险性标志
有毒	三氯甲烷（氯仿） trichloromethane $CHCl_3$ CAS 号：67-66-3	

理化数据

熔点：−63.5℃	沸点：61.3℃	临界温度：263.4℃
临界压力：5.47 MPa	饱和蒸气压：21.2 kPa（20℃）	
相对密度（$d_{水}$=1）：1.50	相对蒸气密度（$d_{空气}$=1）：4.12	

危险特性与安全存储

危险特性	有毒，可能致癌，具刺激性。与明火或灼热的物体接触时能产生剧毒的光气。在空气、水分和光的作用下，酸度增加，因而对金属有强烈的腐蚀性。对水生生物有害。易制毒。
安全存储	应与碱类、铝、食用化学品分开存放，切忌混储。保持容器密封。 储存于阴凉、通风的库房，库温不超过 35℃，相对湿度不超过 85%，远离火种、热源。储区应备有泄漏应急处理设备和合适的收容材料。

防护措施

接触表现与急救措施

接触表现	主要作用于中枢神经系统，具麻醉作用，对心、肝、肾有损害，可致皮炎、湿疹或皮肤灼伤。 急性中毒　吸入或经皮肤吸收引起急性中毒。初期有头痛、头晕、恶心、呕吐、兴奋、皮肤湿热和黏膜刺激症状；以后呈现精神紊乱、呼吸表浅、反射消失、昏迷等；重者发生呼吸麻痹、心室纤维性颤动，同时可伴有肝肾损害。误服中毒时，胃有烧灼感，伴恶心、呕吐、腹痛、腹泻，以后出现麻醉症状。 慢性影响　主要引起肝损害，并有消化不良、乏力、头痛、失眠等症状，少数有肾损害及嗜氯仿癖。
急救措施	皮肤接触　立即脱去污染的衣着，用大量流动清水彻底冲洗。就医。 眼睛接触　立即分开眼睑，用大量流动清水或生理盐水彻底冲洗。就医。 吸　　入　迅速脱离现场至空气新鲜处。保持呼吸道通畅。如呼吸困难，给输氧。如呼吸、心跳停止，立即进行心肺复苏术。就医。 食　　入　用水漱口，饮水。就医。

泄漏应急处理

迅速撤离泄漏污染区人员至安全区，并进行隔离，严格限制出入。建议应急处理人员戴正压自给式呼吸器，穿防毒服，戴防化学品手套。不要直接接触泄漏物。尽可能切断泄漏源。防止流入下水道、排洪沟等限制性空间。

小量泄漏：用砂土、蛭石或其他惰性材料吸收。

大量泄漏：构筑围堤或挖坑收容。用砂土、蛭石或惰性物质吸收大量液体。用泵转移至槽车或专用收集器内。

职业接触限值	消防措施
PC-TWA：20 mg/m^3 ［G2B］	灭火剂：雾状水、二氧化碳、砂土。 消防人员须佩戴空气呼吸器，穿全身防火防毒服，在上风向灭火。喷水冷却容器。容器突然发出异响或出现异常现象，应立即撤离。

危险性类别	品名、英文名、分子式、CAS 号	危险性标志
腐蚀	盐酸 hydrochloric acid HCl CAS 号：7647-01-0	

理化数据

熔点：−114.8℃（纯）　　沸点：108.6℃（20%）　　饱和蒸气压：30.66 kPa（21℃）

相对密度（$d_{水}$=1）：1.1（20%）　　相对蒸气密度（$d_{空气}$=1）：1.26

危险特性与安全存储

危险特性	不燃，具强腐蚀性和强刺激性。能与一些活性金属粉末反应，放出氢气。遇氰化物能产生剧毒的氰化氢气体。与碱中和，放出大量热。对水生生物有毒。易制毒。
安全存储	应与碱类、胺类、碱金属、易（可）燃物分开存放，切忌混储。保持容器密封。 储存于阴凉、通风的库房，库温不超过 30℃，相对湿度不超过 80%。储区应备有泄漏应急处理设备和合适的收容材料。

防护措施

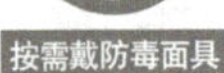

必须穿防护服

必须戴防护手套

接触表现与急救措施

接触表现	接触本品蒸气或烟雾，引起眼结膜炎，鼻及口腔黏膜有烧灼感，可致鼻衄、齿龈出血、气管炎等。误服盐酸中毒，可引起消化道灼伤、溃疡形成，有可能导致胃穿孔、腹膜炎等。 慢性影响　长期接触，引起慢性鼻炎、慢性支气管炎、牙齿酸蚀症及皮肤损害。
急救措施	皮肤接触　立即脱去污染的衣着，用大量流动清水彻底冲洗至少 15 min。就医。 眼睛接触　立即分开眼睑，用大量流动清水或生理盐水彻底冲洗 5～10 min。就医。 吸　　入　迅速脱离现场至空气新鲜处。保持呼吸道通畅。如呼吸困难，给输氧。如呼吸、心跳停止，立即进行心肺复苏术。就医。 食　　入　用水漱口，给饮牛奶或蛋清。禁止催吐。就医。

泄漏应急处理

迅速撤离泄漏污染区人员至安全区，并进行隔离，严格限制出入。建议应急处理人员戴正压自给式呼吸器，穿耐酸碱服，戴橡胶耐酸碱手套。不要直接接触泄漏物。作业时使用的所有设备应接地。勿使水进入包装容器内。尽可能切断泄漏源。防止进入下水道、排洪沟等限制性空间。

小量泄漏：用干燥的砂土或其他不燃材料覆盖泄漏物。也可以用大量水冲洗，洗水稀释后放入废水系统。

大量泄漏：构筑围堤或挖坑收容。用粉状石灰石、熟石灰、苏打灰或碳酸氢钠中和。用抗溶性泡沫覆盖，减少蒸发。用防腐蚀泵转移至槽车或专用收集器内。

职业接触限值	消防措施
MAC：7.5 mg/m^3	本品不燃，根据着火原因选择适当灭火剂灭火。 消防人员须佩戴空气呼吸器，穿全身耐酸碱消防服灭火。尽可能将容器从火场移至空旷处。喷水冷却容器至灭火结束。

危险性类别	品名、英文名、分子式、CAS 号	危险性标志
易燃	乙醚 ethyl ether $C_4H_{10}O$ CAS 号：60-29-7	

理化数据

熔点：−116.2℃	沸点：34.6℃	闪点：−45℃（OC）
自燃温度：160～180℃	临界温度：192.7℃	临界压力：3.61 MPa
饱和蒸气压：58.92 kPa（20℃）	相对密度（$d_{水}$=1）：0.71（20℃）	相对蒸气密度（$d_{空气}$=1）：2.56
爆炸上限：49.0%	爆炸下限：1.7%	

危险特性与安全存储

危险特性	极度易燃，具强刺激性。其蒸气与空气可形成爆炸性混合物，遇明火、高热极易燃烧爆炸。在空气中久置后能生成有爆炸性的过氧化物。在火场中，受热的容器有爆炸危险。其蒸气比空气重，沿地面扩散并易积存于低洼处，遇火源会着火回燃。易制毒。
安全存储	应与氧化剂分开存放，切忌混储。包装要求密封，不可与空气接触。不宜大量储存或久存。储存于阴凉、通风的库房，库温不超过 29℃，远离火种、热源。采用防爆型照明、通风设施，禁止使用易产生火花的机械设备和工具。储区应备有泄漏应急处理设备和合适的收容材料。

防护措施

接触表现与急救措施

接触表现	本品主要作用为全身麻醉。液体或高浓度蒸气对眼有刺激作用。急性大量接触，早期出现兴奋，继而嗜睡、呕吐、面色苍白、脉缓、体温下降和呼吸不规则，从而有生命危险。急性接触后的暂时后作用有头痛、易激动、抑郁、流涎、呕吐、食欲下降和多汗等。 慢性影响　长期皮肤接触，可发生皮肤干燥、皲裂。长期低浓度吸入，有头痛、头晕、疲倦、嗜睡、蛋白尿、红细胞增多症等症状。
急救措施	皮肤接触　立即脱去污染的衣着，用大量流动清水彻底冲洗。就医。 眼睛接触　立即分开眼睑，用大量流动清水或生理盐水彻底冲洗。就医。 吸　　入　迅速脱离现场至空气新鲜处。保持呼吸道通畅。如呼吸困难，给输氧。如呼吸、心跳停止，立即进行心肺复苏术。就医。 食　　入　用水漱口，饮水。就医。

泄漏应急处理

迅速撤离泄漏污染区人员至安全区，并进行隔离，严格限制出入。切断火源。建议应急处理人员戴正压自给式呼吸器，穿防静电服，戴橡胶耐油手套。尽可能切断泄漏源。防止流入下水道、排洪沟等限制性空间。

小量泄漏：用砂土或其他不燃材料吸收，用洁净的无火花工具收集吸收材料。

大量泄漏：构筑围堤或挖坑收容。用抗溶性泡沫覆盖，减少蒸发。用防爆泵转移至槽车或专用收集器内。

职业接触限值	消防措施
PC-TWA：300 mg/m^3	灭火剂：泡沫、二氧化碳、干粉、砂土。**用水灭火无效。** 消防人员须佩戴防毒面具，穿全身消防服，在上风向灭火。容器突然发出异常声音或出现异常现象，应立即撤离。

危险性类别	品名、英文名、分子式、CAS 号	危险性标志
易燃 **腐蚀**	乙酸酐（醋酸酐） acetic anhydride $C_4H_6O_3$ CAS 号：108-24-7	 

理化数据

熔点：−73.1℃	沸点：139～140℃	闪点：49℃（CC）
自燃温度：316℃	临界温度：326℃	临界压力：4.36 MPa
饱和蒸气压：1.33 kPa（36℃）	相对密度（$d_{水}$=1）：1.08	相对蒸气密度（$d_{空气}$=1）：3.52
爆炸上限：10.3%	爆炸下限：2.7%	

危险特性与安全存储

危险特性	易燃，具腐蚀性、刺激性，可致人体灼伤。其蒸气与空气可形成爆炸性混合物。与氧化剂接触可发生反应。对水生生物有害。易制毒。
安全存储	应与氧化剂、还原剂、酸类、碱类、活性金属粉末、醇类分开存放，切忌混储。保持容器密封。 储存于阴凉、干燥、通风的库房，库温不超过 32℃，相对湿度不超过 80%，远离火种、热源。采用防爆型照明、通风设施，禁止使用易产生火花的机械设备和工具。储区应备有泄漏应急处理设备和合适的收容材料。

防护措施

接触表现与急救措施

接触表现	眼和皮肤直接接触本品液体可致灼伤。本品蒸气对眼有刺激作用。吸入后对呼吸道有刺激作用，引起咳嗽、胸痛、呼吸困难。经口摄入灼伤口腔和消化道，出现腹痛、恶心、呕吐和休克等。 慢性影响　受本品蒸气慢性作用的工人，可有结膜炎、畏光、上呼吸道刺激等症状。
急救措施	皮肤接触　立即脱去污染的衣着，用大量流动清水彻底冲洗至少 15 min。就医。 眼睛接触　立即分开眼睑，用大量流动清水或生理盐水彻底冲洗 5～10 min。就医。 吸　　入　迅速脱离现场至空气新鲜处。保持呼吸道通畅。如呼吸困难，给输氧。如呼吸、心跳停止，立即进行心肺复苏术。就医。 食　　入　用水漱口，给饮牛奶或蛋清。禁止催吐。就医。

泄漏应急处理

迅速撤离泄漏污染区人员至安全区，严格限制出入。切断火源。建议应急处理人员戴正压自给式呼吸器，穿防静电、防腐蚀服，戴橡胶耐酸碱手套。不要直接接触泄漏物。勿使泄漏物与可燃物质（如木材、纸、油等）接触。尽可能切断泄漏源。防止流入下水道、排洪沟等限制性空间。

小量泄漏：用干燥的砂土或其他不燃材料覆盖，用洁净的无火花工具收集泄漏物，置于盖子较松的容器中。

大量泄漏：构筑围堤或挖坑收容。用砂土、惰性物质或蛭石吸收大量液体。用稀苛性钠或苏打灰中和。用防腐蚀泵转移至槽车或专用收集器内。

职业接触限值	消防措施
PC-TWA：16 mg/m^3	灭火剂：雾状水、抗溶性泡沫、干粉、二氧化碳。 消防人员须佩戴空气呼吸器，穿全身耐酸碱消防服灭火。容器突然发出异常声音或出现异常现象，应立即撤离。

第 4 章　爆炸化学品

危险性类别	品名、英文名、分子式、CAS 号	危险性标志
爆炸品 **氧化剂**	高氯酸铵 ammonium perchlorate NH_4ClO_4 CAS 号：7790-98-9	

理化数据

熔点：130℃（分解 / 爆炸）　　　相对密度（$d_{水}$=1）：1.95

危险特性与安全存储

危险特性	强氧化剂。与还原剂、有机物、易燃物（如硫、磷或金属粉末等）混合可形成爆炸性混合物。急剧加热时可发生爆炸。易制爆。
安全存储	应与易（可）燃物、还原剂、酸类、卤素、金属氧化物分开存放，切忌混储。 储存于阴凉、通风的不燃材料建造的库房，库温不超过 30℃，相对湿度不超过 80%，远离火种、热源。储区应备有合适的材料以收容泄漏物。

防护措施

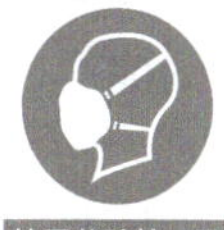
按需戴防护口罩

必须戴防护眼镜

必须穿防护服

必须戴防护手套

接触表现与急救措施

接触表现	对眼、皮肤、黏膜和上呼吸道有刺激作用。
急救措施	皮肤接触　立即脱去污染的衣着，用大量流动清水彻底冲洗。就医。 眼睛接触　立即分开眼睑，用大量流动清水或生理盐水彻底冲洗。就医。 吸　　入　迅速脱离现场至空气新鲜处。保持呼吸道通畅。如呼吸困难，给输氧。如呼吸、心跳停止，立即进行心肺复苏术。就医。 食　　入　用水漱口，饮水。就医。

泄漏应急处理

隔离泄漏污染区，限制出入。建议应急处理人员戴防尘口罩，穿防毒服，戴橡胶手套。不要直接接触泄漏物。勿使泄漏物与可燃物质（如木材、纸、油等）接触。

小量泄漏：用大量水冲洗，洗水稀释后放入废水系统。

大量泄漏：在专家指导下清除。

职业接触限值	消防措施
未制定标准	爆炸品。根据着火原因选择适当灭火剂灭火。**禁止用砂土压盖。** 消防人员须佩戴空气呼吸器，穿全身防火防毒服，在上风向灭火。尽可能将容器从火场移至空旷处。喷水保持火场容器冷却，直至灭火结束。在火场中与可燃物混合会爆炸，消防人员须在有防爆掩蔽处操作。

危险性类别	品名、英文名、分子式、CAS 号	危险性标志
爆炸品	氯酸铵 ammonium chlorate NH_4ClO_3 CAS 号：10192-29-7	

理化数据

熔点：102℃（爆炸）　　相对密度（$d_{水}$=1）：1.8

危险特性与安全存储

危险特性	不稳定，在常温下有时也会发生自燃爆炸，加至 100℃以上时能爆炸分解。遇有机物等易于自燃。常因撞击、摩擦、加热及发生氧化反应而发生爆炸。易制爆。
安全存储	应与易（可）燃物、还原剂、酸类、食用化学品分开存放，切忌混储。包装密封。 储存于阴凉、干燥、通风的专用库房内，库温不超过 30℃，相对湿度不超过 80%，远离火种、热源。储区应备有合适的材料以收容泄漏物。

防护措施

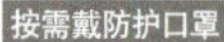

接触表现与急救措施

接触表现	经口摄入急性中毒，表现为高铁血红蛋白血症，可致胃肠炎、肝肾损害，甚至窒息。
急救措施	皮肤接触　立即脱去污染的衣着，用流动清水彻底冲洗。就医。 眼睛接触　立即分开眼睑，用流动清水或生理盐水彻底冲洗。就医。 吸　　入　迅速脱离现场至空气新鲜处。保持呼吸道通畅。如呼吸困难，给输氧。如呼吸、心跳停止，立即进行心肺复苏术。就医。 食　　入　用水漱口，饮水。就医（高铁血红蛋白血症，可用美蓝和维生素 C 治疗）。

泄漏应急处理

隔离泄漏污染区，限制出入。建议应急处理人员戴防尘口罩，穿一般工作服。不要直接接触泄漏物，勿使泄漏物与可燃物质（如木材、纸、油等）接触。尽可能切断泄漏源。勿使水进入包装容器内。
小量泄漏：用洁净的铲子收集于干燥、洁净、盖子较松的容器中，将容器移离泄漏区。
大量泄漏：泄漏物回收后，用水冲洗泄漏区。

职业接触限值	消防措施
未制定标准	灭火剂：用大量水扑救，同时用干粉灭火剂闷熄。**禁止用砂土压盖。** 消防人员须佩戴防毒面具，穿全身消防服，在有防爆掩蔽处灭火。尽可能将容器从火场移至空旷处。喷水保持火场容器冷却，直至灭火结束。

危险性类别	品名、英文名、分子式、CAS 号	危险性标志
爆炸品 **易燃**	硝化纤维素（硝化棉） nitrocellulose (cellulose nitrate) $C_{12}H_{17}(ONO_2)_3O_7$～$C_{12}H_{14}(ONO_2)_6O_7$ CAS 号：9004-70-0	 

理化数据

熔点：160～170℃　　闪点：12.8℃

自燃温度：160～170℃　　相对密度（$d_{水}$=1）：1.66

危险特性与安全存储

危险特性	易燃，受撞击、摩擦，遇明火或其他点火源极易爆炸。暴露在空气中能自燃。遇到高温、氧化剂和大多数有机胺（对苯二甲胺等）会发生燃烧和爆炸。通常加乙醇、丙酮或水作润湿剂，润湿剂干燥后，容易发生火灾。易制爆。
安全存储	应与氧化剂分开存放，切忌混储。 密封储存于阴凉、通风的库房，库温不超过 35℃，远离火种、热源。采用防爆型照明、通风设施，禁止使用易产生火花的设备和工具。储区应备有合适的材料以收容泄漏物。

防护措施

接触表现与急救措施

接触表现	对眼有刺激作用。
急救措施	皮肤接触　立即脱去污染的衣着，用大量流动清水彻底冲洗。如有不适感，就医。 眼睛接触　立即分开眼睑，用大量流动清水或生理盐水彻底冲洗。如有不适感，就医。 吸　　入　迅速脱离现场至空气新鲜处。如有不适感，就医。 食　　入　用水漱口，饮水。就医。

泄漏应急处理

隔离泄漏污染区，限制出入。切断火源。建议应急处理人员戴好防尘口罩，穿消防防护服。作业时使用的所有设备应接地。禁止接触或跨越泄漏物。用塑料布覆盖泄漏物，减少飞散。

小量泄漏：用大量水冲洗，洗水稀释后放入废水系统。

大量泄漏：用水润湿，并筑堤收容。通过慢慢加入大量水保持泄漏物湿润。

职业接触限值	消防措施
未制定标准	灭火剂：水、雾状水、二氧化碳、泡沫、干粉。**禁止用砂土压盖。** 消防人员须戴好防毒面具，在安全距离以外，在上风向灭火。消防人员须在有防爆掩蔽处操作。

危险性类别	品名、英文名、分子式、CAS 号	危险性标志
爆炸品 **氧化剂**	硝酸铵 ammonium nitrate NH_4NO_3 CAS 号：6484-52-2	 

理化数据

熔点：169.6℃　　沸点：210℃（分解）　　相对密度（$d_{水}$=1）：1.72

危险特性与安全存储

危险特性	助燃。与可燃物粉末混合能发生剧烈反应而爆炸。受强烈震动也会起爆。急剧加热时可发生爆炸。与还原剂、有机物、易燃物（如硫、磷或金属粉末等）混合可形成爆炸性混合物。易制爆。
安全存储	应与易（可）燃物、还原剂、酸类、活性金属粉末分开存放，切忌混储。禁止震动、撞击和摩擦。 储存于阴凉、干燥、通风的专用库房内，库温不超过 30℃，相对湿度不超过 75%，远离火种、热源。储区应备有合适的材料以收容泄漏物。

防护措施

接触表现与急救措施

接触表现	对眼、皮肤及呼吸道有刺激作用，接触后可引起恶心、呕吐、头痛、虚弱、无力和虚脱等。大量接触可引起高铁血红蛋白血症，影响血液的携氧能力，出现紫绀、头痛、头晕、虚脱，甚至死亡。经口摄入引起剧烈腹痛、呕吐、血便、休克、全身抽搐、昏迷，甚至死亡。长时间或反复接触对器官造成损害。
急救措施	皮肤接触　立即脱去污染的衣着，用大量流动清水彻底冲洗。就医。 眼睛接触　立即分开眼睑，用大量流动清水或生理盐水彻底冲洗。就医。 吸　　入　迅速脱离现场至空气新鲜处。保持呼吸道通畅。如呼吸困难，给输氧。如呼吸、心跳停止，立即进行心肺复苏术。就医。 食　　入　用水漱口，饮水。就医（高铁血红蛋白血症，可用美蓝和维生素 C 治疗）。

泄漏应急处理

隔离泄漏污染区，限制出入。建议应急处理人员戴防尘面口罩，穿防毒服，戴橡胶手套。不要直接接触泄漏物。勿使泄漏物与可燃物质（如木材、纸、油等）接触。不要直接接触泄漏物。尽可能切断泄漏源。勿使水进入包装容器内。

小量泄漏：用洁净的铲子收集于干燥、洁净、盖子较松的容器中，将容器移离泄漏区。

大量泄漏：泄漏物回收后，用水冲洗泄漏区。

职业接触限值	消防措施
未制定标准	本品不燃，根据着火原因选择适当灭火剂灭火。 消防人员须佩戴防毒面具，穿全身消防服，在上风向灭火。尽可能将容器从火场移至空旷处。喷水保持火场容器冷却。遇大火，消防人员须在有防爆掩蔽处操作。**切勿将水流直接射至熔融物**，以免引起严重的流淌火灾或引起剧烈的沸溅。

第 5 章　易制爆化学品

危险性类别	品名、英文名、分子式、CAS 号	危险性标志
易燃 有毒	2,4–二硝基苯酚（含水≥ 15%） 2,4–dinitrophenol (not less than 15% water) $C_6H_4N_2O_5$ CAS 号：51-28-5	 

理化数据

熔点：114～115℃　　相对密度（$d_{水}$=1）：1.68　　相对蒸气密度（$d_{空气}$=1）：6.35

危险特性与安全存储

危险特性	易燃，具爆炸性，有毒。遇火种、高温、摩擦、震动或接触碱性物质、氧化剂时均易引起爆炸。与重金属粉末能起化学反应生成金属盐，增加敏感度。粉尘在流动和搅拌时，会有静电积累。燃烧生成有害的一氧化碳、氮氧化物。对水生生物毒性非常大。易制爆。
安全存储	应与氧化剂、碱类、活性金属粉末分开存放，切忌混储。包装密封。禁止震动、撞击和摩擦。储存于阴凉、通风的爆炸品专用库房，库温不超过 35℃，远离火种、热源。采用防爆型照明、通风设施，禁止使用易产生火花的机械设备和工具。储区应备有合适的材料以收容泄漏物。

防护措施

接触表现与急救措施

接触表现	本品直接作用于能量代谢过程，可增强细胞氧化过程，抑制磷酰化过程。 急性中毒　表现为皮肤潮红、口渴、大汗、烦躁不安、全身无力、胸闷、心率和呼吸加快、体温升高（可达 40℃以上）、抽搐、肌肉强直，以致昏迷；最后可因血压下降、肺及脑水肿而死亡。成人口服致死量约 1 g。 慢性影响　有肝肾损害、白内障及周围神经炎。可使皮肤黄染，引起湿疹增皮炎，偶见剥脱性皮炎。
急救措施	皮肤接触　立即脱去污染的衣着，用大量流动清水彻底冲洗。就医。 眼睛接触　立即分开眼睑，用大量流动清水或生理盐水彻底冲洗。就医。 吸　　入　迅速脱离现场至空气新鲜处。保持呼吸道通畅。如呼吸困难，给输氧。如呼吸、心跳停止，立即进行心肺复苏术。就医。 食　　入　饮足量温水，催吐（仅限清醒者）。就医。

泄漏应急处理

隔离泄漏污染区，限制出入。切断火源。建议应急处理人员戴防尘口罩，穿防毒、防静电服。禁止接触或跨越泄漏物。
小量泄漏：用大量水冲洗，洗水稀释后放入废水系统。
大量泄漏：用水润湿，并筑堤收容。通过慢慢加入大量水保持泄漏物湿润。

职业接触限值	消防措施
未制定标准	灭火剂：二氧化碳、干粉。**禁止用砂土压盖**。 消防人员须佩戴防毒面具，穿全身防火防毒服，在上风向灭火。遇大火须远离以防炸伤。

危险性类别	品名、英文名、分子式、CAS 号	危险性标志
易燃 **有毒**	2,5-二硝基苯酚（含水≥ 15%） 2,5-dinitrophenol (not less than 15% water) $C_6H_4N_2O_5$ CAS 号：329-71-5	 

理化数据

熔点：106～109℃　　相对密度（$d_{水}$=1）：1.689

危险特性与安全存储

危险特性	遇明火、高热易燃。与重金属粉末能反应生成金属盐，增加敏感度。经摩擦、震动或撞击可引起燃烧或爆炸。受高热分解放出有毒的气体。对水生生物有毒并具有长期持续影响。易制爆。
安全存储	应与氧化剂、碱类、食用化学品分开存放，切忌混储。包装密封，防止阳光直射。 储存于阴凉、通风的库房，库温不超过 35℃，远离火种、热源。采用防爆型照明、通风设施，禁止使用易产生火花的机械设备和工具。储区应备有合适的材料以收容泄漏物。

防护措施

接触表现与急救措施

接触表现	吸入本品蒸气、粉尘、雾滴或经皮肤吸收均会引起中毒，中毒表现有大量出汗、发烧、全身乏力、抽搐、肌肉强直等。可引起高铁血红蛋白血症。长期接触可引起皮炎、周围神经炎。
急救措施	皮肤接触　立即脱去污染的衣着，用大量流动清水彻底冲洗。就医。 眼睛接触　立即分开眼睑，用大量流动清水或生理盐水彻底冲洗。就医。 吸　　入　迅速脱离现场至空气新鲜处。保持呼吸道通畅。如呼吸困难，给输氧。如呼吸、心跳停止，立即进行心肺复苏。就医。 食　　入　用水漱口，饮水。就医（高铁血红蛋白血症，可用美蓝和维生素 C 治疗）。

泄漏应急处理

隔离泄漏污染区，限制出入。切断火源。建议应急处理人员戴防尘口罩，穿防毒、防静电服。禁止直接接触或者跨越泄漏物。用塑料布覆盖泄漏物，减少飞散。
小量泄漏：用大量水冲洗，洗水稀释后放入废水系统。
大量泄漏：用水润湿，并筑堤收容。通过慢慢加入大量的水保持泄漏物湿润。

职业接触限值	消防措施
未制定标准	灭火剂：雾状水、泡沫、二氧化碳、干粉。**禁止用砂土压盖。** 消防人员须佩戴防毒面具，在安全距离以外，在上风向灭火。尽可能将容器从火场转移至空旷处。喷水保持容器冷却，直至灭火结束。

危险性类别	品名、英文名、分子式、CAS 号	危险性标志
有毒	2,4-二硝基甲苯 2,4-dinitrotoluene $C_7H_6N_2O_4$ CAS 号：121-14-2	

理化数据

熔点：69.5～71℃　沸点：300℃（分解）　闪点：206.7（CC）
自燃温度：360℃　饱和蒸气压：13.33 kPa（157.7℃）
相对密度（$d_{水}$=1）：1.52　相对蒸气密度（$d_{空气}$=1）：6.27

危险特性与安全存储

危险特性	高毒，可能致癌。遇明火、高热易燃，与氧化剂混合形成爆炸性混合物。经摩擦、震动或撞击可引起燃烧或爆炸。燃烧时产生大量烟雾。燃烧产生有害的一氧化碳、氮氧化物。对水生生物毒性非常大并具有长期持续影响。易制爆。
安全存储	应与氧化剂、还原剂、碱类、食用化学品分开存放，切忌混储。包装密封。 储存于阴凉、通风的库房，库温不超过 35℃，相对湿度不超过 80%，远离火种、热源。采用防爆型照明、通风设施，禁止使用易产生火花的机械设备和工具。储区应备有合适的材料以收容泄漏物。

防护措施

接触表现与急救措施

接触表现	本品易经皮肤吸收引起中毒，可引起高铁血红蛋白血症。饮酒能增加机体对该品的敏感性。 急性中毒　出现紫绀、头痛、头晕、兴奋、虚弱、恶心、呕吐、气短、倦睡，甚至神志丧失。如不及治疗或引起死亡。 慢性影响　长期作用下可有头痛、头晕、疲倦、腹痛、心悸、苍白、唇发绀、白细胞增多、贫血和黄疸等症状。
急救措施	皮肤接触　立即脱去污染的衣着，用肥皂水和清水彻底冲洗。就医。 眼睛接触　立即分开眼睑，用大量流动清水或生理盐水彻底冲洗。就医。 吸　　入　迅速脱离现场至空气新鲜处。保持呼吸道通畅。如呼吸困难，给输氧。如呼吸、心跳停止，立即进行心肺复苏术。就医。 食　　入　用水漱口，饮水。就医（高铁血红蛋白血症，可用美蓝和维生素 C 治疗）。

泄漏应急处理

隔离泄漏污染区，限制出入。切断火源。建议应急处理人员戴防尘口罩，穿防毒服，戴橡胶手套。穿上适当的防护服前严禁接触破裂的容器和泄漏物。尽可能切断泄漏源。用塑料布覆盖泄漏物，减少飞散。勿使水进入包装容器内。用洁净的铲子收集泄漏物，置于干净、干燥、盖子较松的容器中，将容器移离泄漏区。

职业接触限值	消防措施
未制定标准	灭火剂：小火用雾状水、泡沫、二氧化碳灭火。**禁止用砂土压盖。** 在火场的受热情况下，可能发生爆炸，不可轻易接近。遇大火任其燃烧，或由远方装设的灭火设施用自动水龙头喷水，周围不可有人。

危险性类别	品名、英文名、分子式、CAS 号	危险性标志
有毒	2,6-二硝基甲苯 2,6-dinitrotoluene $C_7H_6N_2O_4$ CAS 号：606-20-2	

理化数据

熔点：64～66℃　　临界温度：503.85℃　　相对密度（$d_{水}$=1）：1.28

危险特性与安全存储

危险特性	有毒。遇明火、高热易燃。燃烧时放出有毒的刺激性烟雾。与氧化剂混合能形成爆炸性混合物。经摩擦、震动或撞击可引起燃烧或爆炸。对水生生物有害并具有长期持续影响。易制爆。
安全存储	应与氧化剂、还原剂、碱类、食用化学品分开存放，切忌混储。 储存于阴凉、通风的库房，库温不超过 35℃，相对湿度不超过 80%，远离火种、热源。采用防爆型照明、通风设施，禁止使用易产生火花的机械设备和工具。储区应备有合适的材料以收容泄漏物。

防护措施

接触表现与急救措施

接触表现	本品可引起高铁血红蛋白血症。吸入、摄入或经皮肤吸收均可引起中毒，中毒表现有头痛、头晕、虚弱、恶心、紫绀、倦睡、气短和虚脱。 慢性影响　高铁血红蛋白血症、贫血、肝脾损害。
急救措施	皮肤接触　立即脱去污染的衣着，用大量流动清水彻底冲洗。就医。 眼睛接触　立即分开眼睑，用大量流动清水或生理盐水彻底冲洗。就医。 吸　　入　迅速脱离现场至空气新鲜处。保持呼吸道通畅。如呼吸困难，给输氧。如呼吸、心跳停止，立即进行心肺复苏。就医。 食　　入　用水漱口，饮水。就医（高铁血红蛋白血症，可用美蓝和维生素 C 治疗）。

泄漏应急处理

隔离泄漏污染区，限制出入。切断火源。建议应急处理人员戴防尘口罩，穿防毒服。不要直接接触泄漏物。尽可能切断泄漏源。用塑料布覆盖泄漏物，减少飞散。勿使水进入包装容器内。用洁净的铲子收集于干净、干燥、盖子较松的容器中，将容器移离泄漏区。

职业接触限值	消防措施
未制定标准	灭火剂：雾状水、泡沫、干粉、二氧化碳、砂土。 消防人员须佩戴防毒面具，穿全身消防服，在上风向灭火。尽可能将容器从火场移至空旷处。喷水保持容器冷却，直至灭火结束。

危险性类别	品名、英文名、分子式、CAS 号	危险性标志
易燃	1,5-二硝基萘 1,5-dinitronaphthalene $C_{10}H_6N_2O_4$ CAS 号：605-71-0	

理化数据

熔点：217.5℃　　相对蒸气密度（$d_{空气}$=1）：7.51

危险特性与安全存储

危险特性	易燃，具刺激性。遇明火、高热能引起燃烧爆炸。与氧化剂混合能形成爆炸性混合物。 易制爆。
安全存储	应与氧化剂、碱类分开存放，切忌混储。 储存于阴凉、通风的库房，库温不超过 35℃，相对湿度不超过 80%，远离火种、热源。采用防爆型照明、通风设施，禁止使用易产生火花的机械设备和工具。储区应备有合适的材料收容泄漏物。

防护措施

按需戴防护口罩

必须戴防护眼镜

必须穿防护服

必须戴防护手套

接触表现与急救措施

接触表现	对眼、皮肤、黏膜、上呼吸道有刺激作用。进入体内导致高铁血红蛋白血症形成。高浓度时可引起发绀，这种症状可持续 2～4 h 或更长时间。
急救措施	皮肤接触　立即脱去污染的衣着，用肥皂水及清水彻底冲洗。就医。 眼睛接触　立即分开眼睑，用大量流动清水或生理盐水彻底冲洗。就医。 吸　　入　迅速脱离现场至空气新鲜处。保持呼吸道通畅。如呼吸困难，给输氧。如呼吸、心跳停止，立即进行心肺复苏。就医。 食　　入　用水漱口，饮水。就医（高铁血红蛋白血症，可用美蓝和维生素 C 治疗）。

泄漏应急处理

隔离泄漏污染区，周围设警告标志，限制出入。切断火源。建议应急处理人员戴防尘口罩，穿防毒服。不要直接接触泄漏物。用塑料布覆盖泄漏物，减少飞散。用洁净的无火花工具收集泄漏物。避免扬尘，小心扫起，置于盖子较松的塑料容器中，转移至安全场所。收集回收或无害处理后废弃。

职业接触限值	消防措施
未制定标准	灭火剂：雾状水、泡沫、二氧化碳、干粉。 消防人员须佩戴防毒面具，穿全身防火防毒服。在安全距离以外，在上风向灭火。尽可能将容器从火场转移至空旷处。喷水保持容器冷却，直至灭火结束。遇大火勿轻易靠近。

危险性类别	品名、英文名、分子式、CAS 号	危险性标志
易燃	1,8-二硝基萘 1,8-dinitronaphthalene $C_{10}H_6N_2O_4$ CAS 号：602-38-0	

理化数据

熔点：173℃

危险特性与安全存储

危险特性	高度易燃，具刺激性。其粉体与空气或氧化剂混合能形成爆炸性混合物。遇明火、高热能引起燃烧爆炸。燃烧生成有害的一氧化碳和氮氧化物。易制爆。
安全存储	应与氧化剂、碱类分开存放，切忌混储。 储存于阴凉、通风的库房，库温不超过 30℃，相对湿度不超过 80%，远离火种、热源。采用防爆型照明、通风设施，禁止使用易产生火花的机械设备和工具。储区应备有合适的材料以收容泄漏物。

防护措施

接触表现与急救措施

接触表现	对眼、皮肤、黏膜、上呼吸道有刺激作用，导致皮肤色素沉积、头痛、头昏、恶心、呕吐、失眠、疲劳、消瘦、中枢神经系统机能降低、肝肾损害、肝炎、贫血症、紫绀。
急救措施	皮肤接触　立即脱去污染的衣着，用大量流动清水彻底冲洗。就医。 眼睛接触　立即分开眼睑，用大量流动清水或生理盐水彻底冲洗 5～10 min。就医。 吸　　入　迅速脱离现场至空气新鲜处。保持呼吸道通畅。如呼吸困难，给输氧。如呼吸、心跳停止，立即进行心肺复苏术。就医。 食　　入　若昏迷或痉挛，勿催吐或进食，立即就医。若清醒且不痉挛，给饮一杯水稀释；是否催吐应遵医嘱。

泄漏应急处理

隔离泄漏污染区，限制出入。切断火源。建议应急处理人员戴防尘口罩，穿防毒服。避免扬尘，小心扫起，置于袋中转移至安全场所。若大量泄漏，用塑料布、帆布覆盖。收集回收或运至废物处理场所处置。

职业接触限值	消防措施
未制定标准	灭火剂：雾状水、泡沫、干粉、二氧化碳。 消防人员须佩戴防毒面具，穿全身消防服，在安全距离以外，在上风向灭火。遇大火勿轻易靠近。

危险性类别	品名、英文名、分子式、CAS 号	危险性标志
腐蚀 氧化剂	发烟硝酸 nitric acid, fuming HNO_3 CAS 号：52583-42-3	

理化数据

熔点：−42℃	沸点：120.5℃	相对密度（$d_{水}$=1）：1.41（20℃）

危险特性与安全存储

危险特性	本品是含硝酸 90%～97.5% 的有毒液体，为强氧化剂。遇强还原剂可能引起爆炸，遇有机物如松节油、H 发孔剂等能立即燃烧。遇氰化物产生剧毒气体。具强腐蚀性，在空气中猛烈发烟并吸收水分。易制爆。
安全存储	应与还原剂、碱类、醇类、碱金属分开存放，切忌混储。保持容器密封。 储存于阴凉、通风的库房，库温不超过 30℃，相对湿度不超过 80%，远离火种、热源。储区应备有泄漏应急处理设备和合适的收容材料。

防护措施

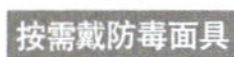

接触表现与急救措施

接触表现	硝酸液体及其蒸气对皮肤和黏膜有强刺激和腐蚀作用。皮肤或眼接触可引起灼伤。吸入引起眼和上呼吸道刺激症状，如流泪、咽喉刺激感、呛咳，并伴有头痛、头晕、胸闷等。
急救措施	皮肤接触　立即脱去污染的衣着，用肥皂水和清水彻底冲洗。如有不适感，就医。 眼睛接触　立即分开眼睑，用大量流动清水或生理盐水彻底冲洗。就医。 吸　　入　迅速脱离现场至空气新鲜处，保持呼吸道通畅。如呼吸困难，给输氧。如呼吸、心跳停止，立即心肺复苏术。就医。 食　　入　用水漱口，给饮牛奶或蛋清。就医。

泄漏应急处理

迅速撤离泄漏污染区人员至安全区，并进行隔离，严格限制出入。建议应急处理人员戴正压自给式呼吸器，穿耐酸碱工作服。尽可能切断泄漏源，防止流入下水道、排洪沟等限制性空间。

小量泄漏：将地面洒上苏打灰，后用大量水冲洗，洗水稀释至 pH 降至 5.5～8.5 后放入废水系统。

大量泄漏：构筑围堤或挖坑收容。喷雾状水冷却、稀释蒸气。用泵转移至槽车或专用收集器内。

职业接触限值	消防措施
未制定标准	本品不燃，根据着火原因选择合适灭火剂灭火。 消防人员须戴空气呼吸器，穿全身耐酸碱消防服灭火。尽可能将容器从火场转移至空旷处。喷水保持容器冷却，直至灭火结束。

危险性类别	品名、英文名、分子式、CAS 号	危险性标志
氧化剂 **腐蚀**	高氯酸 perchloric acid $HClO_4$ CAS 号：7601-90-3	 

理化数据

熔点：−112℃　　沸点：19℃（1.46 kPa）　　临界压力：3.86 MPa

饱和蒸气压：2.00 kPa（14℃）　　相对密度（$d_{水}$=1）：1.76（22℃）

危险特性与安全存储

危险特性	具强氧化作用和腐蚀性，可助燃。与有机物、还原剂、易燃物（如硫、磷等）接触或混合时有引起燃烧爆炸的危险。在室温下分解，加热则爆炸。无水物与水起猛烈作用而放热。易制爆。
安全存储	应与酸类、碱类、胺类分开存放，切忌混储。保持容器密封。 储存于阴凉、通风的库房，库温不超过 30℃，相对湿度不超过 80%，远离火种、热源。储区应备有泄漏应急处理设备和合适的收容材料。

防护措施

接触表现与急救措施

接触表现	有强腐蚀作用。皮肤黏膜接触、误服或吸入后引起强烈刺激症状。
急救措施	皮肤接触　立即脱去污染的衣着，用大量流动清水彻底冲洗至少 15 min。就医。 眼睛接触　立即分开眼睑，用大量流动清水或生理盐水彻底冲洗 5～10 min。就医。 吸　　入　迅速脱离现场至空气新鲜处。保持呼吸道通畅。如呼吸困难，给输氧。如呼吸、心跳停止，立即进行心肺复苏术。就医。 食　　入　用水漱口，给饮牛奶或蛋清。禁止催吐。就医。

泄漏应急处理

迅速撤离泄漏污染区人员至安全区，并进行隔离，严格限制出入。建议应急处理人员戴正压自给式呼吸器，穿防腐蚀、防毒服，戴橡胶手套。勿使泄漏物与可燃物质（如木材、纸、油等）接触。不要直接接触泄漏物。喷雾状水抑制蒸气或改变蒸气云流向。防止进入下水道、排洪沟等限制性空间。

小量泄漏：用大量水冲洗，洗水稀释后放入废水系统。

大量泄漏：用碎石灰石、苏打灰或石灰中和。在专家指导下清除。

职业接触限值	消防措施
未制定标准	本品不燃，根据着火原因选择适当灭火剂灭火。**禁止用砂土压盖。** 消防人员须佩戴空气呼吸器，穿全身耐酸碱消防服灭火。尽可能将容器从火场移至空旷处。喷水保持火场容器冷却，直至灭火结束。遇大火，消防人员须在有防爆掩蔽处操作。

危险性类别	品名、英文名、分子式、CAS 号	危险性标志
氧化剂	高氯酸钾 potassium perchlorate $KClO_4$ CAS 号：7778-74-7	

理化数据

熔点：400～525℃（分解）　　相对密度（$d_{水}$=1）：2.52　　相对蒸气密度（$d_{空气}$=1）：4.8

危险特性与安全存储

危险特性	强氧化剂。与还原剂、有机物、易燃物（如硫、磷或金属粉末等）混合可形成爆炸性混合物。在火场中，受热的容器有爆炸危险。受热分解放出氧气。易制爆。
安全存储	应与还原剂、酸类、醇类、活性金属粉末分开存放，切忌混储。包装密封。 储存于阴凉、通风的库房，库温不超过 30℃，相对湿度不超过 80%，远离火种、热源。储区应备有合适的材料以收容泄漏物。

防护措施

按需戴防护口罩

必须戴防护眼镜

必须穿防护服

必须戴防护手套

接触表现与急救措施

接触表现	有强刺激作用。高浓度接触，严重损害黏膜、上呼吸道、眼及皮肤。中毒表现有烧灼感、咳嗽、喘息、气短、喉炎、头痛、恶心和呕吐等。
急救措施	皮肤接触　立即脱去污染的衣着，用大量流动清水彻底冲洗。就医。 眼睛接触　立即分开眼睑，用大量流动清水或生理盐水彻底冲洗。就医。 吸　　入　迅速脱离现场至空气新鲜处。保持呼吸道通畅。如呼吸困难，给输氧。如呼吸、心跳停止，立即进行心肺复苏术。就医。 食　　入　用水漱口，饮水。就医。

泄漏应急处理

隔离泄漏污染区，限制出入。建议应急处理人员戴防尘口罩，穿防毒服，戴橡胶手套。勿使泄漏物与可燃物质（如木材、纸、油等）接触。不要直接接触泄漏物。尽可能切断泄漏源。勿使水进入包装容器内。

小量泄漏：用洁净的铲子收集泄漏物，置于干净、干燥、盖子较松的容器中，将容器移离泄漏区。

大量泄漏：泄漏物回收后，用水冲洗泄漏区。

职业接触限值	消防措施
未制定标准	本品不燃，根据着火原因选择适当灭火剂灭火。**禁止用砂土压盖**。 消防人员须佩戴空气呼吸器，穿全身防火防毒服，在上风向灭火。尽可能将容器从火场转移至空旷处。喷水保持容器冷却，直至灭火结束。在火场中与可燃物混合会发生爆炸，消防人员须在有防爆掩蔽处操作。

危险性类别	品名、英文名、分子式、CAS 号	危险性标志
氧化剂	高氯酸钠 sodium perchlorate $NaClO_4$ CAS 号：7601-89-0	

理化数据

熔点：482℃（分解）　　分解温度：400℃　　相对密度（$d_{水}$=1）：2.52

危险特性与安全存储

危险特性	不稳定，为强氧化剂，具强刺激性。与还原剂、有机物、易燃物（如硫、磷或金属粉末等）混合可形成爆炸性混合物。急剧加热可发生爆炸。易制爆。
安全存储	应与易（可）燃物、还原剂、酸类、活性金属粉末分开存放，切忌混储。包装必须密封，防止受潮。 储存于阴凉、通风的库房，库温不超过 30℃，相对湿度不超过 80%，远离火种、热源。储区应备有合适的材料以收容泄漏物。

防护措施

接触表现与急救措施

接触表现	吸入、摄入或经皮肤吸收对身体有害，对皮肤、黏膜有强刺激作用。
急救措施	皮肤接触　立即脱去污染的衣着，用大量流动清水彻底冲洗。就医。 眼睛接触　立即分开眼睑，用大量流动清水或生理盐水彻底冲洗。立即就医。 吸　　入　迅速脱离现场至空气新鲜处。保持呼吸道畅通。如果呼吸困难，给输氧。如呼吸、心跳停止，立即进行心肺复苏。就医。 食　　入　用水漱口，饮水。就医。

泄漏应急处理

隔离泄漏污染区，限制出入。建议应急处理人员戴防尘口罩，穿防毒服，戴橡胶手套。勿使泄漏物与可燃物质（如木材、纸、油等）接触。不要直接接触泄漏物。尽可能切断泄漏源。勿使水进入包装容器内。

小量泄漏：用洁净的铲子收集泄漏物，置于干净、干燥、盖子较松的容器内，将容器移离泄漏区。

大量泄漏：泄漏物回收后，用水冲洗泄漏区。

职业接触限值	消防措施
未制定标准	本品不燃，根据着火原因选择适当灭火剂灭火。**禁止用砂土压盖。** 消防人员须佩戴空气呼吸器，穿全身防火防毒服，在上风向灭火。尽可能将容器从火场转移至空旷处。喷水保持容器冷却，直至灭火结束。在火场中与可燃物混合会发生爆炸，消防人员须在有防爆掩蔽处操作。

危险性类别	品名、英文名、分子式、CAS 号	危险性标志
氧化剂 **腐蚀**	高锰酸钠 sodium permanganate $NaMnO_4$ CAS 号：10101-50-5	

理化数据

熔点：170℃（分解）　　相对密度（$d_{水}$=1）：2.47

危险特性与安全存储

危险特性	强氧化剂，助燃。遇硫酸、铵盐或过氧化氢能发生爆炸。遇甘油、乙醇能引起自燃。与有机物、还原剂、易燃物（如硫、磷等）接触或混合时有引起燃烧爆炸的危险。对水生生物毒性非常大并具有长期持续影响。易制爆。
安全存储	应与易（可）燃物、还原剂、活性金属粉末分开存放，切忌混储。包装必须密封，防止受潮。储存于阴凉、通风的库房，库房温度不超过 30℃，相对湿度不超过 80%，远离火种、热源。储区应备有合适的材料以收容泄漏物。

防护措施

接触表现与急救措施

接触表现	有强烈刺激作用。高浓度接触严重损害黏膜、上呼吸道、眼睛及皮肤。接触后引起烧灼感、咳嗽、喘息、喉炎、气短、头痛、恶心和呕吐等。
急救措施	皮肤接触　立即脱去污染的衣着，用大量流动清水彻底冲洗至少 15 min。就医。 眼睛接触　立即分开眼睑，用大量流动清水或生理盐水彻底冲洗 5～10 min。就医。 吸　　入　迅速脱离现场至空气新鲜处。保持呼吸道通畅。如呼吸困难，给输氧。如呼吸、心跳停止，立即进行心肺复苏术。就医。 食　　入　用水漱口，给饮牛奶或蛋清。禁止催吐。就医。

泄漏应急处理

隔离泄漏污染区，限制出入。建议应急处理人员戴防尘口罩，穿防毒服，戴氯丁橡胶手套。勿使泄漏物与可燃物质（如木材、纸、油等）接触。不要直接接触泄漏物。勿使水进入包装容器内。

小量泄漏：用洁净的铲子收集泄漏物，置于干净、干燥、盖子较松的容器中，将容器移离泄漏区。

大量泄漏：泄漏物回收后，用水冲洗泄漏区。

职业接触限值	消防措施
PC-TWA：0.15 mg/m^3 ［MnO_2］	本品不燃，根据着火原因选择适当灭火剂灭火。 消防人员须佩戴空气呼吸器，穿全身防护服，在上风向灭火。尽可能将容器从火场转移至空旷处。喷水保持容器冷却，直至灭火结束。

危险性类别	品名、英文名、分子式、CAS 号	危险性标志
氧化剂 **腐蚀**	过氧化钠 sodium peroxide Na_2O_2 CAS 号：1313-60-6	 

理化数据

熔点：460℃（分解）　　沸点：657℃（分解）　　相对密度（$d_水$=1）：2.80

危险特性与安全存储

危险特性	强氧化剂。能与可燃物、有机物或易氧化物质形成爆炸混合物，经摩擦或与少量水接触导致燃烧或爆炸。与硫磺、酸性腐蚀液体接触时，能发生燃烧或爆炸。遇潮气、酸类会分解并放出氧气而助燃。急剧加热时可发生爆炸。具较强的腐蚀性。易制爆。
安全存储	应与还原剂、酸类、醇类、活性金属粉末分开存放，切忌混储。包装密封，注意防潮和避免雨淋。 储存于阴凉、干燥、通风的库房，库温不超过 30℃，相对湿度不超过 75%，远离火种、热源。储区应备有合适的材料以收容泄漏物。

防护措施

接触表现与急救措施

接触表现	本品粉尘刺激眼和呼吸道，腐蚀鼻中隔；皮肤直接接触可引起灼伤；误服可造成消化道灼伤。
急救措施	皮肤接触　立即脱去被污染的衣着，用大量流动清水彻底冲洗至少 15 min。就医。 眼睛接触　立即分开眼睑，用大量流动清水或生理盐水彻底冲洗 5～10 min。就医。 吸　　入　迅速脱离现场至空气新鲜处。保持呼吸道通畅。如呼吸困难，给输氧。如呼吸、心跳停止，立即进行心肺复苏术。就医。 食　　入　用水漱口，给饮牛奶或蛋清。禁止催吐。立即就医。

泄漏应急处理

隔离泄漏污染区，限制出入。建议应急处理人员戴防尘口罩，穿耐酸碱服，戴氯丁橡胶手套。不要直接接触泄漏物。尽可能切断泄漏源。

小量泄漏：用干燥的砂土或其他不燃材料覆盖泄漏物。然后用塑料布、帆布覆盖，减少飞散，避免雨淋。

大量泄漏：在专家的指导下清除。

职业接触限值	消防措施
未制定标准	本品不燃，根据着火原因选择适当灭火剂灭火。**严禁用水、泡沫、二氧化碳扑救，禁止用砂土压盖。** 消防人员须佩戴防毒面具，在安全距离以外，在上风向灭火。尽可能将容器从火场转移至空旷处。喷水保持容器冷却，直至灭火结束。

危险性类别	品名、英文名、分子式、CAS 号	危险性标志
氧化剂 **腐蚀**	过氧化氢溶液 hydrogen peroxide solution H_2O_2 CAS 号：7722-84-1 	 

理化数据

熔点：-0.4℃　　沸点：150.2℃　　相对密度（$d_{水}$=1）：1.46（无水）

危险特性与安全存储

危险特性	爆炸性强氧化剂。本身不燃，但能与可燃物反应放出大量热和氧气而引起着火爆炸。可与一些有机物形成爆炸性混合物，与一些无机物接触分解爆炸，在撞击、受热或电火花作用下能发生爆炸。过氧化氢溶液含量大于 8% 即易制爆。浓度超过 74% 的过氧化氢，在具有适当的点火源或温度的密闭容器中，能产生气相爆炸。对水生生物有害。
安全存储	应与易（可）燃物、还原剂、活性金属粉末分开存放，切忌混储。保持容器密封。 储存于阴凉、干燥、通风的专用库房，库温不超过 30℃，相对湿度不超过 80%，远离火种、热源。储区应备有泄漏应急处理设备和合适的收容材料。

防护措施

接触表现与急救措施

接触表现	吸入本品蒸气或雾对呼吸道有强烈刺激作用，一次大量吸入可引起肺炎或者肺水肿。皮肤接触引起灼伤。眼直接接触本品液体可致不可逆损伤，甚至失明。经口摄入中毒出现腹痛、胸口痛、呼吸困难、呕吐、一时性运动和感觉障碍、体温升高等。个别病例出现视力障碍、癫痫样痉挛、轻瘫。
急救措施	皮肤接触　立即脱去污染的衣着，用大量流动清水彻底冲洗至少 15 min。就医。 眼睛接触　立即分开眼睑，用大量流动清水或生理盐水彻底冲洗 5～10 min。就医。 吸　　入　迅速脱离现场至空气新鲜处。保持呼吸道通畅。如呼吸困难，给输氧。如呼吸、心跳停止，立即进行心肺复苏术。就医。 食　　入　用水漱口，给饮牛奶或蛋清。禁止催吐。就医。

泄漏应急处理

迅速撤离泄漏污染区人员至安全区，并进行隔离，严格限制出入。建议应急处理人员戴正压自给式呼吸器，穿防腐蚀、防毒服，戴氯丁橡胶手套。远离易燃、可燃物（如木材、纸张、油品等）。尽可能切断泄漏源。防止进入下水道、排洪沟等限制性空间。

小量泄漏：用砂土、蛭石或其他惰性材料吸收。也可以用大量水冲洗，洗水稀释后放入废水系统。

大量泄漏：构筑围堤或挖坑收容。喷雾状水冷却和稀释蒸气，保护现场人员，稀释泄漏物。用泵转移至槽车或专用收集器内，回收至废物处理场所处置。

职业接触限值	消防措施
PC-TWA：1.5 mg/m^3	本品不燃，根据着火原因选择适当灭火剂灭火。**禁止用砂土压盖**。 消防人员须佩戴防毒面具，在安全距离以外，在上风向灭火。尽可能将容器从火场移至空旷处。喷水冷却容器，直至灭火结束。容器突然发出异常声音或出现异常现象，应立即撤离。

危险性类别	品名、英文名、分子式、CAS 号	危险性标志
易燃 **腐蚀**	过氧乙酸 peroxyacetic acid $C_2H_4O_3$ CAS 号：79-21-0	 

理化数据

熔点：0.1℃　　沸点：105℃　　闪点：40.5℃（OC）

自燃温度：200℃　　饱和蒸气压：2.6 kPa（20℃）

相对密度（$d_{水}$=1）：1.15（20℃）　　相对蒸气密度（$d_{空气}$=1）：2.6

危险特性与安全存储

危险特性	易燃，具爆炸性、强腐蚀性、强刺激性，可致人体灼伤。加热至100℃即猛烈分解，遇火或受热、受震都可起爆炸。与还原剂、促进剂、有机物、可燃物等接触会发生剧烈反应，有燃烧爆炸的危险。燃烧生成有害的一氧化碳。对水生生物毒性非常大。易制爆。
安全存储	应与还原剂、碱类、金属盐类分开存放，切忌混储。保持容器密封，避免光照。禁止震动、撞击和摩擦。 储存于有冷藏装置、通风良好、散热良好的不燃结构的库房内，库温不超过 30℃，相对湿度不超过 80%，远离火种、热源。采用防爆型照明、通风设施，禁止使用易产生火花的机械设备和工具。储区应备有泄漏应急处理设备和合适的收容材料。

防护措施

接触表现与急救措施

接触表现	对眼、皮肤、黏膜和上呼吸道有强烈刺激作用。经口摄入急性中毒可引起中毒性休克和肺水肿。接触后可引起烧灼感、咳嗽、喘息、喉炎、气短、头痛、恶心和呕吐等。
急救措施	皮肤接触　立即脱去污染的衣着，用大量流动清水彻底冲洗至少 15 min。就医。 眼睛接触　立即分开眼睑，用大量流动清水或生理盐水彻底冲洗至少 15 min。就医。 吸　　入　迅速脱离现场至空气新鲜处。保持呼吸道通畅。如呼吸困难，给输氧。如呼吸、心跳停止，立即进行心肺复苏。就医。 食　　入　用水漱口，给饮牛奶或蛋清。禁止催吐。立即就医。

泄漏应急处理

迅速撤离泄漏污染区人员至安全区，并进行隔离，严格限制出入。切断火源。建议应急处理人员戴正压自给式呼吸器，穿防静电、防腐蚀、防毒服，戴橡胶手套。不要直接接触泄漏物。勿使泄漏物与可燃物质（如木材、纸、油等）接触。尽可能切断泄漏源。防止进入下水道、排洪沟等限制性空间。

小量泄漏：用惰性、湿润的不燃材料混合吸收。用洁净的无火花工具收集于盖子较松的塑料容器中，待处理。

大量泄漏：构筑围堤或挖坑收容。用泡沫覆盖，减少蒸发。在专家的指导下清除。

职业接触限值	消防措施
未制定标准	灭火剂：水、雾状水、抗溶性泡沫、二氧化碳。**禁止用砂土掩盖。** 消防人员须佩戴空气呼吸器，穿全身耐酸碱消防服灭火。在物料附近失火，必须用水保持容器冷却。消防人员须在有防爆掩蔽处操作。容器突然发出异常声音或出现异常现象，应立即撤离。

危险性类别	品名、英文名、分子式、CAS 号	危险性标志
	季戊四醇 pentaerythritol $C_5H_{12}O_4$ CAS 号：115-77-5	

理化数据

熔点：262℃	沸点：276℃（4.0 kPa）	自燃温度：450℃（粉）
饱和蒸气压：4.0 kPa（276℃）	相对密度（$d_{水}$=1）：1.38（25℃）	爆炸下限：30 g/m^3

危险特性与安全存储

危险特性	可燃。遇高热、明火或与氧化剂接触，有引起燃烧的危险。其粉体与空气可形成爆炸性混合物，当达到一定的浓度时，遇火星会发生爆炸。燃烧生成有害的一氧化碳。易制爆。
安全存储	应与氧化剂、酸类分开存放，切忌混储。保持容器密封。 储存于阴凉、通风的库房，远离火种、热源。配备相应品种和数量的消防器材，储区应备有合适的材料以收容泄漏物。

防护措施

按需戴防护口罩

按需戴防护眼镜

必须穿防护服

必须戴防护手套

接触表现与急救措施

接触表现	经口摄入后血糖随剂量增加而轻度增高，停止摄入，恢复正常。大剂量摄入可引起腹泻。未见有皮肤刺激作用；对眼基本无刺激作用。
急救措施	皮肤接触　立即脱去污染的衣着，用流动清水彻底冲洗。就医。 眼睛接触　立即分开眼睑，用流动清水彻底冲洗。就医。 吸　　入　迅速脱离现场至空气新鲜处。保持呼吸道通畅。如呼吸困难，给输氧。如呼吸、心跳停止，立即进行心肺复苏术。就医。 食　　入　饮足量温水，催吐。就医。

泄漏应急处理

隔离泄漏污染区，限制出入。切断火源。建议应急处理人员戴防尘口罩，穿防毒服。
小量泄漏：用洁净的无火花工具收集于干净、干燥、盖子较松的容器中，转移至安全场所。
大量泄漏：收集回收或无害处理后废弃。

职业接触限值	消防措施
未制定标准	灭火剂：雾状水、泡沫、干粉、二氧化碳、砂土。 消防人员须佩戴防毒面具，穿全身消防服，在上风向灭火。尽可能将容器从火场移至空旷处。喷水保持容器冷却，直至灭火结束。

危险性类别	品名、英文名、分子式、CAS 号	危险性标志
易燃 **腐蚀**	钾 potassium K CAS 号：7440-09-7	 

理化数据

熔点：63.2℃　沸点：765.5℃　临界压力：1.54 MPa

饱和蒸气压：1.33 kPa（443℃）　相对密度（$d_{水}$=1）：0.86（20℃）

危险特性与安全存储

危险特性	化学反应活性很高，在潮湿的空气中能自燃。遇水或潮气剧烈反应放出氢气，大量放热，引起燃烧或爆炸。暴露在空气或氧气中能自行燃烧并爆炸使熔融物飞溅。遇水、二氧化碳都能剧烈反应。与卤素、磷、许多氧化物、氧化剂和酸类剧烈反应。燃烧时发出紫色火焰。燃烧生成有害的氧化钾。易制爆。
安全存储	应与氧化剂、酸类、卤素分开存放，切忌混储。浸于煤油中，包装密封，不可与空气接触。储存于阴凉、干燥、通风的专用库房内，库温不超过 32℃，相对湿度不超过 75%，远离火种、热源。采用防爆型照明、通风设施，禁止使用易产生火花的机械设备和工具。储区应备有合适的材料以收容泄漏物。

防护措施

接触表现与急救措施

接触表现	钾在空气中能自燃生成氧化钾，后者与水反应生成氢氧化钾。氧化钾和氢氧化钾均为强碱物质，对眼和皮肤有强烈刺激和腐蚀作用，可致灼伤。
急救措施	皮肤接触　立即脱去污染的衣着，用大量流动清水彻底冲洗至少 15min。就医。 眼睛接触　立即分开眼睑，用大量流动清水或生理盐水彻底冲洗 5～10 min。就医。 吸　　入　迅速脱离现场至空气新鲜处。保持呼吸道通畅。如呼吸困难，给输氧。如呼吸、心跳停止，立即进行心肺复苏术。就医。 食　　入　用水漱口，给饮牛奶或蛋清。禁止催吐。立即就医。

泄漏应急处理

严禁用水处理。隔离泄漏污染区，限制出入。切断火源。建议应急处理人员戴正压自给式呼吸器，穿防静电、防腐蚀、防毒服。禁止接触和跨越泄漏物。尽可能切断泄漏源。保持泄漏物干燥。

小量泄漏：用干净的砂土或者其他不燃材料覆盖泄漏物，然后用塑料布覆盖，减少飞散、避免雨淋。收入金属容器并保存在煤油或液体石蜡中。

粉末泄漏：用塑料布或帆布覆盖，减少飞散、保持干燥。严禁设法扫除干的泄漏物。在专家指导下清除。

职业接触限值	消防措施
未制定标准	灭火剂：干燥氯化钠粉末、碳酸钠粉末、碳酸钙粉末、干砂。**禁止用水、卤代烃、碳酸氢钠、碳酸氢钾灭火。** 消防人员须佩戴空气呼吸器，穿全身防火防毒服，在上风向灭火。尽可能将容器从火场转移至空旷处。喷水保持火场容器冷却，直至灭火结束。

危险性类别	品名、英文名、分子式、CAS 号	危险性标志
易燃 腐蚀	锂 lithium Li CAS 号：7439-93-2	

理化数据

熔点：180.54℃　沸点：1317～1342℃　临界压力：68.9 MPa
饱和蒸气压：0.13 kPa（723℃）　相对密度（$d_{水}$=1）：0.534（20℃）

危险特性与安全存储

危险特性	化学反应活性很高，加热至熔融状态时能在空气中自燃，粉尘能在常温下燃烧。遇水或酸发生反应放出氢气及热，能引起燃烧。燃烧后即成熔融物流散，并放出白色浓烟，使火场全部荫蔽。金属锂能在空气、氧气、氮气或二氧化碳中燃烧，特别是有氧化锂或氮化锂存在下极易燃烧。锂在高温下能与混凝土或含湿的材料猛烈反应，反应放出的氢气与空气能形成爆炸性混合物。与卤素、硫、磷等发生剧烈的化学反应，引起燃烧。燃烧生成有害的氧化锂。易制爆。
安全存储	应与酸类、卤素等分开存放，切忌混储。存于液体石蜡中，注意包装完整密封。 储存于阴凉、干燥、通风的专用库房，库温不超过 32℃，相对湿度不超过 75%，远离火种、热源。采用防爆型照明、通风设施，禁止使用易产生火花的机械设备和工具。储区应备有合适的材料以收容泄漏物。

防护措施

接触表现与急救措施

接触表现	有强腐蚀作用，眼和皮肤接触引起刺激或灼伤。
急救措施	皮肤接触　立即脱去污染的衣着，用大量流动清水彻底冲洗至少 15 min。就医。 眼睛接触　立即分开眼睑，用大量流动清水或生理盐水彻底冲洗 5～10 min。就医。 吸　　入　迅速脱离现场至空气新鲜处。保持呼吸道通畅。如呼吸困难，给输氧。如呼吸、心跳停止，立即进行心肺复苏术。就医。 食　　入　用水漱口，给饮牛奶或蛋清。禁止催吐。立即就医。

泄漏应急处理

严禁用水处理。隔离泄漏污染区，限制出入。切断火源。建议应急处理人员戴防尘口罩，穿防静电、防腐蚀、防毒服。禁止接触和跨越泄漏物。尽可能切断泄漏源。保持泄漏物干燥。
小量泄漏：用干燥的砂土或其他不燃材料覆盖泄漏物，然后用塑料布覆盖，减少飞散，避免雨淋。
粉末泄漏：用塑料布或帆布覆盖泄漏物，减少飞散，保持干燥。在专家的指导下清除。

职业接触限值	消防措施
未制定标准	灭火剂：用干燥石墨粉和干砂闷熄火苗，隔绝空气。**禁止使用水、泡沫或卤化物灭火剂，用二氧化碳与干粉灭火无效。** 消防人员须佩戴空气呼吸器，穿全身防火防毒服，在上风向灭火。尽可能将容器从火场移至空旷处。喷水保持火场容器冷却，直至灭火结束。

危险性类别	品名、英文名、分子式、CAS 号	危险性标志
易燃	硫（硫黄） sulfur S CAS 号：7704-34-9	

理化数据

熔点：112.8～120℃　　沸点：444.6℃　　闪点：207℃（CC）

自燃温度：232℃　　临界温度：1040℃　　临界压力：11.75 MPa

饱和蒸气压：0.13 kPa（183.8℃）　　相对密度（$d_{水}$=1）：1.92～2.07

爆炸上限：1400 g/m^3　　爆炸下限：35 g/m^3

危险特性与安全存储

危险特性	与卤素、金属粉末等接触发生剧烈反应。硫磺为不良导体，在储运过程中易产生静电荷，可导致硫尘起火。其粉尘或蒸气与空气或氧化剂混合形成爆炸性混合物。燃烧生成有害的氧化硫。易制爆。
安全存储	应与氧化剂分开存放，切忌混储。保持容器密封。 储存于阴凉、通风的库房，库温不超过 35℃，远离火种、热源。采用防爆型照明、通风设施，禁止使用易产生火花的机械设备和工具。储区应备有合适的收容材料。

防护措施

接触表现与急救措施

接触表现	因其能在肠内部分转化为硫化氢而被吸收，故大量经口摄入可致硫化氢中毒。急性硫化氢中毒的全身毒作用表现为中枢神经系统症状，有头痛、头晕、乏力、呕吐、共济失调、昏迷等。本品对皮肤有弱刺激作用，可引起皮肤湿疹。也可引起眼结膜炎。生产中长期吸入硫粉尘一般无明显毒性作用。
急救措施	皮肤接触　立即脱去污染的衣着，用流动清水彻底冲洗。就医。 眼睛接触　立即分开眼睑，用流动清水或生理盐水彻底冲洗。就医。 吸　　入　迅速脱离现场至空气新鲜处。保持呼吸道畅通。如呼吸困难，给输氧。如呼吸、心跳停止，立即进行心肺复苏术。就医。 食　　入　用水漱口，饮水。就医。

泄漏应急处理

隔离泄漏污染区，限制出入。切断火源。建议应急处理人员戴防尘口罩，穿防静电服。禁止接触或跨越泄漏物。防止泄漏物进入下水道、排洪沟等限制性空间。

小量泄漏：避免扬尘，用洁净的铲子收集于干净、干燥、盖子较松的容器中，将容器移离泄漏区。

大量泄漏：用水润湿，并筑堤收容。

职业接触限值	消防措施
未制定标准	灭火剂：遇小火用砂土闷熄。遇大火可用雾状水灭火。 消防人员须佩戴防毒面具，穿全身消防服，在安全距离以外，在上风向灭火。 尽可能将容器从火场移至空旷处。喷水保持火场容器冷却，直至灭火结束。

危险性类别	品名、英文名、分子式、CAS 号	危险性标志
易燃	六亚甲基四胺 hexamethylenetetramine $C_6H_{12}N_4$ CAS 号：100-97-0	

理化数据

熔点：280～295℃（分解）	沸点：263℃（升华）	闪点：250℃（CC）
临界压力：3.68 MPa	相对密度（$d_{水}$=1）：1.33	相对蒸气密度（$d_{空气}$=1）：4.9

危险特性与安全存储

危险特性	易燃，具腐蚀性。受热分解放出有毒的烟气。与氧化剂混合能形成爆炸性混合物。燃烧生成有害的一氧化碳、氮氧化物。对水生生物有毒。易制爆。
安全存储	应与氧化剂、酸类分开存放，切忌混储。保持容器密封。 储存于阴凉、通风的库房，库温不超过 35℃，远离火种、热源。采用防爆型照明、通风设施，禁止使用易产生火花的机械设备和工具。储区应备有合适的材料以收容泄漏物。

防护措施

按需戴防毒面具

必须戴防护眼镜

必须穿防护服

必须戴防护手套

接触表现与急救措施

接触表现	生产条件下，主要引起皮炎和湿疹。皮疹多为多形性，奇痒，初起局限于接触部位，以后可蔓延，甚至遍及全身。
急救措施	皮肤接触　立即脱去污染的衣着，用流动清水彻底冲洗。就医。 眼睛接触　立即分开眼睑，用流动清水或生理盐水彻底冲洗。就医。 吸　　入　迅速脱离现场至空气新鲜处，保持呼吸道畅通。如呼吸困难，给输氧。如呼吸、心跳停止，立即进行心肺复苏术。就医。 食　　入　用水漱口，饮水。就医。

泄漏应急处理

隔离泄漏污染区，限制出入。切断火源。建议应急处理人员戴防尘口罩，穿防静电服。禁止接触和跨越泄漏物。
小量泄漏：用洁净的铲子收集泄漏物，置于干净、干燥、盖子较松的容器中，将容器移离泄漏区。
大量泄漏：用水润湿，并筑堤收容。防止泄漏物进入下水道、排洪沟等限制性空间。

职业接触限值	消防措施
未制定标准	灭火剂：雾状水、泡沫、二氧化碳、砂土。 消防人员须佩戴空气呼吸器，穿全身防火防毒服，在上风向灭火。喷水冷却容器，尽可能将容器从火场移至空旷处。

危险性类别	品名、英文名、分子式、CAS 号	危险性标志
易燃	铝粉 aluminium powder Al CAS 号：7429-90-5	

理化数据

熔点：660℃	沸点：2327～2494℃	自燃温度：590℃
临界压力：5.46 MPa	饱和蒸气压：0.13 kPa（1284℃）	
相对密度（$d_{水}$=1）：2.70	爆炸下限：37～50 mg/m^3	

危险特性与安全存储

危险特性	大量粉尘遇潮湿、水蒸气能自燃。与氧化剂混合能形成爆炸性混合物。与氟、氯等接触会发生剧烈反应。与酸类或强碱接触也能产生氢气，引起燃烧爆炸。其粉体与空气可形成爆炸性混合物，当达到一定浓度时，遇火星会发生爆炸。燃烧生成有害的氧化铝。易制爆。
安全存储	应与氧化剂、卤素、酸、强碱分开存放，切忌混储。保持容器密封。 储存于阴凉、干燥、通风的专用库房，库温不超过 32℃，相对湿度不超过 75%，远离火种、热源。采用防爆型照明、通风设备，禁止使用易产生火花的机械设备和工具。储区应备有合适的材料以收容泄漏物。

防护措施

接触表现与急救措施

接触表现	长期吸入可致铝尘肺，表现为消瘦、极易疲劳、呼吸困难、咳嗽、咳痰等。落入眼内，可发生局灶性坏死、角膜色素沉着、晶体膜改变及玻璃体混浊。对鼻、口、性器官黏膜有刺激作用，甚至发生溃疡。可引起痤疮、湿疹、皮炎。
急救措施	皮肤接触　立即脱去污染的衣着，用流动清水彻底冲洗。就医。 眼睛接触　立即分开眼睑，用流动清水或生理盐水彻底冲洗 5～10 min。就医。 吸　　入　迅速脱离现场至空气新鲜处。保持呼吸道通畅。如呼吸困难，给输氧。如呼吸、心跳停止，立即进行心肺复苏术。就医。 食　　入　用水漱口，饮水。就医。

泄漏应急处理

隔离泄漏污染区，限制出入。切断火源。建议应急处理人员戴防尘口罩，穿防静电服。禁止接触或跨越泄漏物。尽可能切断泄漏源。严禁用水处理。

小量泄漏：用干燥的砂土或其他不燃材料覆盖泄漏物，然后用塑料布覆盖，减少飞散，避免雨淋。

大量泄漏：用塑料布或帆布覆盖泄漏物，减少飞散，保持干燥。在专家的指导下清除。

职业接触限值	消防措施
PC-TWA：3 mg/m^3 ［总尘］	灭火剂：可用适当的干砂、石粉将火闷熄。**严禁用水、泡沫、二氧化碳扑救。** 消防人员须佩戴防毒面具，穿全身消防服，在上风向灭火。尽可能将容器从火场转移至空旷处。喷水保持火场容器冷却，直至灭火结束。

危险性类别	品名、英文名、分子式、CAS 号	危险性标志
氧化剂	氯酸钾 potassium chlorate $KClO_3$ CAS 号：3811-04-9	

理化数据

熔点：356～368℃　　沸点：400℃（分解）　　相对密度（$d_{水}$=1）：2.32

危险特性与安全存储

危险特性	具强氧化性。400℃以上则分解放出氧气。与还原剂、有机物、易燃物（如硫、磷或金属粉末等）接触或混合时有引起燃烧爆炸的危险。急剧加热时可发生爆炸。对水生生物有毒并具有长期持续影响。易制爆。
安全存储	应与易（可）燃物、还原剂、酸类、醇类分开存放，切忌混储。保持容器密封。 储存于阴凉、干燥、通风的专用库房，库温不超过 30℃，相对湿度不超过 80%，远离火种、热源。储区应备有合适的材料以收容泄漏物。

防护措施

接触表现与急救措施

接触表现	对人的致死量约为 10 g。经口摄入急性中毒表现为高铁血红蛋白血症、胃肠炎、肝肾损害，甚至窒息。本品粉尘对呼吸道有刺激性。
急救措施	皮肤接触　立即脱去污染的衣着，用流动清水彻底冲洗。就医。 眼睛接触　立即分开眼睑，用流动清水或生理盐水彻底冲洗。就医。 吸　　入　迅速脱离现场至空气新鲜处。保持呼吸道通畅。如呼吸困难，给输氧。如呼吸、心跳停止，立即进行心肺复苏术。就医。 食　　入　患者清醒时给饮大量温水，催吐。就医（高铁血红蛋白血症，可用美蓝和维生素 C 治疗）。

泄漏应急处理

隔离泄漏污染区，周围设警告标志。建议应急处理人员戴防尘口罩，穿防毒服，戴橡胶手套。不要直接接触泄漏物。勿使泄漏物与可燃物质（如木材、纸、油等）接触。尽可能切断泄漏源。勿使水进入包装容器内。

小量泄漏：用洁净的铲子收容泄漏物，置于干净、干燥、盖子较松的容器中，将容器移离泄漏区。

大量泄漏：收集回收后，用水冲洗泄漏区。

职业接触限值	消防措施
未制定标准	灭火剂：用大量水扑救，同时用干粉灭火剂闷熄。**禁止用砂土压盖。** 消防人员须佩戴防毒面具，穿全身消防服，在有防爆掩蔽处灭火。尽可能将容器从火场转移至空旷处。喷水保持火场容器冷却，直至灭火结束。

危险性类别	品名、英文名、分子式、CAS 号	危险性标志
氧化剂	氯酸钠 sodium chlorate $NaClO_3$ CAS 号：7775-09-9	

理化数据

熔点：248～261℃　　分解温度：300℃　　相对密度（$d_{水}$=1）：2.49

危险特性与安全存储

危险特性	强氧化剂。受强热或与强酸接触即发生爆炸。与还原剂、有机物、易燃物（如硫、磷或金属粉末等）混合可形成爆炸性混合物。急剧加热时可发生爆炸。对水生生物有毒并具有长期持续影响。易制爆。
安全存储	应与易燃物、还原剂、酸类、醇类、活性金属粉末分开存放，切忌混储。包装密封。 储存于阴凉、干燥、通风的专用库房，库温不超过 30℃，相对湿度不超过 80%，远离火种、热源。储区应备有合适的材料以收容泄漏物。

防护措施

按需戴防护口罩

必须戴防护眼镜

必须穿防护服

必须戴防护手套

接触表现与急救措施

接触表现	本品粉尘对眼、皮肤及呼吸道有刺激作用。经口摄入急性中毒表现为高铁血红蛋白血症、胃肠炎、肝肾损害，甚至发生窒息。
急救措施	皮肤接触　立即脱去污染的衣着，用流动清水彻底冲洗。就医。 眼睛接触　立即分开眼睑，用流动清水或生理盐水彻底冲洗。就医。 吸　　入　迅速脱离现场至空气新鲜处。保持呼吸道通畅。如呼吸困难，给输氧。如呼吸、心跳停止，立即进行心肺复苏术。就医。 食　　入　用水漱口，饮水。就医（高铁血红蛋白血症，可用美蓝和维生素 C 治疗）。

泄漏应急处理

隔离泄漏污染区，限制出入。建议应急处理人员戴防尘口罩，穿防毒服。不要直接接触泄漏物。勿使泄漏物与可燃物质（如木材、纸、油等）接触。尽可能切断泄漏源。勿使水进入包装容器内。
小量泄漏：用洁净的铲子收集泄漏物，置于干净、干燥、盖子较松的容器中，将容器移离泄漏区。
大量泄漏：泄漏物回收后，用水冲洗泄漏区。

职业接触限值	消防措施
未制定标准	灭火剂：用大量水扑救，同时用干粉灭火剂闷熄。**禁止用砂土压盖**。 消防人员须佩戴防毒面具，穿全身消防服，在有防爆掩蔽处灭火。尽可能将容器从火场转移至空旷处。喷水保持火场容器冷却，直至灭火结束。

危险性类别	品名、英文名、分子式、CAS 号	危险性标志
易燃	镁粉 magnesium powder Mg CAS 号：7439-95-4	

理化数据

熔点：650～651℃　沸点：1100℃　闪点：500℃

自燃温度：480～510℃　饱和蒸气压：0.13 kPa（621℃）

相对密度（$d_{水}$=1）：1.74　爆炸下限：44～59 mg/m³

危险特性与安全存储

危险特性	易燃，燃烧时产生强烈的白光并放出高热。遇水或潮气猛烈反应放出氢气，大量放热，引起燃烧或爆炸。遇氯、溴、碘、硫、磷、砷和氧化剂剧烈反应，有燃烧、爆炸危险。粉体与空气可形成爆炸性混合物，当达到一定浓度时，遇火星发生爆炸。燃烧生成有害的氧化镁。易制爆。
安全存储	应与氧化剂、酸类、卤素、氯代烃等分开存放，切忌混储。包装要求密封，不可与空气接触。储存于阴凉、干燥、通风的专用库房内，库温不超过 32℃，相对湿度不超过 75%，远离火种、热源。采用防爆型照明、通风设施，禁止使用易产生火花的机械设备和工具。储区应备有合适的材料收容泄漏物。

防护措施

接触表现与急救措施

接触表现	对眼、皮肤及上呼吸道有刺激作用。吸入可引起咳嗽、胸痛等。经口摄入对身体有害。
急救措施	皮肤接触　立即脱去污染的衣着，用流动清水彻底冲洗。就医。 眼睛接触　立即分开眼睑，用流动清水或生理盐水彻底冲洗。就医。 吸　　入　迅速脱离现场至空气新鲜处。保持呼吸道通畅。如呼吸困难，给输氧。如呼吸、心跳停止，立即进行心肺复苏术。就医。 食　　入　用水漱口，饮水。就医。

泄漏应急处理

隔离泄漏污染区，限制出入。切断火源。建议应急处理人员戴防尘口罩，穿防静电服。禁止接触或跨越泄漏物。尽可能切断泄漏源。严禁用水处理。

小量泄漏：用干燥的砂土或其他不燃材料覆盖泄漏物，然后用塑料布覆盖。减少飞散，避免雨淋。

粉末泄漏：用塑料布或帆布覆盖。减少飞散，保持干燥。在专家指导下清除。

职业接触限值	消防措施
未制定标准	灭火剂：用干燥石墨粉和干砂闷熄火苗，隔绝空气。**严禁用水、泡沫、二氧化碳扑救。** 消防人员须佩戴空气呼吸器，穿全身防火防毒服，在上风向灭火。尽可能将容器从火场转移至空旷处。喷水保持容器冷却，直至灭火结束。施救时对眼睛和皮肤须加保护，以免飞来炽粒烧伤身体、镁光灼伤视力。

危险性类别	品名、英文名、分子式、CAS 号	危险性标志
易燃 **腐蚀**	钠 sodium Na CAS 号：7440-23-5	 

理化数据

熔点：97.8℃　沸点：881.4～892℃　自燃温度：＞115℃

饱和蒸气压：0.16 kPa（440℃）　相对密度（$d_{水}$=1）：0.97

危险特性与安全存储

危险特性	遇湿易燃，具强腐蚀性、强刺激性，可致人体灼伤。化学反应活性很高，在氧、氯、氟、溴蒸气中会燃烧。遇水或潮气剧烈反应放出氢气，大量放热，引起燃烧或爆炸。金属钠暴露在空气或氧气中能自行燃烧并爆炸使熔融物飞溅。与卤素、磷、许多氧化物、氧化剂和酸类剧烈反应。100℃时开始蒸发，蒸气可侵蚀玻璃。易制爆。
安全存储	应与氧化剂、酸类、卤素分开存放，切忌混储。浸于煤油中，包装密封，不可与空气接触。储存于阴凉、干燥、通风的专用库房，库温不超过 32℃，相对湿度不超过 75%，远离火种、热源。采用防爆型照明、通风设施，禁止使用易产生火花的机械设备和工具。储区应备有合适的材料以收容泄漏物。

防护措施

必须戴防护手套

接触表现与急救措施

接触表现	在空气中能自燃，燃烧产生的烟（主要含氧化钠）对鼻、喉及上呼吸道有腐蚀作用及极强的刺激作用。同潮湿皮肤或衣服接触可燃烧，造成烧伤。
急救措施	皮肤接触　立即脱去污染的衣着，用大量流动清水彻底冲洗至少 15 min。就医。 眼睛接触　立即分开眼睑，用大量流动清水或生理盐水彻底冲洗 5～10 min。就医。 吸　入　迅速脱离现场至空气新鲜处。保持呼吸道通畅。如呼吸困难，给输氧。如呼吸、心跳停止，立即进行心肺复苏术。就医。 食　入　用水漱口，给饮牛奶或蛋清。禁止催吐。就医。

泄漏应急处理

严禁用水处理。隔离泄漏污染区，限制出入。切断火源。建议应急处理人员戴正压自给式呼吸器，穿防静电、防腐蚀、防毒服。禁止接触或跨越泄漏物。尽可能切断泄漏源。保持泄漏物干燥。

小量泄漏：用干燥的砂土或其他不燃材料覆盖泄漏物，然后用塑料布覆盖，减少飞散，避免雨淋。收入金属容器并保存在煤油或液体石蜡中。

大量泄漏：用塑料布或帆布覆盖泄漏物，减少飞散，保持干燥。严禁设法扫除干的泄漏物。在专家指导下清除。

职业接触限值	消防措施
未制定标准	灭火剂：干燥氯化钠粉末、干燥石墨粉、碳酸钠干粉、碳酸钙干粉、干砂。**不可用水、卤代烃（如 1211 灭火剂）、碳酸氢钠、碳酸氢钾作为灭火剂。** 消防人员须佩戴空气呼吸器，穿全身防火防毒服，在上风向灭火。

危险性类别	品名、英文名、分子式、CAS 号	危险性标志
易燃 **有毒**	硼氢化钠 sodium borohydride $NaBH_4$ CAS 号：16940-66-2	 

理化数据

熔点：36℃　　沸点：500℃（分解）

相对密度（$d_{水}$=1）：1.07　　相对蒸气密度（$d_{空气}$=1）：1.3

危险特性与安全存储

危险特性	接触空气易自燃。遇明火、高热或与氧化剂接触，有引燃爆炸的危险。遇潮湿空气、水或酸能放出易燃的氢气而引起燃烧。易制爆。
安全存储	应与氧化剂、酸类、碱类、醇类、食用化学品分开存放。保持容器密封。 储存于阴凉、干燥、通风的专用库房，库温不超过 32℃，相对湿度不超过 75%，远离火种、热源。采用防爆型照明、通风设施，禁止使用易产生火花的机械设备和工具。储区应备有泄漏应急处理设备和合适的收容材料。

防护措施

接触表现与急救措施

接触表现	本品强烈刺激黏膜、上呼吸道、眼及皮肤。吸入后，可因喉和支气管的炎症、水肿、痉挛，化学性肺炎或肺水肿而致死。经口摄入腐蚀消化道。
急救措施	皮肤接触　立即脱去被污染的衣着，用肥皂水和清水彻底冲洗至少 15min。就医。 眼睛接触　立即分开眼睑，用大量流动清水或生理盐水彻底冲洗 5～10 min。就医。 吸　　入　迅速脱离现场至空气新鲜处。保持呼吸道通畅。如呼吸困难，给输氧。如呼吸、心跳停止，立即进行心肺复苏术。就医。 食　　入　用水漱口，给饮牛奶或蛋清。禁止催吐。就医。

泄漏应急处理

严禁用水处理。隔离泄漏污染区，限制出入。切断火源。建议应急处理人员戴防尘口罩，穿防毒、防静电服。禁止接触或跨越泄漏物。尽可能切断泄漏源。保持泄漏物干燥。

小量泄漏：用干燥的砂土或者其他不燃物覆盖泄漏物，然后用塑料布覆盖，减少飞散，避免雨淋。

大量泄漏：用塑料布、帆布覆盖。在专家的指导下清除。

职业接触限值	消防措施
未制定标准	灭火剂：干粉、二氧化碳、砂土。**禁止用水和泡沫灭火。** 消防人员须戴好防毒面具，穿全身消防服。在安全距离以外，在上风向灭火。尽可能将容器从火场移至空旷处。喷水保持火场容器冷却，直至灭火结束。

危险性类别	品名、英文名、分子式、CAS 号	危险性标志
腐蚀	水合肼（含水 36%） hydrazine hydrate (containing 36% water) $N_2H_4 \cdot H_2O$ CAS 号：10217-52-4	

理化数据

熔点：-64.9～-51.6℃	沸点：118℃	闪点：72.8℃
自燃温度：270℃	饱和蒸气压：0.67 kPa（25℃）	相对密度（$d_{水}$=1）：1.03
相对蒸气密度（$d_{空气}$=1）：1.1	爆炸上限：100%	爆炸下限：4.7%

危险特性与安全存储

危险特性	强还原剂。可燃。可能致癌。与氧化剂接触可发生剧烈反应，引起燃烧或爆炸。遇氧化汞、金属钠、氯化亚锡、2,4-二硝基氯化苯发生剧烈反应。对水生生物毒性非常大并具有长期持续影响。易制爆。
安全存储	应与氧化剂、酸类、金属粉末、食用化学品分开存放，切忌混储。保持容器密封。 储存于阴凉、通风的库房，库温不超过 30℃，相对湿度不超过 80%，远离火种、热源。配备相应品种和数量的消防器材，储区应备有泄漏应急处理设备和合适的收容材料。

防护措施

接触表现与急救措施

接触表现	吸入本品蒸气刺激鼻和上呼吸道。此外，可能出现头晕、恶心和中枢神经系统兴奋。本品液体或蒸气对眼有刺激作用，可致眼的永久性损害。对皮肤有刺激作用，可造成严重灼伤，可经皮肤吸收引起中毒，可致皮炎。经口摄入引起头晕、恶心。肝功能可出现异常。 慢性影响　长期接触可出现神经衰弱综合征、肝肿大及肝功能异常。
急救措施	皮肤接触　立即脱去污染的衣着，用大量流动清水彻底冲洗至少 15 min。就医。 眼睛接触　立即分开眼睑，用大量流动清水或生理盐水彻底冲洗 5～10 min。就医。 吸　　入　迅速脱离现场至空气新鲜处。保持呼吸道通畅。如呼吸困难，给输氧。如呼吸、心跳停止，立即进行心肺复苏术。就医。 食　　入　用水漱口，给饮牛奶或蛋清。禁止催吐。立即就医。

泄漏应急处理

迅速撤离泄漏污染区人员至安全区，并隔离。切断火源。建议应急处理人员戴正压自给式呼吸器，穿防静电、防腐蚀服，戴橡胶手套。不要直接接触泄漏物。尽可能切断泄漏源。防止进入下水道、排洪沟等限制性空间。

小量泄漏：用干燥的砂土或其他不燃材料吸收或覆盖，收集于容器中。

大量泄漏：构筑围堤或挖坑收容，用防爆、防腐蚀泵转移至槽车或专用收集器内。喷雾状水驱散蒸气、稀释液体泄漏物。

职业接触限值	消防措施
未制定标准	灭火剂：雾状水、二氧化碳、干粉、抗溶性泡沫。 消防人员须佩戴防毒面具，在安全距离以外，在上风向灭火。容器突然发出异常声音或有异常现象，应立即撤离。遇大火，消防人员应在有防护掩蔽处操作。

危险性类别	品名、英文名、分子式、CAS 号	危险性标志
易燃	硝基甲烷 nitromethane CH_3NO_2 CAS 号：75-52-5	

理化数据

熔点：−29℃	沸点：101.2℃	闪点：35℃（CC）
自燃温度：418℃	临界温度：315℃	临界压力：6.30 MPa
饱和蒸气压：3.71 kPa（20℃）	相对密度（$d_{水}$=1）：1.14	相对蒸气密度（$d_{空气}$=1）：2.11
爆炸上限：63.0%	爆炸下限：7.1%	

危险特性与安全存储

危险特性	易燃，具刺激性。可能致癌。其蒸气与空气可形成爆炸性混合物。强烈震动、受热或遇无机碱类、氧化剂、烃类、胺类及三氯化铝、六甲基苯等均能引起燃烧爆炸。燃烧分解时，放出有毒的氮氧化物气体。燃烧生成有害的一氧化碳、氮氧化物。对水生生物有害。易制爆。
安全存储	应与氧化剂、还原剂、酸类、碱类分开存放，切忌混储。保持容器密封。 储存于阴凉、通风的库房，库温不超过 37℃，远离火种、热源。采用防爆型照明、通风设施，禁止使用易产生火花的机械设备和工具。储区应备有泄漏应急处理设备和合适的收容材料。

防护措施

接触表现与急救措施

接触表现	本品主要引起中枢神经系统损害，亦可引起高铁血红蛋白血症。吸入高浓度本品蒸气出现头晕、四肢无力、呼吸困难、紫绀、意识丧失、癫痫样抽搐。对呼吸道黏膜有轻度刺激作用。可发生肝肾损害，继发肾病。血液中高铁血红蛋白含量增高。
急救措施	皮肤接触　立即脱去污染的衣着，用肥皂水和清水彻底冲洗。就医。 眼睛接触　立即分开眼睑，用大量流动清水或生理盐水彻底冲洗。就医。 吸　　入　迅速脱离现场至空气新鲜处。保持呼吸道通畅。如呼吸困难，给输氧。如呼吸、心跳停止，立即进行心肺复苏术。就医。 食　　入　用水漱口，饮水。立即就医（高铁血红蛋白血症，可用美蓝和维生素 C 治疗）。

泄漏应急处理

迅速撤离泄漏污染区人员至安全区，并进行隔离。切断火源。建议应急处理人员戴正压自给式呼吸器，穿防静电服，戴橡胶耐油手套。禁止接触或跨越泄漏物。尽可能切断泄漏源。防止进入下水道、排洪沟等限制性空间。

小量泄漏：用砂土、蛭石或其他惰性材料吸收，用洁净的无火花工具收集材料。

大量泄漏：构筑围堤或挖坑收容。用抗溶性泡沫覆盖，减少蒸发。用防爆泵转移至槽车或专用收集器内。

职业接触限值	消防措施
PC−TWA：50 mg/m^3 ［G2B］	灭火剂：雾状水、泡沫、二氧化碳、干粉。**禁止用砂土压盖。** 消防人员须佩戴防毒面具，在安全距离以外，在上风向灭火。尽可能将容器从火场转移至空旷处。容器发出异常声音或有异常现象，应立即撤离。

危险性类别	品名、英文名、分子式、CAS 号	危险性标志
易燃	硝基乙烷 nitroethane $C_2H_5NO_2$ 79-24-3	

理化数据

熔点：−90℃
沸点：114℃
闪点：28℃（CC）
自燃温度：414.5℃
临界温度：388℃
临界压力：4.9MPa
饱和蒸气压：2.08 kPa（20℃）
相对密度（$d_{水}$=1）：1.05
相对蒸气密度（$d_{空气}$=1）：2.58
爆炸上限：17.3%
爆炸下限：3.4%

危险特性与安全存储

危险特性	易燃，其蒸气与空气可形成爆炸性混合物。强烈震动、受热或遇无机碱类、氧化剂、烃类、胺类及三氯化铝、六甲基苯等均能引起燃烧爆炸。燃烧分解放出有毒的氮氧化物气体。易制爆。
安全存储	应与氧化剂、酸类、碱类、还原剂分开存放，切忌混储。保持容器密封。 储存于阴凉、干燥、通风的不燃库房，库温不超过 37℃，远离火种、热源。采用防爆型照明、通风设备，禁止使用易产生火花的机械设备和工具。储区应备有泄漏应急处理设备和合适的收容材料。

防护措施

接触表现与急救措施

接触表现	本品有麻醉作用，有轻度刺激作用。
急救措施	皮肤接触　立即脱去污染的衣着，用肥皂水和清水彻底冲洗。就医。 眼睛接触　立即分开眼睑，用流动清水或生理盐水彻底冲洗。就医。 吸　　入　迅速脱离现场至空气新鲜处。保持呼吸道通畅。如呼吸困难，给输氧。如呼吸、心跳停止，立即进行心肺复苏术。就医。 食　　入　用水漱口，饮水。就医。

泄漏应急处理

迅速撤离泄漏污染区人员至安全区，并进行隔离。切断火源。建议应急处理人员戴正压自给式呼吸器，穿防静电服，戴橡胶耐油手套。禁止接触或者跨越泄漏物。尽可能切断泄漏源。防止进入下水道、排洪沟等限制性空间。

小量泄漏：用砂土、蛭石或其他惰性材料吸收，用洁净的无火花工具收集泄漏物。

大量泄漏：构筑围堤或挖坑收容。用泡沫覆盖，减少蒸发。用防爆泵转移至槽车或专用收集器内。

职业接触限值	消防措施
PC−TWA：300 mg/m^3	灭火剂：雾状水、泡沫、二氧化碳、干粉。**禁止用砂土压盖。** 消防人员须佩戴防毒面具，在安全距离以外，在上风向灭火。尽可能将容器从火场转移至空旷处。容器发出异常声音或有异常现象，应立即撤离。

危险性类别	品名、英文名、分子式、CAS 号	危险性标志
氧化剂 腐蚀	硝酸 nitric acid HNO_3 CAS 号：7697-37-2	 

理化数据

熔点：−42℃（无水）；−37.68℃（一水合物）
沸点：83℃（无水）；120.5℃（68% 硝酸）
临界压力：6.89 MPa
饱和蒸气压：6.4 kPa（20℃）
相对密度（$d_{水}$=1）：1.503（25℃，无水）；1.41（20℃，68% 硝酸）
相对蒸气密度（$d_{空气}$=1）：2～3

危险特性与安全存储

危险特性	强氧化剂，具强腐蚀性。能与多种物质如金属粉末、电石、硫化氢、松节油等剧烈反应，甚至发生爆炸。与还原剂、可燃物和有机物如糖、纤维素、木屑、棉花、稻草或废纱头等接触，引起燃烧，并散发出剧毒的棕色烟雾。对水生生物有害。易制爆。
安全存储	应与还原剂、碱类、醇类、碱金属、易燃物分开存放，切忌混储。保持容器密封。 储存于阴凉、通风的库房，库温不超过 30℃，相对湿度不超过 80%，远离火种、热源。储区应备有泄漏应急处理设备和合适的收容材料。

防护措施

接触表现与急救措施

接触表现	吸入硝酸气雾对呼吸道有刺激作用，可引起急性肺水肿。皮肤或眼接触可引起灼伤。经口摄入可引起腹部剧痛，重者可有胃穿孔、腹膜炎、喉痉挛、肾损害、休克及窒息。 慢性影响　长期接触可引起牙齿酸蚀症。
急救措施	皮肤接触　立即脱去污染的衣着，用大量流动清水彻底冲洗至少 15 min。就医。 眼睛接触　立即分开眼睑，用大量流动清水或生理盐水彻底冲洗 5～10 min。就医。 吸　　入　迅速脱离现场至空气新鲜处。保持呼吸道通畅。如呼吸困难，给输氧。如呼吸、心跳停止，立即进行心肺复苏术。就医。 食　　入　用水漱口，给饮牛奶或蛋清。禁止催吐。就医。

泄漏应急处理

迅速撤离泄漏污染区人员至安全区，并进行隔离。切断火源。建议应急处理人员戴正压自给式呼吸器，穿耐酸碱服，戴橡胶耐酸碱手套。禁止接触或者跨越泄漏物。尽可能切断泄漏源。防止进入下水道、排洪沟等限制性空间。喷雾状水抑制蒸气或改变蒸气云流向，避免水流接触泄漏物。
小量泄漏：用干燥砂土或其他不燃材料覆盖泄漏物。
大量泄漏：构筑围堤或挖坑收容。用砂土、惰性物质或者蛭石吸收大量液体。用石灰、碎石灰石或者碳酸氢钠中和。用抗溶性泡沫覆盖，减少蒸发。用防腐蚀泵转移至槽车或者专用收集器内。

职业接触限值	消防措施
未制定标准	本品不燃，根据着火原因选择合适灭火剂灭火。 消防人员须佩戴空气呼吸器，穿全身耐酸碱消防服灭火。尽可能将容器从火场转移至空旷处。喷水使容器冷却至灭火结束。

危险性类别	品名、英文名、分子式、CAS 号	危险性标志
氧化剂	硝酸钡 barium nitrate $Ba(NO_3)_2$ CAS 号：10022-31-8	

理化数据

熔点：592℃　　分解温度：590℃

相对密度（$d_{水}$=1）：3.24　　相对蒸气密度（$d_{空气}$=1）：9.2

危险特性与安全存储

危险特性	助燃。与还原剂、有机物、易燃物（如硫、磷或金属粉末等）混合可形成爆炸性混合物。燃烧分解放出有毒的氮氧化物气体。易制爆。
安全存储	应与易（可）燃物、还原剂、酸类、碱类、食用化学品分开存放，切忌混储。 储存于阴凉、通风的库房，库温不超过 30℃，相对湿度不超过 80%，远离火种、热源。储区应备有合适的材料以收容泄漏物。

防护措施

接触表现与急救措施

接触表现	误服后表现为恶心、呕吐、腹痛、腹泻、脉缓、头痛、眩晕等。严重中毒出现进行性肌麻痹、心律紊乱、血压降低、血钾明显降低等。可因心律紊乱和呼吸肌麻痹致死。肾可能受损。大量吸入本品粉尘亦可引起中毒，但消化道反应较轻。 慢性影响　长期接触可致口腔炎、鼻炎、结膜炎、腹泻、心动过速、脱发等。
急救措施	皮肤接触　立即脱去污染的衣着，用流动清水彻底冲洗。就医。 眼睛接触　立即分开眼睑，用流动清水或生理盐水彻底冲洗。就医。 吸　　入　迅速脱离现场至空气新鲜处。保持呼吸道通畅。如呼吸困难，给输氧。如呼吸、心跳停止，立即进行心肺复苏术。就医。 食　　入　饮足量温水，催吐。用 2%～5% 硫酸钠溶液洗胃。导泻。就医（解毒剂：硫酸钠、硫代硫酸钠。有低血钾者应补充钾盐）。

泄漏应急处理

隔离泄漏污染区，限制出入。建议应急处理人员戴防尘口罩，穿防毒服。不要直接接触泄漏物。勿使泄漏物与可燃物质（如木材、纸、油等）接触。不要直接接触泄漏物。尽可能切断泄漏源。用洁净的铲子收集泄漏物，置于干净、干燥、盖子较松的容器中，将容器移离泄漏区。

职业接触限值	消防措施
PC-TWA：0.5 mg/m^3	本品不燃，根据着火原因选择适当灭火剂灭火。 消防人员须佩戴空气呼吸器，穿全身防火防毒服，在上风向灭火。尽可能将容器从火场转移至空旷处。喷水保持容器冷却，直至灭火结束。**切勿将水流直接射至熔融物**，以免引起流淌火灾或者剧烈沸溅。

危险性类别	品名、英文名、分子式、CAS 号	危险性标志
氧化剂	硝酸钙 calcium nitrate $Ca(NO_3)_2$ CAS 号：10124-37-5	

理化数据

熔点：561℃　　相对密度（$d_{水}$=1）：2.36

危险特性与安全存储

危险特性	助燃。与还原剂、有机物、易燃物（如硫、磷或金属粉末等）混合可形成爆炸性混合物。燃烧分解时，放出有毒的氮氧化物气体。易制爆。
安全存储	应与还原剂、酸类分开存放，切忌混储。 储存于阴凉、通风的库房，库温不超过 28℃，相对湿度不超过 75%，远离火种、热源。储区应备有合适的材料收容泄漏物。

防护措施

按需戴防毒面具

必须戴防护眼镜

必须穿防护服

必须戴防护手套

接触表现与急救措施

接触表现	吸入本品粉尘对鼻、喉及呼吸道有刺激作用，引起咳嗽及胸部不适等。对眼有刺激作用。长期反复接触粉尘对皮肤有刺激作用。
急救措施	皮肤接触　立即脱去污染的衣着，用大量流动清水彻底冲洗。如有不适感，就医。 眼睛接触　立即分开眼睑，用大量流动清水或生理盐水彻底冲洗。如有不适感，就医。 吸　　入　迅速脱离现场至空气新鲜处，保持呼吸道通畅。如呼吸困难，给输氧。如呼吸、心跳停止，立即进行心肺复苏术。就医。 食　　入　用水漱口，饮水。就医。

泄漏应急处理

隔离泄漏污染区，限制出入。切断火源。建议应急处理人员戴防尘口罩，穿防毒服，戴氯丁橡胶手套。不要直接接触泄漏物。勿使泄漏物与可燃物质（如木材、纸、油等）接触。尽可能切断泄漏源。勿使水进入包装容器内。
小量泄漏：用洁净的铲子收集泄漏物，置于干净、干燥、盖子较松的容器中，将容器移离泄漏区。
大量泄漏：泄漏物回收后，用水冲洗泄漏区。

职业接触限值	消防措施
未制定标准	本品不燃，根据着火原因选择适当灭火剂灭火。 消防人员须佩戴空气呼吸器，穿全身防火防毒服，在上风向灭火。尽可能将容器从火场转移至空旷处。喷水保持容器冷却，直至灭火结束。

危险性类别	品名、英文名、分子式、CAS 号	危险性标志
氧化剂	硝酸钾 potassium nitrate KNO_3 CAS 号：7757-79-1	

理化数据

熔点：334℃　沸点：400℃（分解）　相对密度（$d_{水}$=1）：2.11

危险特性与安全存储

危险特性	助燃。与有机物、还原剂、易燃物（如硫、磷等）接触或混合有引起燃烧爆炸的危险。燃烧分解放出有毒的氮氧化物气体。受热分解放出氧气。易制爆。
安全存储	应与还原剂、酸类、易（可）燃物、活性金属粉末分开存放，切忌混储。 储存于阴凉、干燥、通风的库房，库温不超过 30℃，相对湿度不超过 80%，远离火种、热源。储区应备有合适的材料以收容泄漏物。

防护措施

接触表现与急救措施

接触表现	吸入本品粉尘对呼吸道有刺激作用，高浓度吸入可引起肺水肿。大量接触可引起高铁血红蛋白血症，影响血液携氧能力，出现头痛、头晕、紫绀、恶心、呕吐；重者引起呼吸紊乱、虚脱，甚至死亡。经口摄入引起剧烈腹痛、呕吐、血便、休克、全身抽搐、昏迷，甚至死亡。对眼和皮肤有强烈刺激作用，甚至造成灼伤。皮肤反复接触引起皮肤干燥、皲裂和皮疹。
急救措施	皮肤接触　立即脱去污染的衣着，用流动清水彻底冲洗。就医。 眼睛接触　立即分开眼睑，用流动清水或生理盐水彻底冲洗。就医。 吸　　入　迅速脱离现场至空气新鲜处。保持呼吸道通畅。如呼吸困难，给输氧。如呼吸、心跳停止，立即进行心肺复苏术。就医。 食　　入　用水漱口，饮水。就医（高铁血红蛋白血症，可用美蓝和维生素 C 治疗）。

泄漏应急处理

隔离泄漏污染区，限制出入。建议应急处理人员戴防尘口罩，穿防毒服，戴氯丁橡胶手套。不要直接接触泄漏物。勿使泄漏物与可燃物质（如木材、纸、油等）接触。勿使水进入包装容器内。
小量泄漏：用洁净的铲子收集泄漏物，置于干净、干燥、盖子较松的容器中，将容器移离泄漏区。
大量泄漏：泄漏物回收后，用水冲洗泄漏区。

职业接触限值	消防措施
未制定标准	本品不燃，根据着火原因选择适当灭火剂灭火。 消防人员须佩戴空气呼吸器，穿全身防火防毒服，在上风向灭火。尽可能将容器从火场转移至空旷处。喷水保持容器冷却，直至灭火结束。**切勿将水流直接射至熔融物**，以免引起严重的流淌火灾或引起剧烈沸溅。

危险性类别	品名、英文名、分子式、CAS 号	危险性标志
氧化剂	硝酸镁 magnesium nitrate $Mg(NO_3)_2$ CAS 号：10377-60-3	

理化数据

熔点：129℃	沸点：330℃（分解）
相对密度（$d_{水}$=1）：2.02	相对蒸气密度（$d_{空气}$=1）：6.0

危险特性与安全存储

危险特性	助燃，具刺激性。与还原剂、有机物、易燃物（如硫、磷或金属粉末等）混合可形成爆炸性混合物。高温分解放出剧毒的氮氧化物气体。易制爆。
安全存储	应与易（可）燃物、还原剂分开存放，切忌混储。保持容器密封，切勿受潮。 储存于阴凉、干燥、通风的库房，远离火种、热源。储区应备有合适的材料以收容泄漏物。

防护措施

接触表现与急救措施

接触表现	接触会刺激眼和皮肤。暴露会影响血液携氧能力，导致头痛、恶心、皮肤和嘴唇发青；高度暴露会导致呼吸困难、虚脱，甚至死亡。本品粉尘刺激眼和呼吸道，导致喉痛和咳痰。
急救措施	皮肤接触　立即脱去污染的衣着，用肥皂水和流动清水彻底冲洗。就医。 眼睛接触　立即分开眼睑，用流动清水或生理盐水彻底冲洗。就医。 吸　　入　迅速脱离现场至空气新鲜处。保持呼吸道通畅。如呼吸困难，给输氧。如呼吸、心跳停止，立即进行心肺复苏术。就医。 食　　入　用水漱口，给饮足量温水或牛奶，催吐。就医。

泄漏应急处理

建议应急处理人员戴防尘口罩，穿一般消防防护服。不要直接接触泄漏物。勿使泄漏物与可燃物质（如木材、纸、油等）接触。

小量泄漏：避免扬尘，用清洁的铲子收集于干净、干燥、盖子较松的容器中。

大量泄漏：用塑料布或帆布覆盖，减少飞散。收集回收或运至废物处理场所处置。

职业接触限值	消防措施
未制定标准	本品不燃，根据着火原因选择合适的灭火剂。 消防人员须佩戴过滤式防毒面具或隔离式呼吸器，穿全身防火防毒服，在上风向灭火。尽可能将容器从火场转移至空旷处。喷水保持容器冷却，直至灭火结束。**切勿将水流直接射至熔融物**，以免引起严重的流淌火灾或引起剧烈沸溅。

危险性类别	品名、英文名、分子式、CAS 号	危险性标志
氧化剂	硝酸钠 sodium nitrate $NaNO_3$ CAS 号：7631-99-4	

理化数据

熔点：306.8℃　　沸点：380℃（分解）　　相对密度（$d_{水}$=1）：2.26

危险特性与安全存储

危险特性	助燃。与易氧化物、硫磺、亚硫酸氢钠、还原剂、强酸接触能引起燃烧或爆炸。燃烧分解放出有毒的氮氧化物气体。受高热分解，产生有毒的氮氧化物。易制爆。
安全存储	应与还原剂、活性金属粉末、酸类、易（可）燃物分开存放，切忌混储。 储存于阴凉、通风的库房，库温不超过 30℃，相对湿度不超过 80%，远离火种、热源。储区应有合适的材料以收容泄漏物。

防护措施

按需戴防护口罩　必须戴防护眼镜　必须穿防护服　必须戴防护手套

接触表现与急救措施

接触表现	对皮肤、黏膜有刺激作用。大量经口摄入中毒时，出现剧烈腹痛、呕吐、血便、休克、全身抽搐、昏迷，甚至死亡。
急救措施	皮肤接触　立即脱去污染的衣着，用流动清水彻底冲洗。就医。 眼睛接触　立即分开眼睑，用流动清水或生理盐水彻底冲洗。就医。 吸　　入　迅速脱离现场至空气新鲜处。保持呼吸道通畅。如呼吸困难，给输氧。如呼吸、心跳停止，立即进行心肺复苏术。就医。 食　　入　用水漱口，饮水。就医。

泄漏应急处理

隔离泄漏污染区，限制出入。建议应急处理人员戴防尘口罩，穿防毒服，戴氯丁橡胶手套。不要直接接触泄漏物。勿使泄漏物与可燃物质（如木材、纸、油等）接触。尽可能切断泄漏源。勿使水进入包装容器内。

小量泄漏：用洁净的铲子收集泄漏物，置于干净、干燥、盖子较松的容器中，将容器移离污染区。

大量泄漏：泄漏物回收后，用水冲洗泄漏区。

职业接触限值	消防措施
未制定标准	本品不燃，根据着火原因选择适当灭火剂灭火。 消防人员须佩戴空气呼吸器，穿全身防火防毒服，在上风向灭火。尽可能将容器从火场转移至空旷处。喷水保持容器冷却，直至灭火结束。**切勿将水流直接射至熔融物**，以免引起严重的流淌火灾或剧烈沸溅。

危险性类别	品名、英文名、分子式、CAS 号	危险性标志
氧化剂 **腐蚀**	硝酸镍六水合物 nickel nitrate hexahydrate $Ni(NO_3)_2 \cdot 6H_2O$ CAS 号：13478-00-7	 

理化数据

熔点：56.7℃　　沸点：136.7℃

相对密度（$d_{水}$=1）：2.05　　相对蒸气密度（$d_{空气}$=1）：10.0

危险特性与安全存储

危险特性	无机氧化剂。遇可燃物着火时，能助长火势。与有机物、还原剂、易燃物（如硫、磷或金属粉末等）混合可形成爆炸性混合物。高温时分解，放出有毒的氮氧化物气体。急剧加热时可发生爆炸。对水生生物毒性非常大并具有长期持续影响。
安全存储	应与还原剂、酸类分开存放，切忌混储。保持容器密封，切勿受潮。 储存于阴凉、干燥、通风的库房，库温不超过 30℃，相对湿度不超过 80%，远离火种、热源。储区应有合适的材料以收容泄漏物。

防护措施

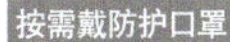

接触表现与急救措施

接触表现	吸入本品粉尘对呼吸道有刺激作用，个别敏感者可引起哮喘、支气管炎等。大量经口摄入刺激胃肠道，引起呕吐、腹泻。粉尘对眼有刺激性，水溶液可引起灼伤。皮肤接触可引起皮炎。 慢性影响　有皮炎、哮喘、慢性支气管炎、慢性鼻炎等。
急救措施	皮肤接触　立即脱去污染的衣着，用大量流动清水彻底冲洗。就医。 眼睛接触　立即分开眼睑，用大量流动清水或生理盐水彻底冲洗。就医。 吸　　入　迅速脱离现场至空气新鲜处，保持呼吸道通畅。如呼吸困难，给输氧。如呼吸、心跳停止，立即进行心肺复苏术。就医。 食　　入　用水漱口，饮水。就医。

泄漏应急处理

隔离泄漏污染区，限制出入。建议应急处理人员戴戴防尘口罩，穿防毒服，戴橡胶手套。不要直接接触泄漏物。勿使泄漏物与可燃物质（如木材、纸、油等）接触。尽可能切断泄漏源。勿使水进入包装容器内。
小量泄漏：用洁净的铲子收集泄漏物，置于干净、干燥、盖子较松的容器中，将容器移离泄漏区。
大量泄漏：泄漏物回收后，用水冲洗泄漏区。

职业接触限值	消防措施
PC-TWA：0.5 mg/m³	本品不燃，根据着火原因选择合适的灭火剂。 消防人员须佩戴空气呼吸器，穿全身防火防毒服，在上风向灭火。尽可能将容器从火场转移至空旷处。喷水保持容器冷却，直至灭火结束。

<table>
<tr><th>危险性类别</th><th>品名、英文名、分子式、CAS 号</th><th>危险性标志</th></tr>
<tr><td>氧化剂</td><td>硝酸铅
lead nitrate
$Pb(NO_3)_2$
CAS 号：10099-74-8</td><td></td></tr>
</table>

理化数据

熔点：470℃（分解）　　相对密度（$d_水$=1）：4.53

危险特性与安全存储

危险特性	无机氧化剂，助燃。可能致癌。遇易氧化物立即剧烈反应，着火爆炸。与还原剂、有机物、易燃物（如硫、磷或金属粉末等）混合可形成爆炸性混合物。受高热分解产生有毒的氮氧化物。对水生生物毒性非常大并具有长期持续影响。易制爆。
安全存储	应与易（可）燃物、还原剂、食用化学品分开存放，切忌混储。包装密封。 储存于阴凉、通风的库房，库温不超过 30℃，相对湿度不超过 80%，远离火种、热源。储区应备有合适的材料收容泄漏物。

防护措施

接触表现与急救措施

接触表现	铅及其化合物损害造血、神经、消化系统及肾。职业中毒主要为慢性。神经系统主要表现为神经衰弱综合征、周围神经病（以运动功能受累较明显），重者出现铅中毒性脑病。消化系统表现有齿龈铅线、食欲不振、恶心、腹胀、腹泻或便秘；腹绞痛见于中度及重度中毒病例。造血系统损害出现卟啉代谢障碍、贫血等。短时大量接触可发生急性或亚急性中毒，表现类似重症慢性铅中毒。对肾损害多见于急性亚急性中毒或较重慢性病例。
急救措施	皮肤接触　立即脱去污染的衣着，用肥皂水和清水彻底冲洗。就医。 眼睛接触　立即分开眼睑，用大量流动清水或生理盐水彻底冲洗。就医。 吸　　入　迅速脱离现场至空气新鲜处。保持呼吸道通畅。如呼吸困难，给输氧。如呼吸、心跳停止，立即进行心肺复苏术。就医。 食　　入　用水漱口，饮水。就医（解毒剂：依地酸二钠钙、二巯基丁二酸钠、二巯基丁二酸等）。

泄漏应急处理

隔离泄漏污染区，限制出入。建议应急处理人员戴防尘口罩，穿防毒服，戴氯丁橡胶手套。不要直接接触泄漏物。尽可能切断泄漏源。勿使泄漏物与可燃物质（如木材、纸、油等）接触。用洁净的铲子收集泄漏物，置于干净、干燥、盖子较松的容器中，将容器移离泄漏区。

职业接触限值	消防措施
MAC： 0.03 mg/m³［铅烟］ 0.05 mg/m³［铅尘］ ［Pb］［G2A］	本品不燃，根据着火原因选择适当灭火剂灭火。 消防人员须佩戴空气呼吸器，穿全身防火防毒服，在上风向灭火。尽可能将容器从火场移至空旷处。喷水冷却容器至灭火结束。**切勿将水流直接射至熔融物**，以免引起严重的流淌火灾或剧烈沸溅。

危险性类别	品名、英文名、分子式、CAS 号	危险性标志
氧化剂	硝酸锶 strontium nitrate $Sr(NO_3)_2$ CAS 号：10042-76-9	

理化数据

熔点：570℃　　沸点：1100℃（分解）　　相对密度（$d_{水}$=1）：2.986

危险特性与安全存储

危险特性	助燃。与有机物、还原剂、易燃物（如硫、磷等）接触或混合时，有引起燃烧爆炸的危险。受高热分解放出高毒的烟气。易制爆。
安全存储	应与还原剂、酸类、易（可）燃物分开存放，切忌混储。包装密封，防止阳光直射。 储存于阴凉、通风的库房，库温不超过 30℃，相对湿度不超过 80%，远离火种、热源。配备相应品种和数量的消防器材，储区应备有合适的材料以收容泄漏物。

防护措施

按需戴防护口罩

必须戴防护眼镜

必须穿防护服

必须戴防护手套

接触表现与急救措施

接触表现	大量经口摄入引起呕吐、腹泻。摄入引起的中毒可有头痛、皮肤发红、呕吐、头晕、血压降低、虚脱、昏迷、呼吸麻痹等症状。
急救措施	皮肤接触　立即脱去污染的衣着，用流动清水彻底冲洗。就医。 眼睛接触　立即分开眼睑，用流动清水或生理盐水彻底冲洗。就医。 吸　　入　迅速脱离现场至空气新鲜处。保持呼吸道通畅。如呼吸困难，给输氧。如呼吸、心跳停止，立即进行心肺复苏术。就医。 食　　入　用水漱口，饮水。就医。

泄漏应急处理

隔离泄漏污染区，限制出入。切断火源。建议应急处理人员戴防尘口罩，穿防毒服。不要直接接触泄漏物。勿使泄漏物与可燃物质（如木材、纸、油等）接触。勿使水进入包装容器内。用塑料布覆盖泄漏物，减少飞散。

小量泄漏：用洁净的铲子收集泄漏物，置于干净、干燥、盖子较松的容器中。将容器移离泄漏区。

大量泄漏：泄漏物回收后，用水冲洗泄漏区。

职业接触限值	消防措施
未制定标准	本品不燃，根据着火原因选择适当灭火剂灭火。 消防人员须佩戴空气呼吸器，穿全身防火防毒服，在上风向灭火。尽可能将容器从火场移至空旷处。

危险性类别	品名、英文名、分子式、CAS 号	危险性标志
氧化剂	硝酸锌六水合物 zinc nitrate hexahydrate $Zn(NO_3)_2 \cdot 6H_2O$ CAS 号：10196-18-6	

理化数据

熔点：36～37℃　　沸点：105℃（分解）

相对密度（$d_{水}$=1）：2.07　　相对蒸气密度（$d_{空气}$=1）：10.3

危险特性与安全存储

危险特性	助燃，具腐蚀性，可致人体灼伤。与硫、磷、炭末、铜、金属硫化物及有机物接触发生剧烈反应，可制爆。受高热分解产生有毒的氮氧化物。对水生生物毒性非常大并具有长期持续影响。
安全存储	应与易（可）燃物、还原剂、活性金属粉末分开存放，切忌混储。保持容器密封，防止吸潮。储存于阴凉、通风的库房，库温不超过 28℃，相对湿度不超过 75%，远离火种、热源。储区应备有合适的材料以收容泄漏物。

防护措施

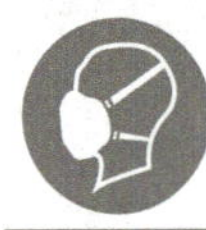

接触表现与急救措施

接触表现	本品具腐蚀性，可致灼伤。在高温分解下产生有刺激和有毒的氮氧化物气体，吸入引起中毒。
急救措施	皮肤接触　立即脱去污染的衣着，用大量流动清水彻底冲洗。就医。 眼睛接触　立即分开眼睑，用大量流动清水或生理盐水彻底冲洗。就医。 吸　　入　迅速脱离现场至空气新鲜处，保持呼吸道通畅。如呼吸困难，给输氧。如呼吸、心跳停止，立即进行心肺复苏术。就医。 食　　入　用水漱口，饮水。就医。

泄漏应急处理

隔离泄漏污染区，限制出入。建议应急处理人员戴防尘口罩，穿防毒服，戴橡胶手套。不要直接接触泄漏物。勿使泄漏物与可燃物质（如木材、纸、油等）接触。尽可能切断泄漏源。勿使水进入包装容器内。

小量泄漏：用洁净的铲子收集泄漏物，置于干净、干燥、盖子较松的容器中，将容器移离泄漏区。

大量泄漏：泄漏物回收后，用水冲洗泄漏区。

职业接触限值	消防措施
未制定标准	本品不燃，根据着火原因选择适当灭火剂灭火。 消防人员须佩戴空气呼吸器，穿全身防火防毒服，在上风向灭火。尽可能将容器从火场移至空旷处。喷水保持火场容器冷却，直至灭火结束。

危险性类别	品名、英文名、分子式、CAS 号	危险性标志
氧化剂 **腐蚀**	硝酸银 silver nitrate $AgNO_3$ CAS 号：7761-88-8	 

理化数据

熔点：212℃　　沸点：444℃（分解）　　相对密度（$d_水$=1）：4.35

危险特性与安全存储

危险特性	无机氧化剂，具腐蚀性，助燃。与可燃物混合能形成爆炸性混合物。受高热分解产生有毒的氮氧化物。对水生生物毒性非常大并具有长期持续影响。易制爆。
安全存储	应与易（可）燃物、还原剂、碱类、醇类、食用化学品分开存放，切忌混储。实验室应储存于棕色瓶里，保持容器密封，切勿受潮，避免光照。 储存于阴凉、通风的库房，库温不超过 30℃，相对湿度不超过 80%，远离火种、热源。储区应备有合适的材料以收容泄漏物。

防护措施

接触表现与急救措施

接触表现	误服本品可引起剧烈腹痛、呕吐、血便，甚至发生胃肠道穿孔。可造成皮肤和眼灼伤。长期接触本品的工人会出现全身性银质沉着症。表现包括：全身皮肤广泛的色素沉着，呈灰蓝黑色或浅石板色；眼部银质沉着造成眼损害；呼吸道银质沉着造成慢性支气管炎等。
急救措施	皮肤接触　立即脱去污染的衣着，用大量流动清水彻底冲洗至少 15 min。就医。 眼睛接触　立即分开眼睑，用大量流动清水或生理盐水彻底冲洗 5～10 min。就医。 吸　　入　迅速脱离现场至空气新鲜处。保持呼吸道通畅。如呼吸困难，给输氧。如呼吸、心跳停止，立即进行心肺复苏术。就医。 食　　入　用水漱口，给饮牛奶或蛋清。禁止催吐。就医。

泄漏应急处理

隔离泄漏污染区，限制出入。建议应急处理人员戴防尘口罩，穿防毒服，戴氯丁橡胶手套。不要直接接触泄漏物。勿使泄漏物与还原剂、有机物、易燃物（如木材、纸、油等）接触。尽可能切断泄漏源。勿使水进入包装容器内。

小量泄漏：用洁净的铲子收集泄漏物，置于干净、干燥、盖子较松的容器中。将容器移离泄漏区。

大量泄漏：泄漏物回收后，用水冲洗泄漏区。

职业接触限值	消防措施
未制定标准	本品不燃，根据着火原因选择适当灭火剂灭火。 消防人员须佩戴空气呼吸器，穿全身防火防毒服，在上风向灭火。尽可能将容器从火场移至空旷处。喷水保持火场容器冷却，直至灭火结束。**切勿将水流直接射至熔融物**，以免引起严重的流淌火灾或引起剧烈沸溅。

危险性类别	品名、英文名、分子式、CAS 号	危险性标志
易燃	锌粉 zinc powder Zn CAS 号：7440-66-6	

理化数据

熔点：419.6℃　沸点：907℃　自燃温度：500℃

临界压力：290.4 MPa　饱和蒸气压：0.13 kPa（487℃）

相对密度（$d_{水}$=1）：7.13　爆炸下限：212～284 mg/m^3

危险特性与安全存储

危险特性	具强还原性。与水、酸类或碱金属氢氧化物接触能放出易燃的氢气。与氧化剂、硫磺反应会引起燃烧或爆炸。其粉末与空气能形成爆炸性混合物，易被明火点燃引起爆炸，潮湿粉尘在空气中易自行发热燃烧。燃烧产生有害的氧化锌。对水生生物毒性非常大并具有长期持续影响。易制爆。
安全存储	应与氧化剂、酸类、碱类、胺类、氯代烃分开存放，切忌混储。保持容器密封。 储存于阴凉、干燥、通风的专用库房，库温不超过 32℃，相对湿度不超过 75%，远离火种、热源。采用防爆型照明、通风设施，禁止使用易产生火花的机械设备和工具。储区应备有合适的材料以收容泄漏物。

防护措施

接触表现与急救措施

接触表现	吸入锌在高温下形成的氧化锌烟雾可致金属烟雾热，症状有口中金属味、口渴、胸部紧束感、干咳、头痛、头晕、高热、寒战等。粉尘对眼有刺激作用。经口摄入刺激胃肠道。长期反复接触对皮肤有刺激作用。
急救措施	皮肤接触　立即脱去污染的衣着，用流动清水彻底冲洗。就医。 眼睛接触　立即分开眼睑，用流动清水或生理盐水彻底冲洗。就医。 吸　　入　迅速脱离现场至空气新鲜处。保持呼吸道通畅。如呼吸困难，给输氧。如呼吸、心跳停止，立即进行心肺复苏术。就医。 食　　入　用水漱口，饮水。就医。

泄漏应急处理

隔离泄漏污染区，限制出入。切断火源。建议应急处理人员戴自吸过滤式防尘口罩，穿防静电服，戴防护手套。禁止接触或跨越泄漏物。尽可能切断泄漏源。严禁用水处理。

小量泄漏：用干燥的砂土或其他不燃材料覆盖泄漏物，然后用塑料布覆盖，减少飞散、避免雨淋。

粉末泄漏：用塑料布或帆布覆盖泄漏物，减少飞散，保持干燥。在专家指导下清除。

职业接触限值	消防措施
未制定标准	灭火剂：干粉、干砂。**禁止用水、泡沫灭火。** 消防人员须佩戴空气呼吸器，穿全身防火防毒服，在上风向灭火。尽可能将容器从火场移至空旷处。喷水保持火场容器冷却，直至灭火结束。

危险性类别	品名、英文名、分子式、CAS 号	危险性标志
易燃 腐蚀	1,2-乙二胺 1,2-ethylenediamine $C_2H_8N_2$ CAS 号：107-15-3	

理化数据

熔点：8.5℃　沸点：116～117.2℃　闪点：33.9℃（OC）；43.3℃（CC）

自燃温度：385℃　临界压力：6.48 MPa　饱和蒸气压：1.43 kPa（20℃）

相对密度（$d_{水}$=1）：0.90（20℃）　相对蒸气密度（$d_{空气}$=1）：2.07

爆炸上限：16.6%　爆炸下限：2.7%

危险特性与安全存储

危险特性	易燃，具强腐蚀性、强刺激性。遇明火、高热或与氧化剂接触，有引起燃烧爆炸的危险。与乙酸、乙酸酐、二硫化碳、氯磺酸、盐酸、硝酸、硫酸、发烟硫酸、过氯酸等剧烈反应。能腐蚀铜及其合金。对水生生物有害并具有长期持续影响。易制爆。
安全存储	应与氧化剂、酸类分开存放，切忌混储。保持容器密封，不可与空气接触。 储存于阴凉、通风的库房，库温不超过 30℃，远离火种、热源。采用防爆型照明、通风设置，禁止使用易产生火花的机械设备和工具。储区应备有泄漏应急处理设备和合适的收容材料。

防护措施

接触表现与急救措施

接触表现	本品蒸气对黏膜和皮肤有强刺激作用。接触本品蒸气引起结膜炎、支气管炎、肺炎或肺水肿，并可发生接触性皮炎。可有肝肾损害。皮肤或眼直接接触其液体可致灼伤。可引起职业性哮喘。
急救措施	皮肤接触　立即脱去污染的衣着，用大量流动清水彻底冲洗至少 15 min。就医。 眼睛接触　立即分开眼睑，用大量流动清水或生理盐水彻底冲洗 5～10 min。就医。 吸　　入　迅速脱离现场至空气新鲜处。保持呼吸道通畅。如呼吸困难，给输氧。如呼吸、心跳停止，立即进行心肺复苏术。就医。 食　　入　用水漱口，给饮牛奶或蛋清。禁止催吐。就医。

泄漏应急处理

迅速撤离泄漏污染区人员至安全区，严格限制出入。切断火源。建议应急处理人员戴正压自给式呼吸器，穿防静电、防腐蚀、防毒服，戴橡胶耐油手套。禁止接触或跨越泄漏物。尽可能切断泄漏源。防止流入下水道、排洪沟等限制性空间。

小量泄漏：用砂土或其他不燃材料吸收，用洁净的无火花工具收集吸收材料。

大量泄漏：构筑围堤或挖坑收容。用砂土、惰性物质或蛭石吸收大量液体。用硫酸氢钠中和。用抗溶性泡沫覆盖，减少蒸发。用防爆、防腐蚀泵转移至槽车或专用收集器内。

职业接触限值	消防措施
PC-TWA：4 mg/m^3	灭火剂：水、抗溶性泡沫、干粉、二氧化碳、砂土。 消防人员须佩戴防毒面具，穿全身消防服，在上风向灭火。喷水保持火场容器冷却，尽可能将容器从火场移至空旷处。容器突然发出异常声音或出现异常现象，应立即撤离。

危险性类别	品名、英文名、分子式、CAS 号	危险性标志
氧化剂 **有毒**	重铬酸铵（红矾铵） ammonium dichromate $(NH_4)_2Cr_2O_7$ CAS 号：7789-09-5	 

理化数据

熔点：180℃（分解）　　自燃温度：190℃

相对密度（$d_{水}$=1）：2.15　　相对蒸气密度（$d_{空气}$=1）：8.7

危险特性与安全存储

危险特性	助燃，具强腐蚀性、刺激性，可能致癌，可致人体灼伤。具强氧化性，与还原剂、有机物、易燃物（如硫、磷或金属粉末等）混合可形成爆炸性混合物。遇强酸接触会自燃。与硝酸盐、氯酸盐接触发生剧烈反应。对水生生物毒性非常大并具有长期持续影响。易制爆。
安全存储	应与易（可）燃物、还原剂分开存放，切忌混储。保持容器密封。 储存于阴凉、通风的库房，库温不超过 30℃，相对湿度不超过 80%，远离火种、热源。储区应备有合适的材料以收容泄漏物。

防护措施

接触表现与急救措施

接触表现	急性中毒	吸入后可引起急性呼吸道刺激症状、鼻出血、声音嘶哑、鼻黏膜萎缩，有时出现哮喘和紫绀；重者可发生化学性肺炎。经口摄入刺激和腐蚀消化道，引起恶心、呕吐、腹痛、腹泻、血便等；重者出现呼吸困难、紫绀、休克、肝损害及急性肾功能衰竭等。皮肤或眼接触引起刺激或灼伤，可经皮肤吸收引起中毒而致死亡。
	慢性影响	有接触性皮炎、铬溃疡、鼻炎、鼻中隔穿孔及呼吸道炎症等。
急救措施	皮肤接触	立即脱去污染的衣着，用肥皂水和清水彻底冲洗。就医。
	眼睛接触	立即分开眼睑，用大量流动清水或生理盐水彻底冲洗。就医。
	吸　　入	迅速脱离现场至空气新鲜处。保持呼吸道通畅。如呼吸困难，给输氧。如呼吸、心跳停止，立即进行心肺复苏术。就医。
	食　　入	饮足量温水，催吐。用清水或 1% 硫代硫酸钠溶液洗胃。给饮牛奶或蛋清。就医（解毒剂：硫代硫酸钠、二巯基丙磺酸钠、二巯基丁二酸钠）。

泄漏应急处理

隔离泄漏污染区，限制出入。建议应急处理人员戴防尘口罩，穿防毒服，戴橡胶手套。不要直接接触泄漏物。勿使泄漏物与可燃物质（如木材、纸、油等）接触。尽可能切断泄漏源。用洁净的铲子收集泄漏物，置于干净、干燥、盖子较松的容器中，将容器移离泄漏区。

职业接触限值	消防措施
PC-TWA：0.05 mg/m^3 [Cr][G1]	本品不燃，根据着火原因选择适当灭火剂灭火。 消防人员须佩戴空气呼吸器，穿全身防火防毒服，在上风向灭火。尽可能将容器从火场移至空旷处。喷水保持火场容器冷却，直至灭火结束。

危险性类别	品名、英文名、分子式、CAS 号	危险性标志
氧化剂 **有毒**	重铬酸钾（红矾钾） potassium dichromate $K_2Cr_2O_7$ CAS 号：7778-50-9	 

理化数据

熔点：398℃　　沸点：500℃（分解）　　相对密度（$d_水$=1）：2.68

危险特性与安全存储

危险特性	助燃，具强腐蚀性、刺激性，可能致癌，可致人体灼伤。遇强酸或高温时能放出氧气，促使有机物燃烧。与还原剂、有机物、易燃物（如硫、磷或金属粉末等）混合可形成爆炸性混合物。有水时与硫化钠混合能引起自燃。与硝酸盐、氯酸盐接触发生剧烈反应。对水生生物毒性非常大并具有长期持续影响。易制爆。
安全存储	应与易（可）燃物、还原剂分开存放，切忌混储。保持容器密封。 储存于阴凉、通风的库房，库温不超过 30℃，相对湿度不超过 80%，远离火种、热源。储区应备有合适的材料以收容泄漏物。

防护措施

接触表现与急救措施

接触表现	急性中毒	吸入后可引起急性呼吸道刺激症状、鼻出血、声音嘶哑、鼻黏膜萎缩，有时出现哮喘和紫绀；重者可发生化学性肺炎。经口摄入刺激和腐蚀消化道，引起恶心、呕吐、腹痛、腹泻、血便；重者出现呼吸困难、紫绀、休克、肝损害及急性肾功能衰竭等。
	慢性影响	有接触性皮炎、铬溃疡、鼻炎、鼻中隔穿孔及呼吸道炎症等。
急救措施	皮肤接触	立即脱去污染的衣着，用肥皂水和清水彻底冲洗。就医。
	眼睛接触	立即分开眼睑，用大量流动清水或生理盐水彻底冲洗。就医。
	吸　　入	迅速脱离现场至空气新鲜处。保持呼吸道通畅。如呼吸困难，给输氧。如呼吸、心跳停止，立即进行心肺复苏术。就医。
	食　　入	饮足量温水，催吐。用清水或 1% 硫代硫酸钠溶液洗胃。给饮牛奶或蛋清。就医（解毒剂：硫代硫酸钠、二巯基丙磺酸钠、二巯基丁二酸钠）。

泄漏应急处理

隔离泄漏污染区，限制出入。建议应急处理人员戴防尘口罩，穿防毒服，戴橡胶手套。不要直接接触泄漏物。勿使泄漏物与可燃物质（如木材、纸、油等）接触。尽可能切断泄漏源。勿使水进入包装容器内。

小量泄漏：用洁净的铲子收集泄漏物，置于干净、干燥、盖子较松的容器中，将容器移离泄漏区。

大量泄漏：泄漏物回收后，用水冲洗泄漏区。

职业接触限值	消防措施
PC-TWA：0.05 mg/m³ ［Cr］［G1］	本品不燃，根据着火原因选择适当灭火剂灭火。 消防人员须佩戴空气呼吸器，穿全身防火防毒服，在上风向灭火。尽可能将容器从火场移至空旷处。喷水保持火场容器冷却，直至灭火结束。

危险性类别	品名、英文名、分子式、CAS 号	危险性标志
氧化剂 **有毒**	重铬酸钠二水合物 sodium dichromate dihydrate $Na_2Cr_2O_7 \cdot 2H_2O$ CAS 号：7789-12-0	 

理化数据

熔点：357℃（无水）　　沸点：400℃（分解）　　相对密度（$d_{水}$=1）：2.52

危险特性与安全存储

危险特性	助燃，具强腐蚀性、刺激性，可能致癌，可致人体灼伤。与可燃物混合能形成爆炸性混合物。遇强酸或高温时能放出氧气，促使有机物燃烧。与硝酸盐、氯酸盐接触发生剧烈反应。有水时，与硫化钠混合能引起自燃。对水生生物毒性非常大并具有长期持续影响。易制爆。
安全存储	应与还原剂、醇类分开存放，切忌混储。保持容器密封。 储存于阴凉、干燥、通风良好的专用库房内，远离火种、热源，库温不超过 30℃，相对湿度不超过 80%。储区应备有合适的材料以收容泄漏物。

防护措施

接触表现与急救措施

接触表现	急性中毒	吸入后可引起急性呼吸道刺激症状、鼻衄、声音嘶哑、鼻黏膜萎缩，有时出现哮喘和紫绀；重者可发生化学性肺炎。经口摄入可刺激和腐蚀消化道，引起恶心、呕吐、腹痛、血便等；重者出现呼吸困难、紫绀、休克、肝损害及急性肾功能衰竭等。
	慢性影响	有接触性皮炎、铬溃疡、鼻炎、鼻中隔穿孔及呼吸道炎症等。
急救措施	皮肤接触	立即脱去污染的衣着，用肥皂水和清水彻底冲洗。就医。
	眼睛接触	立即分开眼睑，用大量流动清水或生理盐水彻底冲洗。就医。
	吸　　入	迅速脱离现场至空气新鲜处。保持呼吸道通畅。如呼吸困难，给输氧。如呼吸、心跳停止，立即进行心肺复苏术。就医。
	食　　入	饮足量温水，催吐。用清水或 1% 硫代硫酸钠溶液洗胃。给饮牛奶或蛋清。就医（解毒剂：硫代硫酸钠、二巯基丙磺酸钠、二巯基丁二酸钠）。

泄漏应急处理

隔离泄漏污染区，限制出入。建议应急处理人员戴防尘口罩，穿防毒服，戴橡胶手套。不要直接接触泄漏物。勿使泄漏物与可燃物质（如木材、纸、油等）接触。尽可能切断泄漏源。勿使水进入包装容器内。

小量泄漏：用洁净的铲子收集泄漏物，置于干净、干燥、盖子较松的容器中，将容器移离泄漏区。

大量泄漏：泄漏物回收后，用水冲洗泄漏区。

职业接触限值	消防措施
PC-TWA：0.05mg/m^3 ［Cr］［G1］	本品不燃，根据着火原因选择适当灭火剂灭火。 消防人员须佩戴空气呼吸器，穿全身防火防毒服，在上风向灭火。尽可能将容器从火场移至空旷处。喷水保持火场容器冷却，直至灭火结束。

附录

附录1 剧毒化学品目录

序号	品名 / 别名	CAS 号
1	5-氨基-3-苯基-1-[双(*N,N*-二甲基氨基氧膦基)]-1,2,4-三唑(含量>20%)/威菌磷	1031-47-6
2	3-氨基丙烯 / 烯丙胺	107-11-9
3	八氟异丁烯 / 全氟异丁烯;1,1,3,3,3-五氟-2-(三氟甲基)-1-丙烯	382-21-8
4	八甲基焦磷酰胺 / 八甲磷	152-16-9
5	1,3,4,5,6,7,8,8-八氯-1,3,3a,4,7,7a-六氢-4,7-甲撑异苯并呋喃(含量>1%)八氯六氢亚甲基苯并呋喃 / 碳氯灵	297-78-9
6	苯基硫醇 / 苯硫酚 / 巯基苯 / 硫代苯酚	108-98-5
7	苯胂化二氯 / 二氯化苯胂 / 二氯苯胂	696-28-6
8	1-(3-吡啶甲基)-3-(4-硝基苯基)脲 /1-(4-硝基苯基)-3-(3-吡啶基甲基)脲;灭鼠优	53558-25-1
9	丙腈 / 乙基氰	107-12-0
10	2-丙炔-1-醇 / 丙炔醇 / 炔丙醇	107-19-7
11	丙酮氰醇 / 丙酮合氰化氢 /2-羟基异丁腈 / 氰丙醇	75-86-5
12	2-丙烯-1-醇 / 烯丙醇 / 蒜醇 / 乙烯甲醇	107-18-6
13	丙烯亚胺 /2-甲基氮丙啶 /2-甲基乙撑亚胺 / 丙撑亚胺	75-55-8
14	叠氮化钠 / 三氮化钠	26628-22-8
15	3-丁烯-2-酮 / 甲基乙烯基酮 / 丁烯酮	78-94-4
16	1-(对氯苯基)-2,8,9-三氧-5-氮-1-硅双环(3,3,3)十二烷 / 毒鼠硅 / 氯硅宁 / 硅灭鼠	29025-67-0
17	2-(二苯基乙酰基)-2,3-二氢-1,3-茚二酮 /2-(2,2-二苯基乙酰基)-1,3-茚满二酮 / 敌鼠	82-66-6
18	1,3-二氟丙-2-醇(Ⅰ)与1-氯-3-氟丙-2-醇(Ⅱ)的混合物 / 鼠甘伏 / 甘氟	8065-71-2
19	二氟化氧 / 一氧化二氟	7783-41-7
20	*O-O*-二甲基-*O*-(2-甲氧甲酰基-1-甲基)乙烯基磷酸酯(含量>5%)/ 甲基-3-[(二甲氧基磷酰基)氧代]-2-丁烯酸酯 / 速灭磷	7786-34-7
21	二甲基-4-(甲基硫代)苯基磷酸酯 / 甲硫磷	3254-63-5
22	(*E*)-*O,O*-二甲基-*O*-[1-甲基-2-(二甲基氨基甲酰)乙烯基]磷酸酯(含量>25%)/3-二甲氧基磷氧基-*N,N*-二甲基异丁烯酰胺 / 百治磷	141-66-2
23	*O,O*-二甲基-*O*-[1-甲基-2-(甲基氨基甲酰)乙烯基]磷酸酯(含量>0.5%)/ 久效磷	6923-22-4
24	*N,N*-二甲基氨基乙腈 /2-(二甲氨基)乙腈	926-64-7
25	*O,O*-二甲基-对硝基苯基磷酸酯 / 甲基对氧磷	950-35-6
26	1,1-二甲基肼 / 二甲基肼(不对称)/*N,N*-二甲基肼	57-14-7

续表

序号	品名 / 别名	CAS 号
27	1,2-二甲基肼 / 二甲基肼（对称）	540-73-8
28	*O,O'*-二甲基硫代磷酰氯 / 二甲基硫代磷酰氯	2524-03-0
29	二甲双胍 / 双甲胍 / 马钱子碱	57-24-9
30	二甲氧基马钱子碱 / 番木鳖碱	357-57-3
31	2,3-二氢-2,2-二甲基苯并呋喃-7-基-*N*-甲基氨基甲酸酯 / 克百威	1563-66-2
32	2,6-二噻-1,3,5,7-四氮三环-[3,3,1,1,3,7] 癸烷-2,2,6,6-四氧化物 / 毒鼠强	80-12-6
33	*S*-[2-(二乙氨基)乙基]-*O,O*-二乙基硫赶磷酸酯 / 胺吸磷	78-53-5
34	*N*-二乙氨基乙基氯 /2-氯乙基二乙胺	100-35-6
35	*O,O*-二乙基-*N*-(1,3-二硫戊环-2-亚基）磷酰胺（含量＞15%）/2-(二乙氧基磷酰亚氨基)-1,3-二硫戊环 / 硫环磷	947-02-4
36	*O,O*-二乙基-*N*-(4-甲基-1,3-二硫戊环-2-亚基）磷酰胺（含量＞5%）/ 二乙基（4-甲基-1,3-二硫戊环-2-叉氨基）磷酸酯 / 地胺磷	950-10-7
37	*O,O*-二乙基-*N*-1,3-二噻丁环-2-亚基磷酰胺 / 丁硫环磷	21548-32-3
38	*O,O*-二乙基-*O*-(2-乙硫基乙基）硫代磷酸酯与 *O,O*-二乙基-*S*-(2-乙硫基乙基）硫代磷酸酯的混合物（含量＞3%）/ 内吸磷	8065-48-3
39	*O,O*-二乙基-*O*-(4-甲基香豆素基-7）硫代磷酸酯 / 扑杀磷	299-45-6
40	*O,O*-二乙基-*O*-(4-硝基苯基）磷酸酯 / 对氧磷	311-45-5
41	*O,O*-二乙基-*O*-(4-硝基苯基）硫代磷酸酯（含量＞4%）/ 对硫磷	56-38-2
42	*O,O*-二乙基-*O*-[2-氯-1-(2,4-二氯苯基）乙烯基] 磷酸酯（含量＞20%）/2-氯-1-(2,4-二氯苯基）乙烯基二乙基磷酸酯 / 毒虫畏	470-90-6
43	*O,O*-二乙基-*O*-2-吡嗪基硫代磷酸酯（含量＞5%）/ 虫线磷	297-97-2
44	*O,O*-二乙基-*S*-(2-乙硫基乙基）二硫代磷酸酯（含量＞15%）/ 乙拌磷	298-04-4
45	*O,O*-二乙基-*S*-(4-甲基亚磺酰基苯基）硫代磷酸酯（含量＞4%）/ 丰索磷	115-90-2
46	*O,O*-二乙基-*S*-(对硝基苯基）硫代磷酸 / 硫代磷酸-*O,O*-二乙基-*S*-(4-硝基苯基）酯	3270-86-8
47	*O,O*-二乙基-*S*-(乙硫基甲基）二硫代磷酸酯 / 甲拌磷	298-02-2
48	*O,O*-二乙基-*S*-(异丙基氨基甲酰甲基）二硫代磷酸酯（含量＞15%）/ 发硫磷	2275-18-5
49	*O,O*-二乙基-*S*-氯甲基二硫代磷酸酯（含量＞15%）/ 氯甲硫磷	24934-91-6
50	*O,O*-二乙基-*S*-叔丁基硫甲基二硫代磷酸酯 / 特丁硫磷	13071-79-9
51	二乙基汞 / 二乙汞	627-44-1
52	氟	7782-41-4
53	氟乙酸 / 氟醋酸	144-49-0
54	氟乙酸甲酯	453-18-9
55	氟乙酸钠 / 氟醋酸钠	62-74-8
56	氟乙酰胺	640-19-7
57	癸硼烷 / 十硼烷 / 十硼氢	17702-41-9
58	4-己烯-1-炔-3-醇	10138-60-0
59	3-(1-甲基-2-四氢吡咯基）吡啶硫酸盐 / 硫酸化烟碱	65-30-5

续表

序号	品名 / 别名	CAS 号
60	2-甲基-4,6-二硝基酚 /4,6-二硝基邻甲苯酚；二硝酚	534-52-1
61	*O*-甲基-*S*-甲基-硫代磷酰胺 / 甲胺磷	10265-92-6
62	*O*-甲基氨基甲酰基-2-甲基-2-(甲硫基）丙醛肟 / 涕灭威	116-06-3
63	*O*-甲基氨基甲酰基-3,3-二甲基-1-(甲硫基）丁醛肟 /*O*-甲基氨基甲酰基-3,3-二甲基-1-(甲硫基）丁醛肟 / 久效威	39196-18-4
64	（*S*）-3-(1-甲基吡咯烷-2-基）吡啶 / 烟碱 / 尼古丁 /1-甲基-2-(3-吡啶基）吡咯烷	54-11-5
65	甲基磺酰氯 / 氯化硫酰甲烷 / 甲烷磺酰氯	124-63-0
66	甲基肼 / 一甲肼 / 甲基联氨	60-34-4
67	甲烷磺酰氟 / 甲磺氟酰 / 甲基磺酰氟	558-25-8
68	甲藻毒素（二盐酸盐）/ 石房蛤毒素（盐酸盐）	35523-89-8
69	抗霉素 A	1397-94-0
70	镰刀菌酮 X	23255-69-8
71	磷化氢 / 磷化三氢 / 膦	7803-51-2
72	硫代磷酰氯 / 硫代氯化磷酰 / 三氯化硫磷 / 三氯硫磷	3982-91-0
73	硫酸三乙基锡	57-52-3
74	硫酸铊 / 硫酸亚铊	7446-18-6
75	六氟-2,3-二氯-2-丁烯 /2,3-二氯六氟-2-丁烯	303-04-8
76	（1*R*,4*S*,4a*S*,5*R*,6*R*,7*S*,8*S*,8a*R*）-1,2,3,4,10,10-六氯-1,4,4a,5,6,7,8,8a-八氢-6,7-环氧-1,4,5,8-二亚甲基萘（含量 2%～90%）/ 狄氏剂	60-57-1
77	（1*R*,4*S*,5*R*,8*S*）-1,2,3,4,10,10-六氯-1,4,4a,5,6,7,8,8a-八氢-6,7-环氧-1,4；5,8-二亚甲基萘（含量＞ 5%）/ 异狄氏剂	72-20-8
78	1,2,3,4,10,10-六氯-1,4,4a,5,8,8a-六氢-1,4-挂-5,8-挂二亚甲基萘（含量＞ 10%）/ 异艾氏剂	465-73-6
79	1,2,3,4,10,10-六氯-1,4,4a,5,8,8a-六氢-1,4：5,8-桥 , 挂-二甲撑萘（含量＞ 75%）/ 六氯-六氢-二甲撑萘 / 艾氏剂	309-00-2
80	六氯环戊二烯 / 全氯环戊二烯	77-47-4
81	氯 / 液氯 / 氯气	7782-50-5
82	2-[(*RS*)-2-(4-氯苯基)-2-苯基乙酰基]-2,3-二氢-1,3-茚二酮（含量＞ 4%）/2-(苯基对氯苯基乙酰）茚满-1,3-二酮 / 氯鼠酮	3691-35-8
83	氯代膦酸二乙酯 / 氯化磷酸二乙酯	814-49-3
84	氯化汞 / 氯化高汞 / 二氯化汞 / 升汞	7487-94-7
85	氯化氰 / 氰化氯 / 氯甲腈	506-77-4
86	氯甲基甲醚 / 甲基氯甲醚 / 氯二甲醚	107-30-2
87	氯甲酸甲酯 / 氯碳酸甲酯	79-22-1
88	氯甲酸乙酯 / 氯碳酸乙酯	541-41-3
89	2-氯乙醇 / 乙撑氯醇 / 氯乙醇	107-07-3
90	2-羟基丙腈 / 乳腈	78-97-7

续表

序号	品名 / 别名	CAS 号
91	羟基乙腈 / 乙醇腈	107-16-4
92	羟间唑啉（盐酸盐）	151615
93	氰胍甲汞 / 氰甲汞胍	502-39-6
94	氰化镉	542-83-6
95	氰化钾 / 山奈钾	151-50-8
96	氰化钠 / 山奈	143-33-9
97	氰化氢 / 无水氢氰酸	74-90-8
98	氰化银钾 / 银氰化钾	506-61-6
99	全氯甲硫醇 / 三氯硫氯甲烷 / 过氯甲硫醇 / 四氯硫代碳酰	594-42-3
100	乳酸苯汞三乙醇铵	23319-66-6
101	三氯硝基甲烷 / 氯化苦 / 硝基三氯甲烷	27913
102	三氧化二砷 / 白砒；砒霜；亚砷酸酐	1327-53-3
103	三正丁胺 / 三丁胺	102-82-9
104	砷化氢 / 砷化三氢 / 胂	7784-42-1
105	双（1-甲基乙基）氟磷酸酯 / 二异丙基氟磷酸酯 / 丙氟磷	55-91-4
106	双（2-氯乙基）甲胺 / 氮芥 / 双（氯乙基）甲胺	51-75-2
107	5-[（双（2-氯乙基）氨基]-2,4-（1H,3H）嘧啶二酮 / 尿嘧啶芳芥 / 嘧啶苯芥	66-75-1
108	*O,O*-双（4-氯苯基）-*N*-（1-亚氨基）乙基硫代磷酸胺 / 毒鼠磷	4104-14-7
109	双（二甲胺基）磷酰氟（含量＞2%）/ 甲氟磷	115-26-4
110	2,3,7,8-四氯二苯并对二噁英 / 二噁英 /2,3,7,8-TCD/ 四氯二苯二噁英	1746-01-6
111	3-（1,2,3,4-四氢-1-萘基）-4-羟基香豆素 / 杀鼠醚	5836-29-3
112	四硝基甲烷	509-14-8
113	四氧化锇 / 锇酸酐	20816-12-0
114	*O,O,O',O'*-四乙基二硫代焦磷酸酯 / 治螟磷	3689-24-5
115	四乙基焦磷酸酯 / 特普	107-49-3
116	四乙基铅 / 发动机燃料抗爆混合物	78-00-2
117	碳酰氯 / 光气	75-44-5
118	羰基镍 / 四羰基镍 / 四碳酰镍	13463-39-3
119	乌头碱 / 附子精	302-27-2
120	五氟化氯	13637-63-3
121	五氯苯酚 / 五氯酚	87-86-5
122	2,3,4,7,8-五氯二苯并呋喃 /2,3,4,7,8-PCDF	57117-31-4
123	五氯化锑 / 过氯化锑 / 氯化锑	7647-18-9
124	五羰基铁 / 羰基铁	13463-40-6
125	五氧化二砷 / 砷酸酐 / 五氧化砷 / 氧化砷	1303-28-2

续表

序号	品名 / 别名	CAS 号
126	戊硼烷 / 五硼烷	19624-22-7
127	硒酸钠	13410-01-0
128	2-硝基-4-甲氧基苯胺 / 枣红色基 GP	96-96-8
129	3-[3-(4'-溴联苯-4-基)-1,2,3,4-四氢-1-萘基]-4-羟基香豆素 / 溴鼠灵	56073-10-0
130	3-[3-(4-溴联苯-4-基)-3-羟基-1-苯丙基]-4-羟基香豆素 / 溴敌隆	28772-56-7
131	亚砷酸钙 / 亚砒酸钙	27152-57-4
132	亚硒酸氢钠 / 重亚硒酸钠	7782-82-3
133	盐酸吐根碱 / 盐酸依米丁	316-42-7
134	氧化汞 / 一氧化汞 / 黄降汞 / 红降汞	21908-53-2
135	一氟乙酸对溴苯胺	351-05-3
136	乙撑亚胺 / 吖丙啶 /1-氮杂环丙烷 / 氮丙啶	151-56-4
137	*O*-乙基-*O*-(4-硝基苯基) 苯基硫代膦酸酯 (含量＞ 15%) / 苯硫膦	2104-64-5
138	*O*-乙基-*S*-苯基乙基二硫代膦酸酯 (含量＞ 6%) / 地虫硫膦	944-22-9
139	乙硼烷 / 二硼烷	19287-45-7
140	乙酸汞 / 乙酸高汞 / 醋酸汞	1600-27-7
141	乙酸甲氧基乙基汞 / 醋酸甲氧基乙基汞	151-38-2
142	乙酸三甲基锡 / 醋酸三甲基锡	1118-14-5
143	乙酸三乙基锡 / 三乙基乙酸锡	1907-13-7
144	乙烯砜 / 二乙烯砜	77-77-0
145	*N*-乙烯基乙撑亚胺 /*N*-乙烯基氮丙环	5628-99-9
146	1-异丙基-3-甲基吡唑-5-基-*N*,*N*-二甲基氨基甲酸酯 (含量＞ 20%) / 异索威	119-38-0
147	异氰酸苯酯 / 苯基异氰酸酯	103-71-9
148	异氰酸甲酯 / 甲基异氰酸酯	624-83-9

注：本表摘自《危险化学品目录》(2015 年)。

附录 2　易制毒化学品的分类和品种目录

第一类

1. 1-苯基-2-丙酮

2. 3,4-亚甲基二氧苯基-2-丙酮

3. 胡椒醛

4. 黄樟素

5. 黄樟油

6. 异黄樟素

7. *N*-乙酰邻氨基苯酸

8. 邻氨基苯甲酸

9. 麦角酸*

10. 麦角胺*

11. 麦角新碱*

12. 麻黄素、伪麻黄素、消旋麻黄素、去甲麻黄素、甲基麻黄素、麻黄浸膏、麻黄浸膏粉等麻黄素类物质*

13. 羟亚胺

14. 1-苯基-2-溴-1-丙酮

15. 3-氧-2-苯基丁腈

16. 4-苯胺基-*N*-苯乙基哌啶

17. *N*-苯乙基-4-哌啶酮

18. *N*-甲基-1-苯基-1-氯-2-丙胺

第二类

1. 苯乙酸

2. 醋酸酐

3. 三氯甲烷

4. 乙醚

5. 哌啶

6. 溴素

7. 1-苯基-1-丙酮

第三类

1. 甲苯

2. 丙酮

3. 甲基乙基酮

4. 高锰酸钾

5. 硫酸

6. 盐酸

说明： 1. 第一类、第二类所列物质可能存在的盐类，也纳入管制。

2. 带有 * 标记的品种为第一类中的药品类易制毒化学品，第一类中的药品类易制毒化学品包括原料药及其单方制剂。

附录 3　易制爆危险化学品名录

序号	品名	别名	CAS 号	主要的燃爆危险性分类
1 酸类				
1.1	硝酸		7697-37-2	氧化性液体，类别 3
1.2	发烟硝酸		52583-42-3	氧化性液体，类别 1
1.3	高氯酸（浓度＞72%）	过氯酸	7601-90-3	氧化性液体，类别 1
	高氯酸（浓度 50%～72%）			氧化性液体，类别 1
	高氯酸（浓度≤50%）			氧化性液体，类别 2
2 硝酸盐类				
2.1	硝酸钠		7631-99-4	氧化性固体，类别 3
2.2	硝酸钾		7757-79-1	氧化性固体，类别 3
2.3	硝酸铯		7789-18-6	氧化性固体，类别 3
2.4	硝酸镁		10377-60-3	氧化性固体，类别 3
2.5	硝酸钙		10124-37-5	氧化性固体，类别 3
2.6	硝酸锶		10042-76-9	氧化性固体，类别 3
2.7	硝酸钡		10022-31-8	氧化性固体，类别 2
2.8	硝酸镍	二硝酸镍	13138-45-9	氧化性固体，类别 2
2.9	硝酸银		7761-88-8	氧化性固体，类别 2
2.10	硝酸锌		7779-88-6	氧化性固体，类别 2
2.11	硝酸铅		10099-74-8	氧化性固体，类别 2
3 氯酸盐类				
3.1	氯酸钠		7775-09-9	氧化性固体，类别 1
	氯酸钠溶液			氧化性液体，类别 3*
3.2	氯酸钾		3811-04-9	氧化性固体，类别 1
	氯酸钾溶液			氧化性液体，类别 3*
3.3	氯酸铵		10192-29-7	爆炸物，不稳定爆炸物
4 高氯酸盐类				
4.1	高氯酸锂	过氯酸锂	7791-03-9	氧化性固体，类别 2
4. 2	高氯酸钠	过氯酸钠	7601-89-0	氧化性固体，类别 1
4. 3	高氯酸钾	过氯酸钾	7778-74-7	氧化性固体，类别 1
4. 4	高氯酸铵	过氯酸铵	7790-98-9	爆炸物，1.1 项 氧化性固体，类别 1

序号	品名	别名	CAS 号	主要的燃爆危险性分类
5 重铬酸盐类				
5.1	重铬酸锂		13843-81-7	氧化性固体，类别 2
5.2	重铬酸钠	红矾钠	10588-01-9	氧化性固体，类别 2
5.3	重铬酸钾	红矾钾	7778-50-9	氧化性固体，类别 2
5.4	重铬酸铵	红矾铵	7789-09-5	氧化性固体，类别 2*
6 过氧化物和超氧化物类				
6.1	过氧化氢溶液（含量 > 8%）	双氧水	7722-84-1	（1）含量 ≥ 60% 氧化性液体，类别 1 （2）20% ≤ 含量 < 60% 氧化性液体，类别 2 （3）8% < 含量 < 20% 氧化性液体，类别 3
6.2	过氧化锂	二氧化锂	12031-80-0	氧化性固体，类别 2
6.3	过氧化钠	双氧化钠；二氧化钠	1313-60-6	氧化性固体，类别 1
6.4	过氧化钾	二氧化钾	17014-71-0	氧化性固体，类别 1
6.5	过氧化镁	二氧化镁	1335-26-8	氧化性液体，类别 2
6.6	过氧化钙	二氧化钙	1305-79-9	氧化性固体，类别 2
6.7	过氧化锶	二氧化锶	1314-18-7	氧化性固体，类别 2
6.8	过氧化钡	二氧化钡	1304-29-6	氧化性固体，类别 2
6.9	过氧化锌	二氧化锌	1314-22-3	氧化性固体，类别 2
6.10	过氧化脲	过氧化氢尿素；过氧化氢脲	124-43-6	氧化性固体，类别 3
6.11	过乙酸（含量 ≤ 16%，含水 ≥ 39%，含乙酸 ≥ 15%，含过氧化氢 ≤ 24%，含有稳定剂）	过醋酸；过氧乙酸；乙酰过氧化氢	79-21-0	有机过氧化物 F 型
	过乙酸（含量 ≤ 43%，含水 ≥ 5%，含乙酸 ≥ 35%，含过氧化氢 ≤ 6%，含有稳定剂）			易燃液体，类别 3 有机过氧化物，D 型
6.12	过氧化二异丙苯（52% < 含量 ≤ 100%）	二枯基过氧化物；硫化剂 DCP	80-43-3	有机过氧化物，F 型
6.13	过氧化氢苯甲酰	过苯甲酸	93-59-4	有机过氧化物，C 型
6.14	超氧化钠		12034-12-7	氧化性固体，类别 1
6.15	超氧化钾		12030-88-5	氧化性固体，类别 1

续表

序号	品名	别名	CAS 号	主要的燃爆 危险性分类
7 易燃物还原剂类				
7.1	锂	金属锂	7439-93-2	遇水放出易燃气体的物质和混合物，类别 1
7.2	钠	金属钠	7440-23-5	遇水放出易燃气体的物质和混合物，类别 1
7.3	钾	金属钾	7440-09-7	遇水放出易燃气体的物质和混合物，类别 1
7.4	镁		7439-95-4	（1）粉末：自热物质和混合物，类别 1 遇水放出易燃气体的物质和混合物，类别 2 （2）丸状、旋屑或带状：易燃固体，类别 2
7.5	镁铝粉	镁铝合金粉		遇水放出易燃气体的物质和混合物，类别 2 自热物质和混合物，类别 1
7.6	铝粉		7429-90-5	（1）有涂层：易燃固体，类别 1 （2）无涂层：遇水放出易燃气体的物质和混合物，类别 2
7.7	硅铝		57485-31-1	遇水放出易燃气体的物质和混合物，类别 3
	硅铝粉			
7.8	硫磺	硫	7704-34-9	易燃固体，类别 2
7.9	锌尘		7440-66-6	自热物质和混合物，类别 1；遇水放出易燃气体的物质和混合物，类别 1
	锌粉			自热物质和混合物，类别 1；遇水放出易燃气体的物质和混合物，类别 1
	锌灰			遇水放出易燃气体的物质和混合物，类别 3
7.10	金属锆		7440-67-7	易燃固体，类别 2
	金属锆粉	锆粉		自燃固体，类别 1，遇水放出易燃气体的物质和混合物，类别 1
7.11	六亚甲基四胺	六甲撑四胺；乌洛托品	100-97-0	易燃固体，类别 2
7.12	1,2–乙二胺	1,2–二氨基乙烷；乙撑二胺	107-15-3	易燃液体，类别 3

续表

序号	品名	别名	CAS 号	主要的燃爆危险性分类
7.13	一甲胺（无水）	氨基甲烷；甲胺	74-89-5	易燃气体，类别 1
	一甲胺溶液	氨基甲烷溶液；甲胺溶液		易燃液体，类别 1
7.14	硼氢化锂	氢硼化锂	16949-15-8	遇水放出易燃气体的物质和混合物，类别 1
7.15	硼氢化钠	氢硼化钠	16940-66-2	遇水放出易燃气体的物质和混合物，类别 1
7.16	硼氢化钾	氢硼化钾	13762-51-1	遇水放出易燃气体的物质和混合物，类别 1
8 硝基化合物类				
8.1	硝基甲烷		75-52-5	易燃液体，类别 3
8.2	硝基乙烷		79-24-3	易燃液体，类别 3
8.3	2,4–二硝基甲苯		121-14-2	
8.4	2,6–二硝基甲苯		606-20-2	
8.5	1,5–二硝基萘		605-71-0	易燃固体，类别 1
8.6	1,8–二硝基萘		602-38-0	易燃固体，类别 1
8.7	二硝基苯酚（干的或含水＜15%）		25550-58-7	爆炸物，1.1 项
	二硝基苯酚溶液			
8.8	2,4–二硝基苯酚（含水≥15%）	1–羟基–2,4–二硝基苯	51-28-5	易燃固体，类别 1
8.9	2,5–二硝基苯酚（含水≥15%）		329-71-5	易燃固体，类别 1
8.10	2,6–二硝基苯酚（含水≥15%）		573-56-8	易燃固体，类别 1
8.11	2,4–二硝基苯酚钠		1011-73-0	爆炸物，1.3 项
9 其他				
9.1	硝化纤维素［干的或含水（或乙醇）＜25%］	硝化棉	9004-70-0	爆炸物，1.1 项
	硝化纤维素（含氮≤12.6%，含乙醇≥25%）			易燃固体，类别 1

续表

序号	品名	别名	CAS 号	主要的燃爆危险性分类
9.1	硝化纤维素（含氮≤12.6%）	硝化棉	9004-70-0	易燃固体，类别 1
	硝化纤维素（含水≥25%）			易燃固体，类别 1
	硝化纤维素（含乙醇≥25%）			爆炸物，1.3 项
	硝化纤维素（未改型的，或增塑的，含增塑剂＜18%）			爆炸物，1.1 项
	硝化纤维素溶液（含氮量≤ 12.6%，含硝化纤维素≤ 55%）	硝化棉溶液		易燃液体，类别 2
9.2	4,6–二硝基–2–氨基苯酚钠	苦氨酸钠	831-52-7	爆炸物，1.3 项
9.3	高锰酸钾	过锰酸钾；灰锰氧	7722-64-7	氧化性固体，类别 2
9.4	高锰酸钠	过锰酸钠	10101-50-5	氧化性固体，类别 2
9.5	硝酸胍	硝酸亚氨脲	506-93-4	氧化性固体，类别 3
9.6	水合肼	水合联氨	10217-52-4	
9.7	2,2–双（羟甲基）1,3–丙二醇	季戊四醇、四羟甲基甲烷	115-77-5	

注：1. 各栏目的含义：“序号”是指《易制爆危险化学品名录》（2017 年版）中化学品的顺序号。“品名”是指根据《化学命名原则》（1980）确定的名称。“别名”是指除“品名”以外的其他名称，包括通用名、俗名等。“主要的燃爆危险性分类”是指根据《化学品分类和标签规范》（GB 30000.2—2013～GB 30000.29—2013）等国家标准，对某种化学品燃烧爆炸危险性进行的分类。

2. 除列明的条目外，无机盐类同时包括无水和含有结晶水的化合物。

3. 混合物之外无含量说明的条目，是指该条目的工业产品或者纯度高于工业产品的化学品。

4. 标记“*”的类别，是指在有充分依据的条件下，该化学品可以采用更严格的类别。

主要参考文献

CAS 号索引

英文名索引

郑重声明

读者意见反馈

为收集对教材的意见建议，进一步完善教材编写并做好服务工作，读者可将对本教材的意见建议通过如下渠道反馈至我社。

咨询电话　400-810-0598

反馈邮箱　hepsci@pub.hep.cn

通信地址　北京市朝阳区惠新东街4号富盛大厦1座
　　　　　高等教育出版社理科事业部

邮政编码　100029